마음챙김 지도자를 위한

핵심가이드

ESSENTIAL RESOURCES FOR MINDFULNESS TEACHERS

Rebecca S. Crane · Karunavira · Gemma M. Griffith 공편
안희영 · 이재석 공역

학지사

Essential Resources for Mindfulness Teachers

Edited by Rebecca S. Crane, Karunavira, and Gemma M. Griffith

지구에 살고 있는 모든 사람의 고통을 줄이고

안녕을 증진하는 데 도움이 되길 바라며

역자 서문

명상 지도자의 길은 한 치 앞조차 내다보기 어려운 바다를 건너는 항해와도 같습니다. 바다가 고요할 때는 수평선이 은빛으로 빛나며 마음 깊은 곳에 평온이 깃듭니다. 그러나 바람의 결이 바뀌는 순간, 파도는 거세지고 닻줄은 흔들리며 선장의 감각과 역량이 시험대에 오릅니다. 지도자는 나침판과 지도를 손에 쥐고 바람을 읽으며, 파도를 헤치고 목적지를 향해 나아가야 합니다.

저는 지난 수십 년 동안 이 여정 속에서 수많은 지도자와 예비 지도자를 만나 왔습니다. 저마다 출발점도, 배경도, 경험도 달랐지만, 그들의 눈빛 속에서 공통적으로 빛나던 것은 바로 '삶의 한가운데서 온전히 살아 내고자 하는 선한 의도'였습니다.

이 책의 대표 편집자인 Rebecca 교수가 수년 전에 역자에게 이 책의 추천사를 의뢰하였습니다. 그때 내용을 검토하면서 이 책이 마음챙김 지도 여정을 위한 정밀한 나침판 같다는 느낌을 받았고 국내에 소개해야겠다고 결심하였습니다. MBSR과 MBCT를 두 축으로 삼아, 현대 마음챙김 지도자가 반드시 숙지해야 할 이론과 실제를 균형 있게 담아냈습니다. 참가자와의 관계 형성, 집단 역동, 대화와 탐구(inquiry)의 기술, 자기성찰과 슈퍼비전, 윤리적 딜레마에 대한 대응까지, 각 장에는 교육 현장에서 길어 올린 살아 있는 지혜가 스며들어 있습니다.

이 책은 단순한 설명서가 아닙니다. 오랜 수행과 교육을 통해서 저자들이 몸소 체화한 통찰의 기록입니다. 마치 먼 바다에서 별자리와 조류, 바람의 결을 온몸으로 익힌 선장이 그 경험을 고스란히 담아 후배 항해자에게 전해 주는 항해 일지와도 같습니다.

번역 과정에서 저는 제 지난 여정을 자연스레 돌아보게 되었습니다. '마음챙김'이라는 말조차 낯설던 시절, 참선으로 시작해 동서양의 다양한 명상에 눈을 돌렸습니다. 수십 년 뒤, 뉴욕에서 서구의 명상 지도자들을 만나 현대 마음챙김 명상을 처음 접했을 때의 호기심과 감동은 지금도 생생합니다.

'어떻게 하면 마음챙김(sati)의 정수를 더 많은 사람이 쉽게 이해하고 체험할 수 있을까?' 하는 물음을 품고 명망 높은 지도자들을 찾아 배우며 길을 걸었습니다. 그 과정에서 MBSR을 만나 국내에 정식으로 보급하게 되었고, 지난 20여 년간 다양한 이와 함께 마음챙김의 세계를 탐구해 왔습니다. 기쁨과 보람뿐 아니라 회의와 좌절도 있었지만, 이 책을 통해 그 길이 전 세계의 지도자들과 이어져 있음을 확인했습니다. 그리고 무엇보다, 가장 깊이 배우고 성장하는 사람은 언제나 지도자 자신임을 깨달았습니다.

원저가 강조하듯 지도자는 마음챙김을 설명하는 사람이 아니라, 그 순간 그것을 살아내는 존재입니다. 수행의 깊이가 곧 교육의 깊이를 결정합니다. 이는 MBSR과 MBCT뿐만 아니라 모든 마음챙김 기반 프로그램(MBP)의 근본이자 뿌리입니다.

또한 붓다의 보편적 가르침(다르마)에 대한 이해는 현대 마음챙김 지도자에게 필수입니다. 다르마에 기반한 지도는 마음챙김을 단순한 '주의력 훈련'에 머물지 않게 하며, 개인과 사회가 지닌 조건화와 한계를 넘어서는 배움과 치유, 성장의 길로 이끕니다.

지난 40여 년간 현대 마음챙김은 서양의 과학, 심리학, 의학과 만나 눈부신 진화를 이루어 왔습니다. 불교라는 토양에서 자란 씨앗이 서양으로 건너가 MBSR과 MBCT 같은 1세대 프로그램으로 꽃을 피웠고, 이후 다양한 응용 프로그램이 탄생했습니다.

트라우마에 민감한 마음챙김(TSM), 마음챙김 지도 평가 기준(MBI:TAC), 마음챙김 지도 및 학습 안내서(MBI:TLC) 등은 지도자의 전문성과 교육의 깊이를 확장시켰습니다. 이제 서양에서 만개한 이 꽃이 다시 동양으로 돌아와 새로운 향기를 더하는 지금, 우리는 스스로에게 '현대사회의 복잡성을 고려할 때, 마음챙김 지도자의 자질, 역할, 전문성, 윤리, 그리고 사회적 책무는 무엇인가?'를 물어야 합니다.

이 책이 국내 명상 지도자와 수행자들에게 세계적 흐름을 이해하는 통찰, 자기수행과 명상지도를 비추는 거울, 그리고 이 분야의 소중한 전통을 바르게 이어 갈 용기를 전해 주기를 바랍니다.

좋은 책을 세상에 전할 기회를 주신 학지사 김진환 대표님과 번역 과정을 함께한 이재석 선생, 교정에 도움을 준 이영봉 과장, 안준용 실장에게 깊은 감사를 전합니다. 이 책이 마음챙김을 깊이 이해하고자 하는 이들에게 든든한 나침판이 되어, 그 씨앗이 깊이 뿌리내리고 꽃 피우기를 바랍니다. 그리고 그 꽃이 바람을 타고 세상 곳곳으로 흩어져, 자비와 지혜가 넘치는 변화를 일으키기를 소망합니다.

2025년 가을

역자 안희영

한국 독자를 위한 서문

『마음챙김 지도자를 위한 핵심 가이드(Essential Resources for Mindfulness Teachers)』가 한국의 마음챙김 공동체에도 소개되게 된 것을 매우 기쁘게 생각합니다. 그리고 이 귀한 작업을 실현해 주신 안희영 교수님의 헌신과 노고에 깊은 감사를 드립니다.

마음챙김을 가르치는 예술에는 문화와 지역을 초월하는 본질적인 핵심이 존재합니다. 이 핵심이 한국에서 진정성 있게 지켜지고 있으며, 이제 이 책이 이를 뒷받침하는 접근 가능한 자료가 되었다는 사실이 아름답습니다.

동시에 각 문화가 이 본질을 구현하는 고유한 목소리와 방식을 찾아가는 것 또한 매우 중요합니다. 한국의 마음챙김 교육이 활기차게 발전하고 있다는 사실은 큰 격려가 됩니다. 이 책이 지금, 그리고 앞으로의 세대와 한국 사회 전반에 걸쳐 한국 국민의 웰빙과 그들이 속한 공동체 및 조직의 복지에 기여하기를 바랍니다.

2025년 가을

편저자 대표 Rebecca S. Crane, 뱅거 대학교 교수

추천사

주류 장면에서 체화된 마음챙김 지도에 깃든 수많은 기본적 차원을 밝혀 드러내고 해독(解讀)한다. 이는 모든 종류의 마음챙김 기반 개입법을 효과적이고 참되게 가르치는 데 열쇠가 된다. 이 책은 로제타석(미지의 것을 이해하는 중요한 열쇠)과 같다.

Jon Kabat-Zinn, 명예의학교수

마음챙김이 그 잠재력을 실현하기 위해서는 다음 세대의 마음챙김 지도자를 양성하는 데 특별히 주의를 기울여야 한다. 그들은 명확한 의도(목적), 이론적 이해, 핵심 연구에 관한 지식, 지도자로서의 능숙함을 키워야 한다. 자신들의 체화와 전일성을 끊임없이 점검해야 하고, 평생에 걸친 학습 과정에 열린 마음으로 임해야 한다.

이 책은 그저 한 권의 책이 아니다. 수십 년 동안 수백 명의 마음챙김 지도자가 개발한 자료를 모은 책으로 시의적절하며 크게 환영받을 만한 책이다.

이 책은 실용적이며 구조와 훈련 자원을 짜임새 있게 구성했다. 또한 배움의 단계에 있는 모든 수련생에게 영감을 주고 방향성을 제시하며 그들을 위한 로드맵을 제공한다. 저자들은 자신의 심도 깊은 수련 경험으로 알고 있는 바를 써내는 데 전념하고 있으며, 그들은 세계에서 주도적으로 활동하는 트레이너다.

편저서인 이 책은 마음챙김 기반 개입법 분야에서 수련생과 트레이너 모두의 자원을 풍부하게 해 줄 것이며, 앞으로 수십 년간 여러 쇄를 거듭하며 더욱 발전할 책임을 확신한다.

Willem Kuyken, 영국 옥스퍼드 대학교 마음챙김 및 심리과학 Ritblat 교수

뛰어난 책이다. 마음챙김 기반 프로그램이 증거기반 의학의 영역으로 진입하면서, 지도자 훈련 프로그램이 그 증거를 구축한 무작위대조시험과 일관성을 갖추는 것은 반드시 필요한 일이 되었다. 이 책은 지도자 훈련의 풍부한 지침서로서 우리가 의료전달 시스템에 적합하면서도 학습자들을 능숙하게 지도할 수 있도록 도와줄 것이다.

Eric Loucks, 미국 브라운 대학교 마음챙김센터 부교수 및 디렉터

마음챙김 기반 프로그램은 지도자에게 많은 것을 요청한다. 이에 따라 지도자는 프로그램 참가자에게 많은 것을 전달해야 하는 입장에 선다. 이 책은 지도자의 교육과정에 깃든 암묵적 지식과 능숙하고 외적인 전달 수단을 연결시키는 데 있어 지도자를 능숙하게 안내하고, 그들에게 도움을 주며 그들의 양분을 풍요롭게 할 것이다. 이 분야에서 활동하는 모든 사람이 읽어야 하는 책이다.

Zindel Segal, 캐나다 토론토 스카버러 대학교 기분장애 심리학 특임교수

오늘날 우리 사회에서 마음챙김을 가르친다는 것의 다양한 측면, 특히 교육과정의 명시적이고 암묵적인 측면에 대해, 이렇게 하면 지도자로서 우리 자신의 자양분을 풍부하게 할 수 있을지를 성찰하게 하는 보석 같은 책이다. 이 책은 경험 많고 헌신적인 트레이너들의 경험을 통해 일군 결실이며, 이 값진 자료에 매우 감사하고 있다. 초보 지도자와 상급 지도자, 지도자 트레이너 모두에게 진심으로 추천하는 책이다. 전 세계의 마음챙김 지도자와 그들의 학생이 이 책으로 더 넓게, 그리고 더 촘촘하게 연결되었으면 하는 바람이다.

Anne Speckens, 네덜란드 네메헨 라드바우드 대학교 정신의학교수,
마음챙김센터 디렉터

이 책의 저자들은 오랜 시간 길어 올린 공동의 지혜를 마음챙김 기반 프로그램을 가르치는 과정에 가져간다. 이 책은 마음챙김 지도자를 열망하는 모든 이에게 소중한 자료가 되어 줄 것이다.

Susan Woods, 캐나다 토론토 마음챙김연구센터 시니어 패컬티,
국제 MBSR/MBCT 상급 트레이너/지도자이자 저자

믿기 어려울 정도로 풍부한 자료! 모든 마음챙김 지도자가 곁에 두고 반드시 읽어야 할 책이 될 것이다. 책을 저술하고 편집한 저자들의 관대함과 겸손함, 커다란 전일성에 놀랐다. 마음챙김이라는 영역에 커다란 기여를 할 책이다.

Vidyamala Burch, Breathworks 공동 창립자, 『Mindfulness for Health』 『Mindfulness for Women』 『Living Well with Pain and Illness』 저자

마음챙김 분야에서 놀라운 기여를 하는 책이다. 이 책은 연민의 마음을 담은 강력한 마음챙김의 구조와 본질을 정교하고 신중하고 관대하게 펼쳐 보인다. 경험 많은 마음챙김 지도자가 반드시 곁에 두어야 할 책이며, 마음챙김 기반 개입법을 가르치기 위해 훈련받고 있는 이들을 위한 귀한 자료가 될 것이다.

Paul D'Alton 박사, 아일랜드, 더블린 성빈센트 대학병원 심리학부 학장, UCD 심리학부 부교수(마음챙김 기반 개입법 이학 석사과정 공동 디렉터)

마음챙김 기반 프로그램 지도자가 지도자 훈련받은 뒤 처음 날갯짓을 할 때(또 계속해서 날갯짓을 할 때) 마주하게 되는 주제들을 다루고 있다. 이 책은 지속적인 학습으로의 초대이다. 지속적 배움은 마음챙김을 체화하는 중요한 자질이라는 점에서 매우 필요한 책이다.

Rob Brandsma, 『The Mindfulness Teaching Guide: Essential Skills and Competencies for Teaching Mindfulness-Based Interventions』 저자

이 책은 엄정한 학문연구, 실용적 교육학, 체화된 마음챙김을 결합한 보기 드문 책이다. 마음챙김 기반 지도자와 슈퍼바이저는 이 책에 담긴 지혜와 기술이 그들의 참가자에게뿐 아니라 자신의 개인적 · 직업적 성장에도 도움이 됨을 알게 될 것이다.

안희영, 교육학박사, 한국MBSR마음챙김연구소 소장

이 책은 마음챙김 커뮤니티와 그곳을 넘어 전하는 보물이자 관대한 선물이다. 각 장은 마음챙김에 관한 깊은 이해와 그것의 적용에 뿌리를 내리고 있다. 이 책은 자기성찰 영역, 마음챙김을 수련하고 가르치는 영역, 그리고 다른 사람들이 마음챙김을 가르치도록 훈련시키는 영역에서 저자들의 심오한 경험을 반영하고 있다. 마음챙김을 가르치거나 마음챙김 지도자

를 양성하는 데 관여하는 사람이라면 반드시 소장해야 할 책이다.

Petra Meibert, 심리학자, MBSR/MBCT 지도자 트레이너, 저자,
독일 루어(Ruhr)마음챙김연구소 소장

이 책은 앞으로 마음챙김 지도자가 되려는 사람과 이미 풍부한 경험을 쌓은 마음챙김 지도자 모두에게 매우 명료하고 쉽게 다가가는 책이다. 이 책을 쓴 지도자들의 풍부한 경력과 깊이, 알고 있는 것을 함께 나누려는 그들의 깊이와 지혜, 연민 가득한 헌신은 전 세계 마음챙김 커뮤니티에 소중한 유산으로 남을 것이다.

Maura Kenny, 호주와 뉴질랜드 마음챙김훈련센터 공동 디렉터,
시니어 상담정신의학자, 호주 애들레이드 대학교 임상 시니어 강사

이 책은 마음챙김 기반 가르침에 필요한 핸드북으로서 우리가 상상할 수 있는 최대한의 범주와 상세함, 영감을 담고 있다. 기고자들의 오랜 경험을 담은 이 책은 앞으로 오랜 시간 동안 귀중하고 풍부한 자료가 될 것이다. 우리 센터의 지도자 과정 프로그램에서 이 책은 교수진과 수련생을 위한 표준서가 될 것이다. 이 책은 다가오는 마음챙김 기반 프로그램의 시대를 진정으로 축하하고 그 기록을 남길 것이다. 잘 쓴 책이다!

Linda Lehrhaupt, 마음챙김기반접근법연구소 소장, 『MBSR 마음챙김에 근거한
스트레스 완화 프로그램: 건강과 활력 증진을 위한 MBSR 프로그램(Mindfulness-Based
Reduction: The MBSR Program for Enhancing Health and Vitality)』 저자

서문

불과 25~30년 전만 해도 마음챙김이 신체적 · 정신적 고통을 겪는 사람을 돕는 데 큰 역할을 할 수 있을지 분명하지 않았다. Jon Kabat-Zinn은 매사추세츠 대학병원에 마음챙김센터를 세워 MBSR로 알려진 스트레스 완화 접근법을 가르쳤다. 그때가 1979년이었다. 마음챙김 명상으로 상당한 통증 경감이 나타남을 보인 그의 연구(1982년과 1985년에 발표)는 이후 하나의 돌파구로 간주되었다. 그러나 그러한 많은 돌파구와 마찬가지로, 당시에는 그것이 통증 치료와 관리 이외의 더 큰 영역에서 지속적인 의미를 갖게 될지 확실하지 않았다.

1990년에 쓰인 불교심리학 이론과 수련을 리뷰하는 논문에서 런던에 소재한 정신의학연구소(임상심리학 연구에서 세계에서 가장 영향력 있는 과학센터 중 한 곳)의 임상심리학자 Padmal de Silva는 겨우 리뷰의 끝부분에 가서야 마음챙김 명상에 관해(그리고 통증에 관한 Kabat-Zinn의 연구에 관해) 언급하는 정도였다. 그 논문의 대부분은 불교심리학의 다른 많은 측면에 대해 이야기하면서 그것들이 행동 수정(behaviour modification)의 기존 이론이나 수련과 매우 유사함을 보이고자 했다. 여기에는 동기나 '일차적 욕동'에 관한 이론적 입장도 있었고, 지각의 관문(gateway)과 인지 발달에 관한 것도 있었으며, 집중명상(사마타)과 점진적 이완기법의 관계, 통찰(위빠사나) 명상과 몇몇 인지 전략[예: 우리가 지금 '거리두기(distancing)' 또는 '탈중심화(decentering)'(내담자에게 떠오르는 생각을 한동안 반복적으로 마음에 가져오게 초대하여 그 생각의 강도가 줄어들게 하는 방법)라고 부르는 습관 훈련] 사이의 연관성도 있었다.

이것과 그 밖의 초기 리뷰로부터, 초기 불교 텍스트를 현대의 행동 및 인지 방법론에 위치시키려는 시도가 일어났다. 그리고 사마타(집중) 명상이 신체의 스트레스 시스템에 변화를 일으키는 데 매우 효과가 있음을 보이는 과학 연구도 점점 증가하고 있었다. De Silva가 언급한 효과에는 산소 소모의 감소, 심박동과 호흡수의 감소, 혈압 강하, 혈청 젖산염 수치의 감소 등이 있었다(이 모두가 교감신경계의 활성이 감소되었음을 가리킨다). 그는 명상과 연관된 이런 생리적 변화를 '이완 반응(relaxation response)'이라고 부른다고 말했다. De Silva는 다음과 같이 결론 내렸다. "불교심리학의 특정 측면과 그에 상응하는 현대 심리학의 특정 측면 사이의 제한된 통합이 결실을 맺는 방식으로 영향을 받을 것이라고 예상할 수 있다"(De Silva, 1990, p. 254).

실제로, 1990년대 초반에 John Teasdale, Zindel Segal과 나는 Jon Kabat-Zinn에게 우울증 재발 방지를 위한 마음챙김 기반 접근법을 사용하는 것에 관한 그의 의견을 물었다. 그 이유는 마음챙김이 기존의 인지치료에 유용한 보조물이 될 것이라고 생각했기 때문이었다. 우울증 환자에게 '주의 통제'와 '탈중심화'를 가르쳐 그들이 자신의 생각에 대해 지금까지와 다른 방식으로 관계 맺도록 함으로써 향후의 우울 삽화를 방지하는 데 도움을 줄 것이었다. 이것은 John Teasdale과 Phil Barnard가 개발한 이론과 일치했으며, Zindel Segal이 자신의 연구 및 이론적 논문에서 행한 우울 재발의 원인에 관한 관찰과도 일치했다.

John, Zindel, 그리고 나는 매사추세츠의과대학에서 행한 Jon의 마지막 지도 세션에 참가했다. 그때가 1993년이었고, 당시 Jon은 새로운 참가자 집단을 가르치고 있었다. 그러나 이동 일정이 너무 많아 그 후로는 가르치기 어려웠다. 우리는 그 후 몇 년에 걸쳐 수차례 매사추세츠의과대학을 방문해 8주 코스의 서로 다른 단계에서, 서로 다른 지도자에게 MBSR 수업을 들었다. 우리는 우리 자신의 개인적 명상을 위해 그의 방법론을 사용하기 시작했다. 즉, 힘들어하다가 새롭게 갱신하고, 다시 힘들어하다가, 우리는 점점 개인적 변화와 직업적 수련을 조화시키는 방법을 발견할 수 있었다. 우리의 첫 무작위대조실험의 결과는 고무적이었다. 하지만 도대체 우리가 어떻게 사람들에게 이 방법을 전하도록 지도자들을 훈련시킬 수 있을까? 그에 대한 답을 우리는 알지 못했다.

그 당시 초창기에 자신의 환자나 내담자에게 마음챙김 기반 프로그램을 지도하는 법을 배우는 일반적인 방법은 바로 매사추세츠의과대학에서 인턴십을 밟는 것이었다. 그래서 수련생은 한번에 모든 세션을 들어야 했다. 이것은 경험 많은 지도자 곁에 앉아 그들의 세션에 참가하고 세션이 끝나면 세션에서 보고 듣고 느낀 것에 관해 돌아보는 놀라운 기회를 선사했다. 영국 노스웨일즈에 사는 우리가 나아갈 유일한 길은, 우리 지역 내에서 명상과 정신건강 배경을 모두 가진 사람을 미국으로 보내 매사추세츠의과대학 인턴십을 밟아 배우는 것이라고 판단했다. Rebecca S. Crane은 노스웨일즈에서(아니 영국에서) 이 프로그램을 밟은 최초의 사람들 가운데 한 사람이었다. 우리는 그녀 자신의 인턴십 경험에 기초해서, 그리고 그녀의 경험을 나 자신 그리고 Sarah Silverton(초기 시험에서 나의 조수로서 나와 함께 앉았던 뱅거 출신의 매사추세츠 사절단의 또 한 사람)의 경험과 비교해서, 마음챙김 기반 훈련을 영국의 건강 및 사회복지 시스템에 정착시키려면 어떻게 해야 하는지 분별할 수 있었다.

뱅거 주변의 풍광은 마음챙김 훈련센터가 되기에 아주 좋은 장소다. 뱅거는 스노드니아(Snowdonia) 산맥으로 둘러싸여 있어 길에서 5분만 걸어가면 그 멋진 풍광에 빠질 수 있는 곳이다. 거부할 수 없는 아름다움의 매력 또한 치명적이다. 더 걸어가려면 그곳 지리를 잘 아는 가이드가 필요하다. 이것은 마음챙김 훈련에 대해서도 마찬가지다. 1999년 매사추세츠의과대학의 상급 지도자인 Ferris Buck Urbanowski는 노스웨일즈의 린(Llyn) 반도 해안가에서 떨어진 바드시(Bardsey)섬에서 7일간의 집중 수련을 지도해 달라는 초청을 받았다. 작은 보트를 타고 30분을 가야 할 정도로 접근성이 떨어지는 곳임에도 바드시섬은 지금은 새로운 상급 지도자 집단의 탄생지가 되었다.

그곳은 또 새로운 훈련 형태의 탄생지였다. 7일간의 훈련은 매사추세츠의과대학 동료들에게도 상대적으로 새로운 것이었기 때문이었다. 그것은 영국이나 그 밖의 다른 나라에서 지도자를 훈련하는 모델이 될 것이었다. 그러나 그것이 유일한 훈련 방식이었다면 수많은 낙오자가 나올 것이었다. 수련생들이 배워야 하는 것을 흡수할 수 있는 충분한 시간이 주어지는 배움의 경로가 필요했다.

1361년 런던에 설립된 자선재단으로 뱅거 대학교와 특별한 관계가 있던 Worshipful Company of Drapersd에서 작은 액수의 펀딩을 받아(3년에 걸쳐 3만 파운드) 우리는 마음챙김 연구수련센터(Centre for Mindfulness Research and Practice: CMRP)를 세웠고, Rebecca는 이곳의 초대 디렉터가 되었다. 이곳은 미국 외 지역에 세운 최초의 마음챙김 기반 접근 훈련센터가 되었다. 그런데 훈련을 어떻게 진행할 것인가? 다행히 뱅거 대학교는 다양한 영역에서 지식과 기술을 훈련하는 오랜 전통을 지니고 있었다. 학교 지도,

간호, 조산술, 스포츠과학, 공학, 임상심리학 등의 각 분야는 새로운 세대가 수련할 수 있도록 해야 한다. 이들 각 분야는 나름의 많은 이론을 갖고 있지만 그러나 그것은 수련에 기반한 것이다. 각 분야는 학생을 훈련하고, 모범실천(good practice)을 평가하는 믿을 만한 방법을 찾아야만 한다. 마음챙김에 관한 대학원 과정의 훈련을 제공하는 대학 강좌는 세계 어디에도 없었지만, 학교 지도자 훈련 분야에서 그 모델을 찾을 수 있었다. 또한 친절과 지혜, 그리고 이 새로운 분야에 대한 관심을 지닌 스태프들이 교육학부에 있었다.

MBP 지도의 훈련 과정이 어떤 모습이어야 하는가는 궁극적으로 이 책에서 분명해 보인다. 즉, 학습의 순서는 어떠한가, 학문적 지식과 실제적 기술을 어느 정도 균형을 맞추는 것이 가장 유용한가, 그리고 마음챙김 지도의 질을 평가하는 곤란한 문제를 어떻게 해결할 것인가를 보게 된다. 이 질문에 대한 대답은 '윗사람에게서 끌어낼' 수 있는 것이 아니다. 게다가 당시에는 적절한 연구 자료도 매우 드물었다. CMRP의 지도 및 훈련의 토대를 다질 수 있도록 해 준 것은 오직 Rebecca와 그녀가 자기 주변에 조직한 팀의 지혜 덕분이었다. 그들은 매사추세츠의과대학의 상급 지도자를 포함한 동료에게 기꺼이 다가갔다.

CMRP 팀은 MBP를 가르치는 훈련을 어떻게 가장 잘 시킬 수 있을지 오랜 시간 고민하며 많은 자료를 개발한 신정한 신구자였다. 이 책은 이 모든 지혜를 한데 모은 책이다. 내용이 광범위하며 매우 실용적인 이 책은 마음챙김을 수련하고 가르친다는 것이 무엇을 의미하는지 그 핵심을 짚어 주고 있다.

1990년대 초 우리 중 누구도 일이 이렇게 되어 갈 것이라고 상상하지 못했다. 그러나 이후 증거가 계속해서 축적되었다. 신체적 · 정신적 고통에 대한 마음챙김 기반 접근법이 많은 건강 및 사회복지 분야의 다른 증거 기반 접근법과 더불어 자기 자리를 차지했다. 이 영역은 가르치는 지도자와 그런 지도자를 훈련시키는 트레이너를 지속적으로 필요로 할 것이다. 마음챙김을 가르치고자 훈련을 받으려는 모든 사람에게 이 책은 꼭 필요한 동반자, 믿음직한 안내자가 되어 줄 것이다. 따뜻한 마음으로 당신에게 이 책을 추천한다.

Mark Williams

옥스퍼드 대학교 임상심리학 명예교수

이 책에 관하여

『마음챙김 지도자를 위한 핵심가이드(Essential Resources for Mindfulness Teachers)』는 마음챙김 기반 가르침이 지닌 명시적이고 암묵적인 측면에 관한 풍부한 지식을 독자에게 제공한다.

이 책은 마음챙김 기반 과정을 가르치는 기술을 발전시키는 방법에 초점을 맞추고 있으며, 크게 세 부분으로 구성되어 있다. 제1부는 명상 수련과 탐구 과정을 안내하는 법 등 마음챙김 기반 과정의 명시적 요소에 대해 다룬다. 제2부는 마음챙김의 본질을 참가자들에게 전달하는, 지도자 내면의 미묘하지만 강력한 암묵적 자질에 대해 탐구한다. 제3부는 마음챙김 기반 과정을 가르치는 것과 관련된 토대, 고려사항, 이론을 다룬다. 지도자가 자신의 가르침을 돌아보는 데 필요한 새로운 틀도 소개한다. '마음챙김 기반 개입법: 지도 및 학습 안내서(Mindfulness-Based Interventions: Teaching and Learning Companion: TLC)'가 그것이다.

이 책은 수련생과 기존의 마음챙김 기반 지도자 모두를 위한 핵심 안내서로서 당신이 두고두고 참고할 자료가 될 것이다. 이 책은 앞으로 오랜 시간 당신이 참조할 수 있는 자료로 구성되었다. 제목이 암시하고 있듯이 이 책의 자료들은 (우리가 보기에는!) 당신이 MBP를 가르치는 작업을 하고 있다면 모두 필수다(essential). 이미 존재하는 많은 자료를 그대로 되풀이하지 않으며, 그 밖의 다른 자료들을 제시한다. 당신이 지도자 훈련에 임하는 과정에서 이 책의 자료들을 읽고 성찰함으로써 당신의 배움이 더욱 풍부해지고 지속되기를 바란다. 이 책은 지도자 훈련이 끝난 뒤에도 당신의 지속적인 안내서가 되도록 기획되었다. 당신이 특정 세션의 지도를 준비할 때 당신이 가르치려는 특정 요소를 설명하는 제1부의 해당 부분을 읽는다면 유용할 것이다. 제2부는 당신이 참가자에게 MBP를 바르게 제공하도록 해 주는, 보다 깊은 본질을 다시 한번 익히고자 할 때 참조할 수 있는 양분을 제공할 것이다. 그리고 제3부의 다양한 장은 지속적인 성찰 수련의 분위기를 북돋울 것이며, 핵심 주제에 관한 당신의 이해를 확장하고 개방시키며 더 심화시켜 줄 것이다.

당신이 MBP 지도자로서 번창할 수 있도록 하는 것, 그리고 당신이 이 작업을 능숙하고 진실되게 세상에 전할 수 있도록 하는 것, 이것이 이 책을 쓴 우리의 깊은 소망이다. 많은 사람이 당신의 수련과 가르침으로부터 이로움을 얻기를.

일러두기

CMRP—Centre for Mindfulness Research and Practice(마음챙김 연구수련센터)

CBT—Cognitive Behavioural Therapy(인지행동치료)

MBCT—Mindfulness-Based Cognitive Therapy(마음챙김 근거 인지치료)

MBP—Mindfulness-Based Programme(마음챙김 기반 프로그램)

MBSR—Mindfulness-Based Stress Reduction(마음챙김 근거 스트레스 완화)

NHS—National Health Service(국민의료보험)

TLC—Mindfulness-Based Interventions: Teaching and Learning Companion(마음챙김 기반 개입법: 지도 및 학습 안내서)

UMass—University of Massachusetts Medical School (매사추세츠의과대학)

도입

우리는 뱅거 대학교 마음챙김 연구수련센터(CMRP)에서 지난 20년 동안 지도자를 훈련하며 개발한 자료들을 이 책에서 제공한다. 우리의 바람은 이 책이 초보 그리고 경험 있는 마음챙김 기반 지도자를 위한 안내서, 믿을 만한 자료, 의지할 만한 장소가 되는 것이다. 이 책은 특정 수련이나 연습을 가르치고자 준비할 때 잠깐 참조하는 용도로 사용할 수도 있고, 마음챙김 기반 프로그램의 다양한 교육과정 요소가 어떻게 짜여 있고 함께 작동하는지 전체적인 관점을 얻고자 할 때 읽어도 좋다. 어떤 책도 가르침과 훈련 공간에서 직접 체험하는 생생한 경험을 대체하지는 못하지만 우리가 마음챙김 지도자로서 계발하고 있는 기술과 지식, 자질을 향해 나아가도록 돕는 준거를 갖는 것은 중요하다.

이 자료들을 한데 모으는 과정은 CMRP 내의 지도자 팀으로서 우리에게 만족감을 주고 서로를 연결시켜 주는 경험이었다. 이 과정은 우리가 잠시 멈추어 스스로의 발전 과정을 돌아보면서, 지난 수년간 CMRP 지도자가 집단으로 모여 이 작업에 쏟아부은 열정과 돌봄, 에너지를 다시 한번 되돌아보는 기회가 되어 주었다.

CMRP는 1990년대의 창의적 발전 과정에 뒤이어 2001년에 공식적으로 설립되었다. 이 작업은 MBCT를 개발한 뱅거 대학교 Mark Williams 교수의 리더십에 자극받았다. Mark 교수는 이미 마음챙김 수련을 하고 있었으며 이를 세상에 펼쳐 보일 방법에 관심이 있던 지역 동료들과 연결하고자 했다. 이에 우리 집단이 함께 만나 탐구를 시작했고 이 집단이 최초의 CMRP 지도 팀이 되었다. 또한 Mark 교수는 Jon Kabat-Zinn이 설립한 마음챙김센터가 있는 UMass의 동료들과도 긴밀한 연결을 맺고 있었다. 그는 그곳의 상급 지도자들과 연락하기 시작한 뒤 이후 몇 년에 걸쳐 그들을 웨일스로 초대해 훈련을 지도하도록 청했다. 또한 그는 나(Rebecca Crane)와 Sarah Silverton이 UMass로 가서 MBSR 훈련을 받도록 지원해 주었다.

우리는 CMRP에서 MBSR과 MBCT라는 마음챙김 기반 영역의 두 가지 핵심 계통과 영향력에 젖어들었다. MBSR이 선구자로서 마음챙김 기반 프로그램(MBP) 영역을 탄생시킨 '부모'라고 한다면, MBCT는 MBSR로부터 진화해 인지 과학을 명상 수련과 결합하는 완전히 새로운 수련 및 연구 영역의 촉매가 되었다. 따라서 이 책에 담긴 우리의 훈련 과정과 자원은 이 두 가지 모델에 뿌리를 두고 있다. 하지만 이 책의 자료 중 많은 부분이, 그 교육학과 실천이 보편적인 성격을 지녔다는 점에서 모든 MBP에 매우 적합하다고 할 수 있다.

2000년에 MBCT의 첫 무작위대조실험 결과가 발표되었고, MBCT가 우울증 예방에 기여한 부분을 훨씬 넘어서는 차원의 관심을 일으켰다. 마음챙김 기반 지도자 훈련을 받고 싶어 하는 사람도 크게 늘었다. 그러나 당시에 유럽에는 마음챙김 지도자 훈련 과정이 하나도 없었다. 그래서 우리가 소박한 방식으로 시작했다. 그리고 UMass 동료들의 도움으로 뱅거 대학교에서 훈련 과정을 제공할 수 있었다.

우리는 미국 외에 존재하는, 이 영역의 첫 대학 훈련 프로그램이었다. 그리고 2002년에는 마음챙김 연구에 초점을 맞춘 석사 프로그램을 마련한 세계 최초의 대학이 되었다. 우리는 처음부터 우리의 비전을 가능하게 하는 실천 및 교육 모델을 발견하고자 했다. 그러면서 우리는 마음챙김 수련과 지도를 그 깊이와 변화의 잠재력을 존중하는 방식으로 세상에 전해야 한다는 깊은 책임감을 느꼈다. 우리의 훈련 과정에 참여하는 수련생이 개인적으로 자신의 마음챙김 수련에 힘쓰는 것은 그때나 지금이나 우리에게 매우 중요하다. 우리는 자신에게 높은 기준을 설정했으며, 이와 똑같이 우리의 수련생에게도 그런 기준을 요청했다. 마음챙김의 수련과 교육학에 대한 이러한 경험적 관여와 동시에 우리는 우리의 접근방식이 학문적으로도 엄정성을 확보하도록 유의했다. 당시 학계에는 마음챙김이 학문 세계에 포함시킬 수 있는 적절한 영역인가에 관하여 상당한 의심이 존재했었다. 이런 회의적 시각 때문에 우리의 석사 프로그램의 유효성에 대한 첫 동료 리뷰는 매우 힘들었다! 그러나 많은 면에서 우리는 이러한 반발을 수긍했다. 그러면서 우리는 스스로에게 질문을 던졌고, 그 무엇도 당연시하지 않았으며, 우리 훈련 과정의 학문적 토대를 탄탄히 구축하고자 했다.

2000년대 초반에 우리는 우리가 지금 보고 있는, 마음챙김에 대한 주류사회의 거대한 관심을 전혀 예상하지 못했다. 우리는 우리가 깊이 중요하다고 여긴 일, 그리고 우리가 세상 속에서 실현하고 싶은 일을 하고 있었다. 그리고 물론, 다양한 방향에서 상당한 관심 부족도 있었다. 관심이 일어났을 때 우리는 거기에 응답했다. 우리는 회의적인 동료들과 많은 대화를 나눴다! 이런 맥락에서 우리는 대학 내에 우리의 자리를 잡고 새로운 조직을 만드는 데 필요한 내부적 관계 맺기 과정에서 우리의 훈련 과정을 두 개의 흐름으로 조직하는 일관된 경로가 되도록 했다. 대학원 석사 루트와 지속 개발 포트폴리오 형성 루트[우리의 지도자 훈련과정(Teacher Training Pathway: TTP)]가 그것이었다.

당신이 지금 손에 들고 있는 책은 이 과정의 결과물 중 하나다. 이것은 우리가 20년간 온 마음으로 협조하며 이룬 결과물이다. 이 책은 그간 우리가 우리 MBP 수련생들과 공유하려고 개발한 자료들을 담았다. 우리는 이 자료들을 지난 수년 동안 반복적으로 다듬어 이 책에 담기 위해 다시 작업했다. 물론 이 자료들이 완성물은 아니다. 지금도 진화하고 있으며 창조적인 과정이 진행 중이다. 현재 우리는 (각국 동료들과 함께) 역사의 지금 이 순간에, 특히 두드러지게 부각되는 사회정의, 기후붕괴, 팬데믹, 역사적 트라우마 등 세계 차원의 주제(world themes)를 어떻게 제시하고 통합할 수 있는지에 관하여 깊이 돌아보는 중이다.

상황은 항상 변하고 있다. 따라서 주류사회에 자신의 자리를 찾는 이 작업은 지속적인 탐험이다. 지금 우리가 나누는 대화는 20년 전에 가졌던 대화와 다르다. 마음챙김에 대한 요구가 일어나고 있다. 마음챙김에 대한 대중과 미디어의 커다란 관심은, 우리가 중요한 어떤 것을 지속 가능한 방식으로 만들어 가는, 느리고 꾸준한 작업을 지속적으로 한다 해도 그것은 지금까지와 다른 종류의 도전을 드리운다. 보다 광범위한 대학 재조직화의 일환으로 CMRP도 최근에 조직을 개편했다. 우리의 석사 프로그램과 연구 작업은 계속해서 뱅거 대학교에서 하게 된다. 한편, 우리의 TTP 과정은 이제 마음챙김 네트워크 자선재단과의 협력하에 제공된다. 이 책은 이런 협력의 결과물이다. 이 책의 판매에 따른 수익은 마음챙김 네트워크 자선재단 내의 CMRP 훈련 장학금 기금으로 들어가 MBP 훈련에 참가하고 싶으나 경제적 여력이 안 되는 사람들을 지원하게 된다.

이 책은 총 3부로 이루어져 있다. 제1부와 제2부는 CMRP 동료들이 지난 수년간 작성한 자료를 기초로 하여 R. Crane, Karunavira과 G. Griffith가 썼다. 여기에 세 가지 예외가 있는데 Saki Santorelli가 마음챙김 기반 가르침의 본질적 정신에 관해 쓴 글, Susannah Crump가 관계 맺기 기술 섹션에 관해 알려 준 정보, 그리고 Bethan Roberts가 온라인 지도 섹션에 관해 알려 준 정보가 그것이다. 이에 대해 무척 감사드린다.

제1부는 MBSR과 MBCT의 명시적 교육과정, 즉 공식 명상 수련, 세션별 집단 활동, 탐구 과정, 그리고 이 모든 것을 조직하는 법 등 이 프로그램들이 실제로 전달하는 내용에 대해 다룬다.

제2부는 암묵적 교육과정을 다룬다. MBP 가르침의 맥락에서 지도자가 어떻게 가르치느냐는 무엇을 가르치느냐만큼(더는 아니라 해도) 중요하다. 여기서 우리는 체화, 지도자의 개인 수련, 참가자와 관계 맺는 지도자의 자세, 집단의 힘, 그리고 이 모든 것이 교육과정의 명시적 측면들과 어떻게 만나는지 탐구한다. 제15장의 제목인 '명시적 교육과정과 암묵적 교육과정의 통합'은 이러한 다양한 요소와 차원이 역동적으로 결합해 부분의 총합보다 더 큰 학습 경험을 창조하는 과정을 보인다. 또한 우리는 MBP 코스에 필요한 오리엔테이션과 평가 과정, 온라인에서 MBP를 가르치는 법에 대해서도 다룰 것이다.

제3부에서는 MBP 지도자로서 우리 자신의 자원을 풍부하게 하는 다양한 방법에 대해 살펴본다. 성찰 수련, 개인 수련, 슈퍼비전, 지도 공간에서, 그리고 지도 공간을 넘어 필요한 기술과 이해를 쌓는 것 등이다. 또 여기에는 성찰 수련을 위한 새로운 틀, 즉 '마음챙김 기반 개입법: 지도 및 학습 안내서(Mindfulness-Based Interventions: Teaching and Learning Companion, MBI:TLC)' 또는 줄여서 TLC라고 하는 것도 포함된다. 이 도구는 수련생과 기존 MBP 지도자를 위한 성찰적 학습 및 개발 과정을 안내한다. 이것은 처음에 우리가 엑시터 대학교 및 옥스퍼드 대학교 마음챙김센터의 동료들과 협력해 개발한 '마음챙김 기반 개입: 지도 평가 기준(Mindfulness-Based Interventions: Teaching Assessment Criteria, MBI:TAC)'(mbitac.bangor.ac.uk)이라는 평가 도구를 응용한 것이다. MBI:TAC는 연구와 훈련 장면에서 MBP 지도 기술의 평가를 가능하게 해 주는 국제적으로 사용되는 주요한 도구다. 그러나 이것의 활용도는 단지 평가하는 것보다 훨씬 넓다. 이것은 MBP 지도자의 기술 영역에 대한 지도를 제공하며, 기술의 발달을 돌아보는 프레임을 제공한다. TLC는 이 책의 제3부에 들어 있다. 이 책 전체에서 우리는 당신이 MBP 지도자가 갖추어야 할 기술과 태도적 자질에 관한 글을 읽는 데 그치지 않고 이와 관련한 당신의 학습 과정을 주도적으로 돌아볼 수 있는 TLC 내의 섹션들을 안내할 것이다. 우리는 이 TLC

를 만드는 데 있어 브라운 대학교 마음챙김센터의 MBSR 지도자 훈련 및 교육과정 개발 부(副) 디렉터인 Lynn Koerbel과 함께 작업하게 되어 기쁘다. 제3부에도 CMRP 동료들이 쓴 다양한 장이 포함되어 있다. 여기서는 개인적 마음챙김 수련, 슈퍼비전, 전문적 수련, 트라우마, 안전 문제, 현재의 사회적 주제와 관련한 MBP 지도의 인터페이스, 과학 및 이론과 발 맞추는 법, 당신이 처한 맥락에서 MBP를 적용하는 법 등을 다룬다.

차례

제3부 마음챙김 지도자로서 우리 자신의 자원을 풍요롭게 하기

제1부

명시적 교육과정

소개

명시적 교육과정이란 무엇이며, 그것은 암묵적 교육과정과 어떻게 조화되는가

제1부에서는 명시적 교육과정의 바탕이 되는 의도와 지도 방법론(즉, 공식 명상 수련이나 탐구 등 세션별로 실제 어떤 '내용'을 가르치는지)을 개관한다. 그다음 제2부에서는 암묵적 교육과정의 중요성(즉, 지도자의 체화 등 내용이 아닌 '과정'을 통해 참가자들에게 전달되는 자질이나 가치)을 살펴본다. 이 섹션에서는 교육과정 이슈에 대해 개괄하고, 각 교육과정의 역할을 명료하게 하며, 각 부분이 서로 어떻게 합쳐지는지 전체적인 관점을 제시한다.

지도 공간에서는 교육과정의 내용보다 더 많은 일이 일어나고 있다. 즉, 직접적으로 눈에 보이고 귀로 들리는 일들이다. '마음챙김은 가르쳐지는 것이 아니라 자연스럽게 체화되는 것이다(mindfulness is caught rather than taught)'라는 구절은 배움에 있어서 '무엇을' 가르치는가도 중요하지만 '어떻게' 가르치는가도 그만큼 중요하다는 의미를 나타낸다. 교육 영역에서 지도 과정의 암묵적인 측면을 종종 '암묵적 교육과정 또는 눈에 보이지 않는 교육과정'이라는 말로 부른다. 이것은 학생이나 교육자가 종종 알아보지 못해도 배움에 반드시 필요한 학습 과정의 일부를 일컫는 말이다. 교육과정의 이러한 암묵적 부분은 목소리, 억양, 느낌, 몸짓언어, 시선 마주침 등 비언어적 메시지를 통해 전달되는 경향이 있다. 이것은 윤리, 가치, 진정성, 조화, 신뢰(또는 이것들의 부족)를 전달하는 교육학의 측면이다. 우리가 참가자들의 다양성을 포용하고 그들을 포용적으로 가르치는 조율된 능력을 전할 수 있는 것은 암묵적 교육과정을 통해서다(24장). 연결되고 의미 있는 학습 경험이 가능하려면 눈에 보이지 않는 숨은 교육과정이 서로 조화를 이루어야 한다.

CMRP에서 실시하는 지도자 훈련 프로그램에서 우리는 명시적 교육과정과 암묵적 교육과정 둘 다를 의도적으로 강조한다. 우리는 Maya Angelou의 다음과 같은 말에 담긴 진실을 인정한다. "나는 사람들이 당신이 무엇을 말하고 무엇을 했는지는 잊어버려도 당신이 그들에게 어떤 느낌을 주었는지는 결코 잊지 않는다는 것을 알게 되었다." 우리는 MBP를 마친 사람들이 수련 도구상자(교육과정의 명시적 요소)를 가지고 떠나는 것을 안다. 동시에 그들은 마음챙김으로 서로 연결된 기억, 중요하게 여기는 가치와 일치하는 삶의 기억, 그리고 자신과 타인, 더 넓은 세상에 대한 배려의 마음을 가지고(교육과정의 암묵적 요소) MBP를 마친다. 분명히 이 요소들은 서로에게 의존하고 있다. 하나가 약해지면 전체 학습 과정도 더 약해진다. 마음챙김은 '존재의 질(quality of being)'이자 엄정한 '수련(practice)'으로서, 본질적으로 자기 내면과 외면의 경험을 향해 열려 있는 대응적인 태도다. 따라서 MBP '교육과정'은 (지도자의) 이런 본질적 태도를 (참가자들에게) 전하는 것을 가능하게 하는 목적으로 설계된다. 그리고 이것은 지도자 수련생들이 명시적 · 암묵적 지도 기술을 스스로 돌아보고 개발하도록 돕는 MBI:TAC(Crane et al., 2018)와 MBI:TLC(19장)에서 제시하는 틀에 반영되어 있다.

제1부의 첫 섹션에서는 Saki Santorelli가 2017년 MBSR 교육과정 가이드에서 서문으로 처음 썼던 글을 소개한다. 여기서 Saki는 특히 MBSR 교육과정 가이드의 역할에 대해 살펴보면서 MBSR을 언급하고 있지만, 그 글의 정신은 모든 MBP에 적용 가능하다. 그는 우리에게 MBP 교육과정의 명시적 요소의 중요성과 이해를 상기시키는 동시에, 교육과정의 명시적 요소를 지나치게 강조하는 위험성에 대해서도 말하고 있다. 그 뒤에 이어지는 제1부의 챕터는 기고자들이 쓴 것이다.

1장

마음챙김 기반 가르침의 본질적 정신

Saki F. Santorelli

800년 전 위대한 수피(Sufi) 교사이자 시인인 젤랄루딘 루미(Jelaluddin Rumi)는 그의 인생 마지막 12년 동안 62,000줄의 시로 구성된, 인간의 상태와 영혼(의식)의 전개에 관한 6권의 방대한 책인 『마스나비(Masnavi)』를 암송하고 썼다. 루미가 이 위대한 작품에서 말하는 주제 가운데는 그가 '다양한 지능'이라고 부르는 것과 '전체의 마음'이라고 부르는 '보편적 지능'에 관한 것도 있다. '다양한 지능' 중에서 '개인적 지능'에 대해 그는 다음과 같이 말한다.

> 개인적 지능은 진정한 작업을 하지는 못한다. 배울 수는 있지만 창조할 수는 없다. 그것은 반드시 비시간, 비공간으로부터 와야 한다. 진정한 작업은 거기서 시작된다(Rumi, 1994).

루미는 '두 종류의 지능'이라고 부르는 것에 대해서도 말한다.

> 하나의 지능은 우리가 습득한 지능이며, 또 하나는 이미 완성되어 당신 안에 자리 잡고 있는 지능이다(Rumi, 1988).

마음챙김 기반 프로그램(MBP)의 교육학에 영감을 주는 정신을 돌아보는 맥락에서 우리는 이 '두 종류의 지능'을 탐구하고 이해할 필요가 있다.

습득한 지능: MBP 교육의 도구적 차원

MBSR 지도법을 배우는 많은 사람이 종종 나에게 이렇게 질문한다. "MBSR 교육과정이 지난 38년 동안 많이 바뀌었나요?" 나는 이 질문을 받으면 보통 우리 사이에 일어나는 침묵에 주의 깊게 관심을 기울인다. 정답은 무엇일까? 예일까, 아니요일까? 예이기도 하고 아니요이기도 할까? '예'도 '아니요'도 내가 아는 한에서의 현실과는 맞지 않아 보인다. 왜냐하면 이 질문에 대한 가능한 대답은 질문하는 사람과 그 질문에 답하는 사람의 관점에 달려 있기 때문이다. 본질적으로, MBSR 교육과정은 1979년에 세상에 태어난 형식 그대로 지금까지 충실하게 유지되어 오고 있다.

지금으로서 MBSR 프로그램의 기본 구조, 명상 수련의 순서, 프로그램에 깃든 기본적인 세션 주제는 처음과 변하지 않고 그대로다. 전반적으로 이러한 교육과정 구성요소는 MBSR 교육과정 중 '도구적' 영역을 구성한다. 이 도구적 영역은 루미가 '습득한' 지능이라고 부르는 것이다. 습득한 지능은 연습과 반복을 통해 달성된다. 시간의 흐름과 함께 학습하고 이해하며 경험적으로 정련된 기술과 역량을 개발함으로써 달성한다. 확실히, 그 도구는 학습의 영역으로 구성되어 있기 때문에 매우 가치가 있다. 도구의 관점에서 볼 때 이 교육과정 가이드는 세션별 핸드북인 운영 매뉴얼과 유사하다. 당연히 MBP 교사가 되기 위해 처음 배우는 사람은 교육과정에 대해 이런 식으로 접근한다. 도구의 렌즈[도구는 행위(doing)와 됨(becoming)의 세계이다]를 통해 볼 때는 교육과정이 바뀌었느냐 안 바뀌었느냐는 질문에 대한 답이 '아니요'로 기운다. 1979년 이후 교육과정은 크게 바뀌지 않았다.

물론, 바로 여기에 공인 교육과정 안내서를 발간하는 위험이 내재해 있다. 조만간 사람들은 그것을 '매뉴얼화된 지침'으로 오인할 것이다. 조만간 사람들은 그 형식에 붙들릴 것이고 그 도구에 단단히 묶일 것이다. 왜냐하면 공인 교육과정 가이드는 가르침의 구조와 궤도, 지도를 제공하기 때문이다. 사람들은 지도를 실제 영토로 쉽게 오인한다. 이것은 가치가 있고 때로 편안함을 주지만 한계가 있다. 우리는 거의 언제나 지도가 곧 영토

이길 바란다. 왜냐하면 우리는 '지속성(constancy)'을 원하기 때문이다. 관찰해 보면 우리가 도구와 형식을 단단히 붙잡고 그것에 지지받는 것을 종종 더 수월하게 느낀다는 것을 알 수 있다. MBSR 교육과정에서 도구적 차원의 지능이 스스로 드러남으로써 그에 대한 감각을 어느 정도 확립했다면, 이제 우리의 주의를 또 다른 종류의 지능으로 돌려 보자.

'이미 완전한' 지능: 마음챙김 기반 프로그램 지도의 비도구적 차원

MBSR의 교육과정은 그 본질에 있어 1979년 세상에 처음 탄생했을 당시의 비형식성(formlessness)에 지금도 여전히 충실하다. 가장 기본적 차원에서 마음챙김 기반 프로그램을 가르치려는 당신에게 필요한 것은 방(room)이다. 사람들이 모이는 장소 말이다. 물론 당신은 이미 방에 살고 있다. 이것은 언제나 당신과 함께하는 방으로 당신 가슴의 방을 말한다. 루미는 이것을 장소 없는 장소(placeless place)라고 불렀다. 당신 가슴의 중앙에 있는 신선함. 그로부터 200년 뒤에 하피즈(Hafiz)는 그것을 이렇게 표현했다.

> 당신 가슴 속의 도시.

이 '신선함', 이 '도시'는 시공간을 벗어난 것이고, 개인의 지능을 벗어난 것이며, 어떤 것을 성취해야 하는 필요를 벗어난 것이고, 당신 자신이나 다른 사람, 또는 어떤 것을 바꿔야 하는 필요에서 벗어난 것이다. 얻음도 아니고, 얻지 못함도 아니다. 완전성이나 비완전성과도 무관하다. 그저 존재(being)하는 것이다. 이것이 바로 명상과 마음챙김 기반 프로그램의 비도구적 실재성이다. 이미 당신 안에, 그리고 당신이 함께하고 있는 사람들 안에 완전한 형태로 존재하고 있는 지능이다. 이 지능은 얻을 필요가 없다. 그보다 이 지능은 기억해야 한다. 이것이 진정한 교육과정이자 가이드다. 마음챙김 기반 프로그램의 가르침의 원천이 되는 이 깊은 샘은 당신에게서 흘러나와 세상으로 나아간다. 마음챙김 기반 프로그램의 교육과정 안내서에 설명한 모든 단어와 형식의 이면에서 당신이 누구이고 무엇인가에 관하여 다시 떠올려야 할 때면 언제든 이 샘으로 다시 돌아갈 것을 고려할 수 있다. 길을 잃었거나 지쳤을 때, 풀이 죽었을 때 또는 그저 휴식과 평온이 필요할 때면 당신은 이 '신선함'을 사용할 수 있다. 이것은 어떠한 목적도 추구할 필요가 없는 새로운 활력이다. 만약 당신이 자신에게 이런 공간을 허용한다면 도구에 지나치게 집착하는 것은 비도구적 성격에 당신을 눈멀게 한다는 점을 스스로 알게 될 것이다.

러시아의 마트료시카 인형처럼 도구는 비도구 안에 둥지를 틀고(nested) 있다. 만약 그렇지 않다면 당신이 어떻게 무언가를 배울 수 있겠는가? 사랑이 당신 존재의 본질적 특성이 아니라면 당신이 어떻게 누군가를 사랑할 수 있겠는가? 공감이 당신 내면에 이미 깃들어 있지 않다면 어떻게 당신이 타인의 고통에 아파하고 그것을 민감하게 느낄 수 있겠는가? 물론 우리는 의도적인 연습을 통해 이런 마음의 자질들에 더 친숙해지는 법을 배울 수 있다. 그러나 이것들이 본래부터 당신의 본질적 일부가 아니라면(비록 우리 대부분에 있어 그것이 가려져 있기는 하지만) 당신은 사랑하고 연민을 느끼는 데 필요한 기준점을 갖지 못할 것이다. (그리고 Walt Whitman이 말하듯이) 세상의 안녕에 대한 보편적 책임에 있어 당신의 몫이 무엇인지도 가늠하지 못할 것이다.

마음챙김 기반 프로그램을 고정된 '사물'로 본다면 당신은 그 본질을 놓칠 것이다. 마음챙김 기반 가르침을 관계의 패턴으로 보라. 살아 맥박이 뛰는, 끊임없이 변화하는 생명의 표현으로 본다면 당신은 그것을 발견할 것이다. 마음챙김 기반 프로그램이 어떤 가치가 있다고 한다면, 그 가치는 생생히 살아 있음에 있을 것이다. 그리고 마음챙김 기반 프로그램의 살아 있음이란 교육과정의 예상 불가함(ungraspability)에 있다. '비도구'라는 새로운 관점에서 본다면 "MBSR 교육과정이 지난 38년 동안 많이 바뀌었나요?"라는 질문에 대한 답은 "그렇다"다. MBSR 교육과정이 바뀐 이유는 세상의 모든 것과 마찬가지로 MBSR 교육과정도 끊임없이 변화하기 때문이다. 마찬가지로, 당신이 생각하는 '당신'이라는 사람도 끊임없이 바뀌고 있다. 이 역동적 흐름이야말로 당신을 통해 드러나며 당신이라는 사람으로 체화되는, 루미가 말한 '보편적 지능'에 깃든 창조적 성격과 다르지 않다. 그리고 물론, 당신이 그 가려짐 이면에 존재하는 당신의 참모습을 향해 성장하고 깊어지며 더 온전히 스며드는 과정에서 그 교육과정 또한 매우 자연스럽게 변화한다. 끝없이 새로운 드러남을 향해 깊어지고 확장되면서…….

궁극적으로, 그리고 매우 실제적인 차원에서, 마음챙김 기반 프로그램의 '교육과정'이란 다름 아닌, 가르침의 공간에서 당신이 매주 함께하고 교류하는 특권을 누리는 사람들의 삶과 교차하고 섞이는 당신의 삶이다. 고통, 변화(inconstancy), 견고하고 구체적인 '자아'의 부재—고통을 덜어 주고 싶은 바람, 당신이 당신 안에 지니고 있고 당신이 앞으로 함께할 사람들이 그들 안에 지니고 있는 안녕에 대한 바람—가 바로 교육과정이다. 그것이 바로 마음챙김 기반 프로그램을 가르치는 데 필요한 살아 있는 생명력이다.

지금부터 마음챙김 기반 프로그램을 배우고 가르치는 과정에 들어선 당신에게 주는 나의 당부는 이렇다. 어떤 마음챙김 기반 프로그램이라도 그것을 가르치는 참된 지침은 언제나 당신 내면에 항상 존재하고 있다는 것을 깨닫기 바란다. 그리고 그 지침은 언제나 당신이 거기에 주의를 기울여 주기를 기다리고 있으며, 지금 여기, 과거와 미래, 시공간에 관한 모든 의견을 벗어난 당신의 완전함 속에 언제나 자리 잡고 있음을 깨닫기 바란다.

2장

교육과정에 대한 고려사항

명시적 교육과정 구성 요소를 살펴보기 전에 마음챙김 기반 프로그램(MBP) 교육과정의 맥락에 관한 전반적인 개요를 제시한다. 또한 당신이 어떠한 MBP 교육과정을 선택해 가르침을 녹여낼 것인가에 대해 몇 가지 관점을 제시한다. 이것은 명시적 교육과정을 가르치는 방법에 관해 살펴보기 전에 다루는 중요한 전주다. 이것은 교육과정 충실도의 중요성과 당신이 가르치는 내용에 관한 명료성이 중요함을 강조한다는 점에서 앞에서 Saki가 쓴 섹션과 균형을 이룬다. 특정 상황과 특정 참가 대상을 위해 교육과정을 적절히 변용하는 문제에 대해서는 참고자료와 함께 다음에서 간략히 소개했다.

Saki가 매우 설득력 있게 전했듯이, 모든 MBP 교육과정은 '원칙이 이끄는(principle-led)' 교육과정이다. 그러나 그것은 고정된 규약이나 규칙 목록—그것이 역사적 권위의 원천에 근거한 것이든, 현대의 과학과 사고에 근거한 것이든, 또는 MBP 지도자와 트레이너로서 우리의 집단적 지혜와 경험에 근거한 것이든—과는 오히려 반대되는 것이다. '원칙이 이끄는' 교육과정은 지도자가 원칙에 대한 분명하고 깊은 이해를 계발하는 데 달려 있다. MBP 교육과정의 근본 원칙을 체화하는 작업은, 마음챙김 수련에 대한 지도자 본인의 살아 있는 경험로부터, 우리의 지도 경험으로부터, 그리고 이론과 연구에 대한 우리의 학습과 이해로부터 나온다. 즉, 이것은 우리가 이어받은 교육과정에 변화를 주고자 할 때는 매우 신중하고 겸손하게 변화를 주어야 한다는 의미다!

2000년대 초반 우리가 뱅거 대학교에서 지도자를 처음 양성하기 시작했을 때 교육과정 선택지는 간단했다. MBSR이 원안의 MBP였고, MBCT는 특정 참가자 대상과 임상적 맥락에 맞게 변용시킨 버전이었다. MBCT는 분명하게 임상적 맥락에 위치하고 있었다. 한편, MBSR은 임상 훈련을 받지 않은 모든 지도자에게 적합했다. 또는 만성 통증 환자를 위한 교육과정을 가르치고자 하는 지도자, 인간으로서 겪는 어려움에 넓게 초점을 두는 지도자가 가르치기에 적합한 프로그램이었다. 그 이후로 MBCT의 임상 적용 범위가 확장되면서 MBCT는 임상을 벗어나 다양한 장면에 적용되었다. 그러면서 (우울증 환자가 아닌) 일반 참가자를 위한 MBCT 버전이 만들어졌다(예: MBCT for Life). MBCT의 개발 과정은 마음챙김 수련을 인지 과학과 결합시키는 데 선구적인 역할을 했으며, 이것은 그 밖의 많은 MBP와 과학 연구 문헌이 탄생하는 길을 놓았다. MBSR의 지도법과 과학 또한 계속해서 발전했다. MBSR은 다양한 삶의 어려움에 직면한 일반인에게 지금도 여전히 매우 적합한 접근방식으로, 특정 대상 집단과 맥락을 위한 사려 깊고 경험적으로 증명된 MBSR 변용 프로그램도 많이 있다. MBSR과 MBCT의 DNA에서 추출한, 다양한 맥락과 대상 집단을 위해 개발된 MBP도 다양하고 광범위하게 존재한다. 어떤 영역에서는 지도자들이 보다 간결한 프로그램을 가르치고자 하는 요구도 상당히 존재하고 있다.

새롭게 부상하는 이 영역이 역동적으로 발전하는 현상은 축하할 만한 일이다. MBP의 지도 과정과 내용을 다양한 맥락과 대상 집단에 맞게 응용하려는 노력과 열정은 이 작업이 보다 많은 사람의 필요에 부응하게 해 주고 있다. 그런데 이와 더불어 주의해야 하는 점도 있다. Dimidjian과 Segal(2015)은 MBP 영역의 과학을 분석하면서 다양한 맥락에서 다양한 대상 집단에게 제공된 다양한 MBP의 타당성 연구가 일회성으로 그치고 추가적인 연구가 이루어지지 않는 경우가 무척 많다는 점을 지적했다.

이런 유동적 맥락에서 CMRP(마음챙김 연구수련센터)에서 우리는 우리의 훈련 과정에 대해 분명한 입장을 취한다. 즉, 우리 센터에서는 수련생들에게 자신들의 학습을 실제적 근거가 있는 교육과정 형식에 체화하도록 권고한다. 우리는 또한 MBCT와 MBSR이 모든 대상 집단과 맥락에 항상 이상적이지는 않으며 때로는 능숙한 변용이 필요하다는 점을 인지하고 있다. 그러나 우리는 이 변용 과정의 경우 확립된 MBP 형식에 익숙해질 때 가장 잘 수행될 수 있다고 믿는다. 이러한 발전 과정의 맥락에서, Jon Kabat-Zinn이 매사추세츠의과대학(UMass)에 설립한 CFM(마음챙김센터)에서는 이 영역이 처음 그것이 의도한 대로 MBSR에 다시 닻을 내리도록 MBSR 교육과정 가이드를 처음으로 발간했다(2017). 이것은 이 영역에, 'MBSR'이라고 이름 붙여진 프로그램의 진정한 형식에 관하여 더 큰 명료성을 부여했다. 비록 Saki가 교육과정 가이드에 대한 프롤로그에서 설득력 있게 썼듯이(Center for Mindfulness, 2017; 1장 참조), MBP 교육과정의 미묘함을 글로 적어 고정해 두는 데는 약간의 '한계(edges)'가 있지만 말이다. 이후 MBSR 교육과정 가이드는 업데이트되었다(Kabat-Zinn et al., 2021).

MBCT와 MBSR 모두, 훈련센터로서 뱅거에서의 우리의 프로그램 개발에 대한 기준점이 되었다. MBCT는 뱅거 대학교에서 Mark Williams가 개발하고 연구하고 있었다. 프로그램 개발 초기에 우리의 주요 지도자, 가이드와 동료들은 매사추세츠의과대학 CFM 출신의 시니어 MBSR 지도자들이었다. 이로써 영국에서 초기 보급과 훈련에 있어 MBCT와 MBSR이 서로 합류하게 되었다. 더 최근에는 시장에 나와 있는 수많은 프로그램 형식과 이로 인한 혼란이 야기되고 프로그램의 전일성이 상실되는 데 대한 우려에 대응하여 우리 훈련 과정에서는 MBCT와 MBSR을 더 명확하게 규정하고 있다. 우리는 계속해서 MBCT와 MBSR을 병행해서 훈련하고 있으며, 동시에 각 프로그램 고유의 특징에 대해서도 분명히 하고 있다. 우리의 목적은 우리의 교육생들이 각 프로그램을 그 고유의 형식대로 알도록 하는 것이다. 또 그들의 초기 지도 경험이 각 프로그램 고유의 형식에 닻을 내리도록 하는 것이다. 이렇게 했을 때 교육생들이 나중에 이 프로그램을 응용하겠다고 하는 경우, 우리는 그들이 원래 의도한 대로의 교육과정에 대한 실제 체험을 바탕으로 응용할 것이라고 확신할 수 있다.

MBSR과 MBCT를 서로 병행해 훈련하는 데는 많은 이점이 있다. 그렇게 하면 MBP 영역을 하나의 전체로서 그것이 지닌 일관성을 강조할 수 있고, 이와 더불어 MBP 지도 연습에 필요한 일반 지식과 기술, 태도를 분명히 규정할 수 있다. MBP의 일반적 특징은 날실과 씨실(구조와 내용) 논문(warp and weft paper)에 나와 있다(Crane et al., 2017). 이 논문은 마음챙김에 기반한 모든 프로그램의 특징에 대해 이야기한다. 그런데 MBP가 가진 공통 요소(즉, '날실')를 분명하게 하는 것도 필요하지만 각각의 MBP가 서로 구분되는 특징(즉, '씨실')이 무엇인지를 밝히는 것도 중요하다. 그렇게 할 때 우리가 지도자로서 딛고 선 토대에 대해 더 분명히 알 수 있고, 각각의 프로그램이 전체에 기여할 수 있는 부분이 무엇인지도 더 분명히 알 수 있다. 다음으로, MBSR과 MBCT가 서로 어떻게 다른지 핵심적인 특징에 대해 알아보자.

마음챙김 근거 스트레스 완화 프로그램

마음챙김 근거 스트레스 완화(Mindfulness-Based Stress Reduction: MBSR) 프로그램은 참여의학 또는 통합의학의 한 가지 형식으로 개발되었다. 이 프로그램은 참가자들이 자기 내면에 존재하는 성장과 치유의 자원을 활용해, 의료 서비스와 자기 삶에 관여하는 여정에 있어서 능동적인 참가자가 되게 하는 것을 목표로 한다(Kabat-Zinn, 2013). MBSR은 치료법보다 교육적 문화 배경을 갖고 있으며, 다양한 이론적, 교육학적 근거를 통합하였다([그림 2-1] 참조).

MBSR은 모든 인간이 가진 보편적 취약성에 대한 이해에 바탕을 두고 있다. 여기서 보편적 취약성이란, 힘겨운 경험에 대해 우리가 갖고 있는 자동반응성이라는 패턴과 관계된 취약성을 말한다. 이러한 이해는 인간 고통의 원인과 고통을 줄이는 법에 관한 지도를 그린 불교의 심리적 프레임뿐 아니라 스트레스 생리학, 심리학, 그리고 회복탄력성에 관한 현대의 이론도 함께 활용하고 있다(Williams & Kabat-Zinn, 2011; Kabat-Zinn, 2013, 25장).

마음챙김 근거 인지치료

마음챙김 근거 인지치료(Mindfulness-Based Cognitive Therapy: MBCT)는 MBSR을 인지행동치료(CBT)의 이론 및 원리에 통합시킨 것이다([그림 2-2] 참조). MBCT는 반복적인 우울 삽화에 취약한 사람들을 위한 우울증 예방 프로그램으로 개발되었다. 이 프로그램은 연구, 이론 개발의 맥락에서 개발되었으며, 또한 임상 장면에서 적용하는 현실에 대한 실용적 인식을 가지고 개발되었다. MBCT는 MBP 가르침을 특정한 대상 집단과 맥락에 신중하게 응용하는 이론 중심 방법론의 선구자로서, 다른 여러 가지 MBP를 개발하는 촉매가 되었다.

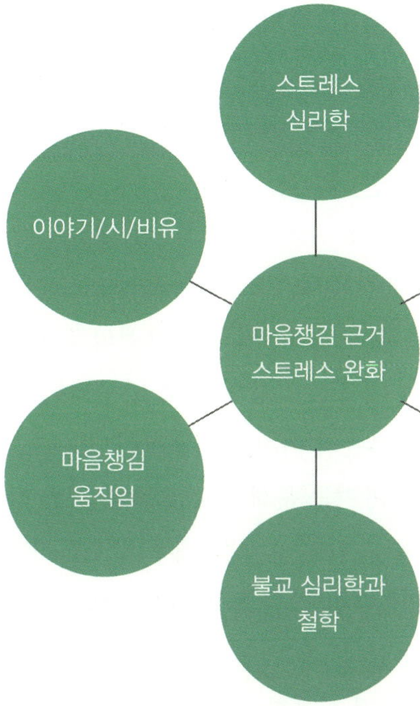

[그림 2-1] MBSR을 구성하는 교육학적 영향들

[그림 2-2] MBCT는 MBSR과 CBT의 통합

CBT가 이러한 통합에 기여한 바는 크게 다음의 두 가지 형식을 취한다.

1. 보편적 취약성(모든 인간이 가진 본유적 힘겨움)과 특정한 취약성(이 프로그램이 목표로 하는 대상 집단이 공유한 특정한 힘겨움)이 어떻게 처음에 촉발되고 지속되는지에 관하여 설명하는, 근본적인 심리 프레임/모형
2. CBT 수련에서 뽑은 교육과정 요소들이다. 주요 MBCT 교육과정 가이드는 Segal 등

(2003)이다. 유용한 요약은 Crane(2017)에 나와 있다.

MBSR과 MBCT의 구분되는 특징

MBSR과 MBCT는 겹치는 부분이 매우 많다. 프로그램의 구조, 교육학적 접근방식, 프로그램 내용도 대부분 동일하다. 차이점도 있다. 각 프로그램의 교육과정에 대한 당신의 이해가 커 감에 따라, 비록 당신이 이 두 프로그램의 서로 구분되는 특징을 분명히 하려는 의도를 가졌다 하더라도 모호성과 혼란의 여지를 허용하라!

두 프로그램의 핵심적인 차이점 한 가지는 문화다. MBSR은 경험 학습의 문화에서 탄생했으며 따라서 비도구성, 창발적 학습의 중요성을 매우 강조한다. 예상치 못한 것에 대한 공간, 경험의 신비에 연결하는 데 대한 공간을 허용한다. MBSR에도 핵심적이며 반드시 전달해야 하는 프로그램 내용이 있다. 하지만 이 내용의 범주 안에서라면 지도자는 프로그램의 구조와 교육과정을 유연하게 활용할 수 있으며, 참가자에 대한 즉흥성과 대응 능력을 우선시할 수 있다. 한편, MBCT는 임상적 문화에서 탄생했다. 그리고 구조화된 연구 실험의 맥락에서 탄생했다. 따라서 MBCT의 교육과정은 언제나 매뉴얼 형태로 사용 가능하다. MBSR은 지금까지 암묵적인 것을 우선시했다면 MBCT는 명시적인 것을 더 우선시했다. 그러나 두 프로그램 모두 암묵적인 것과 명시적인 것 모두가 중요하다는 점을 분명히 하고 있다.

또 하나의 차이점은, MBCT 프로그램과 지도 과정은 그 바탕에서 심리적 모형에 의해 틀 지어져 있다는 점이다. 이 심리적 모형이 암묵적으로 참가자들의 배움을 안내한다. MBCT 지도자는 이론적 이해의 프레임을 공부하고 통합시킨 뒤 이것을 자신의 지도 과정에 적절히 엮어 넣는다. 이것은 매우 미묘한 작업(예컨대, 바디스캔 안내를 '탈중심화 기술'의 개발로 유도하며, 이는 경험하는 능력과 동시에 그 경험을 명료하게 보는 능력을 강조함으로써 이루어진다)일 수도 있고, 아니면 보다 명시적인 작업(예컨대, 우울증 지속의 원인이 되는 회피 메커니즘에 대한 인지적 이해에 관하여 짤막한 교육자료를 제공하는 것 등)일 수도 있다.

나는 무엇 때문에 MBCT 또는 MBSR을 가르치기로 결정했는가

우리의 훈련 프로그램에서 일정 시점이 되면(대개 일반적 MBP 지도 기술을 쌓는 초기 단계를 지나고 난 뒤에) 우리는 수련생들에게 자신의 지도 경험을 개발하는 주요 기준점으로서 MBCT와 MBSR 둘 중에 하나를 선택하게 한다. 이 선택에 영향을 주는 주제는 다음과 같다.

맥락

당신이 일하고 있는 환경이 교육과정 선택에 영향을 줄 수 있다. 예컨대, 영국의 건강서비스에서는 MBCT가 더 잘 알려져 있으므로 사람들이 더 잘 받아들일 수 있다.

프로그램에 참여하는 대상 집단

예컨대, MBSR이라는 이름은 MBCT보다 일반 대중에게 더 의미가 있고 더 적합할 수 있다. MBSR은 일반 대중을 상대로 만들어졌으므로 이 맥락에 더 자연스럽게 적합할 수 있다. 물론 지금은 MBCT for Life 프로그램도 일반 대중에게 가르친다.

지도자의 경험과 지식

MBCT 지도자들은 해당 심리학적 과정에 훈련을 받았고, 일반적 취약성을 설명하는 심리학 이론에 대한 실무적 이해를 갖추었다. 이뿐만 아니라 프로그램(가령, 만성피로 환자 등 특정 집단을 위한 프로그램)에 참여하는 대상 집단의 특정한 취약성을 설명하는 심리모형에 대한 이해도 갖추었다. MBP를 임상 맥락에서 가르칠 때는 적절한 전문적 임상훈련이 요구된다는 점에 유의하라. 아니면 MBP 지도자는 임상 동료와 협력해 작업해야 한다.

지도자의 선호

어떤 지도자에게는 MBSR의 보다 개방적이고 유동적인 문화와 스타일이 더 적합할 수 있고, 또 어떤 지도자에게는 MBCT의 일부인 인지 과학과 이론에 중심을 두는 것이 더 맞을 수 있다.

연구

당신이 작업하고 있는 대상 집단이나 맥락에 대해 특정 MBP가 증거 기반이 있다면, 이것은 교육과정 선택에 대한 강력한 안내가 된다.

처음부터 한 가지 교육과정에 정착하겠다고 선택하면 수련생이 교육과정 가이드를 신중하게 학습할 수 있는 여유가 생긴다. 또 이를 통해 수련생은 각각의 교육과정 요소와 각 세션의 바탕이 되는 여러 층의 의도성에 대해, 그리고 이전에 가르친 내용에 다음 단계를 쌓아 가는 과정에 대한 이해를 키울 수 있다. 이것은 다음에 올 내용에 대한 토대를 놓아 준다. 슈퍼비전은 당신이 지도자로서 발전하는 과정 내내 교육과정에 대한 이해를 키우는 데 특히 중요한 자원이다(21장). 많은 수련생이 이후에 MBSR, MBCT 그리고 기타 MBP에 대한 이해와 수련 기술을 키움으로써 자신들의 발전과 수련을 확장시킨다. 수련생들이 지도에 첫발을 들여놓을 때 우리는 그들에게 교육과정 가이드에 나와 있는 대로 프로그램을 가르치며 그 형식에 충실하도록 권한다. 프로그램의 형식에는 이미 전일성이 갖춰져 있다. 이미 프로그램에 들어 있는 내용을 훼손하지 않고 어떤 것을 덧붙일 공간은 없다.

마음챙김 기반 프로그램을 응용할 때 고려할 사항

MBCT와 MBSR은 특정 대상 집단과 특정 순간에 대응하도록 설계되었다. 따라서 프로그램의 모든 과정에서 매 순간 응용은 이미 일어나고 있다. 그러나 응용을 통해 이 프로그램을 특정 대상 집단과 맥락에 더 맞게 만드는 작업은 중요할 수 있다. 응용하기 전에 다른 사람의 조언을 받는 것이 중요하다. 예컨대, 당신이 프로그램을 응용하고자 하는 대상 집단에 대해 전문 지식을 갖춘 전문가의 자문을 구하거나 마음챙김 슈퍼비전을 받는다. 프로그램을 응용하는 미세한 과정에는 교육과정 내용, 프로그램 구조, 과정의 진행시간이나 가르침의 스타일 등이 포함될 수 있다. '날실과 씨실' 모형(Crane et al., 2017)은 교육과정 응용에 일정한 관점을 제공한다. 즉, '날실'은 '씨실'의 다양한 개별적 질감과 색상을 지탱하는 변함없는 구조가 되어 주는 것이다. 교육과정이 '마음챙김 기반 프로그램'으로 계속해서 정의되기 위해서는 날실과 씨실의 차이에 대한 이해가 필수적이다. 여기서 씨실은 특정 대상 집단이나 맥락의 필요에 적절하게 응용되어야 한다. 따라서 당신이 현재 MBP의 증거 기반이 존재하지 않는 특정 집단에 대한 훈련과 경험을 갖고 있다면, 그러한 임상 맥락에서 '씨실'을 응용하기 전에 해야 하는 개발 작업에는 다음과 같은 것이 포함된다.

- 당신의 참가자에 대한 당신의 지식과 당신의 마음챙김 경험을 토대로, 마음챙김 훈련이 특정한 임상적 진단을 받은 사람들에게 영향을 주는 다양한 방식을 고려하기
- 마음챙김 훈련을 이 참가자 집단에 대해 어떻게 가장 잘 사용할 수 있을지 수련 시간이나 명상 수련의 종류 등을 포함해 생각해 보기. 참가자 집단이 마음챙김을 활용하도록 고무하고 지원하는 데 필요한 교육자료를 마련하기
- 신중한 예비 실험에 착수하기. 신중하게 평가하고 이 평가를 활용해 응용 과정을 개선하거나 중지하기(Sanghvi, 2019)

비임상 맥락에서는 '씨실'을 응용하는 것이, 예컨대 조직, 문화, 사회정치, 또는 종교 관련 고려사항의 요구에 대응하는 것과 연관될 수 있다. 표준 교육과정(즉, MBSR과 MBCT)은 탄탄한 증거 기반을 가지고 있으며, 이 프로그램들을 변형시키지 않고 원래 모습 그대로 전하는 방법을 찾는 데 모든 시도를 해야 한다. 동시에 맥락이나 대상 집단의 특수성에 대응하기 위해 수정이나 적용이 필요하다면 다음 사항을 고려해야 한다.

- 수정이나 적용이 필요한 이슈나 관점에 관하여 당신의 슈퍼바이저와 신중하게 탐구한다. 이 논의에 도움이 되기 위해 다른 지도자나 연구자의 정보를 구해야 할 수도

있다.

- 수정이 필요한 프로그램의 각 요소에 대해 '비용-편익' 분석을 실행한다(즉, 적용이나 수정을 통해 잃는 것은 무엇이고 얻는 것은 무엇인가).
- 특정 세션에서 변화를 준 요소가 있다면 그것이 이후의 세션에서 어떤 함의를 갖는가를 고려한다. 전체가 부분의 총합보다 클 수 있다.
- 이 과정에 도움을 주는 핵심 자료를 참고하라. 예컨대, McCown 등(2016)과 Sanghvi(2019) 등이 있다.

요약

교육과정은 MBP 지도에 있어서 겉으로 드러나는 명시적 차원으로서, 변화에 대응해야 하지만 그와 동시에 어렵게 얻은 증거 기반의 전일성에도 충실해야 한다. 이 새로운 분야의 경험 있는 지도자와, 지금도 계속해서 발전하는 증거기반 과학이 '함께', 불확실성과 점증하는 변화의 바다에서 일정한 나침판의 방향을 제공할 것이다. 우리는 발전하는 지도자와 트레이너로서, 이 나침판을 사용해 이 기예를 움직여 가고, 능숙함과 용기, 에너지로 변화를 받아들이는 과업을 맡는다. 코로나19 팬데믹에 대응해 온라인에서 가르치는 적응에 관한 장은 이러한 신중한 균형을 예시한다. MBI-TAC가 제공하는 명료함을 사용해 '프로그램 충실도'가 충분히 유지되고 있는지 점검할 수 있다(17장).

3장

공식 명상을 안내하기
–개요–

지금부터 4개 장(4~7장)은 MBP의 네 가지 공식 명상, 즉 바디스캔, 마음챙김 움직임, 정좌 명상, 그리고 MBCT의 3단계 호흡 공간 같은 짧은 수련에 초점을 맞춘다. 이 수련들을 안내하는 것은 MBP 지도자의 가장 명시적인 기술 혹은 기예다. 공자는 한때 말했다. "통치의 첫 행동은 용어를 바로잡는 것이다." 이것은 공식 명상을 지도할 때도 기억해야 하는 중요한 말이다. 우리는 용어를 혼동하는 수가 있다. 예컨대, '주의'를 '자각'으로 혼동하기도 하고 '마음'을 '생각'으로 혼동하기도 한다. 현재 순간에, 판단하지 않고, 호흡에 의도적으로 주의를 기울일 때 주의를 기울이는 대상에 대한 자각(알아차림)이 일어난다. 즉, 때로 주의가 알아차림의 의미로 사용되긴 하지만 주의는 알아차림과 같은 차원의 것이 아니다. 마찬가지로, '마음'은 '생각'과 다른 차원이다. '방황하는 마음을 알아차린다'는 표현은 '방황하는 생각을 알아차린다'는 표현보다 구체적이지 않다(즉, 생각은 지각이나 충동과 더불어, 마음속에서 일어나는 여러 가지 '대상' 가운데 한 가지의 특정 범주다). 이번 단원에서는 먼저 네 가지 공식 명상에 모두 적용되는 핵심 원칙을 전반적으로 살펴본 다음, 각각의 공식 명상을 순서대로 살펴본다. 먼저, 왜 이 수련들을 가르치는지(학습의 의도), 다음으로 이 수련들을 어떻게 가르쳐야 하는지(실제적인 지도 고려사항)를 탐색해 본다.

MBP 지도법을 학습하는 데 핵심적으로 도움이 되는 것은 성찰 수련에 참여하는 것이다. 우리는 19장에 소개한 '마음챙김 기반 개입법: 지도 및 학습 안내서(Mindfulness-Based Intervention: Teaching and Learning Companion)(줄여서 TLC라고 한다)'를 당신이 활용하길 권한다. 그러면 당신이 새롭게 배웠거나 당신의 실제 가르침에 반영했으면 하는 점들을 기록하는 데 도움이 될 것이다. 만약 당신이 MBP를 처음 가르친다면 이 단원에 너무 많은 분량의 정보가 들어 있다고 느낄지 모른다. (의심과 불확실성을 포함해) 당신이 배우는 과정에서 나타나는 모든 것이 당신의 성찰 수련에 포함되도록 하라. 그러면서 새로운 배움에는 시간이 걸린다는 점을 신뢰하라. 읽고, 소화하고, 수련하고, 돌아보는 공간을 당신 자신에게 주라.

핵심 원칙: 의도, 주의, 그리고 태도

마음챙김 수련을 안내할 때 바탕이 되는 공통된 원칙은 다양하고 복잡하지만, 의도, 주의, 태도의 세 가지 원리에 관한 Shapiro 등(2006)의 모형을 사용해 유용하게 정리할 수 있다(제시된 내용은 IAA 모형에서 설명한 내용에서 상당 부분 벗어날 수도 있다. 우리는 이 모형을 유용한 정리 프레임으로 사용하고 있기 때문이다).

- 의도(intention): 의도는 여러 차원에서 발생할 수 있는데, 두 가지 측면을 갖는다고 생

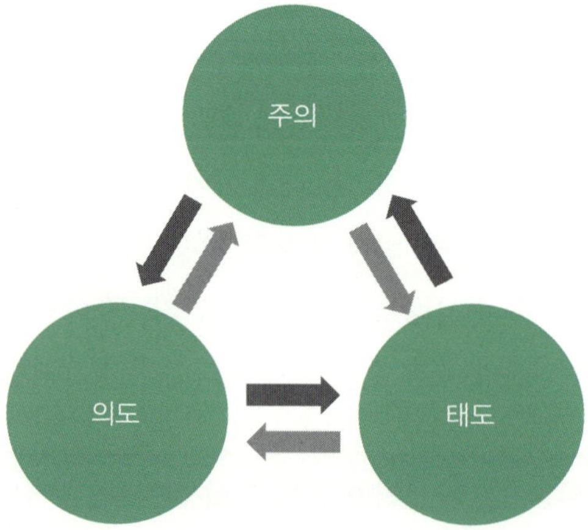

[그림 3-1] 의도, 주의, 태도 모형(Shapiro et al., 2006에서 응용)

각할 수 있다. 첫째, 우리의 삶에 관한 폭넓고 깊은 가치와 열망으로서 '우리는 왜 마음챙김을 수련하는가'라는 질문에 관련된 것이다(예컨대, 감정조절을 위해, 개인적 안녕을 위해, 돌봄과 이타적 삶이라는 삶의 방향성을 갖기 위해). 둘째, 특정 과제나 특정 시간을 위한 보다 구체적인 의도가 있다. 구체적인 의도는 우리가 공식 명상을 위한 시간을 따로 마련할 때 무엇을 왜 수련할 것인가라는 질문과 연결된다(예컨대, 인내심을 키우기 위해 또는 현재 순간에 대한 집중력을 키우기 위해). 의도는 달성해야 하는 목표가 아니라 우리가 자신을 평가하는 기준으로 삼고 우리를 도와주는 지원군이다. 자신의 의도와 연결하는 작업은 나침반이나 보트의 키(방향타)를 우리가 나아가고자 하는 방향을 향하여 설정하는 것과 같다.

- 주의(attention): 자기 내면과 외면에서 일어나는 매 순간의 경험에 있는 그대로 주의를 기울이는 것이다. 우리의 경험은 우리가 무엇에, 어떻게 주의를 기울이는가에 의해 형성된다. 연습하지 않으면, 주의는 우리가 선택할 수도 없이 자동반응적 휩쓸림과 인지적 편견에 사로잡히게 된다(Britton, 2016). 어느 연구에 의하면, 우리의 주의는 전체 시간의 47%를, 우리가 하는 일에서 떠나 딴 곳으로 방황한다고 한다(Killingworth & Gilbert, 2010). 우리의 수련이 향상되면서 주의를 더 안정화시키고 방향을 잡을 수 있게 되면, 우리 주변에서 일어나는 일과 몸-가슴-마음의 내부에서 일어나는 일을, 있는 그대로 경험하고, 덜 반응적인 방식으로 주의를 기울일 수 있다. 수련을 하면 주의의 비안정성이 줄고 거기에 주의를 기울이는 능력이 커지며 자연스럽게 주의의 안정성도 커진다. 이 점에서 마음챙김 수련은, 주의를 고요하게 하는 목적의 '집중' 수련과 다르다(다음 절의 '학습 고려사항' 참조).
- 태도(attitude): 태도는 수련에 임하는 방식을 말한다. 태도는 '무엇'에 주의를 기울이는가가 아니라 '어떻게' 주의를 기울이는가를 말한다. 마음챙김은 판단적이고 비판적인 방식으로 주의를 기울이는 것이 아니라, 친절하고 호기심 어린 방식으로 주의를 기울이는 것이다. 우리가 누군가에게 주의를 기울이는 방식을 떠올려 보면 이 말의 의미를 더 깊이 이해할 수 있다. 우리는 친근함, 비판, 혹은 조급함 등 다양한 태도로 주의를 기울일 수 있다. 이러한 다양한 태도에 따라, 한 사람의 동일한 행동과 말에 대한 우리의 경험도 매우 달라질 수 있다. 자신의 내적·외적 경험에 어떻게 주의를 기울이고 있는지 알고, 특정한 태도를 의도적으로 계발하는 것은 마음챙김 수

표 3-1 마음챙김의 토대가 되는 일곱 가지 태도[Kabat-Zinn(2013)에서 요약]

태도	설명
인내	모든 것은 제때가 되어야 나타난다는 사실에 대한 이해
초심	신선한 호기심과 활력으로 모든 것을 마치 처음인 듯 보려는 마음
신뢰	자기 경험의 타당성에 대한 믿음을 갖고, 자기 경험에 알아차림을 가져가는 과정이 그 스스로의 방식대로 자연스럽게 펼쳐지도록 허용하기
애쓰지 않음	현재 상태를 다르게 고치려고 애쓰지 않고, 있는 그대로 놓아두려는 태도. 자동반응(reacting)이 아니라 대응하기(responding)
비판단	자신의 경험을 지켜보는 자세 갖기
수용	있는 그대로 보려는 태도. 있는 그대로의 현재 경험에 열림과 친절함을 가져가고 그것을 환영하기
허용하기/내려놓기	즐거운 것은 붙잡고 불쾌한 것은 제거하려는 인간의 끝없는 경향성에서 벗어날 가능성을 보기

련에서 가장 핵심이 된다. Kabat-Zinn(2013)은 마음챙김에 근본이 된다고 그가 간주하는 태도를 전체적으로 정리했다(〈표 3-1〉 참조).

마음챙김의 이러한 세 가지 원칙을 함께 수련할 때 재인식(reperceiving)이라는 관점의 변화가 일어난다. 프로그램을 밟는 동안 참가자들이 주의, 의도, 태도를 탐색하도록 촉진한다면 종종(아마 필연적으로?) 참가자들은 자신의 개인적 이야기에 사로잡힌 상태에서 한 발 물러서 볼 수 있는 탈중심화된 자각(decentered awareness)을 키우는 능력을 갖게 될 것이다. 탈중심화 외에도 탈융합(de-fusion), 주시(witnessing), 탈중심화(decentering), 자기 경험을 안고 있기(holding our experience)라고도 표현한다(Segal et al., 2013; Hayes et al., 2012).

주의, 의도, 태도는 서로 연결되어 있어 함께 작용하며 서로 영향을 미친다는 점에 주목하라. 명료함을 위해 서로 별개의 원칙처럼 제시했지만, 이들 세 가지 사이에 분명한 경계선이 있는 것은 아니며, 그래서도 안 된다. 주의를 기울이는 행동에 있어 일정한 태도를 갖지 않은 채 주의를 기울이는 것은 불가능하다. 중립적 태도를 갖는 것도 태도를 갖는 것이다. 친절한 방식으로 주의를 기울이는 것은, 주의에 마음챙김의 태도적 성격을 녹여 넣는 것이다. 이처럼 IAA 모형은 공식 명상을 어떻게 안내해야 하는가에 대해 생각하는 유용한 방법을 제공한다. 예컨대, 당신이 주의를 중심으로 수련을 안내하고 있다면, 이 모형으로부터 당신은 주의뿐 아니라 주의를 기울이는 태도도 똑같이 중요하다는 사실을 떠올리고는, 태도와 관련하여 수련을 안내하는 방향으로 옮겨 갈 수 있다.

모든 공식 명상에 적용되는 핵심 원칙

이번 단원에서는 ① 배움의 의도 및 ② 지도할 때의 고려사항의 측면에서 논의하면서 주의와 태도의 핵심 원칙에 대해 자세히 살펴본다. 이후에 소개하는 각 수련의 섹션을 읽을 때 이 원칙들을 참조하는 것이 중요하다. 이 핵심 원칙들은 다음의 공식 명상을 안내하는 방법에 있어 바탕이 되는 핵심 원칙이다.

- 바디스캔
- 마음챙김 움직임
- 정좌 명상
- 짧은 수련(STOP, 멈춤, 3단계 호흡공간 등)

주의 기울이기: 핵심 의도

주의를 기울이는 것은, 분명한 의도와 도움이 되는 태도를 가지고 그에 접근할 때, 마음챙김 수련에서 알아차림을 계발하는 도구가 된다. 알아차림이 중요하다! Steven Covey의 격언이 여기서 도움이 된다. "중요한 것은…… 중요한 것을…… 중요한 것을 유지하는 것이다!"(1989, p. 145). 이것은 많은 '집중 명상'에서 말하는 주의의 역할과 다르다. 집중 명상에서는, 예컨대 마음의 방황을, 마음과 몸의 안정된 집중 상태에 이르기 위해 다스리거나 피해야 하는 것으로 간주한다. 한편, 마음챙김은 마음의 방황과 두서없음, 폭주, 몽상 등을 마음으로 주의를 가져가는 과정의 중요한 일부로 간주한다. 마음챙김 명상에서 우리의 가장 중요한 의도는 호흡이나 촉각, '소리' 등의 대상 그 자체가 아니라 알아차림을 키우고 유지하는 데 주의의 대상들을 활용하는 것이다. 여기에는 특정한 대상에 인내심으로 반복해서 주의를 되가져 오는 과정에서 일어나는 마음의 활동에 대한 알아차림도 포함된다. 주의를 기울이는 대상을 '닻으로 삼는다(anchoring)'는 비유적 표현은 이를 잘 보여 준다. 닻은 배가 한 장소에 안전하게 머물되 폭풍우에 피해를 입지 않도록 어느 정도의 유연한 움직임을 허용한다. 이를 염두에 둔다면 MBP에서 소개하는 다양한 수련은, 현재 순간의 감각에 주의 기울임을, 알아차림과 그의 모든 이로움이 생겨나는 지속적이고 사용 가능한 닻으로 만드는 것을 목표로 한다. 이제 공식 명상에 필요한 핵심적인 학습 의도를 살펴보자.

직접적인 감각 경험에 연결하기

이것은 핵심 의도다. 우리의 몸은 우리가 거기에 닻을 내릴 수 있는, 믿을 수 있고 언제든 사용 가능한 직접적인 감각 원천이다. 우리의 몸은 우리에게 펼쳐지는 현재 순간으로 들어가는 통로다. 프로그램 참가자들은 감각에 주의를 기울이고 감각을 직접적으로 경험하는 법을 배운다. 이를 통해 참가자들은 자신의 몸에서 일어나는 지금-여기의 감각에 튼튼히 닻을 내리는 법을 배운다. 어떤 감각을 느끼는 것은 현재 순간의 알아차림이다. (몸, 호흡, 소리, 형상, 냄새 등) 다양한 감각에 주의를 기울임으로써 참가자들은 생각에 기초한 해석이나 가정에 사로잡히기보다 실제 경험에 더 충실히 머물 수 있다. 그러면 우리가 습관적으로 자신의 경험에 덧붙이는 추가적 여분의 층을 보고 그것을 알아차릴 수 있다.

본질적으로, 공식 명상은 '생각-행위' 모드에서 '감각-존재' 모드로 우리의 주의를 이동시키는 법을 가르친다. '감각-존재' 모드에 있을 때 우리는 우리의 어떤 경험이든 그것과 직접적으로 관계 맺을 수 있고, 이 토대에 서서 대응할 수 있다. 이렇게 할 때 참가자들은 순간순간 경험의 변화무쌍한 '유동과 흐름(flux and flow)'에 주의를 기울일 수 있다. 무언가에 꽉 막혀 있다고 느끼는 것은 스트레스의 공통된 원인이다. 따라서 호흡, 소리, 생각, 감정 등의 일상 경험에 깃든 흐름과 변화를 감지하는 것은 공식 명상에서 전달하는 매우 유용하고 암묵적인 메시지가 될 수 있다.

주의를 이동시키고자 선택하기

참가자들은 어떤 순간에는 경험과 함께 깊이 머무르고 다른 순간에는 한발 떨어져 지켜보면서 자기 경험의 여러 부분에 의도적으로 주의를 기울이는 법을 배운다. 이것은 의도적으로 주의를 이동시키는 '근육 훈련'과 같다. 이렇게 함으로써 참가자들은 주의의 유연성과 유동성을 키우고, 매 순간의 알아차림을 지속하는 데 도움을 받는다. 이때 계발되는 핵심 기술은 의도적으로 주의를 확장하고 좁히는 능력이다. 가령, 정좌 명상을 하는 동안 참가자들은 좁은 범위(예컨대, 호흡감각이나 발이 바닥에 닿는 감촉 등)에 주의를 기울인 다음, 몸 전체와 호흡에서 느껴지는 감각으로 주의를 넓히도록 안내받는다. 이렇게 하면 주의가 넓어지면서 그것과 관련된 알아차림 또한 확장된다. 이렇게 신체 경험의 특정 부위에 주의를 기울인 다음(좁은 각도의 주의), 몸 전체의 경험을 알아차리면(넓은 각도의 주의) 의도적으로 주의를 이동시키는 기술을 키울 수 있다. 이 기술은 참가자들이 자기 경험의 어떤 측면은 지나치게 강조하고 또 어떤 측면은 소홀히 대하는 것이 아니라 자신의 경험에 더 골고루 주의를 향하게 한다. 자기 경험에 고루 주의를 향하는 기술은 수련하는 중에 힘든 부분을 경험할 때 특히 중요하다. 이 기술은 어려움으로 주의를 향해 그것을 탐색해야 할 때나 어려움이 너무 압도적이어서 자기조절이 필요하여 그로부터 주의를 거두어들일 때를 선택하는 토대가 된다(Treleaven, 2018). 강하고 힘겨운 생각과 감정이 일어날 때 몸으로 주의를 옮기는 방법은 그것을 경험하고 이해하며 내려놓는 안전한 방법을 제공한다. 이렇게 하면 힘겨운 생각과 감정의 강도에 자연스럽게 변화가 생기면서 그것을 느낄 수 있다. 이전에는 압도적이었던 경험 속에서 안전감이 더 커진다. 이것이 강렬한 내면 경험에 휩쓸리지도 억누르지도 않으면서 그것의 '파도를 타는' 한 가지 방법이다.

유쾌한 느낌, 불쾌한 느낌, 중립적인 느낌에 대한 알아차림 키우기

자기 경험에 면밀히 주의를 기울임으로써 참가자들은 끌림, 회피, 중립성의 지각과 관련해 자신의 몸이 전하는 조기 신호를 읽어 낼 수 있다. 자극에 반응해 일어나는 유쾌한 느낌, 불쾌한 느낌, 중립적인 느낌이라는 직접적인 느낌 톤[팔리어로 '베다나(vedana)'라고 한다]에 대한 이러한 알아차림을 통해 우리는 이런 반응들에서 마음 챙기는 법을 배울 수 있다. 느낌 톤에 대한 앎은, 그것에 대한 의식적인 통제나 생각이 일어나기 이전에 발생한다. 예컨대, 발가락이 차였을 때 우리는 생각으로 그것을 '차인 발가락'이라고 알아보기 전에 그것을 불쾌한 느낌으로 직감적으로 경험한다. 마음챙김 수련의 중요한 한 가지 측면은, 느낌 톤이 자동반응성에 미치는 영향을 경험적으로 아는 것이다. 불쾌한 느낌과 자기 경험에서 원치 않는 측면을 회피하고 싶은 것은 인간에게 자연스러운 일이므로 지도자는 참가자들이 이러한 회피와 불쾌한 감각을 몸의 수축이나 조임 등으로 느낄 수 있도록 방향을 잡아 주면 도움이 된다. 그렇게 하면 지도자는 참가자들이 이런 불쾌한 느낌을 부정하거나 맞서 싸우면서 괴로움을 지속시키기보다, 호기심을 가지고 친절하게 불쾌한 느낌을 허용하도록(있는 그대로 놓아두도록) 안내할 수 있다. 이렇게 해서 우리는 마음속에 일어나는 힘겨운 생각과 감정에 관계 맺는 토대를 놓을 수 있다. 이 기술은 더 지혜롭게 선택하고 안녕을 증진시키는 탈중심화, 즉 객관성을 얻는 것의 토대다. 모든 공식 명상은 참가자들이 즐겁고 불쾌한 경험을 지켜보고 다루며, 중립적 경험을 알아보는 방향으로 그들을 안내함으로써 이 기술을 키우도록 돕는다.

주의를 사용하여 마음의 자연스러운 경향성을 능숙하게 다루는 법 알기

마음챙김 수련은 집중을 주요 의도로 삼는 것이 아니라 주의의 안정성을 일으키고 개발하고자 한다. 이 때문에 마음이 방황할 때 '호흡으로 되돌아갑니다' 혹은 '몸으로 주의를 되가져옵니다'라는 다양한 안내 지침을 전하는데, 이때 참가자들이 지금 마음이 무엇을 하고 있는지(방황, 공상, 계획 등) 알아차리는 데 우선 관심을 갖고 자각하도록 이러한 안내 지침을 전한다. 우리의 궁극적 과제는, 자각의 장에 들어오는 잡다한 생각과 이미지, 감각 등 온갖 '마음 놀이(play of the mind)'를 포함해 자신의 모든 경험에 안정되게(고르게) 주의를 기울이는 법을 익히는 것이다. 이렇게 해서 반복되는 패턴이나 반응을 살펴보면서 우리는 우리의 몸과 마음 안에서 무엇이 어떻게 이동하고 변화하고 반복해서 일어나는지 지켜보는 법을 배운다. 수련을 규칙적으로 경험하면, 자기 경험의 근저에 자리 잡은, 생각의 내용을 추동하는 이러한 패턴과 과정에 대해 더 넓은 관점을 갖는 가능성이 생긴다. 이렇게 해서 생각의 내용에 과도하게 초점을 맞추는 경향성이 느슨해진다. 이런 방식으로, 생각을 곱씹거나 억누르는 우리의 부적응적 경향성을 내려놓는 작업을 할 수 있다.

주의의 안정성과 고요함을 키우는 법 배우기

우리는 호흡과 몸의 감각을 사용해 주의의 안정성과, 때로는 고요함을 키울 수 있다. 마음챙김의 한 가지 효과는 집중력이 향상된다는 점이다. 집중력 향상은 마음챙김의 유용한 효과로서 우리에게 도움이 되지만, 마음챙김은 목표 지향적 목적과는 거리가 멀다. 우리는 '집중' 명상을 가르치지 않지만 마음과 몸의 안정성을 찾는 능력은 우리의 미묘한 경험을 '보고' 이로부터 배움을 얻는 조건을 만드는 데 매우 중요하다. 주의의 안정성은 지속적인 알아차림과 이로부터 일어나는 통찰을 키우는 토대가 된다. 주의의 안정성은 단순한 기쁨의 원천이기도 하며, 이것은 시간이 지나면 회복탄력성에도 도움이 된다.

태도: 핵심 의도

경험에 접근하는 법 배우기-태도상의 토대

우리가 자기 경험에 주의를 기울일 때 가져가는 태도상의 토대는 우리의 경험에 친숙해지는 매우 중요한 요소다. 공식 명상의 핵심 목표는 참가자가 자기 경험에 대해 도움이 되는 태도를 키우도록 하는 것이다. 이런 점에서 공식 명상은 우리가 수련 자체로 끊임없이 '되돌아오는' 행동에 관한 것만은 아니다. 그것은 어떻게 되돌아오느냐에 관한 것이기도 하다. 따라서 무익한 판단 없이, 애씀 없이, 인내심을 가지고, 과정을 신뢰하며, 자기 경험이 있는 그대로이도록 허용하고 내려놓으며 초심으로 수용하고 다시 시작하는 것이다!

자기 경험이 자신이 발견하는 대로 허용하는 것은 마음챙김에 있어 가장 근본이 된다. 다른 의제(agenda)를 갖지 않고 자신의 직접 경험에 주의를 기울이는 이 기술은 참가자들에게 '제대로' 해야 한다는 목표가 우리 주변에 얼마나 만연한지 가르쳐 준다. 여기서 현재 순간을 받아들이는 것이 핵심이다. 참가자들은 지금 일어나는 어떤 것이든 여기 이곳에 지금 이 순간 존재하도록 단순히 허용할 수 있다는 것을 암묵적으로 배운다. 이것은 참가자들이 유쾌-불쾌한 자신의 모든 경험을 받아들이는 법을 배우는 데 도움이 된다.

마음의 여유 공간 개발하기

모든 경험이 일어나고 사라지는 대로 거기에 마음을 연 채로 있는 태도는, 인간 경험의 전 영역에 대해 넉넉한 여유를 갖고 대하는 기술을 개발한다. 이 여유로움은 참가자로

하여금 자신의 생각과 감정을 흥미와 친절로 살펴보도록 해 주며, 반복적으로 일어나는 생각 패턴과 이것이 어떻게 마음 안에서 커 가고 작동하는지 살펴보는 기회를 준다. 마음의 이 넉넉한 여유로움은 생각과 감정을 사라지게 하려는 것이 아니라 생각과 감정의 존재와 효과를, 우리가 한발 물러서 지켜볼 수 있는 '날씨 패턴'인 듯이 인정하는 것이다. 이런 태도는 새롭게 재인식하기(reperceiving)를 위한 토대로서, '한발 물러서는 것'이 회피나 부정이 되지 않도록 막아 준다.

자동반응성 다루기

공식 명상은 종종 참가자들에게 '자동적' 판단이 어떤 것인지를 보여 준다(예를 들어, '나는 안 돼. 왜 이리 집중을 못해.' 같은 생각들). 이런 생각은 무익한 내면 대화나 반추로 이어질 수 있다. 대신에, 우리는 우리의 주의가 지금 어디로 방황했는지 알아보고 그렇게 방황한 주의를 부드럽고 명료하게 되가져 오는 법을 배운다. 주의를 되가져 올 때 이것을 어떻게 하느냐가 중요하다. 분주한 마음과 판단을 다룰 때는 인내와 연민의 태도를 갖는 것이 참가자들이 마음의 습관적인 방황을 다루는 데 도움이 된다.

재인식하기/탈중심화: 핵심 의도

주의를 기울이는 것은, 분명한 의도를 갖고 도움이 되는 태도적 맥락에서 접근한다면 새롭게 재인식이 발생할 수 있는 도구가 된다. 새롭게 지각하기는 "관점이 근본적으로 변화하는 것"이다(Shapiro et al., 2006, p. 377). 탈중심화는 '생각은 사실이 아니며' 감정은 결정적 진실이 아니라 우리 경험이 일시적으로 일어나고 사라진다는 사실을 체험으로 깨닫게 한다. 핵심 의도에는 다음과 같은 것들이 있다.

탈중심화된 관점에서 자기 경험과 온전히 함께하는 것을 개발하기

원치 않거나 원하는 대상으로부터 단절되거나 소외되도록 하지 않으면서도 탈중심화되고 객관적인 자세를 격려하는 안내를 제공하는 것이 무엇보다 중요하다. '한발 물러나' '관심 있고 친절한 관찰자' 시점에서 자신의 생각과 느낌을 보는 법을 배우는 것은 생각과 느낌을 회피하는 것과 분명히 구분되어야 한다. 생각과 느낌을 사실로 '단단히 움켜

쥐기보다' 일시적으로 지나가는 마음 상태로 주의를 기울일 때 부정적이고 자기비난적인 판단으로부터 자유로워질 수 있다. 마음의 이 넉넉한 성질은 전체적인 관점을 부여하며, 무익한 자동적 사고가 휘두르는 영향을 줄여 준다. 이 근본적 기술은 우리의 매 순간 경험에 호기심 있고 친절한 태도를 개발하는 토대가 된다.

인간 경험의 본질을 더 깊이 들여다보기

'있는 그대로'를 명료하게 꿰뚫어 보는 것은 종종 힘겨운 일이긴 하지만 궁극적으로는 전일성, 자유, 안녕으로 들어가는 문이 된다. 모든 경험이 그 속에서 일어나는 알아차림의 장을 잠깐이라도 얼핏 엿보는 것은 자신의 관점을 근본적으로 변화시키는 잠재성을 제공한다. 수련을 통해 우리는 경험이 일어나는 공간과 경험 그 자체를 지각할 수 있다.

공식 명상 지도에 필요한 핵심 고려사항

모든 공식 명상에 공통되는 '핵심적인' 실제적 지도 고려사항을 개관한다. 이것들은 수련을 지도할 때 학습 의도를 들여오는 방법에 관한 조언이다. 공식 명상을 안내할 때 TLC(19장)를 활용하면 당신의 학습 강점과 보완할 점을 성찰하는 데 도움이 될 것이다.

주의: 핵심 지도 고려사항

기준점 세우기

기준점(anchor point)이란 주의를 쉽게 그곳으로 옮길 수 있고 거기에 주의를 안착시킬 수 있는 신체부위를 말한다. 참가자들이 분명하게 느낄 수 있고 안전하다고 느끼는 신체부위다. 참가자 개인은 그 순간 자신에게 가장 도움이 되는 바에 따라 자신의 '기준점'을 바꿀 수 있다. 이것은 '의도'의 한 가지 측면으로서 일어나는 생생하고 의식적인 선택이다. 따라서 정해진 수련시간 동안에는 특정 대상에 머무는 것이 중요하지만, 시간이 지나면 기준점이 바뀔 수도 있다. 이때 지도자의 역할은 기준점을 정하는 선택을 내릴 때 참가자들이 거기에 명료한 주의를 가져가게 하면서 그것의 중요성을 강조하는 것이다.

많은 수련에서, 기준점에 대한 유용한 권고는 호흡이다. 왜냐하면 호흡은 변화하는 감각을 계속적으로 새롭게 느끼는 원천을 제공하기 때문이다. 변화하는 감각은 주의 기울이는 것을 돕고, 만약 주의를 기울이는 것을 놓쳤다면 우리에게 그것을 상기시킨다. 이것은 많은 사람에게 도움이 되지만, 호흡을 안전한 장소나 유용한 기준점으로 느끼지 못하는 사람도 있다(예컨대, 천식 환자, 트라우마 환자, 특정한 병력이 있는 사람 등). 따라서 참가자들이 기준점을 선택하도록 안내할 때는 다양한 옵션을 포함시키는 것이 필요하다(예컨대, "대상과의 접촉을 놓칠 때마다 기준점으로 돌아가세요. 기준점은 당신의 손일 수도, 발일 수도, 호흡일 수도 있습니다."). 초기 세션의 질문 시간에 모든 참가자가 자신이 편안하게 사용할 수 있는 기준점을 찾았는지 명시적으로 확인하는 것도 좋다.

분명하고 쉬운 언어를 사용하기

수련을 안내할 때는 어디에 어떻게 주의를 두어야 하는지에 관하여 분명하고 쉽게 알아들을 수 있도록 안내를 제공해야 한다. '알아차림의 불빛'이나 '쏟아지는 햇빛' 등의 비유적 표현은 주의를 어디로 향해야 하는지 알려 준다. 발견의 언어는 태도의 틀을 짓고 참가자들에게 관심과 참여를 일으켜 그들이 이 과정에 참여하도록 만드는 데 도움을 준다는 사실을 기억하라.

마음의 방황에 관한 분명한 안내를 제공하기

우리의 과제는 마음의 방황을 멈추는 것이 아니라 판단과 애씀이라는 마음의 본래적 습관을 강화시키지 않는 방식으로 지금 실제로 일어나는 일에 주의를 가져가는 것이다. 따라서 다음과 같은 것이 도움이 된다.

- 주의가 방황했음을 알고, 그렇다면 주의가 어디로 갔는지 알아차린 다음 기준점으로 돌아온다.
- 선택한 주의 대상으로 주의의 초점을 부드럽게 되가져 온다.
- 필요하다면 이 과정을 반복한다. 이때 수용의 태도로 한다. 그리고 판단이나 애씀이 일어나면 그것도 알아차린다.
- 참가자들이 이 과정을 스스로 해 볼 수 있도록 안내 중간중간에 침묵의 공간을 제공

한다.

- 집단 내 참가자들의 주의를 기울일 때의 경험과 그들의 취약성 수준에 맞춰, 안내 없는 침묵의 공간을 늘이거나 줄인다.
- 열린 알아차림(선택 없는 알아차림) 수련처럼 주의를 기울이는 '대상'이 다소 모호한 경우에 마음은 쉽게 '길을 잃을' 수 있으므로 그에 맞추어 안내를 조정한다.

태도: 핵심 지도 고려사항

지도자에게 보고 배우기

공식 명상의 암묵적인 태도적 차원은 지도자의 태도에서 시작된다. 목소리 톤, 분명한 초대적 언어, 편안함 등에 대한 주의를 통해 전달되는 태도는 우리(지도자)가 참가자들이 어떻게 마음챙김을 수련하기 원하는지에 관하여 많은 것을 말해 준다. 이런 방식으로 우리는 비개념적으로 돌봄, 연민, 따뜻함의 분위기를 들여올 수 있다. 단어와 비유의 선택, 안내 멘트와 멘트 사이의 침묵, 목소리 톤, 전달의 속도, 목소리 크기 등을 모두 활용해 수련 내에 깃들인 태도를 전하게 된다. 이것은 글로 적어 규정할 수도, 일부러 지어 낼 수도 없으며, 지도자가 수련을 안내하는 과정에서 자신의 존재 내에서 이런 태도들을 함양해야 한다. 이런 식으로 각 지도자는 자신의 고유한 목소리를 만들 수 있다.

수련을 안내할 때

수련을 안내할 때 참가자들이 자신의 태도를 자각하도록 다양한 방식으로 분명하게 유도하는 것이 중요하다. 허용과 받아들임이라는 수용적 분위기를 전달하는 안내와, 탐구, 호기심, 생생함, 모험이라는 능동적 분위기를 전달하는 안내를 균형 있게 맞출 필요가 있다. 더 구체적으로는 이렇다.

- 현재분사를 우선적으로 사용한다. 즉, '주의를 기울이고 있는' '주의를 가져가고 있는' 등의 표현은 명령보다 초대의 느낌을 주기 때문에 참가자들의 저항을 줄이고 그들이 더 참여적이 되게 한다. '노력하다' '일하다' '할 수 있는지 본다' 등 애씀의 감각을 일으키는 언어 사용은 피한다.

- 선택과 안전을 제공한다: 안내는 안내여야지 지시가 되어서는 안 된다. 예컨대, 참가자들에게 이렇게 상기시킨다. "안내 멘트를 놓아 버리거나 변용시킬 선택권이 자신에게 있다는 걸 기억합니다. 언제나 자신의 안녕을 우선시 합니다."
- 수련에 가져갈 정신에 관한 안내를 제공한다: 부드럽고 가벼우며 호기심에 찬 주의, 우리의 경험에 대한 관심을 초대하기, 그리고 이에 어울리는 목소리 톤은 의도의 명료성을 북돋는다.
- 당신이 안내하는 참가자 집단과 연결된 수련의 태도적 측면에 틀을 맞추는 것을 고려한다. 예를 들어, 바쁜 샐러리맨에게는 애쓰지 않음과 신뢰라는 태도에 관한 안내가 더 필요할 수 있다. 또 부모 집단에게는 인내와 허용 또는 내려놓기라는 태도에 관한 안내가 더 필요할지도 모른다.
- 참가자들에게 수련의 정해진 목적이란 존재하지 않음을, 그리고 옳거나 틀린 수련 방법이 존재하지 않음을 상기시킨다.
- 참가자들이 하는 어떤 경험이라도 그럴 수 있다고 인정한다. 우리의 방황하는 마음, 지루함, 안절부절못함 등을 알아보고 그럴 수 있다고 인정하는 안내를 제공하며, 이를 자주 반복한다. 아무 느낌도 없는 경우에도 그것을 허용하고 그럴 수 있다고 인정한다(예: "발에 아무 감각도 느껴지지 않는다면 그것을 알아차리고, 있는 그대로 놓아둡니다.").
- 주의가 딴 곳으로 흩어질 때에 대응하는 태도적 안내를 수련하는 동안 자주 전한다. 즉, "의식이 생각에 붙들리는 경우에는 이것을 분명히 알아본 다음, 있는 그대로 놓아둡니다. 그러면서 부드럽고 명료하게 직접적인 감각의 알아차림으로…… 이것이 가능하다면…… 되돌아옵니다."
- 참가자들이 자신의 몸과 마음에서 일어나고 있는 일을 멀찍이서 무관심하고 냉담하게 쳐다보기보다, 그것과 직접적이고, 가능하다면 친절한 '함께함'으로 들어갈 수 있게 초대하는 안내를 제공한다.
- 참가자가 수련에 부드럽게 다가가도록 초대한다. 참가자가 지각하는 수련의 장애물, 예컨대 지루함, 판단하는 생각, 소음, 공상, 애씀, 계획하는 마음, 안절부절 못함, 의심 등에 대해 인내와 애쓰지 않는 태도를 갖도록 초대한다. 자기 자신에게 친절한 관심을 가져가도록, 돌봄과 연민으로 주의를 기울이도록, '괜찮지 않다고 느껴도 괜

찮다'는 감각을 갖도록 참가자들을 안내한다.

- 수련을 통해 특정한 무언가를 달성하려는 마음을 내려놓는다는 관점에서 모든 공식 명상을 명시적으로 소개하는 동시에, 목소리 톤과 마음의 여유를 통해 암묵적으로도 소개한다. 마음챙김 수련에 관한 흔한 오해 한 가지는, 그것이 집중과 성취에 관한 것이라는 점이다! 참가자들에게 정해진 목적지란 존재하지 않는다는 점을 상기시킨다. 수련하는 단 한 가지의 옳거나 그른 방법은 존재하지 않는다. 수련은 단지 알아차림을 키우는 것에 관한 것이다. 마음에 일어나는 '어떤' 대상도 알아차림을 키우는 방법이 될 수 있다. 이것이 바로 우리가 할 일이다!

피하는 마음에 주의를 기울이기, 그리고 원치 않는 경험에 안전하게 다가가는 법

이것은 참가자들의 탈중심화 능력을 키우는 핵심적인 태도적 기술이다. 참가자가 자신의 원치 않는 경험(지루함, 통증, 위축된 생각과 감정 등)을 일단 알아차리면, 지도자는 참가자들이 그것을 자신의 몸에서 느껴지는 감각으로 안전하게 접근하도록 안내할 수 있다. 그렇게 해서 원치 않는 경험에 관한 무익한 생각의 나래가 확산되지 않도록 한다. 이때 호흡을 (비유적으로) 그 신체감각으로 향해 그 감각의 '곁에서 흐르도록' 또는 그 감각의 '주변이나 속을 통과해' 흐르도록 하면서 '친절한 알아차림 안에 담을' 수 있다. 즉, 호흡과 함께 그 신체감각을 있는 그대로 알아보고 허용하는 것이다. 이렇게 지켜본다면 이미 관점의 전환이 일어나 그다음에 일어나는 일에 관하여 더 큰 선택권이 생긴다. 그러면 참가자들은 자신에게 일어난 일에 대하여 마비되거나 맞서 싸우거나 조바심치는 경향을 내려놓을 수 있다. 어쩌면 참가자들은 이렇게 말할지도 모른다. 그것이 어떤 것이든 "이렇게 느껴도 괜찮아." 이것은 수용을 배우는 것에 관한 것이다.

4장

바디스캔

> 몸은 (다른 모든 살아 있는 존재와 마찬가지로) 우리가 거기에 친절하게 주의를 기울일 때 행복해한다.
>
> —Ajahn Sumedho

바디스캔은 8주 과정에서 맨 먼저 하게 되는 마음챙김 공식 명상으로, (세션 1의 건포도 명상에서 처음 소개하는) 신체감각에 주의를 기울인다는 주제를 더 확장한다. 신체감각에 대한 마음챙김은 명상의 기본이 되는 기술이다. 정신적 · 감정적 안정성을 키우는 기초로서 모든 MBP에서 가르치는 이것은 과도한 생각에 뿌리를 두고 있는 취약성을 다루는 안전한 방법을 촉진한다. 신체감각에 대한 마음챙김은 MBSR과 MBCT의 초기 몇 주와 과정의 마지막 세션 8에서 공식 명상으로 계속 수련하게 된다. MBSR에서는 대개 45분 수련으로 진행한다.

참가자들이 가장 먼저 하게 되는 이 공식 명상은 세션 1에서 말하는 다음과 같은 마음챙김에 관한 정의가 실제로 어떤 의미인지 참가자들이 직접 경험하게 한다. "마음챙김이란, 우리가 특정한 방식으로 주의를 기울일 때 일어나는 앎(알아차림)이다. 즉, 의도적으로, 현재 순간에, 판단하지 않고 주의를 기울일 때 일어나는 앎이다"(Kabat-Zinn, 2013). 참가자들은 바디스캔 수련을 통해 마음챙김이 집중 명상이나 이완훈련과 미묘하지만 중요하게 구분되는 지점을 경험하고 분명하게 드러나도록 한다.

많은 참가자가 바디스캔 수련이 마음챙김 움직임이나 정좌 명상에 비해 더 도전적이라고 말한다. 그렇다면 왜 대부분의 MBP에서 바디스캔을 먼저 수련하는가? 그 논리는 본질적으로 두 가지다.

- 바디스캔은 보다 안정된 방식으로 주의를 기울이고 이동시키는 기술을 훈련한다.
- 바디스캔은 주의 기울이는 방식을 통해 중요한 태도를 개발할 수 있는 분명하고 안정된 도구를 촉진시킨다.

바디스캔 수련은 겉으로는 몸을 알아차리는 수련처럼 보이지만 이것보다 훨씬 더 많은 것을 의미한다. 바디스캔은 우리 자신과, 나아가 우리가 사는 세상과 세상 속 사람들과 더 능숙하고 친절하게 관계 맺는 법을 훈련하는 것이다. 앞서 개관한 공식 명상의 핵심 원칙들에 유념하면서, 특정한 의도와 지도 고려사항에 대해 살펴보는 다음 섹션을 읽을 때 그것을 참조하라.

학습 의도–바디스캔

바디스캔의 핵심 의도는 참가자들이 신체 각 부위에 차례대로 주의를 기울일 때 직접적으로 느껴지는 감각에 알아차림과 부드러운 탐구의 태도를 가져가는 것이다. 이것은 명시적으로 주의를 훈련시키는 방법이며, 마음챙김에 반드시 필요한 태도를 계발시킨다. 바디스캔에서 비판단, 애쓰지 않음, 허용하기, 내려놓음 등의 태도는 명시적으로 그리고 암묵적으로 중요하게 다루어진다. 바디스캔은 '생각–행위' 모드에서 '감각–존재' 모드로 이동하는 방법을 가르친다. 또 우리의 주의가 느슨해진 데 대해 자주 가혹하게 자신을 판단하는 과정과, 그럼으로써 무익한 내면 대화와 반추로 이어지는 과정을 보여준다. 대신에, 우리는 주의가 어디로 방황했는지 알아본 뒤 부드럽고 명료하게 주의를 되가져 와 우리의 어떤 경험에 대해서라도 깨어 있는 마음챙김으로 관계 맺는 법을 배운다. 이렇게 시간이 지나면, 바디스캔은 신체에 대한 경험이 매 순간 어떻게 변화하는지에 대한 알아차림을 키우는 데 도움을 준다. 바디스캔은 우리가 '왜'라는 기본값에 걸려 있기보다 '어디에'와 '어떻게'를 느끼도록 허용한다. 바디스캔에서 우리는 '내 몸의 어디에서 불편감을 느끼고 그것이 어떻게 느껴지는가'를 살펴보는 훈련을 한다. 이런 식으로 참가자들은 관련된 생각과 감정을 추가적으로 반추하지 않고 그것이 지나가도록 놓아둘 수 있다. 바디스캔은 수련 중에 일어나는 어려움(졸림, 불편감 등)을 우리가 어떻게 다루느냐가 차이를 만든다는 것을 보여 준다. 이렇게 바디스캔은 복잡한 경험(즉, 감각, 생각, 느낌 등)을 해체한 다음, 그것과 보다 객관적이고 안전하게 관계 맺는 법을 배우는 중요한 작업을 시작하게 한다.

바디스캔 수련은 자신의 신체 이미지에 대한 과도한 동일시가 자기비난으로 이어지는 과정을 보여 준다. 신체감각을 직접 경험하는 것과 연결되어 있으면 우리는 '자신의 몸에서 더 편안하게 느낄 수' 있다. 이것은 전일성(integration)에 도움이 되며, 온전함과 안녕의 체험을 일으킨다. 참가자들이 자신의 전일성을 경험하는 방식은 다양하다. 가벼움의 감각이나 심지어 '투명함'의 감각부터 유쾌한 묵직함의 감각까지 다양하다. 그 밖에 참가자들은 특정 신체부위에 관련된 생각/감정을 알아차리면서 그것을 있는 그대로 놓아둘 때 근육의 만성적 긴장을 풀어 줄 수 있음을 경험할 수도 있다.

바디스캔의 독특한 측면은, 참가자들이 자신의 신체 각 부위에 숨을 불어넣는다고 상상하도록 초대받는다는 점이다. 이 측면에는 여러 가지 학습 의도가 담겨 있다. 몸으로 주의를 향하고 몸에 주의를 지속시키는 도구로서 호흡을 사용할 수 있다. 신체 각 부위로 호흡을 향한다고 상상하는 기술을 익히면, 참가자들은 이후의 프로그램 과정에서 힘겨운 생각과 감정을 다루는 데도 이 기술을 활용할 수 있다. 힘겨운 부위에 숨을 불어넣는 작업은 통증으로 힘들어하는 참가자에게 가장 통증 강도가 높은 부위를 '그 속에서 익사하거나 거기에 걸리지 않고' '통과해 지나가는' 법을 배우게 한다(Burch, 2010). 보다 일반적으로 말하면, 많은 참가자가 들숨이 '양분을 공급하고', 날숨이 '내려놓는' 것으로 경험하면서 바디스캔의 이러한 측면을 즐긴다. 바디스캔의 마지막 단계에서 참가자들은 '몸 전체'에 숨을 불어넣도록 초대받는다. 이것은 온전함과 전일성 자체에 대한 비유로서, 참가자들이 자신의 온전함과 전일성을 직접 느끼게 한다.

바디스캔 지도: 일반적 고려사항

바디스캔 환경 설정

바디스캔은 참가자들이 맨 처음 꽤 긴 시간 동안 하게 되는 공식 명상이므로, 지도자가 바디스캔을 어떻게 설정하느냐 하는 것은 프로그램의 성격과 마음챙김 자체에 관한 강력한 메시지를 참가자들에게 전하게 된다. 참가자들은 '초대'와 '선택'처럼, 도입부에 엮어 넣은 중요한 주제의 존재(또는 부재)를 알아볼 것이다. 따라서 눕거나 앉는 선택권, 그리고 담요나 방석을 사용하는 선택권을 참가자들에게 부여하는 것은 단지 자세에 대한 지침에 그치지 않는다. 지도자의 행동과 말을 통해 암묵적인 자기돌봄과 자기연민의 주제를 안정된 방식으로 참가자들에게 전할 수 있다.

물리적 공간-돌봄의 주제를 미묘하게 전달하는 기회

- 사람들이 바닥에 눕는 것을 염두에 두고 방의 크기를 점검한다. 참가자들은 자기 주변에 개인적 공간이 어느 정도 필요하다.
- 참가자들이 필요한 경우 담요 등을 제공하거나 가져오도록 요청하면 참가자들이 몸을 따뜻하게 할 뿐 아니라 자신이 주변에 덜 노출된다고 느낄 수 있다. 바닥이 딱딱하거나 카펫을 깔지 않았을 경우에는 매트를 제공하거나 가져오도록 요청하면 좋다. 미리 바닥을 깨끗하게 청소하도록 한다!
- 방이 너무 따뜻하면 참가자들이 졸음에 빠지기 쉽다. 창문을 열면 도움이 된다. 그러나 소음이 커질 수도 있다.
- 온라인으로 가르친다면 앞의 고려사항들을 참가자들이 자신의 수련 공간을 준비하는 과정에 안내해야 한다.

자세-안정된 자기연민을 전할 기회

- 바디스캔의 자세는 요가나 이완 수업의 시작과 끝 부분에 취하는 자세와 닮았다. 따라서 바디스캔에서 눕는 자세의 의도를 참가자들에게 분명히 전달하는 것이 중요하

다. 눕는 자세의 바탕에 깔린 의도는, '존재 양식'으로 들어가는 것을 신체적으로 지원하는 것이다. 또한 "양손은 몸 옆에 내려놓고 손바닥이 위를 향하게 둡니다."라는 특정한 지침을 어깨를 열기 위해 전달하는 요가 수업과 달리, 바디스캔에서는 참가자들이 손과 팔을 자신에게 가장 편안한 위치에 두도록 안내한다. 이것은 참가자들에게 발견과 선택의 기회를 한번 더 제공한다!

- 바디스캔 지도를 시작하기 전에 여러 가지 자세의 선택권을 그것 각각의 간단한 근거와 함께 참가자들에게 부여한다. 눕는 자세는 '내려놓는(letting go)' 데, 그리고 '놓아두는(letting be)' 데 도움이 될 수 있고, 우주비행사 자세(등을 바닥에 대고 누운 채, 아랫다리는 엉덩이 쪽으로 가까이 당긴 의자에 올려놓은 자세) 또는 무릎은 천장을 향해 세우고 양 발바닥을 바닥에 붙인 자세는 특정한 통증에 도움을 줄 수 있다. 자리에 똑바로 앉는 자세는 사무실 환경에서 더 적합할 수도 있다. 또는 트라우마 이력이 있는 사람이나 몸의 움직임에 제한이 있는 사람에게도 자리에 똑바로 앉는 자세가 더 나을 수도 있다.
- 바디스캔을 할 때 '깨어 있으라(fall awake)'는 권고에도 불구하고, 어떤 사람은 잠에 쉽게 빠져든다(fall asleep). 이때 지도자는 잠에 빠져들 것 같은 참가자에게 양 발바닥을 바닥에 대고 무릎을 위로 들게 하거나, 팔을 수직으로 들게 한다. 졸음에 대해 참가자들이 판단하지 않는 태도를 갖게 한다. 졸음이 일어난다면 그것은 단지 지금 일어나고 있는 것일 뿐이다.

안전-오리엔테이션 세션에서 소개한 기본 규칙을 실제로 운용하기

- 혼자 바디스캔을 지도한다면, 자리에 앉아 지도할 것을 권한다. 그래야 지금 방에서 일어나고 있는 일을 볼 수 있다. 그러나 이것이 규칙은 아니다. 무엇이 가장 적합하고 도움이 되는지 스스로 분별해야 한다. 바디스캔을 안내할 때 당신이 주로 눈을 감는다면 몇 분마다 눈을 뜨고 참가자들을 보면서 참가자들이 보내는 들뜸의 신호에 귀를 기울이며, 참가자들 중에 가만히 못 있고 꼼지락거리는 사람이 누구인지 시각적으로 확인해야 한다. 이렇게 관찰하면 안내에 도움을 받을 수 있다. 지도자의 생생함과 반응성을 보여 줄 수 있고, 단순한 공감도 전할 수 있다. 만약 지도자 자신이 누운 자세로(즉, 신체적으로 체화된 자세로) 바디스캔을 안내하길 원한다면, 상황

을 직접 보며 어려움을 겪는 참가자들과 상호작용하는 견습생이 필요할 수 있다. 견습생이 있다면, 그들을 참가자들이 겪는 어려움의 잠재적 신호를 알아보고 그에 관해 조처를 취할 수 있도록 훈련시켜야 한다(23장). 동시에 지도자는 지나치게 민감하거나 신중한 태도를 취하지 않는 것이 중요하다. 지도자가 지나치게 민감하거나 신중하면 참가자들이 걱정할 수도 있다. 따라서 바디스캔 수련을 하는 동안에 집단에 대한 지도자의 알아차림에 가볍게 접촉하면서, 민감함과 능숙한 알아차림 사이에서 균형을 잡을 필요가 있다. 프로그램의 이 초기 시점에서 지도자가 어떻게 방향을 잡느냐는, 평가 단계에서 지도자가 알아본 참가자들의 특정한 취약성에 대한 지식에 상당 부분 의존한다.

- 어떤 참가자는 장애, 만성 통증, 학대 경험이나 기타 트라우마 등 자신의 신체 부위와 관련한 괴로움을 지니고 있을 수 있다. 이 경우 자신의 몸에 주의를 가져가면 이러한 괴로움을 촉발시킬 수 있다(이에 관한 더 자세한 정보는 트라우마와 민감성에 관한 23장 참조). 또한 참가자들에게 바디스캔 수련을 하는 동안 눕지 않고 자리에 앉아도 좋으며 몸을 움직여도 괜찮고 눈을 떠도 좋다고 안심시켜 준다. 또 참가자 자신을 위한 돌봄의 선택을 우선시해도(이 경우 지도자의 안내를 따르지 않을 수도 있다) 괜찮다고 안심시켜 준다.
- 바디스캔 수련을 하는 동안 몸을 움직이고 싶다면 참가자가 어떻게 해야 하는지 알려 준다. 수련 시작부에서 기준점을 설정한 다음, 참가자에게 기준점이 필요하거나 수련에서 '길을 잃었을' 경우에 기준점으로 돌아올 수 있다고 상기시킨다. 기준점으로 돌아와 다시 준비가 되었다면 이제 바디스캔 수련에 다시 합류해 안내를 따를 수 있다.

바디스캔 수련을 안내하기

바디스캔 수련을 안내하는 법에 관한 몇 가지 지침을 제시한다. 이 지침은 앞에서 살펴본 태도, 주의, 탈중심화에 관한 핵심 원칙의 토대 위에 만들어졌음을 기억할 필요가 있다. 안내를 전할 때 고려해야 하는 사항들에 관한 자세한 설명은 일반적인 8주 과정의 세션 1에 대해 소개하는 15장에 나와 있다.

바디스캔 수련 안내 시 고려할 사항에 관한 요약

1. 적합한 언어 사용
2. 수련의 명확한 구조
3. 넓은 주의 초점과 좁은 주의 초점, 그리고 주의 이동시키기
4. 수련에서 일어나는 일들을, 얼마든 일어날 수 있는 일이라고 인정하기
5. 호흡을 닻으로, 그리고 주의를 이동시키고 유지시키는 '도구'로 사용하기
6. 태도적 토대를 전달하기
7. 어려움을 다루는 것에 관하여 안내하기

1. 적합한 언어 사용

- 따뜻함, 차가움, 따끔거림, 얼얼함, 옷의 질감 등 신체감각을 묘사하는 단어를 사용해 참가자들이 신체감각의 세부사항에 특별히 주의를 기울이도록 초대한다. 세부사항은 흥미를 일으킨다. 흥미는 지속적인 주의 기울임의 토대로서, 주의라는 자원을 경험의 온전함과 함께 사용하도록 격려한다. 이때 방황하는 생각은 자연스럽게 줄어든다.
- 서로 다른 감각에 속하는 단어를 사용하는 것이 도움이 된다. '발가락을 느껴 보세요.' '발가락의 모양' '발가락의 속삭임에 귀를 기울여 봅니다' 등과 같이 감각을 경험하는 방식이 참가자에 따라 다를 수 있기 때문이다. 주의를 기울이기, 경험하기, 감각 느끼기 등의 일부 단어는 모든 감각에 일반적으로 적용되며 자주 사용할 수 있다.

2. 수련의 명확한 구조

- 바디스캔 수련을 시작하고 끝맺을 때 몸 전체로 주의를 가져간다. 수련을 시작할 때 이렇게 하면 아래 바닥이 몸을 받치고 있다는 안정된 느낌이 일어난다. 수련을 마칠 때도 참가자가 몸 전체를 느끼며 단순하게 '지금 있는 이대로 존재하도록 허용하는' 데 중점을 두도록 한다.
- 왼쪽 엄지발가락에서 시작해 머리 정수리까지 신체 각 부위를 체계적이고 명료하게 훑어 간다. 발가락에서 시작하는 이유는 발가락이 머리와 '생각'에서 가장 멀리 떨

어진 부위이기 때문이다. 그뿐만 아니라 이것은 발가락에 좁은 각도로 초점을 맞추게 하며, 세부적으로 신체에 어떻게 주의를 기울이는가를 보여 준다. 이 주의 기울임의 방식은 이후의 다른 수련에도 적용할 수 있다.

- 참가자들이 다음 신체 부위로 알아차림을 이동시키기 전에 조금 전 신체 부위를 '내려놓도록' 분명하게 초대한다. (조금 전 신체 부위에 가 있던) 주의를 내려놓고 새로 주의를 일으키는 능력은 중요한 근본적 기술이다. 이것을 호흡과 동시에 진행할 수도 있다. 예컨대, "이제 숨을 내쉬면서 왼쪽 무릎을(왼쪽 무릎에 가 있던 주의를) 내려놓습니다. …… 이제 넓적다리로 주의를 이동시킵니다."

3. 넓은 주의 초점과 좁은 주의 초점, 그리고 주의 이동시키기

- 바디스캔 수련의 시작부에서는 신체감각에 특정하고 자세한 주의를 기울인다. 예컨대, "왼쪽 발의 엄지발가락에…… 엄지발톱에…… 엄지발가락과 그다음 발가락 사이의 그 시원함에" 이렇게 안내하면 참가자들은 자신이 무엇을 해야 하는지 알 수 있다. 이로써 지도자인 당신은 이후의 수련에서 잠시 침묵의 시간을 가지며 보다 여유를 가지고 수련을 안내할 수 있다.
- 때로는 발가락처럼 집중된 좁은 범위의 신체 부위로 주의를 안내하고, 또 때로는 신체 부위에 대한 넓은 알아차림에 열리도록 한다. 예컨대, "다리의 전체 부위와 무게감에 주의를 기울여 봅니다."와 같은 식으로 안내한다. 초점을 좁혀 세부사항을 본 다음, 넓은 관점으로 확장하는 능력은 또 하나의 중요한 기술이다.

4. 수련에서 일어나는 일들을, 얼마든 일어날 수 있는 일이라고 인정하기

- 수련 시작부에서(수련을 시작하고 5~10분 이내에) 참가자의 방황하는 생각과 지루함, 들뜸 등을 알아보고 얼마든지 그럴 수 있다고 인정하는 안내를 제공한다. 그리고 이 안내를 규칙적으로 반복한다.

5. 호흡을 닻으로, 그리고 주의를 이동시키고 유지시키는 '도구'로 사용하기

- 바디스캔 시작부에서 참가자들에게 주의를 안정시키기 위해서라면 언제든 호흡이나 그 밖에 그들이 선택한 기준점으로 돌아올 수 있는 선택권을 준다. 이후 수련을

진행하는 동안 이것을 자주 상기시켜 준다.

- 신체 각 부위에 호흡을 불어넣는 제안을 할 때 초대의 형식으로 한다. 예컨대, 지시가 아니라 '(신체 부위에 숨을 불어넣는) 가능성을 갖고 논다'는 등으로 표현해 본다. 어떤 참가자는 비유를 이용한 안내 멘트가 자신에게 도움이 안 된다고 느낄 수 있다. 이런 경우에는 다음처럼 적당한 멘트를 덧붙인다. "숨을 들이쉬면서…… 그리고 숨을 내쉬면서 다리 전체의 길이와 무게감에 알아차림을 가져갑니다."

6. 태도적 토대를 전달하기

- 열린 수용적인 분위기(예컨대, 내려놓기, 허용하기, 수용)와 활동적 참여(예: 탐험, 호기심, 생동감, 모험)의 분위기를 초대할 때 균형을 맞추어 안내한다.
- 참가자들이 자신의 신체감각을 멀찍이 떨어져 차갑게 바라보는 것이 아니라, 그 속으로 직접 들어가 가능하다면 친절하게 그 감각과 '함께할' 수 있도록 초대하는 안내를 제공한다.
- 바디스캔을 안내할 때 참가자들이 자신에게 적합하다고 생각되는 것을 할 수 있도록, 지도자의 안내를 따르지 않고 자유롭게 자신에게 안전하고 적합한 방식으로 자기안내를 하도록 분명하게 상기시키는 안내를 한다.

7. 어려움을 다루는 것에 관하여 안내하기

- 몸의 통증이나 불편감을 다루고 그것과 함께하는 것에 관한 선택을 참가자에게 제공한다. 프로그램 초기 단계에서 참가자는 어려움에 주도적이고 안전하게 다가가는 토대가 되는 마음챙김 기술을 아직 갖고 있지 않다는 점을 기억한다. 따라서 참가자의 경험을 인정해 주고 자기돌봄을 강조하는 것이 중요하다. 예컨대, 이렇게 안내한다. "통증이나 불편감이 일어난다면 자기 자신을 먼저 잘 돌보도록 합니다. …… 부드럽게 그 경험을 알아본 다음, 친절하게 주의를 되가져 옵니다. 언제라도 자유롭게 자세를 바꾸거나 알아차림을 가지고 몸을 움직여도 좋습니다. 자세를 바꾸거나 몸을 움직일 때는 그 동작이 어떤 영향을 주고 있는지 느껴 봅니다."
- 신체의 불편감이 제공하는 기회를 통해 우리가 자기돌봄과 연민을 우리의 몸에, 그리고 나아가 우리의 삶에 어떻게 가져갈 수 있는지 보인다.

- 긴장과 통증을 '쌓아 두고' 있는 신체 부위(즉, 허리나 목 등)에서 느껴지는 불편감에 대해 특별히 언급할 것을 고려한다.

요약

바디스캔은 매우 중요하고 풍부한 수련이다. 바디스캔은 이후의 모든 수련과 연습의 기초가 된다. 바디스캔 수련에서 우리는 순간순간 자신의 몸에 터를 잡은 상태에서 주의를 기울이는 기술과 본질적 태도를 개발한다. 이 기술과 태도를 개발할 때 일어나는 알아차림은 우리의 잠재력을 제한하고 우리에게 해를 입히는 자신과의 습관적 관계 방식을 변화시키는 가능성을 지닌다.

5장

마음챙김 움직임

마음챙김 움직임 수련은 8주 프로그램의 3주차에 공식 명상으로 소개된다. 지도자가 프로그램 초기와 프로그램 전체에 걸쳐 짧은 마음챙김 움직임 수련을 안내하기를 권하지만, 세션 내에서 집단 에너지가 이동하는 이행기 순간이나, 정좌 명상의 전주로서 특히 마음챙김 움직임 수련을 권고한다. MBSR의 세션 3(3주차 세션)에서 참가자들은 누워서 하는 마음챙김 요가식(yoga-informed) 수련(40~45분)을 하도록 안내받는다. 세션 4(4주차 세션)에서는 서서 하는 마음챙김 움직임 수련(30분)을 하도록 안내받는다. MBCT의 세션 3에서 참가자들은 누워서 하는 마음챙김 요가식 수련을 그 다음 주 과제의 일부로 하게 되며, 세션에서는 선 마음챙김 요가 자세를 사용하는 '스트레칭과 호흡' 수련을 한 다음, 정좌 명상을 하도록 안내받는다. 요가식 마음챙김 움직임 수련은 집에서 하는 수련으로, 바디스캔과 번갈아 하도록 과제가 주어진다. 또 MBSR과 MBCT의 두 교육과정 모두에서, 걷기 명상 또한 세션 3과 세션 4의 일부를 구성한다.

더 나아가기 전에 무엇이 마음챙김 움직임 수련(mindful movement practice)이 아닌지를 분명히 하는 것이 중요하다. 마음챙김 움직임 수련은 요가가 아니다. 그것은 적어도, 전통적으로 신체 훈련을 전달하는 방식으로서의 요가는 아니다. 그것은 매 순간의 경험에 대한 마음챙김 알아차림을 개발하는 수단으로서, 보다 단순한 요가 기반의 몸 움직임을 활용한다. "스트레칭을 하며 우리의 신체적 한계에 신중하게 다가가면서…… 우리는 몸의 한계에서 호흡하는 수련을 합니다. 자신의 몸에 아무런 도전을 가하지 않는 상태와 지나치게 몸을 밀어붙이는 상태 사이에 존재하는 창의적 공간에 머물러 봅니다"(Kabat-

Zinn, 2013, p.101).

바디스캔 다음으로, 마음챙김 움직임을 소개하는 것은 진화다. 이 진화는, 고요함이 아니라 움직임으로부터 일어나는 신체감각을 전면에 두는 것으로 구성된다. 이 점에서 마음챙김 움직임을 '움직이며 하는 바디스캔'으로 간주할 수 있다. 여기서 "우리의 몸 움직임과 함께 일어나는 신체감각에 대한 매 순간의 알아차림을 유지하는 데 초점을 둔다" (Segal et al., 2013, p. 240).

마음챙김 움직임에 있어서는 지도자가 자기 가르침의 토대가 되는 수련에 경험을 쌓는 것이 특히 중요하다. 마음챙김 움직임이 지도자 자신의 개인 수련의 일부가 되어야 한다. 우선, 잘못된 방식으로 자세와 동작을 가르치면 참가자들이 신체적 해를 입을 수 있기 때문이다. 다음으로, 자신감과 권위를 가지고 가르칠 수 있기 위해서도 그러하다. 마음챙김 움직임을 안내하는 자신감을 키우는 데 도움이 되는 추가적인 훈련을 받는 것도 좋다. 지도자는 참가자들이 앞으로 그들의 평생에 걸쳐 하게 될 신체 훈련을 소개한다는 점에 유념할 필요가 있다. 이렇게 생각하면 세션 3에서 가르치는 방식이 바뀔 것이다!

이 섹션의 대부분은 모든 형태의 마음챙김 움직임(즉, 요가식 수련, 기공식 수련, 걷기 수련 등)과 관련된다. 그러나 MBSR과 MBCT에서는 하타요가에서 가져온 동작에 더 중점을 둔다. 왜냐하면 하타요가는 신체 강도와 한계를 다루는 데 있어서 부드럽고 수용적인, 그러나 확고한 끈기를 체화하기 때문이다. 만약 그 외의 다른 몸동작 접근방식을 사용한다면, 그것이 요가 기반의 접근법은 물론, 요구되는 모든 '학습 의도'를 충족하는지 확인해야 한다. 이 섹션의 시작부에서 개관한 공식 명상의 핵심 원칙들(주의, 태도, 재인식하기)은 마음챙김 움직임에도 근본이 된다. 당신은 마음챙김 움직임과 관련된 특정한 학습 의도와 지도 고려사항을 읽어 나가면서 이 일반 원칙들을 염두에 두어야 한다.

마음챙김 움직임을 세션 3에서 소개하는 이유

많은 참가자가 흔히 바디스캔의 정지된 몸 상태보다, 몸을 움직이며 몸에 주의를 기울이는 것이 훨씬 쉽다고 느낀다. 이것은 종종 매우 유익한 마음챙김 움직임의 탐구 주제이다. 참가자들은 이렇게 묻는다. "왜 세션 1에서부터 마음챙김 움직임 수련을 하지 않나요?" '고쳐주는(fix-it)' 대답에 저항하는 것이 중요하지만, 이것을 염두에 두어야 하는 몇 가지 이유가 있는데, 왜냐하면 이것은 마음챙김 움직임 수련의 근본 의도를 가리키기 때문이다.

- 첫째, 마음챙김 움직임 수련을 단순히 '존재하는 것'(즉, 어떤 다른 부가적 목적도 덧붙이지 않고)에 주의를 기울이는 기본 토대를 확립하기도 전에 소개한다면, 참가자들은 아마도 마음챙김 움직임의 목표가 요가의 목표(유연성과 신체 강도)와 유사하다고 간주하면서 알아차림을 키우는 근본적 의도를 놓칠 것이다. 바디스캔에서 소개한 태도상 토대('내려놓기'와 수용–'있는 그대로의 자기 경험에 열리기') 없이는, 마음챙김 움직임의 미묘한 의도(목적)를 놓치기 쉽다. 수용성(애쓰지 않음/존재하기)의 태도와 기술은 본질적 토대다.
- 둘째, 신체 움직임은 더 강하고 분명한 감각을 일으키기 때문에, 몇 주간 바디스캔 수련을 자주 하면, 감각의 부재를 포함한 더 미묘한 감각에 대한 필요한 수용성과 민감성을 키우는 데 도움이 된다.
- 셋째, 마음챙김 움직임은 참가자들로 하여금 서로 시각적 관계 속에서 수련하도록 초대한다. 이것은 신체적으로 자신이 노출되었다고 느끼게 할 수 있다. 앞의 수련들(즉, 건포도 명상, 바디스캔, 짧은 호흡 명상)은 모두 눕거나 앉아서 했으며, 눈을 내리깔거나 감은 채로 했다. 지금까지의 주요 공식 명상은 어떠한 분명한 시각적 비교도 요구하지 않았다. 이 새로운 집단 경험은 참가자들에게 전에 없던 새로운 학습 기회와 도전을 창조한다. 어떤 참가자는 자신을 집단 내 다른 참가자와 부정적으로 비교하기도 하며, 자신의 몸이 얼마나 유연한지 조용히 집단에 보여 주어야 한다고 느낀다. 세션 3에 이르면 이제 집단 내의 다른 참가자와의 비교를 알아차림에 품어 안도록 허용하는 충분한 안전감이 생겼을 것이다. 이것은 애쓰지 않음과 비판단이라는 태도적 기초에 관한 학습으로 이어질 수 있다. 마음챙김 움직임 수련의 주요 학습 결과 중 하나는, 이러한 애씀을 알고, 그에 따라붙는 겹겹의 판단도 아는 것이다.
- 넷째, 취약한 참가자에게는 마음챙김 움직임으로 인도받기 전에 지도자가 '초대적인' 태도를 체화하는 것이 절대적으로 필요하다. 즉, 참가자가 마음챙김 움직임의 일부 측면에는 참여하지 '않더라도' 그것을 편안하게 느낄 수 있어야 한다. 이것은

참가하지 않거나 먹지 않아도 좋다고 초대하는 건포도 명상과 함께 시작되었으며, 바디스캔에서 완전히 개발되었다. 그리고 프로그램의 첫 2~3주에 걸쳐 탐색의 모든 측면에서 완전히 개발된다.

마음챙김 움직임: 학습 의도

마음챙김 움직임은 참가자에게 신체감각을 자신의 '내부에서' 직접적으로 경험하는 법을 배우게 해 준다. 이것으로 참가자들은 몸 속의 지금-여기 감각에 더 든든히 닻을 내리게 되면서 현재 순간 '우리가 진정으로 누구인가'에 관한 더 큰 감각을 갖게 된다. 주의, 태도, 탈중심화에 관한 핵심 의도를 소개한 이 장의 앞부분을 참조하는 데 유의해야 한다. 이 의도들은 마음챙김 움직임 수련에서 중심적이며, 여기 소개한 정보와 연계해 사용해야 한다. 마음챙김 움직임에 해당되는 특정한 학습 의도는 다음과 같다.

마음챙김 움직임 수련은 자신의 신체적 한계를 특정한 방식으로 다루는 초대를 제공한다

1. 매 순간 자신의 몸에서 괜찮은 부분을 축복하고 그 경계를 존중한다. 우리의 안전지대의 경계 부분이 실제로 어떻게 느껴지는지, 그리고 그 경계가 시간이 지남에 따라 매일매일 어떻게 움직이고 변화하는지를 '애쓰지' 않고도 자연스럽게 알게 된다.
2. 직접적 신체감각에 대한 매 순간의 알아차림을 통해 자신의 신체적 경계에 관한 개념이나 생각, 느낌이 아니라 신체적 경계가 실제로 어떠한지 알게 된다. 매 순간 자신의 괜찮은 부분의, 즉 한계(edge) 안에 머문다.
3. 매 순간 자신의 신체적 한계를 경험하는 것을 받아들이는 법을 배운다. 자신의 신체적 한계를 경험함으로써 참가자들은 이후에 힘겨운 생각과 감정을 그와 유사한 방식으로 다루는 법을 준비할 수 있다. 신체감각의 '가장자리'를 직접 느낌으로써 그것을 경험하며 다룰 때 우리는 자신의 감정적 · 인지적 경험 내에서 무엇이 가능한지를 경험할 수 있다. 이렇게 해서 참가자들은 마음챙김 움직임 수련에서 자기 몸의 움직임과 관련하여 하게 되는 수용적이고 현재 중심적인 방식으로 자신의 강렬한 감정에 더 가까이 다가갈 가능성에 열린다.

마음챙김 움직임 수련 내의 과정을 직접 느낌으로 다루는 경험은 일상의 개인적 습관에 대해서도 그와 유사한 통찰을 제공한다

1. 자세 균형 잡기: 자세의 균형은 가만히 정지해 있는 것에서 생겨나지 않는다. 균형은 끊임없이 흔들리면서 다시 자세를 바로잡는 것을 통해서 생겨난다. 우리는 자세가 흐트러져 균형이 흔들릴 때도 그저 다시 시작하면 된다는 것을 수없이 알게 된다.
2. 자세 전환: 수련 중 누워 있다가 앉기로, 또 서 있다가 눕기로 자세를 바꾸는 단계는 현재에 존재하는 알아차림을 미래(다음 순간)의 의도와 더불어, 계발할 가능성을 제공한다. 많은 경우 우리가 일상에서 현재에 대한 알아차림을 잃어버리는 이유는 우리가 어디로 가고 있는지 그 과정이 아니라 가고자 하는 장소에 과도하게 초점을 맞추기 때문이다.
3. 너무 열심히 '애쓰는' 것이 어떤 결과를 낳는지 보기: 우리가 현재 순간에 하는 행동과 실제로 관련되지 않은 신체 부위를 얼마나 자주 긴장시키는지 본다. 그리고 시간이 지나면 이것이 어떻게 습관으로 굳어지는지 본다. 반대로, 우리는 무관심과 수동성에 관련된 습관 패턴을 발견할 수도 있다.
4. '행위 양식(doing mind)'이 작동하는 것을 보기: 보다 적극적인 이 형태의 수련에 임할 때 우리는 어떤 것을 성취하고자 하며, 특정 자세를 일정 시간 유지하고자 하는, 그리고 자신과 타인에게 경쟁적 태도를 갖는 '마음의 행위 양식'에서 임하기 쉽다. 이때 우리는 자신의 애씀을 구체적 수준에서 경험하며, 마음 상태로 그것을 더 수월하게 주의를 기울이고 다룰 수 있다.
5. 집단 맥락(group context): 우리가 자신의 몸과 몸의 움직임에 대해 비교와 판단의 측면에서 관계 맺는 방식을 알아차리게 해 준다. 이 점에서 마음챙김 움직임 수련은 판단과 비교를 자신의 몸에서 직접 느끼고 경험하게 함으로써 수련 경험과 일상의 삶 사이에 다리를 놓아 준다.
6. 몸과 마음의 연결: 마음챙김 움직임은 참가자들이 자신의 몸을 특정한 방식으로 두는 것이 자신의 정신적 · 감정적 상태에 직접적인 영향을 미칠 수 있음을 알게 한다. 예컨대, 똑바로 선 자세로 몸을 최대한 세우는 '산 자세(mountain posture)'는 참가자들에게 자신의 자리를 굳건히 잡고 내적 위엄과 존중의 감각으로, 힘을 받으며 삶에 다가가는 느낌을 경험하게 한다. 한편, 무릎을 꿇은 채로 부드럽게 상체를 허

벽지에 붙이는 '유아 자세(child posture)'는 마음을 고요히 하고, 자신에게 휴식을 선사하고 자기를 보호하는 느낌을 직접 경험하게 해 준다.

만성질환과 신체적 어려움을 가진 환자

만성질환과 신체적 어려움을 가진 환자에게 이런 식으로(즉, 마음챙김 움직임 수련에서 하는 식으로) 자신의 신체적 경계와 한계를 알아차리는 것은 자신의 신체적 한계를 그것과 관련된 감정에서 분리시키는 수단이 된다. 이런 식으로 참가자들은 특정 순간에 가능하거나 가능하지 않은 것에 관한 자신의 관념에 붙들려 있지 않고, 자기 경험에 대한 매 순간의 열림과 대응력을 계발한다. 이렇게 알아차림이 커지면 통증의 변화하는 유동적 특성을 알게 되며, 지금-여기 경험을 허용하는 능력도 커진다. 이렇게 해서 참가자들은 자신을 통증이나 질병과 동일시하던 데서 풀려난다. 안전이 무엇보다 중요하다. 안전을 위해서는 '자신이 하는 일에 대해 잘 알아야 한다.' 이것은 급성 또는 만성 질환을 가진 참가자들과 함께 수련할 때는 추가적 조언이나 훈련을 구하라는 의미다. 신체작업(bodywork)은 깊이 묻힌 상처나 습관을 건드릴 수 있으므로, 수련을 안내하는 동안 그리고 뒤 이은 탐색의 시간에 지도자는 각별히 신중을 기해야 한다.

마음챙김 움직임 수련 지도 시 고려사항

핵심 지도 포인트

1. **안전**: 참가자들이 안전하고 자신의 몸을 존중하는 방식으로 수련에 임하도록 해 준다.
2. **명료성**: MBP에서 하는 마음챙김 움직임 수련의 핵심 의도와 일관된 방식으로 수련을 안내해야 한다. 지도자의 안내를 통해 참가자들이 자신의 매 순간 경험에 대한 상세한 알아차림을 일으키도록 초대해야 한다.
3. **태도**: 지도자의 안내는 초대적이어야 하며 일곱 가지 태도적 기초를 반영해야 한다.

1. 안전

- 수련을 시작하기 전에: 특정한 건강 문제를 갖고 있는 참가자들에게 본 프로그램을 시작하기 전에 의사/신체치료사(물리치료사)에게 안내를 받도록 권한다. 특정 질병/한계는 특별한 돌봄을 필요로 한다. 예컨대, 혈압이나 심장 등에 문제가 있는 참가자는 전방으로 몸을 급히 숙이거나 상체를 하체 방향으로 90도 이상 기울이는 것이 좋지 않다. 관절이나 근육에 염증이 있는 참가자라면 스트레칭을 과도하게 하지 않는 것이 좋다. 임신 중이라면 몸을 옆으로 틀거나 앞으로 구부리는 자세는 다르게 변용하거나 생략해야 한다. 그리고 임신 마지막 몇 개월 동안은 모든 스트레칭 동작을 매우 신중하게 해야 한다. 만약 임신 중인 참가자를 지도해야 한다면 전문가의 도움을 구해야 한다. 목 등의 일부 신체 부위는 모든 사람에게 신중을 요한다. 머리를 뒤로 젖히는 동작도 시간이 지나면 손상으로 이어질 수 있다. 이 모든 사항은 프로그램의 오리엔테이션 및 평가 단계에서 확인해야 한다(16장). 프로그램을 시작하기 전에 이러한 문제들을 확인해야 공적 공간에서 이런 질문들을 하지 않을 수 있다.
- 수련 공간의 위험 요인, 온도, 프라이버시, 환기 등을 체크한다. 모든 참가자에게 필요한 매트를 넉넉히 준비한다.
- 명료한 선택지: 수련 시작할 때 참가자들에게 자신의 신체적 한계를 다루는 방식에 관하여 분명하고 자세하게 안내한다. 예컨대, "부상이 있거나, 특정 자세가 자신의 몸에 맞지 않는다면 수련 내에서 자신을 돌보는 선택을 할 수 있습니다. 특정 동작은 취하지 않아도 됩니다."
- 권한 부여하기: 참가자들에게 언제나 신중하도록 요구한다. 참가자 자신의 몸의 지혜에 귀 기울이면서 이것이 지도자의 안내보다 우선시하도록 한다. 특정 자세나 동작을 취하지 않아도 좋다는 점을 강조한다. 그저 자세와 동작을 취한다고 상상만 해도 괜찮다고 말해 준다.
- 존중: 참가자가 명시적으로 요청하지 않는 한, 참가자의 신체를 직접 건드리지 않도록 유의한다. 참가자가 명시적으로 요청할 때라도 건드리는 것은 권하지 않으며 필요하지도 않다. 지도자는 자신이 참가자의 관심을 끌기 바라는 부위나 방향을 거울처럼 보여 줄 수 있다.
- 집단의 압력: 신중을 기하라고 해도, 많은 참가자가 지도자의 지시를 생각 없이 그대

로 따른다. 따라서 '오늘 여러분 몸의' 안전한 한계 내에서 움직이라고 자주 상기시켜 준다.

- 자세나 동작을 적절히 변용하는 안내의 일반화: 변용을 수련 안내에 통합시킨다(미리부터 변용을 계획하면 좋다). 예컨대, 고양이/소 자세를 네 발로(양 손바닥과 양 발바닥으로) 하는 게 부담스럽다면 참가자가 무릎을 바닥에 댄 채로, 고양이/소 자세와 비슷한 방식으로 척추를 들어 올릴 수 있다.
- 자세를 취하는 시간의 지속: 참가자 본인에게 알맞다고 느끼는 동안만 자세와 동작을 취하도록 상기시킨다. 만약 호흡에 맞추어 몸의 움직임을 안내한다면, 참가자 본인이 편안하다고 느끼는 것을 넘어 특정 자세를 지속하거나 호흡을 참지 않도록 유의한다.
- 애쓰는 태도에 유의하기: 참가자들이 지금 자신이나 타인과 경쟁하고 있다면 마음챙김 움직임의 목적은 신체의 힘과 민첩성, 유연성을 키우기 위한 것이 아니라 알아차림을 키우는 것임을 자주 상기시킨다.
- 호흡: 참가자들이 특히 특정한 자세를 '유지하는' 동안에 자신에게 가장 자연스러운 방식으로 편하고 자유롭게 호흡하게 하는 것이 좋다. 특정 자세를 유지하는 동안 습관적으로 호흡을 참는 사람들도 있기 때문이다.

2. 명료성

- 세부사항과 발견: 참가자들이 자신에게 일어나는 특정한 세부사항에 주의를 기울이도록 하는 안내를 통해 발견과 탐험, 호기심의 감각을 키우도록 돕는다. 예컨대, "팔의 무게를 느껴 봅니다." 또는 "여기 이렇게 서 있는 발의 미세한 움직임을 느껴 봅니다." 등이 있다. 지도하는 동안 지도자 자신의 몸에서 일어나는 일의 안내를 받는다. 다음처럼 열린 질문을 던져 보는 것도 좋다. "바로 지금 다리에서 어떤 것이 느껴집니까?"
- 세부사항에 주의를 기울이는 시간: 수련 내에서 여유 시간을 충분히 준다. 자세나 동작을 취할 때 그에 대한 알아차림이 일어나도록 충분한 시간을 주는 것이 좋다. 자세와 자세 사이에 멈춤의 시간을 두어 자세를 바꾸는 동안 몸의 움직임을 느끼는 시간을 갖도록 한다.

3. 태도

- 수용성과 적극성의 균형 맞추기: 참가자들이 있는 그대로의 자기 경험을 탐험하고 발견하는 것과 수용하고 함께하는 것 사이에 존재하는 창의적 지점을 탐색하고 발견하도록 격려한다.
- 지도자의 언어와 목소리 톤의 중요성: '노력하다' '일하다' '~할 수 있는지 본다' 등 참가자들이 애쓰는 감각으로 나아가게 하는 언어나 목소리는 피한다.

요약

바디스캔처럼 마음챙김 움직임도, 주의를 훈련시키고 우리에게 유익한 태도를 개발하는, 종종 아주 미묘하긴 해도, 폭넓은 기회를 제공한다. 만약 접근방식에 대한 정식 훈련을 받지 않은 채 마음챙김 움직임을 안내해야 하는 경우라면, 지도자 스스로 그 접근방식에 대한 수업에 참여해 슈퍼비전과 TLC(Teaching and Learning Companion, 마음챙김 기반 개입: 지도 및 학습 안내서) 공부(19장)를 통해 자신의 발전을 지원하는 것이 특히 중요하다.

6장

정좌 명상

정좌 명상은 8주의 MBP 교육과정에 점차적으로 들어온다. MBSR에서는 세션 4에서 긴 형태의 공식 명상으로 정좌 명상을 처음 소개하며, MBCT에서는 세션 3에서 처음 소개한다. 정좌 명상은 참가자들이 바디스캔과 마음챙김 움직임을 통해 계발한 기술과 태도의 토대 위에 쌓아 가는 방식으로 참가자에게 소개된다. 8주 교육과정 전체에 걸쳐 정좌 명상은 각 세션의 핵심 주제를 실현하는 도구가 된다. 이로써 참가자들은 그들이 지닌 특정한 취약성 또는 일반적인 취약성을 다루고(자세한 사항은 Crane, 2017 참조) 유익한 태도와 회복탄력성을 키울 수 있다. 〈글상자 6-1〉은 수련의 시간과 집중 대상을 확장함으로써 MBSR을 구성하는 각 요소가 점진적으로 자리를 잡아 가는 방식을 보여 준다. 강조점에 있어 다소 차이는 있지만(MBCT는 생각과 어려움을 더 명시적으로 다룬다), 큰 원칙은 MBCT에 있어서도 MBSR과 유사하다.

글상자 6-1 MBSR의 정좌 명상: 8주 코스의 진행 과정

세션 2_짧은 정좌 명상(5~10분): 호흡을 주의의 주 대상으로 하는(또는 다른 주의의 닻을 주 대상으로 하는) 호흡 알아차림을 하는 정좌 명상을 소개한다.

세션 3_더 긴 정좌 명상(10~20분): 몸의 자세와 호흡을 주의의 주 대상으로 하는(또는 다른 주의의 닻을 주 대상으로 하는) 호흡 알아차림을 하는 정좌 명상을 소개한다.

세션 4_정좌 명상(최소 20분): 호흡, 신체감각, 몸 전체에 초점을 맞춘다. 참가자가 현재 경험하고 있는 힘겨운 신체감각이나 원치 않는 신체감각을 다루는 법에 관한 안내를 소개한다.

세션 5_정좌 명상(45분): 호흡, 몸, 소리에 주의를 기울인 다음, 마음에서 일어나는 사건으로서의 생각과 감정에 주의를 기울인다. 그런 다음, 열린 알아차림을 초대한다.

세션 6_세션 5와 같은 방식으로 정좌 명상. 그러나 지도자의 지침은 더 적게/침묵의 시간은 더 많이 갖는다(45분): 호흡, 몸, 소리, 생각과 감정에 주의를 기울인 다음, 열린 알아차림/열린 현존을 초대한다. 마지막에 호흡으로 돌아온다.

세션 7_침묵의 시간을 더 많이 가지며 정좌 명상(45분): 열린 알아차림 수련을 하되, 주의의 닻을 잃었을 경우에는 호흡을 닻으로 사용한다. 산 명상이나 호수 명상을 일부 활용할 수도 있다. 침묵의 시간을 많이 갖는다.

일반적인 정좌 수련은 주의 기울임의 '대상'을 특정한 순서대로 사용하여 알아차림을 키운다. 이 순서는 몸의 자세나 호흡 같은 신체감각 기반의 닻이라는 구체적인 대상에서 소리, 생각, 감정 같은 보다 추상적인 대상으로 옮겨 간다. 정좌 명상에서 우리는 점점 더 미세한 성질의 주의 대상으로 나아간 뒤에 마침내 '선택 없는 알아차림' 또는 '열린 알아차림'에 이른다. 여기서 '열린 알아차림'이라는 표현이 더 정확한데, 그 이유는 '선택-없는' 알아차림을 키우고 지속하는 것도 일종의 선택을 내리는 행위이기 때문이다!

'가까운 적'이 가장 위험하다는 말이 있다. 마음챙김 위주의 정좌 수련은 집중 위주의 수련과 의도 및 목적이 다르다는 점을 확실히 할 필요가 있다. 마음챙김 위주의 정좌 명상과 집중 위주의 정좌 명상 모두 동일한 신체 자세를 취하며, '호흡과 몸' 등의 유사한 주의 대상을 사용한다. 마음챙김 정좌 명상에서는 호흡과 같은 신체감각에 기초한 적절한 닻으로 주의의 초점을 향한다. 이렇게 하면 자신의 경험에 대해 더 전체적으로, 있는 그대로 '만나거나' 그것을 '알' 수 있는 충분한 마음의 안정성과 고요함이 생긴다. 이렇게 해서 자신의 내면에서 일어나는 일정한 패턴을 더 깊이 이해할 수 있다. 마음챙김은 몸과 마음에서 특정한 방식으로 일어나는 모든 현상에 대해 그것과 관계 맺는 연습에 중점을 둔다. 한편, 집중 명상에서는 고요하고 평화로운 마음 상태를 키우는 데 중점을 둔다. 비유하자면, 마음챙김은 폭풍우 속에서도 평화를 찾으려는 것이고, 집중 명상은 폭풍우에서 점차적으로 벗어나려는 것이다. 아마도 당신이 가르치는 어떤 집단에도 일부 참가자는 이미 이전에 명상을 경험한 사람들이 있을 것이다. 이때 지도자는 마음챙김과 집중이라는 두 가지 정좌 명상법 중 어느 하나가 더 우월하다는 뜻을 비치지 않으면서 신중하게 이 두 방식의 차이('있는 그대로' 자신의 경험과 만나는 것과 평온 상태를 개발하는 것)를 분명하게 구분해 줄 필요가 있다.

다음 단원에서는 모든 MBP 정좌 명상에 공통되는 목표에 대해 개관한 뒤 특정 목표가 어떻게 특정 형식과 연결되는지 간략하게 요약한다. 공통된 학습목표와 특정한 학습목표는 서로 긴밀히 연관되어 있지만, 정좌 명상에서 학습목표의 발전 과정을 따라가면서 이것이 어떻게 교육과정의 주제를 발전시키는 것과 연결되는지 알아보는 것도 도움이 된다. 예컨대, MBCT의 세션 4에서는, 생각을 마음에서 일어났다 사라지는 사건으로 바라보는 것에 관한 안내가 이루어지는데, 이는 세션 5와 세션 6에서 하게 되는, 예를 들어 MBCT 4주 차에 제시되는 생각을 마음속에서 스쳐 지나가는 현상으로 자각하는 지침은 5주 차와 6주 차에서 이루어지는 무익하며 스트레스를 일으키는 생각을 지켜보며, 거리를 두고 다루는 다양한 연습을 지원한다. 또 세션 7에서는 정좌 명상의 강조점을 자기연민과 자기돌봄에 두는데, 이것은 생활양식의 선택과 행동이 기분에 미치는 영향에 관한 이후의 연습에 도움이 된다. 정좌 명상은 앞서 1부에서 살펴본 수련의 일반 원칙에 굳건히 닻을 내리고 있다. 지도자는 다음 단원을 읽어 가면서 이 핵심 원칙들에 익숙해져야 하며, 이것을 알아차림에 포함시켜야 한다.

학습 목표: 정좌 명상

- '마음의 놀이(play of the mind)'에 익숙해지기: 마음의 자연스러운 경향성을 적절히 다루는 법을 아는 것이 핵심적인 학습 목표다. 참가자들은 집중 자체를 목적으로 계발하는 것이 아니라 마음의 안정성을 키우도록 초대받는다. 이러한 핵심 목표 때문에 "호흡으로 돌아옵니다" 또는 "몸에 주의의 닻을 내립니다" 같은 지시도 참가자가 우선 자신의 '마음'이 지금 무엇을 하고 있는지(방황, 졸림, 계획, 되새김 그리고 흔하고 자연스러운 형태의 '습관적 마음'을) 알아차리게 하는 방식으로 전해야 한다. 참가자들은 또한 매 순간 경험의 흐름으로부터 의도치 않게 떠밀려 가는 것과 의도적으로 그

것을 분명하게 보는 것이 어떻게 다른지 알게 된다. 한곳에 막혀 있는 것은 괴로움을 일으키는 흔한 원인이다. 이때 정좌 명상을 하는 동안 일상적 경험(호흡 감각, 소리, 생각, 감정 등)의 흐름과 변화를 감지하는 것은 지도자가 안내를 통해 참가자에게 전할 수 있는 매우 유익하며 암묵적인 메시지가 될 수 있다. 궁극적 목표는, 이런 '마음의 놀이'을 포함한 우리의 모든 경험에 대한 알아차림을 키우고 유지하는 것이다. 이렇게 알아차림을 키우고 유지할 때 참가자들은 인간 경험과 삶의 본질과 패턴을 더 깊이 들여다볼 수 있다. 이 기술이 모든 마음챙김 수련의 기초가 되게 하는 것이 우리의 목표다. 왜냐하면 '사물의 실상'을 분명하게 보는 것이야말로, 때로 도전적이긴 하지만, 궁극적으로 더 큰 통합과 자유, 안녕의 감각으로 들어가는 문이기 때문이다.

- 회피하고 싫어하는 마음, 원치 않는 경험을 알아차리고 안전하게 다가가는 방법 탐색하기: '마음의 놀이'에 관해 배우는 것은 참가자들이 자신의 반복적 패턴, 특히 불쾌한 경험에 대한 회피를 인식하게 한다는 점에서 매우 근원적인 기술이다. 자신의 원치 않는 경험(예컨대, 지루함, 통증, 위축된 생각과 감정)을 일단 알아차리면, 참가자들은 그에 관한 무익한 생각의 나래를 펴지 않으면서 어떻게 그것을 몸에서 느끼는 감각으로서 안전하게 다가갈지 탐색할 수 있다.
- 호흡 활용하기: 힘겨운 감각이 느껴지는 부위로 호흡을 보내(비유적인 의미에서), 호흡이 그 부위의 '곁에서 함께 흐르도록' 또는 그 부위의 '둘레나 그 부위를 통과해' 흐르도록 하면서 힘겨운 감각을 친절한 알아차림에 담을 수 있다.

정좌 명상: 지도 고려사항에 관한 요약 정리

정좌 명상은 일반적으로 여러 단계를 거친다. 처음에 몸에서 시작해 소리와 생각 등 손으로 만져지지 않는 경험의 측면에 이르기까지 다양하다. 다음은 각 단계에 대한 전반적인 가이드로서 지도를 돕는 데 사용할 수 있다. 당신이 제공하고 있는 특정 교육과정에 대해 알고, 그 수련의 형식과 당신의 안내를 여기에 맞추라. 중요하게 고려해야 하는 것은 정좌 명상에서 호흡을 주의의 닻(기준점)으로 사용하는 것이다. 트라우마 민감성에 관한 장(23장)에서 논의하겠지만, 호흡이 모든 참가자에게 적합한 주의의 닻은 아니다. 과거에 트라우마를 겪었거나 호흡에 문제가 있는 참가자에게는 호흡이 아닌 다른 신체감각 기반의 닻(예컨대, 손, 발, 소리, 광경 등)이 더 적합할 수 있다. 호흡은 그 자연스러운 역동적 움직임 때문에 많은 사람에게 매우 도움이 되는 주의의 닻이긴 하지만 모든 사람에게 적합하다고 가정해서는 안 된다. 따라서 참가자들을 안내할 때 참가자들 스스로 호흡 외에 자신들에게 적합한 주의의 닻을 선택하도록 해야 한다. 〈글상자 6-2〉는 정좌 명상에서의 일반적 순서를 보여 준다. 하지만 어떤 수련은 빠져 있을 수도 있고 다른 단계를 강조할 수도 있다.

글상자 6-2 정좌 명상

1. 자세에 대한 마음챙김

① 자세 잡기, 터 잡기–신체감각을 통해 현재 순간에서 느껴지는 감각

② 몸의 자세가 태도와 기분, 에너지에 어떤 도움을 주는지 배우기

2. 호흡 또는 기타 주의의 닻에 대한 마음챙김

① 신체감각에 단순하고 특정하게 실시간으로 주의를 모으게 하는 것을 통해 현재 순간의 알아차림과 마음의 안정성 계발하기–생각의 확산을 줄임

3. '더 넓은 몸'에 대한 알아차림 안내하기

① 통증, 긴장 등과 관련하여 회피하는 마음에 주의 기울이기, 통증이나 긴장과 관련해 대응적인 선택과 수용의 가능성에 대해 배우기

② 몸 속의 힘겨운 생각이나 감정과 (이후에) 관계 맺는 토대 만들기. 몸과 마음의 활동 사이의 더 미묘한 관계 배우기

4. 소리에 대한 마음챙김 안내하기

① 덜 신체적이고, 더 미묘한 감각에 주의를 기울이는 법 배우기

② 경험을 이해하려 하기보다 단순히 받아들이는 기술 배우기

5. '생각과 감정에 대한 마음챙김' 수련 안내하기

① 생각을, 규정적 사실이 아니라(소리에 대해 했던 것과 같은 방식으로) 한때 마음에 지나가는

사건으로 대하기(탈중심화/재인식하기)
② 감정과 생각을 신체감각과 연결시키기

6. '열린 알아차림'(선택 없는 알아차림) 안내하기
① 마음-몸에 머무는 것이 지닌 광활한 무위의 성격을 계발하기
② 수련과 일상생활 사이에 다리 놓기

1. 자세에 대한 마음챙김

자세 잡기, 터 잡기-현재 순간, 몸에서 느껴지는 감각. 수련에 도움이 되는 자세를 잡는 법에 관한 실제적 정보를 전하는 것으로 수련을 시작한다. 이전 세션에서 이 안내는 세부사항과 태도적 강조에 있어서 풍부할 수 있다. 가령, "편안하고 곧게 세운 자세를 잡습니다. …… 상체를 위로 부드럽게 올려 봅니다. …… 머리의 균형을 맞춥니다. …… 턱은 가슴 쪽으로 살짝 당겨 뒷목이 죽 펴지고 열리도록 합니다. …… 양손은 무릎이나 허벅지 위에 두고 어깨는 편안하게 늘어뜨립니다." 특정한 앉기 자세가 다른 자세보다 더 우수하지 않다는 것을 전한다. 참가자가 다양한 앉기 자세를 스스로 실험해 보게 한다. 자리에 서거나 눕는 것도 하나의 옵션이라고 상기시킨다. 명상 의자나 방석을 사용하는 법을 알려 주는 것도 도움이 된다. 어떤 것이 편안한 자세인지에 관한 요령을 전한다(무릎을 고관절보다 아래에 위치하기, 무릎에 어떤 것을 받치기 등). 의자에 앉는다면 척추가 스스로 지탱하도록 하면서 등받이에 기대지 않게 한다. 이때 허리에 너무 무리가 간다면 허리 가장 아래쪽에 방석을 받칠 수 있다. 우리가 지도자로서 하는 행동이 참가자들에게 최상의 자세로 해석될 수 있다는 점을 유념하라. 따라서 참가자 가운데 누군가가 명상 의자나 방석을 사용하는 것을 불편해한다면 당신이 지도자로서 여러 세션에서 의자를 사용해 보면서 해당 참가자가 스스로 결정을 내릴 수 있도록 해 준다. 평소와 다르게 곧게 앉은 자세는 어떤 사람에게 불편감과 이질감을 느끼게 할 수 있다는 사실을 충분히 인정하는 초기 안내를 제공하라. 또 불편감과 이질감을 덜 수 있는 제안을 하라. 눈을 뜨거나 감는 것은 현실적인 선택 문제이므로 이에 대해서도 안내하라. 눈을 뜬다면 참가자가 자신 앞의 짧은 거리에 있는 중립적 지점에 부드럽게 시선을 두도록 초대한다.

몸의 자세가 태도와 기분, 에너지에 어떤 도움을 주는지 배우기. 의도적으로 몸을 곧게 세운 자세는 자신의 모든 경험에 대해 깨어 있고 민감하겠다는 더 넓은 의도를 지원해 준다. 몸을 곧게 세우되 편안하게 이완한 자세(수용, 애쓰지 않음 등)를 취함으로써 지금 우리가 계발하려는 태도적 토대의 체화를 느낄 수 있다. 참가자가 자세와 그것이 도움을 주는 마음의 자질(곧게 세운 척추와 깨어 있음)을 서로 연관 짓도록 해 준다. 수련하는 중에 때때로 참가자들의 알아차림을 그들의 자세로 가져온다. 그렇게 해서 몸의 자세가 흐트러질 때 알아차림도 흐트러진다는 것을 참가자가 보게 한다!

2. 호흡 또는 기타 주의의 닻에 대한 마음챙김

이 수련 단계에서 참가자들은 호흡이나 (발과 손 등의) 신체 부위처럼, 자기 경험의 특정한 감각 기반 부분에 주의의 닻(기준점)을 내리도록 초대받는다. 만약 호흡과 신체 부위가 주의의 닻으로 적합하지 않은 참가자라면 소리나 특정한 시각 초점을 외부의 닻으로 사용할 수 있다. 호흡에 주의를 모으는 것이 많은 사람에게 도움이 되는 이유는 호흡이 매 순간 변화하기 때문이다. 그리고 대부분의 사람에게 있어 호흡은 유익한(즉, 역동적인) 감각 기반 기준점을 마음에 제공한다. 정좌 명상을 지도할 때 핵심 포인트는 호흡에 대한 자세한 안내를 제공하되 호흡이 도움 되는 기준점이 되지 않는 참가자들에게는 열린 선택권을 제공하는 것이다. 이때 유의해야 할 점은 다음과 같다.

신체감각에 단순하고 특정하게 실시간으로 주의를 모으게 하는 것을 통해 현재의 알아차림과 마음의 안정성 계발하기. 편안하고 곧은 자세에서 참가자들에게 자신의 안정된 주의 기준점을 찾도록 선택권을 준 다음, 그 주의의 닻 안에서 일어나는 작은 움직임을 발견하도록 초대한다. 호흡이나 발의 감각처럼 반복적인 신체 동작에 주의를 기울이면 주의가 분산되거나 모호해지면서 마음의 방황으로 금세 가득 찰 수 있다. 따라서 '배의 부풂과 꺼짐' 또는 '허벅지나 엉덩이에 느껴지는 무게감이나 압박감' 등 이 감각들을 알아차리는 데 도움을 주는 **잠정적**(tentative) 제안을 제공함으로써 선택한 기준점을 탐색하도록 안내하는 것이 도움이 된다. 톤을 살린 질문(tonal questions)을 사용하면 참가자들이 경험의 다양한 차원을 발견하고 또 그에 대한 호기심을 갖게 하는 데 도움이 된다. 발견은 주의를 돕는다. 주의의 닻에 안정적으로 주의를 기울이게 하는 안내를 제공하라. 이렇게 하면 생각이 잦아들고 고요해지면서 평온의 감각이 생겨난다. 지도자의 안내에 충분한 여유가 있어야 참가자들의 마음에 안착과 꾸준함이 생긴다. 동시에 참가자들에게 일어날 수 있는 불안정한 마음 상태를 잠시 알아봐 주고 충분히 그럴 수 있다고 인정해 준다.

세부사항으로 주의를 초대함으로써 호기심을 북돋기. 주의의 닻 내에서 미세한 **세부사항**과 **변화**를 살펴보기. 참가자들이 호흡과 함께 한다면 그들은 자동적으로 호흡을 통제하려고 애쓸 것이다. 이 가능성에 주의를 가져가 '호흡이 스스로 숨을 쉬도록' 놓아두는 안내를 제공할 필요가 있다. 들숨과 날숨이 가진 서로 다른 차원을 탐색한다. 즉, 참가자들이 "숨을 쉬는 **동안**에 지금 이 숨이 긴지…… 짧은지 봅니다." 또는 "호흡의 감각이 가장 분명하게 느껴지는 부위를 찾습니다." 등과 같이 마음을 안정시키도록 돕는다.

3. '더 넓은 몸'에 대한 알아차림 안내하기

이 수련 단계에서 참가자들은 기준점에 가 있던 주의의 초점을, 다양한 감각과 느낌의 톤을 지닌 몸 전체로 넓게 확장시키도록 초대받는다. 이렇게 하면 참가자들은 의식적으로 주의를 넓히고 좁히는 법, 자신에게 유익한 태도적 토대를 준비하는 법을 익히게 된다. '느낌의 톤'에 대한 알아차림과, 불쾌하고 유쾌한 경험에 습관적으로 반응하지 않는 법을 배우는 것은 매우 중요한 근본적 기술이다. 정좌 명상의 이 단계에서는 이 기술을 키우기 위해 다양한 연습을 한다. 세션 3과 세션 4에서 유쾌하고 불쾌한 일을 다루는 작업은, 신체적으로 힘든 부위에 주의를 기울이고 거기에 친절한 알아차림을 제공하는 안내를 더 키워 준다. "바꾸거나 고치려 하지 않습니다. 힘든 신체 부위 곁에서 호흡하면서 그 부위를 부드럽게 알아차림에 품어 안습니다." MBSR의 세션 4에서 자신의 힘겨운 감정과 생각에 이와 유사한 방식으로 다가가는 안내를 제공한다. MBCT의 세션 5에서는 자신의 힘겨운 부분을 수련을 하는 동안 의도적으로 마음에 떠올림으로써 이 작업을 더 명시적으로 하게 된다. 다음처럼 능숙하게 안내한다.

통증, 긴장 등과 관련하여 회피하는 마음에 주의 기울이기, 통증이나 긴장과 관련해 대응적 선택과 수용의 가능성에 대해 배우기. 목소리 톤과 초대적 언어를 통해 지도자는 참가자들이 통증, 긴장, 무딤 등 자신들의 힘겨운 경험을 그것이 일어나는 대로 알아차리도록 초대할 수 있다. 그런 다음, 참가자들이 다음처럼 자신의 경험에 다가가는 것을 선택하는 법에 관한 안내를 제공한다.

- 참가자가 신체적 통증을 겪고 있다면, 몸을 움직이려는 의도에 주의를 기울이면서, 그리고 움직임 자체와 움직인 이후의 효과를 지켜보면서 마음챙김을 지니고 자세를 바꿀 수 있다고 알려 준다.
- 몸에서 지금 나타나고 있는 어려움을 향해 주의를 이동시킨다. 그 직접적인 감각에 친절한 호기심을 가져간다. 이 감각들을 부드럽게 탐색할 수 있는 가능성을 제공한다. 참가자들에게 지금 경험하는 힘겨움에서 느껴지는 모양이나 질감을, 호흡과 함께 그것이 변화하는지 또는 정적인 상태로 그대로인지 등을 알면서 탐색하도록 초대한다.
- 불편함이 느껴지는 신체 부위에 '숨을 불어넣고 그로부터 숨이 나오도록' 하는 선택권을 참가자에게 제공한다. 호흡을, 부드러운 주의를 가져가 '친절한 알아차림으로 불편함을 품어 안는' 비유로 사용하는 것은 매우 유용하다. 이것은 다음에 일어날 일에 대한 더 큰 선택권을 참가자에게 부여한다. 또한 이미 일어난 일에 대해 참가자들이 무감각해지거나 맞서 싸우거나 안달하는 경향성을 내려놓는, 관점의 전환이라고 할 수 있다.
- 참가자가 자신의 힘든 부위에서 주의를 거두고 안정적인 기준점에 주의를 기울이도록 상기시킨다. 나중에 참가자가 준비가 되면 그때 다시 그 힘겨운 부위로 돌아오게 한다 (Burch, 2010 참조).
- 친절과 허용의 마음 태도를 계발시킨다. "지금 여기에서 느껴지는 것을 느끼도록 자신에게 허용해도 괜찮습니다."

몸 속의 힘겨운 생각이나 감정과 이후에 관계 맺기 위한 토대 만들기. 힘겨운 생각과 감정에 관해 더 많이 생각함으로써 거기 휘말리는 것이 아니라, 주의를 사용해 **몸 속의** 힘겨운 생각과 감정이 전하는 울림에 들어가 그것을 직접 느끼려는 것이다. 세션 5부터 참가자들은 자신의 힘겨운 생각과 감정을 지켜보며 이렇게 질문하도록 초대받는다. '내 몸의 어디에서 이것이(힘겨운 생각과 감정이) 느껴지지?' 이와 같은 정좌 명상 중에 신체 일부에 닻을 내리는 단계는 이 단계를 거치지 않았다면 참가자들을 압도했을 힘겨운 경험에 안전하게 다가가는 중요한 훈련의 기초가 된다. 몸에서 일어나는 감각을 통한 이러한 배움은 참가자들이 프로그램 후반부에서 생각과 감정을 탐험하는 준비를 하도록 해 준다.

4. 소리에 대한 마음챙김 안내하기

정좌 명상의 이 단계에서 참가자들은 몸과 소리의 닻으로부터 자기 내면과 주변에서 들려오는 소리로 주의를 이동시킨다. 이때 유념해야 할 지도 포인트는 다음과 같다.

덜 신체적이고, 더 미세해 보이는 미묘한 감각에 주의를 가져가고 유지하는 법 배우기. 소리를 받아들이고 거기에 주의를 기울이는 연습은, 생각과 감정보다 더 추상적이고 미묘한 경험을 인식하고 그것과 함께 머무는 기초를 놓아 준다. 참가자들이 우선 소리에 주의의 닻을 내릴 수 있도록 수련 장소 안과 바깥의 소리를 알아차리도록, 그리고 소리 자체의 경험을 탐색하도록 안내한다. "귀와 몸 전체에 도착하는 소리의 높낮이, 톤, 크기 …… 또는 리듬에 주의를 기울입니다." 들려오는 소리가 별로 없으면 지도자는 참가자들에게 '소리와 소리 사이의 침묵'을 지켜보도록 초대할 수 있다.

경험을 이해하려 하기보다 단순히 받아들이는 기술 배우기. 수련의 이 단계에서는 참가자에게 '귀에 도착하는 소리에 주의를 기울이면서, 소리를 있는 그대로 경험으로서 받아들이도록' 초대한다. '우리의 귀에 이르는 소리를 알아차리는 데는 노력이 별로 필요하지 않음을' 살펴보도록 안내하는 것도 도움이 될 수 있다. 경험을 '받아들이는' 법을 배우는 것을 강조한다. 즉, 소리에 관해 마음속으로 이름표를 붙이거나 이야기를 지어내는 것과 다르게, 소리를 직접적으로 듣고, 받아들이며, 지각하는 것이다. 이것은 경험에 대한 개인적 동일시에 사로잡히는 우리의 자동적인 성향에 관한 통찰을 제공한다. 이것은 참가자가 예컨대, "이 소리 좋은데? 좀 더 듣고 싶어."라거나 "이 소린 싫어. 시끄러워서 수련할 수가 없어."처럼 얼마나 자주 자동적 반응을 일으키는지 알아차리는 기회가 될 수 있다. 이런 배움은 우리가 생각과 감정에 반응하는 이와 유사한(그러나 더 복잡한) 방식을 이해하는 기초가 된다.

5. '생각과 감정에 대한 마음챙김' 수련 안내하기

정좌 명상의 이 단계에서 참가자들은 소리에 주의를 기울이던 것을 내려놓고 이제 생각을 소리와 마찬가지로 '일어나고 사라지는' 현상으로 알아차리는 데 주의를 이동하도록 초대 받는다. 지도자가 다음과 같은 이미지를 사용하면 참가자에게 도움이 될 수 있다. "하늘에 떠가는 구름을 바라보는 것처럼 생각을 바라본다고 상상해 봅니다. 생각이 일어나고 한동안 머물다 다른 생각으로 대체되는 것을 알아차려 봅니다." 이때 유념해야 할 사항은 다음과 같다.

생각을 있는 그대로, 즉 마음에서 일어나는 사건으로 대하기(탈중심화/재인식하기). 소리 마음챙김 수련에서 개발한 기술의 토대 위에서, 참가자들이 자신의 생각을, 마음에서 일어났다 사라지는 사건으로 알아차리는 데로 주의를 옮겨 가도록 안내한다. 소리가 일어나고 사라지듯이, 그리고 소리가 '나'가 아니듯이, 생각도 마음에서 일어나는 사건으로 경험할 수 있다. 생각과 감정에서 뒤로 물러나 관심 있는 친절한 관찰자의 관점에서 생각과 감정을 바라본다. 이렇게 하면 자신의 생각에 대해 지금까지와 다른(탈중심화된) 그리고 더 유익한 관계를 맺을 수 있다. **생각으로부터** 내가 관계 맺어지는 것이 아니라 내가 **생각을 향해** 관계 맺을 수 있다. 마음의 이 광대한 성질은 우리에게 전체적인 관점을 갖게 하며, 생각이 휘두르는 힘을 줄여 준다. 우리는 이제 생각을 사실이 아닌 '단지 생각'으로 경험할 수 있다. 그러면서 생각을 분명히 알아보고, 그것을 어떻게 다루어야 하는지 분명하게 정할 수 있다. 탈중심화를 탐색할 때 태도의 특질은 매우 중요하다. 생각과 감정을 관심과 친절로 지켜보도록 안내한다. 참가자가 자신의 생각과 감정에서 반복적으로 일어나는 패턴이 어떻게 커지고 마음속에서 놀이판을 벌이는지 지켜보도록 가볍게 초대한다. 생각이나 감정을 사라지게 하는 것이 목표가 아니다. 생각이나 감정이 마치 '날씨 패턴'인 것처럼 그것이 존재하고 영향을 미치고 있음을 알아보는 것이다.

감정과 생각을 신체감각과 연결시키기. 참가자들이 자신의 생각과 감정에 연관되어 일어나는 신체감각을 알아보도록 안내한다. 강하고 힘겨운 생각과 감정이 일어날 때 몸으로 주의를 가져가는 것은 힘겨운 생각과 만나는 새로운 방법을 제공한다. 힘겨운 생각으로 촉발된 신체 감각을 경험하고 알아보는 것이다. 가령 "생각에 이끌려 간다면, 그리고 그 생각과 관련해 어떤 신체감각이 일어난다면, 예컨대 턱에 긴장감이 느껴진다면" 같은 식으로 안내한다. 이렇게 하면 신체감각의 강도에 자연스럽게 변화가 일어나 그것을 느낄 수 있다. 그러면 이전의 힘겨웠던 경험을 하게 되더라도 그 속에서 더 안전하게 느낄 수 있다. 이것이, 압도당하지도 그렇다고 억누르지도 않는 방법으로 강렬한 내면 경험의 '파도를 타는' 한 가지 방법이다. 수련의 이 단계에서 안전에 관한 안내를 제공하는 것도 중요하다. 참가자들에게 수련 중 언제라도 자신의 주의의 기준점으로 돌아오거나 언제라도 수련을 잠시 멈출 수 있음을 상기시킨다.

6. '열린 알아차림'(선택 없는 알아차림) 안내하기

정좌 명상의 이 마지막 단계에서 참가자들은 매 순간 주의의 전경에서 일어나는 어떤 경험이든 거기에 열려 있고 특정되지 않은 알아차림을 가져가도록 초대받는다. 이 경험에는 신체감각, 소리, 생각, 감정 등 어떤 것이든 상관없다. 본질적으로, 끊임없이 변화하는 자신의 경험을 알아차리는 것이다. 이 마지막 단계에서 의도하는 목표는 매 순간 펼쳐지는 어떤 경험이든 거기에 광범위하게 주의를 기울이는 것이다. 자연스럽게 펼쳐지는 우리의 경험에 단순하게 주의를 기울이는 이 풍부한 알아차림 속에서 우리는 자신과 세계, 타인과 진정으로 만나고 자신과 세계, 타인을 이해하는 작업을 시작할 수 있다. 이 만남과 이해 속에 온전함, 건강, 창의성의 잠재력이 존재한다. 유념해야 하는 지도 포인트는 다음과 같다.

몸과 마음의 광대한, 무위의 성질 계발하기. 열린 알아차림 수련을 통해 참가자들은 자신의 생각과 감각, 느낌의 반복되는 패턴을 인식할 수 있고, '있는 그대로의 자신과 만나는' 감각을 자각한다. 반복되는 패턴, 그리고 몸과 마음에서 일어나는 반응을 앎으로써 참가자들은 무엇이 어떻게 변화하는지 직접 보고 경험할 수 있다. 이런 식으로 규칙적으로 수련을 경험할 때 참가자들은 생각의 내용을 추동하는 근저의 패턴과 과정에 대해 더 넓은 시각을 가질 가능성이 생긴다. 이런 식으로 우리는 생각을 곱씹거나 억누르는 경향을 내려놓고, 마음의 광대한 성질을 키울 수 있다. 모든 경험에 대해 그것이 일어나고 사라질 때 거기 '열린 채로' 있을 수 있다면 우리가 인간으로 하게 되는 모든 경험에 여유로운 태도를 갖고 두려움 없이 지내는 기술을 키울 수 있다.

수련과 일상생활의 다리 놓기. 열린 알아차림 수련은 일상생활의 경험과 매우 유사성을 갖는다. 왜냐하면 일상생활의 경험이란 곧 경험이 변화하며 흐르는 과정이기 때문이다. 가령 열린 알아차림 수련에서 어떤 때는 지금 앉아 있는 몸에(즉, 몸의 자세나 압박감, 피부에 닿는 공기에) 넓게 주의를 기울이고, 또 어떤 때는 소리를 알아차린다. 또 그다음에는 생각의 흐름이나 그 생각과 연관된 신체감각이 의식의 전면에 드러난다. 공식 명상에서 이런 유동적 흐름을 관찰하고 그와 함께하는 법을 배울 때, 일상생활의 끊임없는 변화와 흐름에 더 큰 알아차림을 가져갈 수 있다. 참가자는 열린 알아차림 수련을 통해 경험이 일어나는 공간과 경험 자체를 자각하고 느낄 수 있다. 모든 경험을 그 속에 품어 안는 알아차림이라는 토대를 언뜻 보는 것만으로도 세상을 바라보는 자신의 관점이 근본적으로 변화할 가능성이 생긴다.

그 밖의 정좌 명상 안내하기: MBSR의 '산' 명상

8주 교육과정의 후반부 세션에서는 참가자들에게 중요한 기술과 이해를 전하기 위해 상징과 비유의 힘을 광범위하게 사용하는 정좌 명상을 안내하는 것도 좋다. 산 명상(mountain meditation)은 참가자들이 자신의 몸을 산으로 느끼며 마음의 안정성을 북돋는 수련이다. 마음의 안정성을 키워 참가자들은 마음의 내용물이 형성된 뒤 그것이 구름이나 날씨처럼 일어났다 흘러가는 것을 '볼 수' 있다. "힘겨운 생각과 느낌이 사나운 폭풍우처럼 산허리를 둘러싸지만 산은 끄떡도 하지 않은 채 그대로입니다." 이런 식으로 산의 이미지를 활용하는 의도를 이해하는 것이 중요하다. 참가자들이 시각화나 집중 명상 속에 길을 잃지 않도록 해야 한다. 산 명상의 근본 의도는 참가자들이 산의 안정성을 느낌으로써 자신의 생각과 감정, 힘겨운 신체감각에서 탈중심화, 즉 벗어나기 위함이다.

7장

짧은 수련

MBP에서 짧은 마음챙김 수련[3단계 호흡 공간(3SBS), STOP 수련, 멈춤(pause) 등]은 참가자가 행위 양식에서 존재 양식으로 옮겨 가고, 더 긴 수련에서 습득한 기술들을 일상생활에 적용하는 수단으로 사용된다. 짧은 수련은 주로 두 가지를 가르친다. 첫째, 참가자들은 정해진 교육과정의 일부로서 짧은 수련을 안내받으며, 집에서 할 수 있는 짧은 수련을 내주기도 한다. 둘째, 지도자가 예시를 보여 주는 것으로, 세션 중 참가자가 자신의 직접 경험(즉, 존재 양식)에 다시 연결되도록 하기 위해 지도자가 적절한 때에 짧은 수련을 자연스럽게 활용하는 경우다. 짧은 수련은 몸의 움직임에 기초할 수도 있고(마음챙김 걷기, 서서 하는 마음챙김 요가, 기공 위주의 스트레칭 등), 더 일반적으로는 일정한 닻을 주의의 초점으로 사용하는 짧은 주의력 훈련일 수도 있다.

MBCT는 짧은 수련, 특히 3단계 호흡 공간을 교육과정의 핵심 요소로 간주한다. 짧은 수련은 세션의 다양한 주제를 세션 바깥의 수련과 통합시키는 데 명시적으로 도움이 된다. MBCT 매뉴얼에는 3단계 호흡 공간에 관한 상세한 안내가 나와 있다(Segal et al., 2013).

MBSR에서는 이에 해당하는 짧은 수련으로, 참가자들이 존재 양식에 들어가는 데 도움이 되는 특정한 닻을 사용하는, 느슨하게 구조화된 '멈춤'이 있다. 또는 STOP[멈춤(Stop), 몇 차례 심호흡(Take a few deep breaths), 자신의 경험을 알아차리기(Observe your experience), 나아가기(Proceed)]이라는 더 구조화된 수련도 있다. 일부 MBSR 지도자는 3단계 호흡 공간의 기본 형식을 포함시키기도 한다.

짧은 수련: 지도 시 고려사항

일반 고려사항: '어떤' 형식의 짧은 수련을 '언제' 해야 하는가

어떤 짧은 수련을 선택해야 하는가

어떤 순간에도, 어떤 짧은 수련을 참가자에게 소개할 것인가의 선택은 집단 내의 사람들, 지금 진행 중인 세션, 그리고 집단 내에서 무슨 일이 일어나는가에 영향을 받는다. 그래서 어떤 집단에 있어서는 프로그램 초반부에 지도자가 집단을 경험의 자원으로 움직이길 원할 때 앉거나 서서 하는 짧은 바디스캔[바디스윕(body sweep: 몸 훑기)에 더 가까운]이 적합할 수 있다. 또는 마음챙김 움직임을 소개하는 세션이 끝난 뒤, 또는 집단이 들떠 있거나 참가자들이 졸린 것처럼 보인다면 간단한 걷기 수련이나 지도자가 안내하는 서서 하는 스트레칭이 더 현명한 선택일 수 있다. 그러나 많은 경우, 호흡과 기타 신체 부위를 닻으로 사용하는 간단한 정좌 명상은, 집단을 경험 모드로 옮겨 가고 어려움에 대한 대응성을 예시할 때 도움이 되는 선택이다.

앞서 긴 수련에서 사용한 기본적인 안전 이슈와 안내 원칙은 여기서도 그대로 적용된다. 이 이슈와 원칙들을 유념하는 것은 더욱 중요하다. 왜냐하면 짧은 수련은 수련시간이 제한되어 있기 때문에 이것들을 간과하기가 쉽다. 가령, 짧은 호흡 기반 정좌 명상을 택한다면 지도자는 다음 사항을 잊지 않고 언급해야 한다. ① 주의의 닻과 관련해 동일한 선택 원칙이 적용된다는 것, ② 자세에서 시작해 다른 초점으로 이동해 가는 순서는 (긴 수련과) 동일하다는 점, ③ 마음의 방황 등에 대해서는 (긴 수련이든, 짧은 수련이든) 언제나 일어날 수 있는 일이라는 점 등이다. 특정 세션에서 사용하는 짧은 수련이 참가자들이 기술을 익히고 이해를 얻는 면에서 그들에게 예상치 못한 일이 되어서는 안 된다는 점을 기억하라. 그래서 세션 4와 세션 5에서 어려움을 다루는 주제를 소개하기도 전에, 짧은 수련을 사용해 어려움을 다루는 것은 바람직하지 않다. 초반부 세션에서 어려움이 생긴다면 짧은 수련에서 중점을 두어야 하는 부분은 단지 그 어려움을 인정하고 신체감각으로 되돌아오는 것이다.

짧은 수련을 언제 들여와야 하는가

짧은 수련을 언제 소개할 것인가는 맥락에 따라 달라진다. 짧은 수련을 소개하기에 적합한 때는 이행기, 에너지 침체기, (지도자와 관계되는 경우를 포함해) 위기의 순간 또는 강렬함의 순간, 새로운 배움을 흡수해야 하는 때, 세션의 시작과 끝 등이다. 짧은 수련을 사용해서 안 되는 경우는, 집단 내에 일어난 강렬한 감정을 통제할 때나 '고쳐야' 하는 것처럼 보일 때이다. 그러한 경우에는 짧은 수련을 소개하기 전에 감정의 존재를 먼저 명시적으로 인정하고 얼마든 그럴 수 있다고 확인하는 작업이 중요하다. 그래야 '멈춤'의 제안이, 그 감정을 있는 그대로 존재하도록 '허용한다'는 의도를 가지고 비반응적으로 (non-reactively) 일어날 수 있다.

8장

'종일' 수련

세션 6을 마친 다음 주에 참가자는 지도자의 안내를 받으며 대개는 침묵의 분위기에서 하루 동안 종일 수련을 하게 된다. 이것을 '종일' 수련이라고 하며, 대개는 참가자의 편의를 고려해 주말에 한다. 종일 수련에 관한 자세한 정보는 Segal 등(2013, p. 332)과 MBSR 교육과정 가이드(Kabat-Zinn et al., 2021)에 나와 있다. 여기서는 우선, 특정한 학습목표를 개관한 다음, 실제적인 고려사항을 살펴본다.

종일 수련의 학습목표는 다음과 같다.

- 공식 명상에서 익힌 기술을 다지고, 그 수련에서 했던 경험을 심화시키기
- 일상생활의 분주함과 속도, 복잡성에서 물러서는 것을 모델링하기
- 일정 시간 동안, 그리고 다음 순서로 이행하는 동안 알아차림을 지속하는 것을 경험하기
- 다양한 삶의 상황에서 마음챙김을 활용하는 것을 모델링하기[예컨대, 침묵으로 점심 먹기 또는 '빠르고-느린(fast-slow)' 걷기 명상]. 프로그램 종료 후에 마음챙김을 적용하는 기술을 다지기

실제적 고려사항

1. 참가자 준비시키기

- 오리엔테이션에서 참가자들에게 종일 수련의 시간과 장소 등 실제적 사항을 알린다.
- 종일 수련을 하기 전에 참가자들에게 준비를 시킨다. 종일 수련의 목적이 무엇이고, 질문과 관심을 유도하며, 불안을 적절히 가라앉힌다.
- 점심은 참가자 스스로 준비하도록 하여 참가자들이 점심을 먹는 동안 깨어 있는 알아차림을 유지하게 한다. 점심을 사러 밖에 나가지 않도록 한다.
- 종일 수련에 참여할 수 없는 참가자에게는 다음 기회에 참가하도록 격려한다.

2. 지원과 안전

- 지도자를 돕는 보조인원을 두는 것도 좋다. 집단이 아는 사람, 도움이 필요할 경우 참가자와 밖에 나갈 수 있는 사람이면 좋다. 종일 수련을 시작할 때 이에 관해 참가자에게 미리 말해 둔다.
- 종일 수련을 시작할 때 참가자들에게 종일 수련을 하는 도중 휴식을 취하거나 화장실에 가도 좋다고 알려 준다. 또 밖에 나가 돌아오지 않을 경우에는 지도자나 보조요원에게 알려 주도록 요청한다. 종일 수련에서 일찍 나서야 하는 참가자가 있는지 확인하고 이를 집단에 알려 준다.

3. 침묵

- 해당 집단에 어느 정도의 침묵이 적절한지 정한다. 점심시간에도 침묵할 것인지, 점심을 먹을 때 눈 마주침이나 기타 비언어적 의사소통도 줄일 것인지 정한다. 종일 수련을 시작할 때, 그날 하루 침묵하는 의도를 설명한다. 의무적으로 침묵하기보다 침묵이 그 집단과 수련에 도움이 된다는 이유 때문이어야 한다.

- 침묵 속에 함께 식사하는 것이 어색함을 인정한다. 참가자가 이 경험에 호기심을 가지도록 격려한다.

4. 북돋아야 하는 의도와 태도

- 시작할 때 성찰을 안내하면서 그날 자신의 의도를 참가자 스스로 찾아보도록 제안하는 것도 좋다.
- 북돋아야 할 태도: 초심, 매 순간 현재에 머물기, 일어나는 어떤 경험이든 친절한 호기심으로 거기에 열기, 자신을 돌보기, 애쓰지 않기, 어려움을 다루기, 회피하지 않기, 밀어붙이지 않기, 어떤 일이 일어나든 자신에게 친절과 연민을 가지기. 지도자로서 당신은 그날 하루 특별히 더 관대하고 초대하는 듯한 태도를 유지해야 한다.

5. 일정과 수련

- 정적인 명상을 하는 중에 움직임 명상을 간간이 섞는다(그러지 않으면 참가자의 몸이 뻣뻣해지고 통증을 느낄 수 있다).
- 일정을 유연하게 잡는다. 수업 공간 안의 에너지가 떨어졌다면, 지도자는 생기 넘치는 짤막한 움직임 수련을 참가자에게 소개할 수 있다.
- 참가자에게 익숙한 수련과 참가자에게 새로운 수련(산 명상처럼)을 섞어서 해 보는 것도 도움이 된다. 종일 수련에서는 대개 질문 시간은 생략한다.
- 한 단계에서 다음 단계로 넘어 가는 이행기(transition) 동안에 흔히 주의가 흐트러지기 쉬운데, 이때 참가자가 그들 자신의 경험에 머물도록 격려한다. 많이 허용하고, '방황하는 마음'에 대해 자주 상기시켜 준다.
- 수련 사이사이에 적절한 시와 이야기를 넣어 주면 그날 하루의 과제에 깊이와 색다른 관점을 더해 줄 수 있다.

6. 자애 명상

- 종일 수련은 자애 명상(befriending meditation)을 소개하기 좋은 기회다. 물론 일부 참가자는 이것을 어려워한다는 점을 인식하고 있어야 한다. 이에 관해서는 Segal 등(2013, pp. 137-144)이 쓴 장을 유심히 읽어 보라. 이 수련은 민감하게 조정하여 더 친밀하고 더 실제적이 되도록 변용할 수 있다(즉, 호흡이나 기타 '닻'에 토대를 두되, 수련 내내 '친절'의 의도를 더 강조하는 식이다). 다른 모든 수련과 마찬가지로, 지도자 자신이 익숙한 수련만을 안내해야 한다.
- 수련을 안내하는 내내 지도자는 허용적이고 초대적이어야 한다. 또한 자기돌봄과 친절을 참가자들에게 늘 상기시켜야 한다.

7. 침묵에서 나오기

- 천천히 하는 것이 중요하다. 가령, 참가자에게 그날의 경험을 먼저 둘씩 짝을 지어 나누게 한 다음, 다른 짝과 합류한 뒤에 마침내 전체 집단과 함께하는 식으로 초대한다.
- 참가자들에게 준비가 되기 전에는 말을 하지 않도록 한다. 침묵을 지켜도 좋다고 말해 준다.
- 참가자가 그날 겪은 어려움과 기쁨을 포함한 모든 경험을 나누도록 한다.
- 종일 수련이 끝난 뒤에 참가자는 자신을 돌보는 것에 관하여 안내한다.
- 그날 하루 종일 수련을 마친 것에 대해 모두에게 축하해 준다.

9장

탐구
–상호작용적 대화를 통해 코스의 주제 전하기–

나에게 말하라, 그러면 잊어버릴 것이다.
나를 가르치라, 그러면 기억할 것이다.
나를 참여시키라, 그러면 배울 것이다.

(유교, 기원 전 300년)

기원 전 300년경의 이 간명한 구절은 MBP에서 탐구(inquiry)가 하는 바로 그 역할을 적절히 보여 준다. 진정한 배움은 우리가 거기에 참여할 때 일어난다(Kolb, 1984; Piaget & Inhelder, 1969). MBP에서 탐구는 참가자가 자신의 배움에 직접 참여하기 위해 고안된 과정이다. MBP 세션의 상당 부분이 이 상호작용적 질문 과정에 할애된다. MBP에서 탐구는 다음과 같은 경우에 이루어진다.

- 공식 명상 수련을 마친 뒤에
- 참가자들의 과제에 관해 물어볼 때
- 집단 연습 동안과 집단 연습 후에 그 경험에 대해 말하게 할 때
- 참가자들에게 상호작용적이고 참여적인 방식으로 교육적 가르침과 이야기, 시를 전할 때

탐구는 새로 MBP 지도자가 된 사람들이 특히 부담스러워하는 과정이다. 탐구가 지도

자 본인을 그대로 드러낸다고 느끼기 때문이다. 그러나 탐색이라는, 세션의 이 부분은 참가자들의 기여에 기초하며, 수업에서 일어나는 일에 응답하는 것으로, 미리부터 세밀하게 준비하는 것은 불가능하다. Segal 등(2013)은 이렇게 말한다. "이것(탐구)은 수련생이든 경험 많은 지도자든 자신이 가진 기술에 관하여 가장 걱정을 많이 하는 유일한 가르침 영역이다. 그러나 동시에 매우 풍부한 배움이 잠재적으로 일어날 수 있는 영역이기도 하다"(p. 250).

탐구는 지도자가 상호작용적 대화를 통해 프로그램 참가자들에게 과정의 주제를 전하는 방식을 말한다(Crane et al., 2013). 탐구를 하는 방법에 관해서는 MBI:TAC와 TLC의 영역 5(상호작용적 탐구와 교육적 가르침을 통해 코스의 주제 전하기)에 나와 있다. 적극적 참여를 통한 배움에의 이러한 근본적인 강조는 MBI:TAC의 다른 영역에서 설명하는 자질들에 의해서도 지지를 받고 있다. 예컨대, 영역 2에서 '관계적 태도'는 우리에게 도움이 되지 않는 전문가-초보자 역동을 신중하게 피한다. 또 영역 6에서 집단은 신중하게 만들어 가는 것으로, 참가자들이 동그랗게 그린 원에 지도자가 함께 앉아 평등한 배움 공동체를 형성한다.

각 코스의 주제는 때로 지도자가 명시적으로 끌어내기도 하고, 어떤 때는 암묵적으로 드러나기도 한다. 경험에 다가가는 이러한 탐구적 방식은 인간 마음의 습관적 경향과 패턴을 드러내 보여 주고, 자신의 경험을 탐구하고 다루는 법을 알려 주는데, 이것은 평생토록 우리에게 도움을 줄 수 있다. 특히 참가자들이 세션에서 겪는 어려움(회피, 괴로움, 감정적 자동반응 등)은 코스의 주제를 전하는 중요한 기회다. 지도자가 이런 순간들을 어떻게 다루느냐 하는 것은 매우 중요한 의미를 갖는다. 탐구에 관한 이 단원은 모든 MBP에서 발견되는 배움에 다가가는 근본적 방식에 관한 것이다. 먼저, 이런 접근방식을 취하는 이유에 대해 개관한 뒤(학습 의도와 이론적 근거) 어떻게를 다룬다(탐구의 기술). 그런 다음, 언제 탐구할 것인지를 각 세션에서 일반적으로 드러나는 주제에 관한 간단한 가이드에서 살핀다.

탐구의 '이유': 학습 의도와 이론적 근거

학습 의도 요약

1. 탐구는 참가자가 자기 내면에서 배움을 얻을 수 있다는 것을 알도록 힘을 준다.
2. 탐구는 참가자가 자신의 내적 경험과 삶 전반에 대해 가지기를 바라는 태도, 즉 열린 마음, 호기심, 그리고 성찰적 인식을 대화 속에서 본보기로 보여 준다.
3. 탐구는 참가자가 어떻게 자신의 경험에 주의를 기울이고 그것을 자세히 지각(perceive)해야 하는지 보여 준다.
4. 탐구는 친절과 연민 등 자신의 경험과 관계 맺는, 중요하고도 유익한 태도를 참가자들에게 전하는 강력하고 실제적인 방법이다.
5. 집단 맥락은, 만약 혼자였다면 괴롭고 혼란스럽고 우리를 잘못 이끌었을 경험을 충분히 그럴 수 있는 것이라고 인식하게 해 준다.

1. 탐구는 참가자가 자기 내면에서 배움을 얻을 수 있다는 것을 알도록 힘을 준다

탐구를 하는 의도는, 가능하다면 어디에서든 참가자 스스로 자신이 하는 경험의 중요성을 깨닫는 조건을 마련하는 것이다. 학습의 내용도 중요하지만 더 중요한 것은 자기 발견과 자기 학습이라는 실제적 경험이다. 이 단원에 소개한 모든 예시 대화는 우리의 탐구 경험에서 가져와 구성한 대화다. 첫 대화 사례는 8주 과정의 거의 첫 탐구로서 이것의 의도는 참가자들이 이후의 탐구에서 입을 닫는 일이 없도록 너무 깊이 파고들지 않는 것이다. 마음챙김의 토대가 되는 태도적 자질을 참가자들에게 전달하고, 자기 발견의 중요성을 강조하는 정도면 된다.

참가자: 나는 건포도가 싫어요……. 맛도 싫고 질감도 싫어요. …… 윽.

집단: (웃음) …… (침묵)

지도자: 그러니까 당신은 건포도의 맛과 질감이 '정말' 싫다는 걸 '알면서도' 어쨌든 그걸 먹었군요……?

참가자: 네…….

지도자: 당신이 건포도를 좋아하지 않는다는 걸 알았을 때, 당신의 몸이나 자세에서 뭔가가 일어나는 걸 알아차렸나요?

참가자: 정확히는 모르겠어요. …… 아마도 얼굴을 찌푸린 것 같기도 하고…… 어깨를 으쓱했는지도 모르겠네요.

지도자: 찌푸린 얼굴 표정을 다시 그려 볼 수 있나요?

참가자: 이랬어요. (참가자가 '얼굴'을 찌푸린다.)

지도자: 그 순간 당신이 어떤 느낌이었을지 궁금해요. …… 그때 느낌을 다시 떠올릴 수 있나요?

참가자: 실망했어요. …… 내가 받은 건포도를 먹고 싶지 않았죠. …… 하지만 어쨌든 먹었어요. …… 건포도 연습에서 뭔가를 얻고 싶긴 했나 봐요.

지도자: 흥미로운 이야기군요. …… 뭔가를 놓치고 싶지 않았다. 하지만 실제로 건포도를 먹고 싶지는 않았던 건가요?

참가자: 맞아요! 그런 딜레마를 느꼈지만 자동으로 행동하는 나머지 내 느낌을 무시했죠.

지도자: 방금 '자동으로'라고 말했는데, 우리는 종종 자신의 느낌을 무시하는 경우가 있죠? (전체 집단을 바라보며) 여기 모인 분들이 고개를 끄덕이시는 게 보이네요. 아마도 아주 흔한 일 같습니다. 또 건포도 명상에 관해 무언가 얘기하실 분이 있으신가요?

2. 탐구는 참가자가 자신의 내적 경험과 삶 전반에 대해 가지기를 바라는 태도, 즉 열린 마음, 호기심, 그리고 성찰적 인식을 대화 속에서 본보기로 보여 준다

지도자가 참가자의 경험에 대해 관계 맺는 방식은 참가자가 자신의 내면 경험과 관계 맺는 방식에 대한 모델로 작용한다. 다음 사례에서, 지도자는 언뜻 실패로 보이는 것에 관심을 보이며, 바디스캔 중에 잠이 드는 것이 어떤 느낌인지 참가자에게 질문한 다음, 그것에 대해 자세히 물어보고 있다. 본질적으로, 지도자는 참가자들에게 실제로 일어나는 어떤 경험이라도 그것에 관심을 보이는 모델을 보여 주고 있다. 지도자는 참가자의 어떤 경험이라도 그것이 왜 일어나는지를 넘어, 그 경험이 타당하며 그 자체로 중요성을 갖는다고 생각하고 있음을 보여 준다. 참가자들은 수련의 결과보다 경험의 과정에 더 열리는 법을 배우면서 어떤 것을 잘되었다 잘못되었다 평가하는 데 집착하기보다 있는 그 자체로 관계 맺는 법을 배운다.

참가자: 제대로 할 수가 없었어요……. 졸음에 빠지고 말았거든요……. 선생님 목소리가 너무 편안했어요…….

지도자: 어떤 경험이었는지 궁금하네요……. 수련 중 졸음에 빠지는 경험이요.

참가자: (싱긋 웃으며) 모르겠어요. 졸았으니까요.

지도자: 졸음에서 깼을 땐 어땠나요?

참가자: 모르겠어요, 선생님이 "몸 전체로 숨을 불어넣으세요."라고 하셨을 때 깼거든요. 확실히 기억나지 않아요…….

지도자: 자, 잠시만요……. 이것(졸음)에 관해 좀 더 질문해도 될까요……. 저는 여러분들이 여기저기서 꾸벅거리고 있는 걸 보았어요. 졸린 것은 당신만이 아니에요……. (참가자들이 고개를 끄덕인다.) …… 눈을 감고 그때를 다시 떠올려 볼까요……. 어떤 느낌이었나요…… 졸음에서 깼을 때요?

3. 탐구는 참가자가 어떻게 자신의 경험에 주의를 기울이고 그것을 자세히 지각(perceive)해야 하는지 보여 준다

바디스캔(세션 2)에서 졸음에 빠진 경험을 탐구하는 것은, 참가자들이(그리고 이 장면을 보고 있는 집단의 다른 참가자들이) 세부사항에 호기심과 관심을 갖고, 경험하는 순간 속에 존재하는 다양한 차원을 보게 한다는 의도를 나타낸다.

지도자: 모두가 함께 해 보면 좋겠네요……. 괜찮다면 말입니다……. 눈을 편안하게 내리거

나 감아도 좋습니다……. 수련이 끝나 갈 때 어떤 느낌이었는지 다시 떠올려 볼까요……?

지도자: 졸음에서 깬 순간 어떤 느낌이었나요……?

참가자: 전 이렇게 느꼈어요. '이런…… 또 놓쳤잖아.' …… 그런 제가 좀 창피하기도 했어요.

지도자: 좋아요. 그러니까 제대로 하지 못했다고 생각하는 자신을 알아차렸다는 뜻이지요? …… 그리고 그런 자신이 약간 창피하기도 했고요?

참가자: 네, 사실 잘 해야겠다고 생각하고 있었거든요……. 근데 졸고 말았지 뭐예요. (머리를 절레절레 흔든다.)

지도자: 조금 더 물어봐도 될까요? (잠시 멈추고는…… 그 참가자를 바라본다.) 졸음에서 깼을 때 아주 많은 일이 일어나고 있었던 것처럼 들리는데요…….

참가자: 네…… 짜증도 나고 창피했어요. 제대로 하지 못하는 내가 멍청하다는 생각도 했고요…….

지도자: 자신을 자책하고 있는 듯이 들리네요……. 실제로 어떤 생각을 했는지 떠올려 볼 수 있나요?

참가자: 정확히 기억나지 않아요……. '난 왜 이렇게 피곤할까? 내게 무슨 문제가 있는 걸까? 누가 보진 않을까? 코를 골진 않았나?' 같은 생각을 했던 것 같아요.

지도자: 잘 알아차리셨네요……. 그 순간을 느낄 수 있을 것 같아요……. 몸이 쑤셨나요? 몸에서 어떤 감각이 변화하는 걸 보았나요? …… 조인다든지 …… 풀리는 느낌이라든지요?

참가자: 잘 모르겠어요……. 음, 그래요……. 턱이 아픈 것 같았어요……. 눈과 얼굴도 다소 신경이 쓰였고요……. 아마 선생님께서 머리와 얼굴에 숨을 불어넣으라고 해서 그랬던 것 같아요. 내 눈과 얼굴이 매우 긴장하고 있었던 것 같아요.

지도자: 그러니까 자신이 창피하다는 느낌과 화, 온갖 생각들, 당신의 몸에서 느껴지는 감각들을 알아차리셨군요……. 몸의 긴장도 자세히 살폈고요……. 모든 것이 함께 일어나고 있었군요……. 잘 알아차리셨습니다!

지도자: (집단을 둘러보며) 비슷한 경험을 하신 분이 또 있나요? 아니면 좀 다른 경험을 하신 분은요?

4. 탐구는 친절과 연민 등 자신의 경험과 관계 맺는, 중요하고도 유익한 태도를 참가자에게 전하는 강력하고 실제적인 방법이다

지도자는 친절과 태도적 토대의 중요성에 대해, 그리고 이런 태도가 어떻게 스트레스 완화와 우울증 재발의 예방으로 이어지는지에 관하여 이야기해야 한다(Kabat-Zinn, 2013). 그렇지만 지도자가 집단 내에서 이에 대한 모델이 되어(본보기가 되어) 자신에 대한 연민의 태도를 지닌 참가자를 참여시킨다면 완전히 다른 차원의 배움이 일어난다. 다음 대화는 이것을 보여 준다.

지도자: 지금 이렇게 할 때 우리는 무엇을 배우고 있을까요? …… 의도적으로 …… 이런 마음챙김의 방식으로 주의를 기울이려고 노력할 때 우리가 배우는 것은 무엇일까요……?

참가자1: 판단을 엄청 많이 내리고 있었어요……. (웃음)

지도자: 그래요! 아주 강한 판단도 있고…… 어떤 건 좀 얌전하지만 날카로운 판단도 있죠……. 또 우리는 무엇을 보게 될까요?

참가자2: 나 자신에게 그토록 불친절할 필요는 없는 것 같아요.

참가자3: 집에서 듣는 오디오 음성에서 선생님은 늘 이렇게 말씀하시죠. "단 한 가지의 옳거나 틀린 수련법이란 존재하지 않습니다." …… 이제 이게 무슨 말인지 알 것 같아요……. 수련 중 어떤 경험을 하더라도 그로부터 배움을 얻을 수 있을 것 같아요…….

참가자1: 약간 슬프기도 하군요……. 지금까지 평생토록 나를 밀어붙이며 살아왔다는 생각이 들었거든요.

참가자3: 잘못 이해하는 것도 아주 흥미롭군요! (웃음)

지도자: 지금 우리가 한 말들이 어떤 느낌을 주는지 느껴 볼까요? …… 바로 지금…… 바디스캔을 하면서 자신에게 조금 덜 가혹한 시간을 가져 보면 어

떨까요?

5. 집단 맥락은, 만약 혼자였다면 괴롭고 혼란스럽고 우리를 잘못 이끌었을 경험을 충분히 그럴 수 있는 것이라고 인정하게 해 준다

이 포인트는 앞서 소개한 대화에서도 드러나고 있다. 지도자는 전체 집단을 늘 염두에 두어야 하며, 참가자들이 중요한 의미를 갖는 느낌과 생각을 되비출 때 눈을 굴리며 살펴야 한다. 그래야 같은 경험이라도 절대적 관념 또는 고정된 개념의 환상을 깨고 다르게 보는 관점을 집단이 제공할 수 있어 도움이 된다.

'어떻게' 탐구할 것인가: 탐구의 실제적 기술

경험 기반의 학습을 촉진하기 위해서는 지도자가 다양한 자질과 기술, 분명한 의도를 계발해야 한다. 탐구는 연못에 조약돌을 던지는 것과 같다. 이때 퍼진 물결이 얼마나 멀리까지 이를지 우리는 알지 못한다. 이 단원에서는 수평적 탐구와 수직적 탐구에 대해, 그리고 탐구의 3층위 모형에 대해 살펴볼 것이다([그림 9-1] 참조).

탐구를 하는 데는 크게 두 가지 방식이 있다. 하나는 수평적 탐구(horizontal inquiry)이고, 또 하나는 수직적 탐구(vertical inquiry)다. 수평적 탐구는 집단을 기반으로 수행하는 탐구로서, 지도자가 의도적으로 집단을 둘러보며 이렇게 질문한다. "마음이 방황하는 걸 경험한 분 있나요?" 그런 다음, 집단에서 나오는 고개 끄덕임과 나지막한 대답을 알아봐 준다. 이런 유형의 탐구는, 둥그런 선이 한 사람에서 다른 사람으로 집단 주변으로 퍼져 나가는 모습으로 상상할 수 있다는 점에서 '수평적 탐구'라는 이름을 붙였다. 한편, 수직적 탐구는 참가자 한 사람의 경험을 깊이 탐구해 가는 방식이다. 이때 경험은, 참가자가 내뱉은 한마디 문장일 수도 이고, 5분 정도 그의 경험을 탐구하는 것일 수도 있다. 어떤 줄이 있어 그것이 참가자 한 사람의 경험 속으로, 그리고 아래로 깊이 내려간다는 점에서 '수직적 탐구'라는 이름을 붙였다.

수평적 탐구와 수직적 탐구를 함께 사용할 때 집단 내 모든 참가자의 참여를 촉진할 수 있다. 수평적 탐구의 목적은 집단 내 참가자들의 반응에 대해 깊이 파고들기보다 되도록 참가자들의 반응을 많이 모으는 것이다. 여기에는 이른바 '팝콘(자유) 발언방식(pop-corning)'이라는 것도 포함된다. 팝콘(자유) 발언방식이란 지도자가 참가자들에게 원할 경우 그들의 경험에 관하여 집단에 이야기하도록 부탁한 다음, 이야기하고 싶은 모든 사람이 이야기를 마칠 때까지 그 공간을 유지하는 것을 말한다. 이런 방식으로 참가자들의 경험을 취합하는 방식은 다음과 같은 다양한 목적으로 사용할 수 있다.

- 집단 내 모든 참가자를 즉각 관여시켜 집단 전체에 생기를 불어넣고자 할 때

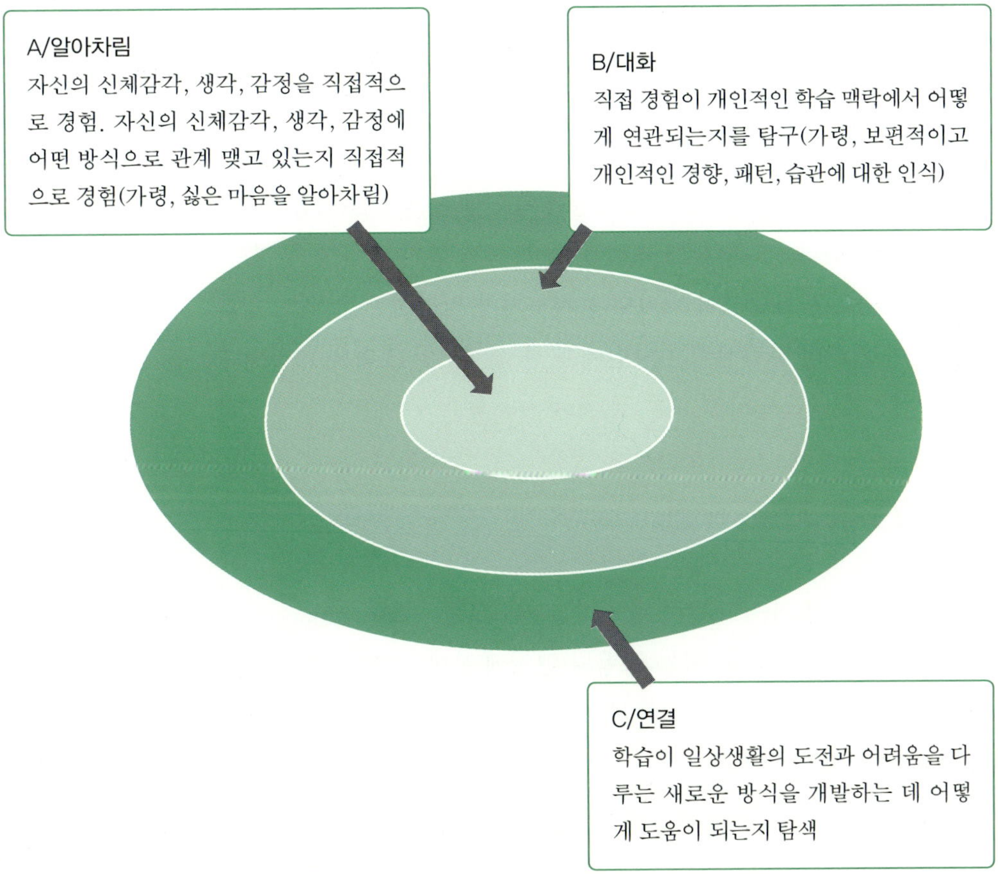

[그림 9-1] 탐구의 3층위 모형(Crane, 2017에서 인용)

- 참가자들이 겪는 각종 문제와 경험을 명시적으로 일반화하고자 할 때
- 집단 내 참가자가 하게 되는 경험의 다양성을 명시적으로 드러내고자 할 때
- 참가자의 참여를 제약하는 지나치게 경직된 분위기의 균형을 다시 맞추고 싶을 때. 지도자는 참가자가 수평적 과정을 마쳤다는 표시를 하면, 특정한 언급을 통해 한 참가자에 대해 더 깊이 탐구하는 데로 돌아갈 수 있다. 이때도 그 참가자의 승낙을 반드시 구하도록 한다.

이처럼 탐구는 넓게 초점을 둘 수도 있고(수평적 탐구), 좁은 범위에 초점을 맞출 수도 있다(수직적 탐구). 지도자는 개인의 특수한 경험에서 물러나, 집단 내 모든 참가자와 관련되는 보다 일반적인 사항을 다루는 방법으로 이 두 가지 측면의 균형을 암묵적으로 맞추어야 한다. 이 균형은 지도자가 전체 집단을 잠깐 둘러보며 이렇게 말하는 방법으로 맞출 수 있다. "둘러보니 고개를 꾸벅꾸벅하시는 분들이 많네요……. 조는 건 당신 혼자가 아닙니다." 이렇게 하면 집단 내 참가자들 사이에 참여와 안전의 감각이 생긴다. 지도자는 때로 참가자가 그들 경험의 특정한 측면에 분명히 초점을 맞추고 더 깊이 들어가도록 안내해야 한다. 그러나 그 초점을 더 확장해 참가자가 자기 경험을 확증하거나 그와 반대되는 새로운 가능성이 열리도록 지도자가 격려해야 할 때도 있다. 지도자의 탐구 기술을 돌아보고 더 발전시키는 방법에 관한 실제적인 조언은 19장의 TLC를 참조하라.

탐구의 3층위 모형

여기서 도움이 되는 모형이 탐구의 3층위 모형(3-layer model of inquiry)이다. 이 모형은 우리가 지금 탐구하고 있는 경험의 영역에 관한 지도를 제공한다([그림 9-1] 참조). 탐구 도중 지도자는 언제라도 역동적으로 상호 연결된 이 세 가지 의도 중 하나로부터 안내를 받을 수 있다.

핵심 지도 포인트

1. 1층위-수련이나 연습에 대한 참가자들의 상세한 '직접 경험', 즉 신체감각, 감정, 생각 등에 관한 탐구 촉진하기
2. 2층위-참가자의 직접 경험에 '관한' 대화를 촉진해 개인적 의미가 드러나도록 하기. 여기에는 경험에 대해 우리가 맺는 관계(즐겁고 불쾌한 경험과 관련되어 직접적으로 느껴진 감각)에 관한 탐험도 포함된다.
3. 3층위-탐구 대화에서 가져온 주제를 프로그램의 전반적인 주제와 연결 짓기

1층위-참가자의 상세한 '직접 경험'에 관한 탐구 촉진하기

참가자의 상세한 직접 경험은 말하자면 원자료(raw data)로서, 배움이 일어나는 토대가 된다. 1층위에서 지도자가 수행해야 하는 기술은 진정한 호기심과 관심으로 참가자의 직접 경험에 다가가는 것이다. 1층위에서는 경험의 실제성(참가자들이 실제로 하는 경험)에 대한 탐구를 강조한다. 그러나 실제로는 '왜 그것(참가자들의 직접 경험)이 일어나고 있는지'를 성급히 파악하려는 나머지, 참가자의 직접 경험을 간과하거나 폄하하는 경우가 비일비재하다. 대화를 이 방향(참가자들의 직접 경험을 살피는 것)으로 이끄는 가장 분명한 방법은 몸의 자세나 몸에서 느껴지는 에너지 등 참가자의 신체감각을 우선적으로 살펴보는 것이다. 물론 생각과 감정 역시 참가자가 직접 경험하는 것이지만, 지도자는 참가자가 그런 생각과 감정이 일어나는 원인과 결과에서 관심을 거두어, 이 정신적 사건들을 그들의 몸에서(또는 에너지상으로) 어떻게 경험하는가에 관한 탐구로 이끌어야 한다. 다음 대화는 이것을, MBSR의 세션 2에서 하는 지각의 불완전함에 대한 그림 자료 연습(perception exercise: 동일한 그림을 젊은 여자로도, 노파로도 볼 수 있는 그림을 말함-옮긴이)과 관련하여 보여 준다.

지도자: 우와…… 종이에 그린 검은색과 흰색 모양을 보는 것만으로 꽤 많은 일이 일어나는군요! 처음엔 이 모양들이 대체 뭘 의미하는지 모르겠다고 하셨

죠? 어땠나요?

참가자: 웃음이 나왔지만 참았어요……. 그림 속에 또 다른 그림이 있는 게 보였어요……. 조금 전만 해도 안 보이던 그림이요.

지도자: 웃음이 나왔지만 참았다고 했는데…… 어떤 느낌이었나요?

참가자: 학교 다닐 때 떨리는 것을 숨겨야 했어요.

지도자: 떨리는 것이라고 하셨어요?

참가자: 네…… 몸이 떨리는 것 같은 거요……. 하면 안 된다고 생각해서…… 참았어요.

지도자: 그러다 갑자기 노파가 보여서 신이 났군요?

참가자: 네, 곧바로 자세를 고쳐 앉고……그러니까…… 얼굴에 웃음이 가득해졌죠.

지도자: 지금도 그걸 느끼시는 것 같은데요?

2층위–참가자의 직접 경험에 관한 대화를 촉진해 개인적 의미가 드러나도록 하기

("내 손과 발이 차가워요."처럼) 참가자의 직접 경험에서 조금 기리를 두고, 직접 경험에 관한 성찰로 들어가는 단계다(가령, "손발이 차가워지니 또 동상에 걸릴까 봐 걱정이 되네요."). 이 질문 층위는 우리가 어떻게 느끼고 있는가에 관해 일어나는 느낌의 톤을 겨냥한다. 가장 기본적인 차원에서 느낌의 톤은 즐거운 느낌, 불쾌한 느낌, 중립적인 느낌이다. 또 이것은 다음 예시한 지도자의 질문과 유도(prompt)가 보여 주는 순서를 고려함으로써 이해할 수 있다.

- 마음이 계속해서 방황하자 어떤 느낌이 들었나요?
- 어떤 감정을 알아차렸나요? 짜증, 재미, 판단?
- '생각을 몰아내고 호흡으로 돌아오려고' 시도했을 때 당신의 몸 자세와 신체감각에서 무엇을 알아차렸나요?
- 당신이 느낀 좌절감을 알아차렸을 때 어떤 일이 일어났나요?

3층위-탐구 대화에서 가져온 주제를 프로그램의 전반적인 주제나 더 넓은 삶과 연결 짓기

지도자는 2층위 탐구에서 가져온 언어적 · 비언어적 단서를 엮어서 더 넓은 이해가 나타나도록 촉진해야 한다. 예컨대, 그 단서들이 불안과 같은 더 광범위한 경험에 어떻게 연결되는지 촉진해야 한다. 이것은 지도자가 참가자들로부터 드러나는 연결을 끌어내는 과정이며, 또 어떤 때 지도자는 이런 통합을 돕는 정보를 제공해야 한다. 이것이 탐구를 딱딱한 과학이 아니라 '기예(craft)'로 만들어 주는 중요한 지점이다. 마음챙김 기반 학습이 가진 힘은 참가자들이 직접 '느끼는' 직접적인 경험적 앎에 기초하고 있다. 이 학습을 이해의 맥락과 연결시키는 과정은 참가자의 직접 경험을 통합하고 승인하는 효과를 갖는다. 따라서 3층위의 대화는 능숙하게 그리고 민감성을 가지고 진행해야 한다. 지도자로서 우리는 이 과정이 참가자에 의해 일어나는 부분이 얼마이고, 지도자에 의해 일어나는 부분이 어느 정도인지 인식해야 한다. 3층위로 들어가기 전에 경험의 실제성(1층위)이나, 경험과 맺는 관계(2층위)를 탐구하는 데 충분한 시간을 두어야 한다. 3층위에 대한 탐구는 마음챙김의 기본적 기술을 어느 정도 익히고 난 뒤 프로그램의 후반부에서 더 많이 다루게 된다.

세 가지 층위의 관계

이 세 가지 층위들의 관계는 역동적인 관계다. 그것은 위계적인 관계가 아니다. 지도자가 코스의 주제에 관한 3층위 학습을 직접 경험에 기초한다는 의도를 갖더라도, 1층위 탐구 역시 그 자체로 덜 명시적이긴 해도, 똑같이 중요한 학습을 일으킬 수 있다. 마찬가지로, 2층위 탐구는 참가자들의 직접 경험이라는 토양에서 일어나며, 그것이 3층위의 보다 일반화된 배움과 '연결되는가' 여부와 무관하게 그 자체의 가치를 갖는다. 능숙한 탐구 기술은, 귀한 지도 포인트를 얻기 위해 1층위에서 3층위로 올라가는 방법을 아는 것이 아니라, 이 층위들 사이를 유연하게 움직이는 데 기초한다! 능숙한 지도자라면 집단 내 경험의 토대가 아직 충분히 무르익지 않은 경우에 3층위 '지도 포인트(teaching point)'로 성급하게 옮겨 가지 않음으로써 참가자들의 인내와 지혜를 진작할 것이다. 마찬가지로,

능숙한 지도자는 8주 교육과정의 초반부에 다루는 중요한 주제를 튼튼히 하기 위해서라면 2층위에 있다가도 1층위로 '되돌아갈' 것이다. 안내의 중요한 원칙은, 참가자들이(또는 집단 전체가) 직접 경험을 통해 학습을 내면화할 수 있도록 충분히 참여하고(involved) 있는가 하는 점이다. 다음 MBSR 세션 5의 사례는 이것을 보여 준다.

지도자: 그러니까 생각이군요! '이건 쓸데없는 짓이다?' '나는 이걸 할 수 없다?' …… 잘 알아차리셨습니다. …… 제가 궁금한 것은 쓸데없는 짓이라는 것을 느낌으로도 알아차렸는가 하는 점입니다. 그건 단지 생각이었나요, 아니면 몸에서 그것을 느낄 수 있었나요? …… 아니면 얼굴이나 손에서요. (1층위)

참가자: (오랜 멈춤) 네, 얼굴에서 확실히 느껴졌어요……. 조이고 뭉친 느낌이었고, 턱에 힘도 들어가는 것 같았어요.

지도자: 얼굴에 자주 나타나는 느낌인가요? …… 아주 쉽게 그걸 자각하시는 것 같은데요? (1층위와 2층위)

참가자: 그래요……. 자주 그래요……. 직장에서 키보드를 두드릴 때면 이를 갈죠. 그날 하루 일이 잘 안 풀리면 두통도 오고요……. 전화로 나를 성가시게 하는 사람들이 꼭 있어요……. 공지사항은 읽지도 않고 말예요!

지도자: 그런 좌절감에 대해 좀 더 물어봐도 괜찮을까요? (멈춤)

참가자: 네, 괜찮아요.

지도자: 그 밖에 다른 미미한 신체감각을 알아차렸나요……. 좌절감이나 실망감이 일어날 때요. (1층위)

참가자: 뱃속이 뒤틀리는 느낌이에요……. 거의 대부분 그래요

지도자: 속이 뒤틀리는 느낌이 수련하는 중에도 일어났나요? (1층위)

참가자: 네, 등과 어깨에서도 느껴졌어요.

지도자: (집단을 둘러보며) …… 지금 이야기 나눈 내용에 대해 뭔가 하실 말씀이 있는 분이 계실 것 같아요. 여기서 잠깐 모두 함께 떠올려 봅시다……. 지난 주에 우리가 스트레스 생리학을 살펴본 것을 기억하시나요? 무엇 때문에 몸에서 우리가 이런 느낌을 일으키는 걸까요? (3층위)

탐구의 의도(목적)는 변화하고 진화한다

코스 시작부에

참가자들이 마음의 방황에 대해 처음 알게 될 때는 탐구의 1층위와 2층위에 강조점을 두는 것이 좋다. 탐구는, '나선형 교육과정(spiral curriculum)'(Bruner, 1966)으로서 진화하는 각 세션의 주요 주제를 참가자에게 전달하는 것을 목적으로 한다. 비판단, 인내, 초심, 그리고 애쓰지 않음이라는 주요 주제들은 세션 1과 세션 2에서 등장한다. 이 네 가지 주제는 8주 전체에 걸쳐 새로운 맥락에서 반복적으로 나타나지만, 세션 3에서 애쓰지 않음은 마음챙김 움직임의 탐구와 관련해 폴 포지션(자동차 · 자전거 경주 시작 무렵의 선두)으로 나선다.

중반부 세션 동안에

중반부에 이르면 강조점은 더 깊은 탐구로 이동하면서, 특히 수용(받아들임)을 강조하게 된다. 3층위 탐구가 더 중요해지고, 명상을 통한 배움을 일상생활의 힘겨운 상황에 연결시키게 된다. 지도자는 이 연결 작업을 인위적으로 '일으키려' 해서는 안 되며, 참가자들로부터 스스로 일어나도록 해야 한다. 세션 4에서는 수용과 신뢰가 주된 주제가 되는 것이 바람직하며, 세션 5와 세션 6에서는 '어려움을 다루는 것'이라는 주제와 관련하여 허용, 내려놓음, 수용이라는 주제가 부각되게 하는 것이 좋다.

코스의 마지막에 이르면

이제 이 주제들은 배움을 일상생활에 적용하는 데로 옮겨 간다. 3층위으로 연결한다고 해서 이것이 새로운 발견의 종결이 아니라는 점이 여전히 중요하다. 많은 참가자에게 과정이 끝난 한참 뒤에도 배움은 지속될 것이다. 탐구는 지도자가 개별 참가자에 대해 더 잘 알게 되면서 그들 각자에게 더 맞추어 진행할 수 있다. 즉, 지도자는 자신이 인지하는 참가자들의 필요에 따라 좀 더 부드럽거나 좀 더 도전적인 태도를 취할 수 있다.

탐구를 안내하는 '방법'에 관한 실제적 사항

지도자가 어떤 층위를 다루고 있든 탐구를 안내할 때 염두에 둬야 하는 일반적인 고려 사항과 관점에 다음과 같은 것이 있다.

마음챙김의 체화—배움은 (지도자와 참가자 사이에서 일어나는) 관계적인 것이며, 따라서 지도자의 체화가 무엇보다 중요하다

탐구의 과정이 매우 복잡해 보여도, 그 핵심에서 그것은 마음챙김의 태도를 체화하면서 열린 마음과 연민으로 상대에게 현존하는 단순한 방식이다. 탐구의 과정은 지도자와 참가자가 함께하는 과정으로, 참가자는 자신의 경험 영역에 있어서는 전문가로 간주되며, 지도자는 단순히 참가자들의 발견의 과정을 촉진하는 형식으로 도움을 제공할 뿐이다. 발견은 때로 발견의 '내용'보다 발견의 '과정'이 더 도움이 된다. 더욱이 비록 소수의 참가자와 나누는 대화라 해도 집단 과정이 작동하는 방식으로 인해, 집단 전체가 배움에 노출되고 배움에 관여하게 된다.

효과적인 탐구에 도움이 되는 체화의 구체적인 특징

- 호기심: 이 사람과 이 사람의 경험이 가지는 독특성에 기초한 자연스러운 인간의 관심
- 열림: 몸의 자세와 목소리 톤, 얼굴 표정, 말로 다른 의도가 전혀 없음을 전하는 것
- 대응력과 생동감(responsive–aliveness): 참가자 개인, 집단 또는 상황에서 일어나는 기회에 대한 대응력과 생동감
- 신뢰: '고쳐 줄' 필요가 없음, 연민은 공감에서 시작되며, 해결책은 알아차림을 통해 나옴
- 광대한 여유: 진행 속도와 목소리 톤을 통해 여유 공간을 열고 유지하기

- 존중: 승낙을 구하기, 언제 질문하고 언제 경청해야 하는지 감지하기
- 겸손: 상대는 자신의 경험에 있어서는 진짜 전문가
- 통찰에 기반한(informed) 인내심: 현재 순간에 대한 관심, 특정 결과를 억지로 일으키거나 얻으려 하지 않기

탐구에 있어서 표정, 몸짓, 비언어적 신체언어, 목소리 톤의 도구 사용하기

일상생활과 마찬가지로, 사람들 사이의 말은 시각적으로 그리고 목소리 톤을 통해 연결된다. 실제로 하는 말과 던지는 질문도 중요하지만, 그에 따르는 몸짓과 목소리 톤도 매우 중요하다. 탐구 과정도 마찬가지다. 신체언어, 얼굴 표정, 생생한 침묵, 목소리 톤은 자신의 경험을 탐구하는 참가자에게 있어, 실제로 나누는 말보다 훨씬 중요할 수 있다. 효과적인 탐구가 되려면 활용 가능한 의사소통 기술의 전 범위를 동원해야 한다. 지도자가 참가자에게 '올바른' 질문을 던지고 '올바른' 대답을 주려고 지나치게 노력하는 것은 오히려 참가자에게 관심을 전하고 그들을 이해하려는 보다 자연스러운 방식을 덮어버릴 수 있다. 간단한 손짓이나 고개를 끄덕이는 행위, 작은 감탄사만으로도 참가자가 자신의 이야기를 이어 가고 거기서 의미를 찾도록 격려하는 데 충분할 수 있다.

교육과정을 전달하는 것과 집단 내 일어나는 일에 대응하는 것 사이의 균형 찾기

지도자는 각 세션에서 어떤 주제가 드러나야 하는지 알고 있다. 그리고 이러한 앎은 참가자들이 주의를 기울이도록 이끄는 방식에 영향을 미친다. 만약 이런 주제들을 해야 하는 숙제처럼 다룬다면 참가자는 체험적 배움으로부터 멀어질 것이다. 반대로, 이 주제들을 명료하게 다루지 않는다면 탐구 과정에서 중요한 세션 주제들이 드러나지 못할 것이다. 매 순간이 가진 고유한 기회에 대응하면서, 열려 있고 대응적인 지도 과정에 관한 분명한 의도를 세우고 거기에 초점을 맞추는 것이 필요하다.

현재 순간의 탐구를 촉진하는 기술—유도와 질문

- '열린' 질문 던지기: '네/아니요'의 대답을 요구하는 닫힌 질문은 대화를 닫아 버린다. 열린 질문은 대화를 열어 준다. 즉, "그게 힘들었나요?"보다는 "그 어려움은 어떤 것이었나요?"라고 질문한다.
- 탐구를 계속할지 참가자에게 승낙 구하기: 참가자가 탐구를 편하게 여기고 있는지 확실하지 않을 때는 확인해야 한다. 참가자가 안전하게 느끼고, 탐구의 과정을 자신이 통제하고 있다고 느낄 때 마음이 열린다.
- 반영과 요약 사용하기: 방금 참가자가 말한 것 중 중요한 내용을 되돌려 반영하면 지도자가 그것을 이해했다는 뜻을 전할 수 있으며, 참가자가 이어서 더 말하도록 북돋을 수 있다.
- 참가자의 질문을 호기심과 연관된 과정으로 인식하기: 수련에 관한 참가자의 질문에 기계적으로 답을 전하기보다 그 질문 뒤에 깔린 참가자의 호기심에 대해 탐구해 들어가는 것이 유용할 수도 있다. 가령, "그러니까 당신은 그 수련이 얼마나 오래되었는지 궁금했군요……. 당신의 마음에 일어난 이 질문은 수련 도중에 일어난 것입니까? …… 어떤 느낌이었나요?" 질문을 했다는 사실 자체를 중시하라. 어떤 질문이라도 참가자가 관심을 갖고 참여하고 있음을 나타낸다.

탐구 과정에 도움이 되지 않는 성향

효과적 탐구를 방해하는 요소를 살펴봄으로써 무엇이 효과적 탐구인지 알 수 있다. 효과적 탐구를 방해하는 흔한 사례에는 다음과 같은 것들이 있다.

- 도식적이고 정형화된 지도자의 진행 방식: 참된 호기심과 존중으로 탐구를 이끌어야 한다.
- '가르쳐야' 한다는 필요 때문에 말을 너무 많이 하는 것: 이것은, 느리고 덜 명시적인

자연스러운 창발(나타남)의 과정을 신뢰하지 못하고, 모든 참가자가 지도 포인트(teaching point)를 이해해야 한다는 지도자 내면의 압박감 때문에 일어나는 현상일 수 있다.

- 교시적 양식에 더 의존하는 것: 무엇을 해야 할지 모른다고 생각될 때 지도자는 자신이 더 익숙하고 안전하다고 느끼는 '가르침' 모드로 돌아가기 쉽다. 그러나 이렇게 하면 참가자는 생각-행위 양식에 계속 머물고 만다.
- 지도자가 참가자가 보이는 통찰에 집착하거나 거기에 흥분하는 것: 지도자는 '훌륭한 학생'에게 감탄한 나머지 큰 그림을 못 보는 경우가 있으며, '옳은' 존재 방식을 단 하나로 콕 집어 지정하기도 한다. 그러나 이것은 집단 내 다른 참가자들에게 자동적으로 '잘못된' 존재 방식을 일으키는 꼴이다!
- 문제를 해결해 주는 것(problem solving), 또는 구해 주는 것(rescuing): 이것은 특히 참가자가 괴로움을 겪는 순간에 흔히 일어날 수 있는 일이다. 지도자는 이런 경우에 종종 참가자들이 겪는 괴로움에 호기심으로 다가가 함께 살피기보다 문제를 해결해 주려는 필요를 전하기도 한다.

요약

탐구 과정에 대해 배우는 것은 오랫동안 각인된 지도자 개인의 지도 습관에서 '벗어나는(un-learning)' 과정이기도 하다. 처음에는 수업 중에 참가자에게서 자연스럽게 드러나는 것을 진심으로 받아들이기 위해, 미리 정해진 지도 포인트를 제시하려는 충동을 내려놓는 데 상당한 내적 훈련이 필요할 수 있다. 탐구라는 기술은 지속적인 배움의 과정이다. TLC(19장)와 슈퍼비전(21장)을 참조해 탐구와 관련한 자기성찰 수련에 도움을 받을 수 있다.

10장

세션 주제 전달하기
-집단 활동과 교시적 설명-

지금까지 공식 명상과 탐구의 명시적인 교육과정 요소들을 살펴보았다. 이 장에서는 그 밖의 프로그램의 명시적인 측면과 집단 활동, 기타 교육내용에 대해 살펴본다. 마음챙김 기반 프로그램은 프로그램을 구성하는 모든 요소에 마음챙김이 근본이 되기 때문에 붙여진 이름이다. 그 요소들에는 세션의 핵심 주제를 보여 주는 집단 활동도 포함된다(예컨대, 스트레스 반응 사이클에 대한 교육, 지각 연습, 즐겁고 불쾌한 경험 등). 공식 명상과 탐구에서와 마찬가지로, 핵심 세션 주제의 효과적인 가르침은 지도자가 태도의 기초를 몸소 구현하는 것에 달려 있다. 개별 지도자는 자신의 지도 스타일과 대상 집단에 맞춰 세션의 핵심 주제를 전하는 방식을 스스로 선택할 수 있다. 하지만 어떤 방식을 선택하든, 어떻게 주제를 전하는가는 매우 중요하다. 다양한 교육과정 가이드에는, 공식 명상과 병행하여 각 세션의 주제를 발전시키도록 신중히 선정된 집단 활동이 상세히 제시되어 있다. 〈글상자 10-1〉은 세션 주제를 보여 주기 위해 흔히 사용하는 활동에 대해 개관한다.

글상자 10-1 세션 주제를 보여 주는 데 흔히 사용하는 활동에 대한 개관

세션 1:

- 의도 연습(intentions exercise)
- 건포도 수련

세션 2:

- 지각에 대한 마음챙김(MBSR), '생각과 느낌' 연습(MBCT)
- 즐거운 일 기록표 적기 시작

세션 3:

- 즐거운 일 연습 계속하기
- 불쾌한 일 기록표 적기 시작

세션 4:

- 불쾌한 일 연습 계속하기
- 스트레스 인식(MBSR)
- 우울증의 영역(MBCT)

세션 5:

- 대응 vs. 반응: 흔한 자동반응, 스트레스 메커니즘, 신체적 바로미터, 시 '여인숙' 또는 릴케(Rilke, 2012)의 젊은 시인에게 주는 편지 등 기타 시와 이야기

세션 6:

- 마음챙김을 특정한 취약성에 적용하는 것을 보여 주는 연습
  - MBSR, 대인 간 의사소통/스트레스 상황의 의사소통
  - MBCT, '생각은 사실이 아님'을 보는 연습, '생각을 다루는' 연습

세션 7:

- 깨어 있는 알아차림을 습관, 활동, 행동 등 삶의 양식을 선택하는 데 적용하기
  - MBSR: 삶의 양식 선택 탐험
  - MBCT: 자양분 주기와 소진, 행동 실습(behavioral action exercise) 훈련

세션 8:

- '우리의 학습 다지기'—성찰과 토론
- 미래를 위한 준비—성찰과 토론, 자기에게 보내는 편지
- '집단 종결' 과정

핵심 원칙과 학습목표, 지도 시 고려사항이 어떻게 집단 활동을 지도하는 데 적용되는지 보이기 위해 우리는 MBSR 과정의 세션 2를 예시로 골랐다. 세션 1, 세션 5, 세션 8에서 보이는 훈련에 대한 예시는 15장에 소개했다. 그곳에서는 교육과정의 암묵적이고 명시적인 측면이 어떻게 함께 작용해 부분이 아닌 전체를 형성하는가를 보이는 데 중점을 두었다. 여기서는, 우리가 선택한 가르침의 방식에 알아차림을 가져가는 것이 중요함을 보이고자 한다. 우리가 선택한 가르침의 방식이 교육과정을 구성하는 암묵적인 요소에 어떻게 도움이 되는지를 탐구하려는 것이다. MBI:TAC의 해당 영역도 함께 괄호 속에 넣어 표시한다. 예컨대, D3(Domain 3)은 마음챙김의 체화를 다루는 '영역 3'이라는 뜻이다.

세션 2의 집단 활동에 대한 학습 목표와 실제적 지도 시 고려사항

지각/생각 그리고 느낌 훈련

학습 목표

세션 2에서는 세션 1의 주제를 확장하는데, 그 주제는 매 순간 경험과 자동조종 양식, 우리가 직접 경험을 지각하는 방식에 더 깨어 있는 것이다. '지각'이라는 주제를 설정한 이유는 참가자들이 지각과 해석을 있는 그대로 이해하게 하려는 것이다! 지각과 관련한 훈련과 토론의 목적은, 참가자가 자신의 지각 과정을 자각하도록 돕고, 자신이 내리는 해석을 호기심과 열린 마음으로 가볍게 다루며 이를 통해 대응할 수 있는 방법에 관하여 더 큰 선택권을 갖게 하려는 것이다.

지도 시 고려사항

지각이라는 주제를 탐구하기 위해 MBSR에서는 주로 착시에 대한 탐구(Trompe-l'œil) 또는 9점 퍼즐(2020, para 4)에 기초한 지각 연습을 사용한다. 과정의 초기 단계에서는, 학습과 내용의 중요성을 지도자가 체화하여 보이는 태도적 자질보다 덜하다(D2, D3).

어떤 접근법을 선택하든 고려해야 하는 세 가지 원칙이 있다.

- 집단 과정은 아직 대부분은 '형성' 단계에 있다. 형성 단계에서는 둘씩 짝을 짓거나 소규모 집단 활동이 매우 가치가 있다(D6).
- 이 연습을 가볍고 개방적이고 재미있게 만듦으로써 마음챙김은 자연스럽고 일상적이며 평범한 것이라는 생각을 지지하는 첫 번째 세션의 주제를 더욱 분명히 할 수 있다(D2, D5).
- 경험에 대해 지금까지와 다른 지각을 갖는 것이 얼마나 '정상적인' 일인지를 가장 잘 보여 주는 방법론을 선택한다(D5).

다음은 이 원칙들을 염두에 둔 사례이다. 준비를 위해 5~8개의 서로 다른 착시 이미지를 프린트 해 둔다(인터넷에서 찾을 수 있다). 세션에서 각 참가자에게 한 개씩의 착시 이미지를 나눠 준 뒤 그들이 그것을 보며 관찰한 것에 대해 짤막하게 성찰하도록 안내한다. 그런 다음, 자신과 다른 착시 경험을 한 파트너를 찾아 각자가 관찰한 바에 대해 토론하도록 집단을 초대하고, 전체 집단에서 피드백을 주고받을 수 있도록 개방한다. 이 방법은 매우 생생하며 종종 유머러스한 연결감을 일으키며 그에 뒤이은 집단 토론은 참가자들 사이에 종종 매우 다른 지각이 일어남을 보여 준다. 이것은 집단 발달의 '형성' 단계에 도움을 주며, 우리들 각자가 자신의 세상을 서로 매우 다르게 지각하는 것이 정상적인 일임을 강하게 보여 준다(D1, D5, D6).

MBCT에서는 '생각과 느낌 연습'을 통해 이와 유사한 주제, 즉 우리가 경험을 어떻게 해석하는지, 그리고 이것이 생각, 감정, 행동에 어떻게 영향을 주는지를 탐구하는 데 사용한다. 그리고 그 근거와 방법론이 잘 정리되어 있다(Segal et al., 2013, pp. 160-164). 그러나 추가적인 지도 시 고려해야 할 사항도 몇 가지 있다.

- 집단 발달의 이 단계에서는 일단 주요 '지도 포인트'를 집단 전체가 탐구한 뒤 둘씩 짝을 지어 토론하는 것이 매우 도움이 된다(D6).
- '형성기'가 갖는 중요성 그리고 참가자들과 유용한 관계적 입장을 세우는 것의 중요성을 염두에 두는 참여 방법을 선택하는 것이다(Tuckman, 1965; D6). 예컨대, 플립차트를 사용한다면 그것을 집단 원의 '바깥'이 아니라 '안'에 두는 것이 도움이 된다. 또는 플립차트를 낮은 테이블 위 집단 원의 중심을 향해 사용하여 참가자들과의 더 긴밀한 연결을 만들 수 있다. 또한 다양한 생각, 느낌, 신체감각을 기록하는 포맷을 표로 정리할 필요는 없으며 나누어진 원 안에서 기록하여 이들 경험 요소들 사이의 암묵적 위계를 정하려는 경향을 미연에 방지할 필요가 있다.
- 이 연습으로 일부 참가자는 자신이 천성(즉, 단지 일시적인 기분이 아니라)에 따라 부정적이거나 비관적이라고 느낄 수도 있다. 그리고 아직은 과정의 초기이므로 이것이 표면으로 떠올라 탐구할 수 있을 만큼 집단이 충분히 '형성되지' 않았을 수 있다(D6).

즐거운 일 기록표 소개

학습 목표

세션 2가 끝날 무렵에 지도자는 참가자들이 다가오는 주에 집에서 하게 될 과제를 소개한다. 여기에는 즐거운 일 기록표도 포함된다. 여기서 우리는 처음으로 참가자가 좋아함과 싫어함, 즉 즐겁고 불쾌하고 중립적인 것으로 나누어지는 방식에 주의를 기울이는 방식을 탐구한다. 이것은 대응(response)과 자동반응(reactivity)에 대한 이후의 작업과, 우리 삶의 어려움에 안전하게 다가가고 그것을 다루는 기술을 발달시키는 데 매우 중요한 기본 자료가 된다.

지도 시 고려사항

과제의 일부로서 즐거운 경험 기록표를 소개하는 것의 중요성을 간과하여 그것을 세션 마지막 몇 분에 욱여넣기가 매우 쉽다. 참가자 워크북을 이용해 이 연습을 설명하는 데 10분 정도의 시간을 마련한 다음, 참가자들 가운데 오늘 있었던 즐거운 순간의 사례를 나눠 줄 수 있는지 요청하는 것도 좋다. 즐거운 순간(moment)이라는 아이디어를 사용하는 것은 '경험'이라는 단어가 의미하는 바를 설명하는 데 도움이 된다. 그리고 이때 나타나는 것은 종종 집단 전체가 듣기에 고무적이며, 기록표의 다양한 소제목 아래에 어떤 항목을 집어넣으면 되는지 분명하게 보여 준다. 흔히 범하는 실수는, 특히 취약한 참가자 집단에서 더 자주 일어나는데, 그 경험이 특별하거나 대단한 일이어야 한다는 생각이다. 만약 참가자가 매우 특별한 사례를 말했다면 이때 지도자는 다음과 같이 덧붙일 기회가 생긴다. "다른 분 가운데 훨씬 더 단순한 사례를 가진 분 없나요? 비교적 즐겁다고 느낀, 오늘 일어난 정말 평범한 일 말이에요." '비교적'이라는 말을 사용하는 것은 "나는 한 번도 즐거운 경험을 한 적이 없어요!"라고 말하는 참가자에게 매우 도움이 된다(D1, D2, D5, D6).

요약

집단 활동의 능숙한 지도와 교시적 설명은 연습에 대한 분명한 의도를 갖는 데 기초한다. 그리고 이것은 이후의 지도 방법론을 안내한다. 훈련의 바탕을 이루는 근거에 대한 잘 형성된 이해를 키움으로써 여기에 이를 수 있다. 전체 교육과정 안에서 주된 목표가 무엇인가? 주된 목표가 특정 세션 내에서, 그리고 MBP 과정의 학습 과정 곡선 내에서 어떻게 어우러지는가? 이 집단이 지금의 발달 단계에서 갖고 있는 필요는 무엇인가? 더욱이 각각의 MBP 집단은 모두 다르다. 어떤 집단은 활기차고 생생하며 전향적이며, 어떤 집단은 비교적 조용하고 차분하다. 특정한 취약성과 필요 민감성을 지닌 개인들로 이루어진 집단도 있다. 지도 과정은 바로 이 집단의 특정하고 고유한 성격과 조율해야 한다. 따라서 MBP 지도자는 동일한 학습 주제라도 그에 다가가는 다양한 방법론을 시간을 두고 개발해야 한다. 이것은 학습 과정을 지도자 자신에게도 생생히 살아 있게 하는 지속적이고 반복적이며 창의적인 참여다.

제2 부

암묵적 교육과정

소개

우리의 마음챙김 지도자 양성 경험은 '명시적' 학습 요소가 수련생이 맨 먼저 역량을 획득하는 영역이라는 것을 우리에게 가르쳐 주었다. 지도 과정의 이러한 순서적 측면은 필연적으로 지도 학습의 초기 단계에서 주의 공간을 차지한다. 그러나 명시적 학습 요소에 대한 친숙성이 점차 커지면 보다 체화된, 직관적이고 비도구적인 지도 과정의 측면에 주의를 기울이는 일이 가능해진다. 우리는 이것을 '암묵적' 교육과정이라고 부른다. 여기에는 체화, 관계 기술, 그리고 집단 과정 작업 등이 포함된다. MBP 지도의 암묵적 측면을 포용하는 것에는, 인간이 된다는 실재의 깊은 진실에 사는 능력이 포함된다. 이 영역에서 우리의 능력을 키우는 것은 새로운 지식 자체를 습득하는 것과는 다르다. 오히려 이것은 우리가 이러한 내면의 지성에 다시 연결하고 그것을 기억하는 과정과 수련에 참여하는 것을 말한다. 성찰 수련의 참여 과정은 암묵적 교육과정의 기술을 키우는 데 특히 도움이 된다. 19장의 TLC는 이러한 암묵적 자질을 계발하고 심화하여 당신이 한번에 이 영역 중 한 가지를 탐색할 수 있도록 성찰적 구조를 제공한다.

다음 네 섹션(11~14장)에서 우리는 마음챙김의 체화, 관계 기술, 집단 학습 환경을 유지하는 것에 관한 상호 연결적이며 상호 침투적인 성격에 대해 살펴볼 것이다. 암묵적 교육과정에 있어 MBP 지도자로서 우리가 갖추는 능력은 MBP 지도 공간에서 나타나는 매 순간의 기회와 선택 지점에 지혜롭게 대응하며, 이를 통해 성장, 변화, 더 깊은 지혜를 촉진하는 학습 공간을 창조하는 잠재력의 토대가 될 것이다. 우리는 15장에서 지도의 암묵적 측면과 명시적 측면이 어떻게 상호적으로 엮이면서 서로를 지지하는지 살펴볼 것이다. 암묵과 명시의 이러한 상호 엮임은 16장에도 계속되어, 우리는 거기서 MBP 과정의 평가와 오리엔테이션(소개) 과정에 접근하는 방법을 이야기할 것이다. 17장에서는 지도의 명시적 측면과 암묵적 측면을 통합하는 온라인상의 MBP 과정 지도법에 관한 섹션을 제공할 것이다. 온라인상의 지도법은 우리가 이 책을 쓰던 2020년 팬데믹 봉쇄령 기간 동안 매우 빠르게 필요해진 기술이다.

주의

제2부의 모든 장은 주요 지도자들이 작성하였다.

11장

체화

지도자의 마음챙김 체화(embodiment)는 MBP 지도 과정 전체에 깃든 가장 중요한 핵심 자질이다. 비록 마음챙김 체화가 MBI:TAC 내에서 다른 영역과 더불어 하나의 영역으로(영역 3) 제시되긴 해도 그것은 다른 모든 기술과 자질의 토대가 되는 근본적 자질로 보는 것이 더 바람직하다. 마음챙김 체화란 우리 삶의 다른 많은 기술처럼 의도적으로 갈고닦을 수 있는 기술이나 능력이 아니다. 체화라는 존재 방식에 따라 우리 내면에 그러한 조건을 만드는 일이다. 우리는 마음챙김 수련 속에 머무는 능력을 길러 가고 있다. 그리하여 마음챙김이 우리의 자연스러운 기본(default)이 되고 그것이 우리가 존재하고 행동하는 방식에 실제로 드러나도록 하는 것이다. 마음챙김의 태도적 토대들은 체화가 겉으로 드러나는 한 가지 표현 양식이다. 그리고 (애쓰지 않음, 호기심, 신뢰 등의) 자질들은 지도자가 창조하는 분위기를 통해 지도 공간에서 표현된다. 체화가 겉으로 드러나는 또 하나의 표현 양식은 주의를 기울이는 마음챙김의 질, 그리고 그에 따라 지도자 자신의 존재 안에서, 각각의 참가자 안에서, 집단과 교육과정 과정에서 드러나는 매 순간의 독특한 창발에 대한 적절한 대응성이다.

우리가 MBI:TAC를 개발할 당시에 체화에 대해 설명하기가 쉽지 않았다. 실제로 도구에 대한 우리의 초기 연구에서, 우리는 체화야말로 평가자의 합의가 가장 적게 이루어지는 영역임을 알게 되었다. 마음챙김을 체화하는 작업은 자신의 경험에 대해 깨어 있는 마음으로 관계 맺는 내면 작업이라는 점에서 그중 많은 부분을 외부 관찰자가 직접적으로 알아볼 수 없는 성질을 지녔기 때문이다. 따라서 MBI:TAC가 목표하는 것은 지도자가 체화라는 암묵적 자질을 어떻게 참가자가 느낄 수 있도록 만드는지를 지도자가 보이는 인간적 자질과 현존을 통해 확인하는 것이다. 마음챙김 수련의 이러한 느낄 수 있는 표현들은 MBP 학습 과정에 중요한 토대가 된다. 지도자로서 우리는 참가자에게 그들이 가르침의 공간 안에 그저 존재하는 것만으로 마음챙김의 경험을 직접 맛볼 기회를 제공하는 것을 목표로 한다. 동시에 참가자들은 이러한 자질을 마음챙김 수련으로 자기 자신과 관계 맺는 방식에 가져가는 실험을 하도록 초대 받는다.

체화 과정에는 두 가지의 통합적 요소가 있다. 하나는 우리 자신을 마음챙김 수련에 정렬시키는 능력이며, 또 하나는 우리의 자연스러운 자신이 되는 것이다. 우리들 각자는 자기만의 고유한 존재 방식을 가지고 있으며, 그것이 우리의 삶과 지도 과정에서 드러나게 된다. McCown 등(2016)은 이것을 "지도자의 인격" 그리고 "그 이야기를 당신이 살아온 사람이 되기"라는 말로 표현했다(p. 92). 우리는 누구나 자신의 사람됨에 자연스럽게 충실하면서도 일련의 윤리와 지혜, 가치와 맞추는 사람과 함께하는 것이 지닌 힘을 떠올릴 수 있다. 체화가 겉으로 드러나는 한 가지 방식은, 그 사람이 MBP 지도 공간에서 보이는 모습과 그의 삶에서 보이는 모습 사이에 자연스러운 연속성이 존재한다는 것이다(물론, 우리는 서로 다른 역할과 책임을 떠맡고 있지만, 지도 공간에서는 '페르소나'를 쓰지 않는다). 이 점이 바로 마음챙김 체화가 정확히 어떤 모습인지 이야기하는 것이 어려운 이유이다. 다행히도 세상에 존재하는 사람의 수만큼이나 많은 마음챙김 체화가 드러나는 모습이 존재한다. 그러나 여기에는 몇 가지 공통된 특성과 원칙이 존재한다. 아무것이나 마음챙김 체화라고 할 수는 없다.

집단 과정에 대한 우리의 논문에서 우리는 체화를 '내면에서 외면으로의 체화(inside out embodiment)'라고 불렀다. 이것은 우리 존재 내의 연결성(내면)과, 이것이 개인, 집단, 지도 과정(외면)과의 관계적 연결성을 지원하는 방식 사이의 상호작용을 설명하기 위한 것이다.

> 내면에서 외면으로의 체화는 지도자의 내면에서 비판단적인 현재 순간의 알아차림이 일어나는 것을 말한다. 여기서 '내면'에는 생각, 신체감각, 감정 등 지도자의 신체 경계 안에서 일어나는 현상을 포괄하며, '외면'은 지도자가 지도하는 동안에 보고 들리는, 지도자의 신체 바깥에서 일어나는 현상을 가리킨다. 그런데 어떤 의미에서 '경계'라는 것은 임의적이며 끊임없이

유동하는 상태에 있으며, 여기서 중요한 포인트는 지도하는 동안에 일어나는 다양한 현상을 지도자가 알아차리고 의도적으로 그곳으로 주의를 향하는 것이다.

(Griffith et al., 2019a, p. 1318)

'내면'의 예시로 지도자가 직접 느끼는 자신의 내면 풍경에 대한 알아차림이 있다. 여기에는 매 순간 끊임없이 유동하는 경험을 인지하고 알아차리는 것, 그리고 자신의 경험을 지나치게 가까이 동일시하지 않는 채로 알아차리는 능력이 포함된다. 예컨대, 지도할 때 나(Gemma Griffith)는 양 발바닥을 바닥에 붙인 상태를 유지하고자 노력한다. 그런데 이 방식은 내가 평소 자리에 앉는 방식이 아니기 때문에 종종 다리를 꼬고 싶을 때도 있다. 나는 지도할 때 다리를 꼬고 싶은 충동을 자주 느낀다. 그러나 나는 이런 충동에 대해 몸을 움직여 자동반응하는 대신, 양 발바닥을 바닥에 붙인 자세를 의도적으로 유지한다. 이렇게 하면 알아차림을 나의 몸에 두는 데 도움이 된다. 또 이렇게 하면 평소엔 가슴에서 경험하는, 몸으로 느끼는 감정적 울림에 조율하는 데도 도움이 된다. 이렇게 안정된 자세로부터 나는 자기중심적인 생각과 그와 연결된 자동반응적 감정과 신체감각을 더 잘 알아차릴 수 있다. 예컨대, '그건 멍청한 질문이었어' 같은 자동적인 자기평가적 생각과 뒤이어 배에서 느껴지는 푹 가라앉는 느낌이나, '아주 잘했어!' 같은 자기 축하적 생각과 그에 따르는 가슴 속의 시원한 흥분감을 더 잘 알아차릴 수 있다.

'내면' 알아차림에서 핵심은, 우리가 가르치는 동안에 이런 자연스러운 경험의 순간들이 흘러가도록 놓아두며 어디에 주의를 기울이고 에너지를 쏟을 것인지를 의도적으로 선택하는 것이다. 가령, 지도자의 내면에서 일어나는, 지도 과정에 관한 생각(자기비판적 생각이나 자기 축하적 생각)을 평가하는 데 우선적으로 주의를 기울인다면, 지도자 내면에서 직접적으로 느껴지는 경험이나 지도하는 공간과 단절될 것이다. 이때 지도자는 습관과 자기정체성에 빠져 현재 상황에 대한 더 넓은 감각과 접촉하지 못한다. 이런 일은 종종 일어난다. 이 시점에서 체화와 다시 연결하기 위해 지도자는 우선 자신이 생각에 빠져 있다는 사실을 알아차린 다음, 세션에서 현재 일어나고 있는 일로 다시 주의를 되가져 올 필요가 있다. 이것은 공식 명상에서 방황하는 마음을 다루는 과정과 유사하다. 이처럼 마음챙김의 체화란 자신의 경험에 대해 역동적으로 '현재 순간에' 관여하는 작업이다. 지금 이 순간이 나의 내면과 외면에서 드러나고 있는 방식에 대해 반복적으로 그것과 연결하고 거기에 대응하는 과정인 것이다. 이것이야말로 마음챙김 수련이 실제로 작동하는 방식이다. 가르칠 때 우리는 현존하고자 의도한다. 그런데 마음은 방황한다(아마도 다음에 뭘 해야 할지 계획하느라). 이때 우리는 이런 움직임을 알아차리고 현재 순간으로 주의를 되가져 오는 것에 연민과 돌봄의 태도로 최선을 다한다.

'외면'의 예는 지도자가 '내면'의 알아차림을 유지하는 동시에 참가자 개인과 집단, 지도자의 신체 바깥의 주변 공간에서 보이고 들리며 느껴지는, 매 순간 일어나는 일과 연결하는 것이다. 앞의 사례를 더 이야기하자면 나는 참가자가 말을 하는 동안 그다음에 내가 무엇을 해야 하는지 계획하느라 마음이 분주한 나머지 참가자가 말을 마치면 모호한 언어적 대답을 하고 마는 자신을 알아차리고는 한다. 참가자들의 비언어적 암시는, 내가 그들의 말을 100퍼센트 듣고 있지 않았음을 그들이 알아차렸음을 말해 준다. 이것은 나의 내면(참가자가 나의 방황을 알아차렸음을 직관적으로 느끼기도 하고)과 외면에서(나는 방에서 참가자를 눈으로 보고 있다) 동시에 일어난다. 그런데 여기서 내면과 외면의 경계는 어떤 의미에서 임의적이라고 할 수 있다. '내면에서 외면으로의 체화'의 핵심 포인트는 지도자가 자기 몸의 안팎에서 일어나는 과정에 대한 통합적이고 포괄적인 알아차림을 가진 뒤 둘 사이의 상호작용에 조율하는 것이다. 〈글상자 11-1〉은 경험의 여러 측면에 다가가고 멀어지면서 의도적으로 주의를 이동시키는 이러한 과정을 보여 준다.

체화를 통해 우리의 현재 순간의 경험과 만나는 일이 언제나 편안한 것은 아니다. 여기에는 기쁨, 경이, 삶의 아름다움과 더불어 가슴앓이, 후퇴, 실망에 우리 자신을 여는 일이 포함된다. 지금 우리는 우리의 내면과 외면 경험에 억지로 힘쓰지 않도록 격려하는

글상자 11-1 지도하는 과정에서 체화된 연결의 흐름

어쩌면 당신의 개인적 패턴은 인간관계에서 머뭇거리는 것인지 모른다. 이때 탐구를 하는 동안 지도자인 당신은 참가자와 나누는 대화가 경험의 직접성을 탐색하고 이것을 가르침에 통합한다는 핵심 요점에서 멀어지도록 놓아두는 경향이 있을 것이다. 이 순간 지도 과정의 핵심 의도로 부드럽게, 그러나 단호하게 참가자를 다시 안내해 보라. 이것은 당신 안에 강력한 감정 반응을 일으킬 수 있다. 당신은 이것을 인정한 뒤, 당신의 몸과 땅이 맺고 있는 연결성과 지도 공간에서 일어나고 있는 일의 직접 경험에 주된 주의를 기울이기를 선택한다.

길에 참여하고 있다. 지도자 수련에서 이것은 우리의 본원적 취약성과 기꺼이 접촉하는 것을 의미한다. 왜냐하면 이것이 바로 우리가 지도자로서 참가자에게 요청하는 것이기 때문이다. 이 길에서 나(Rebecca Crane)에게 영감을 주었던 스승과 지도자를 돌아보면 그들은 자신의 불완전한 부분을 포함해 기꺼이 자신의 인간성을 온전히 보여 준 분들이었다. 체화된 마음챙김이 드러나는 한 가지 모습은 지도자가 자신감이 흔들리는 순간과 불확실성에 열려 이것을 참가자들과의 연결에 이르는 통로가 되게 하는 능력이다. 우리는 지금 (예컨대) 두려움이 자연스럽게 일어나는 것을 인정하고, 이를 친절과 연민, 호기심의 요소를 띤 알아차림에 담는 능력을 키우는 중이다. 또 이런 취약성과 불확실성을, 자기 동일시를 넘어 자신의 경험과 관계 맺는 토대로 삼는 능력을 계발하는 중이다. 즉, 취약성과 불확실성을 나의 경험이 아니라 인간의 보편적 경험으로 인식하는 능력을 키우는 중이다.

자신의 내면 경험과 이런 관계를 맺을 때 지도자는 인간이 된다는 것에 관한 생생한 연결을 통해 현재 참가자들에게 일어나고 있는 일에 조율하는 능력이 자연스럽게 커진다. 이것은 지도자들이 결과를 예측할 수 없는 경우에도 용감히 나서는 용기를 내보일 수 있도록 요청한다. 이 주제는 마음챙김 지도자로서 우리의 여정에서 핵심이 되는 주제이다. 지도자가 자신의 진짜 모습에 머물지 않고 자신이 되고 싶어 하는 이상적인 모습에만 이르려고 애쓰는 것은 참가자와 지도자 자신에게 도움이 되지 않는다. 이렇게 우리는 지금 특정한 존재 방식에 집착하기보다 “잘함과 잘못함이라는 생각을 넘어”(Rumi, 1995, p. 36) 자기 경험에 친숙해지려는 의도를 체화하는 중이다. 체화에는 인간이 된다는 것에 담긴 역설과 모순, 본원적인 긴장과 어색함에 머무는 것까지 포함된다. MBP 지도란, 불확실성과 고통, 두려움과 의심, 불편함의 한가운데서 자유와 평안을 찾는 능력을 탐색하는 것이라고 할 수 있다. 체화된 수련은 이러한 능력의 살아 있는 표현이다. 그리고 이것은 MBP 지도의 도전과 기회의 핵심에 이른다.

체화를 계발하기

처음 체화를 탐구할 때, 수련 중인 MBP 지도자는 자신의 체화를 상대방에게 어떻게 전할까에 집중하는 일이 흔하다. 이때 지도자가 갖는 주된 질문은 '내가 마음챙김을 하고 있다는 것을 어떻게 보여 줄까?'가 된다. 그런데 이것은 우리를 깨어 있고 널찍한 '내면에서 외면으로'의 알아차림이 아니라, 자기 의식적이고 경계하는 '외면에서 내면으로'의 알아차림으로 밀어 넣는다. 체화된 수련으로 들어가는 문은 생각과 감정, 그리고 지금 수업 현장에서 일어나는 일에 신체적으로 조율하면서 직감적인 감각 경험에 중점을 둔 채로, 지도하는 동안에 일어나는 경험의 직접성과 연결하는 것이다. 지도자 자신의 마음챙김 수련(그리고 이와 더불어 그 바탕이 되는 가르침에 대한 이해)을 심화하는 것은 지도자 자신의 존재에 깨어 있는 마음으로 머무는 능력이 깊어지는 것으로 자연스럽게 이어진다. 이것은 창발적 과정으로, 우리 자신에게 인내심을 갖는 것이 중요하다. 이것은 또 우리 자신의 경험적 발견의 여정에 참여하는 것으로, 이를 통해 우리는 자신과 자신의 행동 패턴에 대한 더 깊은 이해에 이를 수 있다. 19장에 소개하는 TLC(Teaching and Learning Companion)는 지도자 자신의 체화 감각을 계발하는 데 있어서 성찰적 발달을 돕는 유용한 도구가 될 것이다.

12장

관계 맺기 기술

다른 사람도 나처럼 고통을 겪는다.

다른 사람도 나처럼 홀로다.

다른 사람도 나처럼 삶과 죽음이라는 일을 겪어야 한다.

다른 사람도 나처럼 세상의 아름다움에 머물면서 자유로울 수 있다.

『Mindfulness: A』(Trish Bartley, 2017)

우리의 동료 Trish의 책에서 따온 이 구절은 우리가 마음챙김 수련에 임할 때 연결하는 핵심 주제 중 하나를 말하고 있다. 그것은 깊은 차원에서 우리가 서로 그리고 모든 살아 있는 생명체와 연결되어 있다는 사실이다. 우리는 다른 모든 존재와 패턴 및 과정을 공유한다. 우리는 혼자가 아니다. 우리는 우리 양육자의 눈을 처음으로 응시한 순간부터 평생토록 다른 사람과 관계를 맺어 왔다. 우리는 관계 맺는 존재다. 관계 맺기 기술은 MBP 가르침에서 핵심적인 능력으로 MBI:TAC의 영역 2에 제시되어 있다.

체화와 관계 맺기 기술은 서로 깊이 엮여 있다. 마음챙김 수련은 관계 수련이다. 우리는 마음챙김 수련을 통해 자기 내면의 경험과 관계 맺는 능숙한 방법을 발견하는 중이다. 그리고 자기 내면과의 관계 맺음은 타인과의 연결로 옮겨 가는 토대가 된다. MBP 집단에서 계발하는 관계의 성격은 우리가 내면에서 계발하고 있는 존재 방식을 그대로 비춰 준다. 지도자로서 우리가 지닌 관계상 과제는 참가자들에게 따뜻함과 수용, 친절한 호기심의 환경을 제공하는 것, 그리고 참가자가 하는 말을 넘어 무엇이든 경청하는 자세다. 지도자의 내면의 자동반응성, 참가자의 존재 방식, 참가자의 더 넓은 에너지 등이 미치는 눈에 보이지 않는 영향도 여기에 포함된다. 환영의 자세가 중요하며, 이것은 참가자가 지도 공간에 들어올 때 그들을 있는 그대로 맞이하는 것에서 시작된다. 나아가, 참가자가 '잘못된' 경험을 하기가 불가능한 환경을 창조하는 것으로 확장된다. 이 환경에서는 나타나는 어떤 경험이든 유효하며 진정으로 반길 만한 것이 된다.

우리의 관계상 체화에 있어 핵심은 '고치지 않는다(non-fixing)'는 방향성이다. 우리는 모든 참가자의 경험이 유효하며, 배움을 위한 기회라는 점을 참가자들에게 (대부분 암묵적으로) 전달한다. 이것은 참가자의 수련 보고에 변화를 준다. 가령, (참가자들이 흔히 '잘못된' 경험으로 간주하는) 방황하는 마음이 이제 전체 집단을 위한 유용한 탐구의 대상으로 바뀌는 것이다. 이때 지도자의 역할은 참가자가 자신의 경험을 탐구하면서 참가자 스스로 발견을 이룰 수 있도록 환경을 마련하는 것이다. 지도자로서 나는 어떻게 하면 참가자가 그들 스스로와의 관계에 매 순간 열리는 관계를 만들 수 있을까? 우리는 참가자가 자신의 어려움을 탐색할 수 있을 정도로 넓고 안전한 관계적 환경을 MBP 세션에서 만드는 것을 목표로 한다. 우리는 참가자가 자신의 과정을 스스로 발견하는 주도적 위치에 설 수 있도록 이 과정을 유지한다. 우리는 참가자가 그들 자신의 경계를 알아보고 존중하도록 격려한다. 즉, 언제 참가자가 자신의 어려움에 가까이 다가가 거기에 주의를 향할 것인지, 또 언제 한발 물러나 스스로 마음을 안정시킬 것인지 알아보고 존중하도록 격려한다. 지도자와의 관계적 연결성이 없이는 깨어 있는 알아차림으로 적극적으로 자신의 어려움과 주도적으로 마주하는 이러한 민감한 작업을 지속하기 어렵다. 이것이 지도자가 가르치는 MBP와 (디지털이나 책으로) 자기 혼자 배우는 마음챙김과의 중요한 차이점이다. 현실은, 지도자가 품어 주는 안전한 관계가 없다면, 대부분의 사람은 상황이 어려워지면 이 수련을 지속하기 쉽지 않다는 것이다.

타인과의 연결을 유지하는 것은 우리의 생존에 필수적이다. 그런데 역설적으로 타인과의 연결은 두려움이 일어나는 공간이기도 하다. 왜냐하면 그곳은 우리의 취약성과 접촉하면서 상처를 입기도 하는 공간이기 때문이다. 인간으로서 우리는 연결을 갈망하는 동시에 그것을 두려워하기도 한다. MBP 과정을 시작할 때 함께 모이는 자리에서 지도자인 우리는 거의 모든 사람이 어느 정도의 두려움과 불확실성을 느낄 것이란 사실을 안다. 지도자로서 우리의 역할은 이것을 알고 느끼는 것이다. 그리고 MBP 구조의 학습 곡선에 대한 자신감과 믿음, 그리고 경험에 친절하게 주의를 기울이는 데 대한 자신감과 믿음으로 이 과정을 품어 안는 것이다.

우리의 과거 경험과 조건화는 우리가 지금 관계에 어떤 식으로 존재하는가에 영향을 준다. 다른 사람에 대한 우리의 반응은 종종 습관의 산물이다. 그리고 우리에 대한 상대방의 반응도 마찬가지로 습관의 산물이다. 인간관계에 있어 우리가 지금까지 쌓아 온 자동반응적 습관에는 타인에 대한 재빠른 판단과 범주화로 이동하는 것이 있다. 그리고 이것은 우리가 그들과 함께하는 방식에 영향을 미친다. 그 밖에 친밀함에 대한 두려움도 있는데 이것은 거리두기라는 인간관계의 패턴으로 이어지곤 한다. MBP 지도 과정은 (대개 우리의 레이더에 잡히지 않는) 이런 패턴들을 볼 수 있도록, 즉 우리가 헤엄치고 있는 물을 발견하도록 만들어졌다. 지도자가 가꾸는 관계는, 참가자가 자신의 과정에 관하여 일으키는 통찰을 지도자가 지지하고 소중히 품어 안음의 공간을 창조한다. MBP 지도자와 참가자 사이에 만들어지는 관계적 작업은 본질적으로 조심스럽고 민감한 과정이다. Palmer(2007)가 말하듯이 지금 우리는 내면에서 도전받는 것을 괜찮다고 느낄 정도로 안전한 공간을 창조하고 있다. 우리는 인간이 된다는 것에 관한 예민하고 민감한 탐구에 용감하게 함께 참여하고 있다.

유머와 경쾌함은 MBP 지도에서 중요한 요소로서 배움에 대한 참여를 돕는다. 유머는 우리가 공통된 인간성에 대한 인식에 다가서도록 해 준다. 우리는 우리 마음의 활동성이 지닌 광기를 미소로 바라본다. 그러면서 모든 인간이 이것 안에 살고 있음을 깨닫는다. 그러나 유머는 본래 경계가 모호하기 때문에 우리는 유머가 배움에 도움이 되는 때와 도움이 되지 않는 때를 살펴야 한다.

마찬가지로, 지도자가 자신의 경험을 나누는 것은 마음챙김이 우리를 도전에서 면제시켜 주는 것은 아니라는 사실을 참가자가 인식하도록 돕는 데 유익하다. 마음챙김 지도자는 참가자에 의해 쉽게 이상화되며 떠받들어지기 쉽다. 지도자가 (자신의 습관을 다루는 자신의 경험을 가지고) 자신의 인간성을 공유할 때 그리고 지도자가 완벽한 수련자에 못 미치는 영역에 발을 들여놓으며 자신의 밝은 면만이 아니라 어두운 면까지 지도 공간에 가져갈 때 참가자들은 마음이 한결 편안해지기도 한다.

관계성은 예측이나 계획이 불가능한, 창발적인 매 순간의 과정이다. 우리는 우리의 관계 스타일을 다양한 사람과 문화, 맥락에 맞게 본능적으로 조정한다. 어떤 때 그 순간은 우리에게 보다 지시적이 될 것을 요청하며, 또 어떤 순간에는 보다 수용적인 존재 방식이 요구된다. 우리는 의도적으로 자신의 관계 역량을 계발할 수 있지만, 관계에의 참여는 종종 우리의 무의식적인 패턴과 편견의 영향을 받는다는 점을 인정하는 것이 중요하다. MBP 지도자로서 우리 작업의 핵심은, 수련에 참여하는 것과 우리가 쌓아 온 조건화와 문화적 맥락, 편견에 대한 지속적인 알아차림이다. 이로써 우리는 최대한 포용적이고 안전한 배움 공간을 마련하는 수련을 의도적으로 할 수 있다(24장의 '사회적 맥락' 참조. 〈글상자 12-1〉의 눈에 안 보이는 맹점을 우리의 레이더에 잡히게 하는 데 도움이 되는 간단한 성찰 연습의 사례 참조).

글상자 12-1 자기성찰에 도움이 되는 연습

지도자로서 자신의 관계 맺기 과정을 성찰하는 데 도움이 되는 연습-3부의 MBI:TLC와 함께 사용하면 좋다.

(동료 Bethan Roberts가 우리에게 소개해 준) 이 실용적인 수련은 지도 세션이 끝난 뒤 잠시 멈추어 우리 과정의 모든 참가자의 이름을 종이에 적는 것이다. 그런 다음, 이것을 생각해 본다.

- 누구의 이름이 가장 쉽게 기억에 떠오르는가?
- 누구의 이름을 쉽게 잊는가?
- 누가 나의 주의 레이더에 걸리는가/또는 레이더에서 사라지는가?
- 나는 참가자 가운데 누구에게 끌리는가?
- 나는 참가자 가운데 누가 불편한가?

이 수련은 우리의 관계 패턴과 무의식적 편견을 알아보고 이해하는 데 유용한 지표를 제공할 수 있다. 우리의 관계 패턴과 무의식적 편견을 알면 우리의 관계에서 주의를 어떻게 의도적으로 다시 조율할 수 있는지에 관한 지침을 얻을 수 있다.

지도자로서 우리는 때로 어색해지고 실수도 한다. 세션 내에서 그리고 세션 주변에서 우리가 할 일은 자신의 수련을 돌아보고 살펴보는 것, 생생한 이슈를 슈퍼비전에 가져가는 것, 경험으로부터 배우는 것, 그리고 성찰 수련에 주도적으로 임하는 것이다(성찰 수련에 관한 안내는 19장 참조). 우리가 자신의 맹점을 겸손하게 알아차리고, 우리 자신의 관계 패턴을 발견하며, 부드러우나 끈기 있게 우리 스스로를 더 큰 관계적 민감성과 조율, 대응성의 방향으로 안내하는 과정에서 느끼는 불편함은 이 모든 것의 일부이다. 이것은 평생에 걸친 작업이다.

친숙해지기

친숙해지기는 우리 자신의 존재 내에서, 참가자들과의 연결 속에서, 그리고 우리가 집단의 더 넓은 공간을 품어 안는 방식 등 모든 관계 차원에서 반드시 필요하다. 친숙해지기는 '내면에서 외면으로 집단(Inside Out Group: IOG)' 모형을 구성하는 세 가지 '능력' 중 하나다(Griffith et al., 2019a).

자신과 친숙해지기

MBP 지도는 도전적 작업이다. 가르치는 과정에서 이 사실을 염두에 둔다면 도전적인 가르침의 순간을 헤쳐 가는 데 도움이 될 것이다. 그것은 지도자로서 우리의 경험을 보편화하는 동시에 탈개인화 시켜 주기 때문이다. 자신과 친숙해지기의 핵심에는 어려움과 관계 맺는 방식을 발견하는 감정적 작업이 놓여 있다. 친숙해지기는 자동반응성이라는 습관적 패턴을 인식하는 것, 그리고 경험을 향해 부드럽게 다가가 거기에 열리는 것이 포함된다. 많은 지도자에게 있어 여기에는 '사기꾼 증후군(imposter syndrome)'의 느낌이 포함된다. 이것은 자신이 가르침을 펴기에 충분치 않다는 느낌을 말한다. 집단 내 참가자에 대해 자동반응하는 순간도 있을 수 있다. 이것은 인간으로서 자연스러운 모습이다. 친숙해지기는 우리로 하여금 이런 느낌들을 알아보고 그것을 내치거나 거기에 집착하지 않고 지혜롭게 주의를 기울이도록 돕는다. 이런 방식으로 우리는 자신에게 돌봄과 연민을 가져가는 모형을 제공하고 있다. 참가자는 지도자가 어떻게 자리를 잡고 앉는지, 어떻게 잠시 멈추는지, 그리고 어떻게 지도자 자신의 연약함을 인정하는지 등 조금씩 자신을 돌보는 지도자를 보는 것만으로 많은 배움을 얻는다.

참가자와 친숙해지기

지도자로서 우리는 참가자에게 일어나는 어떤 경험이든, 일어나는 경험을 판단하거나 바꾸거나 고치려 하지 않고, 호기심과 비판단 그리고 애쓰지 않는 태도로 함께 경험을 탐구하면서 그것과 함께하는 연습을 한다. 지도자는 선호하는 결과를 얻겠다는 의도를 갖고 있지 않다는 점을 암묵적으로 참가자에게 전한다. 동시에 과정에 관하여 지도자는 주도적으로 이끌어 간다. 현재 가르치고 있는 주제에 관하여 참가자가 경험적으로 참여할 수 있도록 탐구의 방향을 반복적으로 조정해야 한다.

집단과 친숙해지기

가르침을 펼 때 전체 집단을 지도자의 주의의 장에 포함시킨다면 집단에서 일어나는 역동을 대응적이고 능숙하게 헤쳐 가는 데 도움이 된다. 친숙함의 성질을 여기에 가져간다면, 판단하는 마음으로 만들어진 함의를 더 적게 지니고 그 순간과 유연하게 만나는 데 도움이 된다. 이 영역이 다음 섹션에서 다룰 주제다.

13장

집단 학습 환경 유지하기

마음챙김 기반 프로그램(MBP)들은 집단 맥락에서 가르치도록 설계되었다. MBP 집단 내에는 많은 관계가 존재한다. 지도자가 각각의 참가자와 맺는 관계, 지도자가 집단 전체와 맺는 관계, 그리고 참가자가 지도자와 맺는 관계, 그리고 참가자가 집단 내 다른 참가자와 맺는 관계 등이다. 이것은 헤쳐 가기에 복잡한 그물망이며, 그중 많은 부분이(그것이 아무리 영향이 크다 해도) 집단 내의 명시적인 가르침의 이면에 자리 잡고 있다. 그럼에도 이런 관계들은 학습 환경의 효과성을 가름하는 데 매우 중요하다. MBI:TAC와 TLC에는 집단 과정에 관한 영역이 별도로 존재한다(19장 영역 6 참조). 집단 과정은 그 본질상 관계적이며, 집단 내에서 다른 사람들과 함께 행하는 개인 작업은 자신의 경험을 보편화하는 힘을 지니고 있다. MBP 지도 과정의 교육학은, 집단의 관계적 측면 자체가 핵심 지도 주제를 참가자들에게 전달하는 작업에 가장 크게 기여하는 방식으로 설계되었다. 집단 과정은 공통의 인간 패턴을 적극적으로 드러내 보여 주는 데 사용된다. 이런 식으로 나타나는 참가자의 배움은 지속적인 통찰과 행동 변화를 일으키는 방식으로 연결을 맺는 경향이 있다. 지도자의 교시적 설명도 나름의 역할이 있으나, 그것이 참가자가 직접적으로 느끼는 경험과 통합되지 않는다면 쉽게 잊혀지고 만다.

우리는 지도자들을 훈련하는 과정에서, 지도자 수련생들이, 예컨대 프로그램 교육과정을 숙지하거나 명상 수련을 안내하는 등의 핵심 기술들을 익히고 난 후에야 비로소 집단의 학습 환경을 가장 잘 촉진하는 법에 대한 기술과 인식을 키울 준비를 한다는 것을 알게 되었다. 이것은 자연스럽고 이해할 만한 일이다. 그리고 이것은 집단 과정을 다루는 법에 관한 훈련이 대개 지도자 훈련의 후반부 단계에 있는 이유이기도 하다. 동시에 TLC(19장)을 이용한 자기성찰은 훈련 초기부터 집단 과정을 당신의 인식에 가져가는 유용한 방법이다. MBP에서 집단 과정에 대해 작업하는 방식에 관한 이해가 중요한 이유는 다음과 같다.

- 우리는 관계적 존재로서 집단 내 다른 사람들과의 연결은 우리가 배움을 얻는 데 믿을 수 없을 정도로 강력한 촉매가 된다(배움의 환경이 우호적일 때). 반대로, 집단 내 배움의 환경이 비우호적이거나 안전하지 않을 때 배움의 과정은 크게 손상을 입는다.
- 우리는 집단을 활용하여 참가자가 스트레스 반응 주기라든지, 반추에 빠지는 성향 등 우리가 인간으로서 누구나 공유하는 보편적 취약성의 패턴을 이해하도록 도울 수 있다.
- 일부 MBP 집단은 특정 취약성을 염두에 두고 모인다(예컨대, 우울증에 대해서는 MBCT, 불안에 대해서는 그에 맞게 적용한 MBP 등). 비슷한 마음 패턴을 가진 사람과의 만남을 통해 참가자가 지금껏 나의 것으로만 여기던('나는 늘 일을 엉망으로 만들지') 자신의 특정한 취약성을 보다 넓은 공통된 인간 경험 스펙트럼의 일부로 관점을 바꾸어 보는 법을 알게 된다('나처럼 느끼는 사람들이 있구나. 생각은 단지 생각일 뿐').
- 인간인 우리는 누구나 고통을 겪는다. MBP는 이 사실을 드러내 보인다. 이로써 참가자는 타인과 자신에게 더 큰 연민을 느끼며 인간의 보편성과 더 많이 접촉하게 된다. 마음의 패턴이나 습관에 대해 말할 때 1인칭 복수형을 사용하는 것은 이러한 관점 변화를 일으키는 데 도움이 된다. 예컨대, '그러니까 우리는 정말로 자신을 힘들게도 할 수 있군요. 자신에게 특정한 방식을 강요하면서요.' 등이 있다. 이처럼 의도적이고 지속적으로 집단을 가리킴으로써 마음의 일반적 패턴에 관하여 배움을 얻을 수 있다(개인적이고 보편적인 취약성과 인간의 보편성에 관하여 더 많은 정보는 Crane, 2017, 14장 참조).
- 보편적 인간성에 대한 감각을 유지하는 것 외에 참가자들 사이의 다름을 허용하는 공간을 만드는 것도 중요하다. 이러한 다름은 참가자의 다양한 배경, 성 정체성, 인종, 종교 그리고 집단 내에서 보이는 참가자의 다양한 모습(외향적, 조용함, 참여적, 비참여적 등)으로 나타난다. 이 모든 것 안에서 지도자가 맡은 역할은 참가자가 있는

그대로의 자기 모습을 드러내고 모든 참가자가 배움의 잠재력을 지닐 수 있는 배움의 환경을 창조하고 유지하는 것이다.

- 이것은 지도자가 전체 과정의 서로 다른 단계에서 명시적으로 집단을 지지하도록 해 준다. 가령, 과정의 초기 몇 주 동안은 지도자가 집단의 튼튼한 경계와 안전을 주도적으로 확립할 필요가 있다. 일단 집단과 집단의 규칙이 잘 확립되고 난 뒤에는 지도자의 리더십 스타일이 더 부드러워지고, 덜 주도적이 되어도 좋다.
- 지도자가 (호기심, 친절, 비판단, 인내 등) 마음챙김의 태도적 자질들을 체화하고 그런 태도로 참가자와 관계를 맺는다면 참가자들이 MBP 세션에서 자신 및 타인과 관계 맺을 때도 이런 자질들을 탐구하도록 북돋을 수 있다. 이것은 집단 과정에 관한 연구문헌에서 '모델링(modelling)' 또는 '모방 행동(imitative behavior)'으로 알려져 있다 (Yalom & Leszcz, 2005).

내면에서 외면으로 집단(IOG) 모형

IOG(Inside Out Group) 모형은 뱅거 대학교의 마음챙김 훈련 프로그램의 맥락에서 개발되었다(Griffith et al., 2019a). 이 모형은 간단하지만 그 이면에 자리 잡은 이해는 결코 간단하지 않다. 따라서 그것을 우리의 학습 및 지도 수련에 실제로 녹여 넣는 데는 시간이 걸린다. IOG 모형은 다섯 가지 부분으로 나뉜다. ① 내면에서 외면으로의 체화, ② 집단을 읽기, ③ 집단을 유지하기, ④ 집단에 친숙해지기 등 내면의 네 부분은 지도 공간 내에서 일어난다. 그리고 다섯 번째 부분은 학습 환경을 둘러싼 바깥의 원으로, 특정한 MBP 전달에 영향을 미치는 주변의 학습 환경을 말한다. 이러한 바깥의 원은 참가자와 지도자의 사회적 · 문화적 맥락, 장소, 집단의 논리, 지도자의 수련, 슈퍼비전, 윤리, 전문적 수련, 채용, 오리엔테이션, 참가자들에 대한 평가 등의 조건에 대해 말한다. [그림 13-1]은 IOG 모형을 보여 주고 있다.

모형의 중앙에는 점선으로 된 삼각형이 있는데 이것은 지도자의 체화를 나타낸다. 이 삼각형은 지도자와 읽기, 유지하기, 친숙해지기의 세 가지 능력과의 사이에 부드러운 경계를 갖는다. IOG 모형에서 지도자는 체화를 보여야 하며, 지도를 펴는 동안 집단 과정

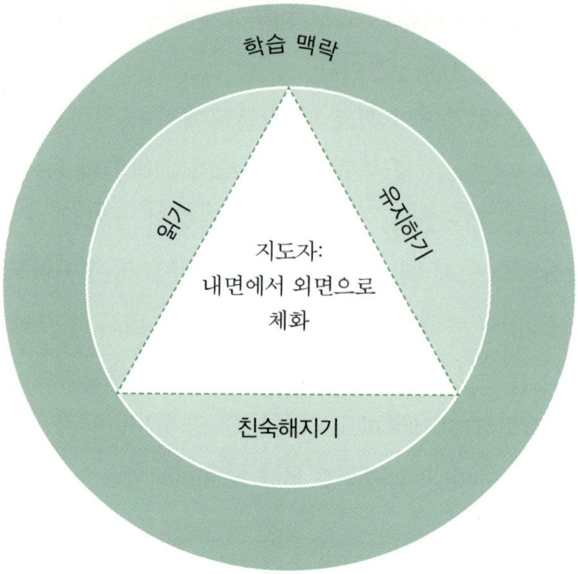

[그림 13-1] 내면에서 외면으로 집단(IOG) 모형

의 이 세 가지 능력과 접촉해야 한다. 첫째, 집단을 읽는 것이다. 지도자는 집단과 참가자들 자신 안에서 일어나고 있는 일을 직감적으로 느끼거나 '읽을' 수 있어야 한다. 그리고 이것을 집단 과정 이론과 연결 지어 이해할 수 있어야 한다. 둘째, 집단을 유지하는 것이다. 지도자는 참가자들이 모험을 감당하며 배움을 얻도록 최대한 안전한 학습 환경을 마련해야 한다. 셋째, 집단에 친숙해지는 것이다. 지도자는 지도하는 동안 참가자와 그들 자신의 경험과 함께하며 그에 친숙해져야 한다. 다음 섹션에서는 집단을 읽는 것과 집단을 안는 것이라는 IOG 모형의 두 가지 측면에 대해 살펴본다. 집단에 친숙해지는 것과 체화에 대해서는 앞에서 이미 다루었다. 학습 환경의 맥락적 영향에 대해서는 이 책의 3부에서 다룬다.

집단 읽기

집단을 읽는다는 것은 어느 순간에서든 집단에서 일어나고 있는 일을 이해하고 해석하는 지도자의 능력을 말한다. 집단 읽기는 지도 공간에서 일어나는 일에 대한 직접적인 직감과의 연결성에서 출발한다. 이러한 연결성은 집단 과정에 관한 지도자의 이론적 이해를 통해 더욱 촉진된다. 이론적 이해를 통해 지도자는 집단에서 현재 일어나고 있는 과정을 더 넓은 이해의 맥락에 둘 수 있다. 지도자는 가르치는 동안에 이 개념들을 의식적으로 붙든 상태에서 그것이 흘러나오도록 이론을 자기 것으로 소화시킬 필요가 있다. 일단 이 이론이 체화된 수련의 일관된 측면으로 통합되면, 집단을 읽는 것은 그 순간에 대한 알아차림과 대응성의 자연스러운 흐름의 일부가 된다.

집단 읽기는 지도자가 매 순간 지도 공간을 느끼고 '읽는' 방식에 토대를 둔다. (명시적으로) 시각적 단서를 통해 참가자들의 얼굴 표정과 신체언어를 관찰하고 그에 적절히 대응하는 것(가령, 한동안 말을 계속하는 참가자가 다른 참가자들의 흥미를 끌고 있는지, 아니면 다른 참가자들을 무시한 채 혼자 떠들고 있는지)이 있다. 또 (암묵적으로) 내면의 감각 반응을 통해 지도 세션에서 일어나고 있는 일을 반영하는 몸의 긴장을 알아차리는 것도 있다. 우리는 지도자들이 세션에서 일어나고 있는 일을 자신의 이론적 이해와 딱 맞아떨어지도록 '고정하려고' 애쓰는 것의 잠재적 어려움을 인식한 채로 가벼운 감각으로 이론을 지닐 것을 권한다. 이론을 너무 꽉 붙든 채 해석으로 나아가는 것은 도움이 되지 않는다.

어떻게 집단 읽기를 계발할 수 있을까? 기본적인 집단 발달 이론을 숙지하면 집단 '읽기'에 도움이 된다. 〈글상자 13-1〉에서 우리는 MBP 지도자에게 친숙해질 것을 권하는 세 가지 이론적 틀을 요약했다.

글상자 13-1 집단 과정에 관한 세 가지 핵심적인 이론 틀

1. Tuckman(1965)은 집단 발달의 네 가지 단계인, ① 형성기(forming), ② 혼돈기(storming), ③ 정착기(norming), ④ 수행기(performing)에 대해 말했다. 이것을 MBP 집단이 유지되는 동안 변화가 어떻게 일어나는지 보여 주는 지도로 활용할 수 있다. 집단이 처음 만들어지면(형성기) 참가자와 (지도자는) 특징적으로 불안을 경험하며, 일정 정도 지도자에게 의존하는 모습을 보인다. 이때는 지도자가 분명하고 명확한 경계를 설정해 참가자들의 소속감과 안전감을 키워야 하는 시기다. 참가자가 지도자나 다른 참가자와의 상호작용을 실험하며 집단 내의 자기 자리에 대한 감각을 키워 가면서 이 단계는 더 발전한다(혼돈기). 다음 단계는 정착기로, 참가자들이 자신의 역할에 익숙해지면서 집단의 규칙을 안정화시키는 단계다. MBP 내에서 이것은 참

가자들이 수련과 질문 과정에 익숙해지는 모습으로 나타난다. 다음은 수행기인데, 참가자들이 집단 내에 유대를 형성해 서로 협조적으로 작업하는 단계다. 이제 집단은 지도자의 지시를 덜 필요로 하며, 참가자들은 마음챙김 수련의 발견에 있어 서로를 더 자발적으로 지지하게 되며 성찰의 능력도 더 깊어진다. Tuckman은 나중에 다섯 번째인 마지막 단계를 하나 더 추가했는데, 이것을 집단의 종결을 의미하는 산회기(adjourning)라고 불렀다(Tuckman & Jensen, 1977). MBP에서 이것은 프로그램이 끝나고 집단이 해체되어 참가자들이 헤어지면서 자신들이 배운 것을 그들의 일상에 가져갈 때 일어난다. 각각의 집단이 모두 달라 첫째 주에 '혼돈기'를 지나기도 하며 어떤 경우에는 매우 이른 시기에 '수행기'의 순간을 갖기도 한다. 어떤 집단은 아예 '수행기'나 '혼돈기'에 이르지 못하는 경우도 있다. 서로 다른 발달 단계가 비연속적인 방식으로 수차례 반복되기도 한다. MBP 지도자가 '혼돈기' 등의 정상적인 집단 발달 과정이 집단 내에서 일어나고 있음을 알아보고 그것을 집단 발달의 일관되고 건강하며 필수적인 면으로 볼 수 있다면 지도자의 자신감과 능력에 긍정적인 영향을 미친다. 이때 지도자는 그 순간 참가자와 집단의 필요에 더 능숙하게 대응할 수 있다.

2. Berne의 집단 이마고(group imago; 1963) 이론은 각각의 참가자가 집단에 가져오는 다층적인 무의식적 투사를 집단의 리더가 알아보는 것이 중요하다고 강조한다. 이런 무의식적 투사는 생애 초기의 가정 경험이나 그 밖의 개인적인 집단 경험에 영향을 받는다. 이런 무의식적 투사는 집단 내에서 수행하는 참가자들의 역할과 대인 행동에도 영향을 준다. 가령, 아버지와 힘든 관계를 겪은 참가자라면 남성 지도자와 연결을 맺고 신뢰하는 것이 더 힘들 수 있다. 사회적 억압과 소외를 경험한 참가자라면 집단 맥락에서 활성화되는 패턴과 상처를 그대로 지니고 있을 수 있다. 이것은 집단 과정의 표면 아래에서 부글거리는, 눈에 보이지 않는 영향력을 드러내 보이는 복잡한 영역이다. Berne의 집단 이마고는 이것을 알아보고 구체화하는 방법의 하나로서, 집단 리더가 구성원의 배경에 관한 상세한 사항을 알지 않고도 집단 발달을 지지하고 이해하는 방법에 관하여 말하고 있다. MBP의 맥락에서 볼 때 집단 이마고 모형은 참가자들의 방향성, 평가와 준비의 과정 내에서 집단을 알아보는 것의 중요성을 강조하고 있다. 이것은 또한 지도자가 집단과 집단에서 일어나는 개인적 행동이 지금까지 참가자들이 살아온 데 따르는 무의식적인 것이라는 점을 알고 이에 대한 알아차림과 연민의 마음을 키우도록 돕는다.

3. Yalom과 Leszcz(2005)는 심리치료 맥락에서의 집단 과정에 관한 연구에 광범위하게 기여했

다. MBP 지도와 특히 관련 있는 것으로는 '보편성'과 '모방 행동'이라는 주제가 있다.

- **보편성(universality)**: 개인적 동일시로부터 보편적인 인간적 과정에 대한 알아봄으로의 이동은, 참가자들의 개인적 기여를 경청하는 것과 이것이 가리키는 더 확장된 배움에 이르도록 집단을 지지하는 것 사이에서 민감하게 이동하는 가르침에 의해 크게 촉진된다.
- **모방 행동(imitative behavior)**: '모방 행동'이라는 주제는 체화와 연결된다. 지도자는 특정 행동을 보여 줌으로써 어떻게 집단에 영향을 미치는가? 지도자가 마음챙김 수련을 체화해 보인다면, 이것은 참가자가 마음챙김을 '시도해 보고' 스스로 균형과 안정성을 키울 기회를 얻도록 격려할 가능성이 크다. 모델링은 참가자들 사이에도 일어난다. 참가자는 집단 내 다른 참가자가 마음챙김 수련을 '실험하는' 과정에서 잘 안 되는 부분을 해결하는 것을 보면서 배움을 얻는다.

집단 유지하기

IOG 모형에서 두 번째 능력은 집단을 유지하는 능력이다. 집단 유지하기는 집단 내 안전감을 확립함으로써 참가자들이 새로운 배움과 만나게 하는 것이다(Thornton, 2016). IOG 모형에서의 집단 유지하기 과정은 지도자가 집단에 대한 알아차림을 그 자체로 하나의 실체로 포함시키는 것의 중요성을 강조한다. MBP 지도 과정은 그 자체로 초대적이며, 각 참가자 개인이 자신에게 적합한 방식으로 참여하는 책임은 각자에게 있다. 하지만 지도자에게는 배움이 일어날 수 있는 조건을 마련하고 유지하는 책임이 있다. MBI:TAC에서 영역 6은 '집단의 배움 환경을 유지하기'다. 이것은 배움에 필요한 공간이나 그릇(용기, 환경)을 창조하는 감각을 말한다.

안전감 확립하기

참가자들이 새로운 기술을 배우는 위험을 감수하기 위해서는 집단 내에서 자신이 충분히 안전하다고 느껴야 한다(Palmer, 1998; Thornton, 2016). 그리고 지도자의 능숙한 유지하기를 통해 안전감이 생길 수 있다. MBP 지도자들은 집단이 형성되도록 돕는 동시에 집단이 성숙해 가는 과정에서 '유지하기(holding)'가 어떻게 발전되어 가는지도 자각해야 한다. 유지하기는 집단 형성이 일어나는 과정 초기에 가장 분명하게 느껴진다(Tuckman, 1965). 따뜻한 환영, 적절히 설정된 경계, 안전한 연결을 통해 신뢰가 형성된다. 지도자는 어떻게 하면 MBP 집단에서 안전감을 확립할 수 있을까?

- 실제적 사항들을 명확하고 제대로 준비한다. 가령, 지도 공간을 마련하고, 시간과 장소를 정하며, 기타 실제적인 준비사항들이다.
- 첫 세션에서 집단 내 모든 사람이 동의하는 집단 규칙을 세운다. 가령, 비밀 유지, 존중의 태도로 상대방의 말 경청하기 등이다.
- 처음에 참가자들은 규칙에 대한 방향성과 행동에 대한 기대에 있어 지도자에게 의존하게 된다. 참가자들은 특히 MBP의 처음 몇 세션 동안 지도자로부터 느껴지는 진정성과 존중, 연민, 안전에 민감하므로 지도자가 이런 자질을 체화하는 것이 중요하다.
- 과정 초기 단계에서는 참가자 간에 상호작용을 하는 시간을 주는 것이 중요하다. 전체 집단을 모으기 전에 둘이나 셋씩 짝을 지어 자신의 경험에 대해 이야기 나누도록 요청한다. 참가자들이 매번 새로운 집단으로 이동하도록 격려하여 바로 옆에 앉은 사람뿐 아니라 그 밖의 다른 사람들과 연결할 기회를 갖는 것도 좋다. 온라인으로 지도할 때 소그룹을 촉진하는 방식은 이것과 조금 다르다(17장).

새로운 학습과의 만남을 가능하게 하다

MBP 집단이 만들어지고 나면 이제 안전감을 세우는 것으로부터 참가자들이 하게 된 작업에 참여하도록 하는 과정을 유지하는 데로 중심점이 이동한다. 참가자들이 집단 내에서 안전하다고 느낀다면 다른 참가자들과 함께 '위험'을 감당하며 마음챙김을 통해 자신과 관계 맺는 새로운 방식을 배울 가능성도 높아진다. 지도자는 어떻게 참가자들이 새로운 배움과 만나는 것을 도울 수 있을까?

- 주기적으로 집단에 주의를 보내고 집단 주변을 시각적으로 살핌으로써 전체 집단과의 접촉을 유지한다. 말을 하고 있는 참가자 혹은 지도자가 관심이 가는 참가자에게만 주의를 기울여서는 안 된다.

- 체화를 계발해 지금 일어나고 있는 일에 대응하도록 한다. 잠시 멈추는 순간을 제외하고 특별한 개입이 필요한 순간이나 아무 말 없이 능숙하게 유지하는 것이 필요한 순간을 민감하게 알아차린다.
- 뒤로 빼는 사람, 집단에서 거의 눈에 띄지 않는 사람 등을 살피며, 집단 내의 어떤 사람도 소외되지 않도록 노력한다. 옆으로 빠져 있거나 전체 집단에서 말을 하지 않는 참가자도 부드럽게 포함시키도록 시도한다. 다른 참가자가 공감할 만한 참가자의 경험을 모든 참가자를 포용하는 방식으로 끌어낸다. 집단을 상대로 말하려 하지 않는 참가자라면 비언어적으로 참여하도록 지지한다. 이때 '수평적 탐구'가 유용하다(9장). 본질적으로, 가장자리로 밀려났다고 느끼는 사람들을 포용하는 방식에 깨어 있어야 한다. 소외자들이 "집에 있는 듯이 편안하다고 느낄수록 더 많은 것을 배울 수 있기" 때문이다(Lakey, 2010, p. 32).
- 개별 참가자들과 그들이 집단에 미치는 영향을 자각하면서 필요한 경우 이것의 균형을 맞추는 조치를 취한다. 가령, 한 사람의 참가자가 집단 나눔 시간을 독차지하는 경우에 지도자는 "오늘 아직 말씀하지 않은 분 중에 자기 경험을 나누고 싶은 분 계시나요?"와 같은 질문을 주기적으로 던짐으로써 이를 다루기 위한 개입을 활용할 수 있다.
- 각각의 MBP 지도자가 갖는 무거운 책임이 있다. 그것은 비차별적 수련과 무의식적 편견에 대한 훈련을 하는 것이다. 그리고 자신의 성찰 수련을 통해 이러한 과정에 주도적으로 알아차리는 것을 지속적인 수련으로 삼는 것이다(Magee, 2016 및 24장 참조).

14장

시, 이야기, 이미지의 활용

충분하다. 몇 마디 말이면 충분하다.
이 말들이 아니면, 이 숨으로 충분하다.
이 숨이 아니면, 여기 이렇게 앉는 것으로 충분하다.

삶에 대한 이런 열림을
우리는 지금껏 거부해 왔다.
거듭 거듭
지금까지.
지금까지.

David Whyte (1990).

이 섹션에서는 과정의 주제를 전달하는 데 있어 시와 이야기, 이미지의 활용을 위한 의도와 근거, 실제적 고려사항에 대해 전체적으로 다룬다(이것은 특히 MBI:TAC의 영역 5에 해당한다). 위의 시로 눈을 돌려 소리 내어 읽어 보라. 시의 감각을 천천히 느껴 보라……. 잠시 멈추어…… 당신은 무엇을 알아차리는가?

아마도 제시된 시는 당신의 생각, 아이디어, 느낌, 그리고/또는 감정을 자극했을 것이다. 아니면 그 어떤 것도 자극하지 못했을 수도 있다. 시와 이야기를 낭송하는 방식, 시를 들려주는 맥락, 읽는 이와 듣는 이의 문화와 조건화로 어떤 성향을 지녔느냐 등에 따라 시가 미치는 영향도 달라진다. 이것은 모든 교시적 설명에 대해서도 마찬가지이지만 이야기와 시는 그것을 받아들이는 감각이 교시적 설명보다 훨씬 불확실하다. 이런 불확실성에도 불구하고(혹은 불확실성 때문에) 시와 이야기는 배움의 과정에 커다란 영향을 미칠 수 있다. 이번 섹션에서 텍스트의 자연스러운 흐름을 고려해 '시와 이야기'라는 말을 사용하지만 여기에는 이미지와 시각적 보조 도구 등 그 밖의 암묵적 지도 도구도 포함된다. 가령, 꽉 묶인 신발 끈을 더 세게 잡아당기는 시각적 이미지는 상황을 성급히 고치려는 나머지 일을 더 악화시키고 마는 우리의 무익한 성향에 관하여 참가자에게 많은 것을 전할 수 있다!

앞의 시로 돌아가 볼 때 이 페이지를 읽는 각 독자는 서로 다른 방식으로 호흡과 그 단어들을 느낄 것이다. 독자는 '삶에 열린다'는 표현에 대하여 기억에서부터 시각적 이미지까지 특정한 연상을 떠올릴 것이다. 시인의 단어는 우리 자신의 특정한 의미를 자극한다. 그리고 우리는 개인적인 기억과 연상을 통해 현재 순간의 경험 속으로 들어간다.

시와 이야기는 우리의 생각과 우리의 경험 사이에 다리를 놓는다. 탐구 과정과 마찬가지로, 시와 이야기를 사용하면 전달하고자 하는 주제가 경험적으로 드러날 수 있다. '삶에 대한 열림'이라는 표현은 초심, 허용, 내려놓기, 신뢰, 인내, 애쓰지 않음, 수용이라는 주제가 담긴 보물 상자를 전하고 있다. 이 표현은 앞의 모든 태도적 자질이 자연스러운 것이며 본질적으로 감상적인 상위 차원의 주제를 전하고 있다. 시와 이야기를 적절히 활용할 때 Saki Santorelli가 책의 서두에 언급한 이런 내면의 지혜를 끌어낼 수 있다. MBP 가르침의 다른 모든 측면과 마찬가지로, 시와 이야기 활용의 적절성에 있어서도 특정한 학습 의도, 기본적 근거, 실제적 고려사항이 있다. 거기에는 집단과 맥락을 직관적이고 대응적으로 읽는 것도 포함된다.

학습 목표와 실제적 고려사항

세션 주제 소개로서의 시와 이야기

MBCT의 세션 6에서 〈학교에 등교하는 존〉의 이야기는 '생각이 곧 사실은 아니다'라는 개념을 소개하는 데 활용할 수 있다(Segal et al., 2013, p. 299). 한편, 시는 세션의 주제를 보다 미묘한 방식으로 소개하여 참가자들의 이해와 자기발견이 일어나게 한다. 세션 7에서 소개하는 〈친절〉이라는 시(Nye, 1998)는 세션의 주제를 호소력 있게 전하는 유용한 시다.

수련 전과 수련 중에 의도성을 자극하고 풍부하게 하기

때로 공식 명상을 위한 준비 작업으로 짤막한 시나 긴 시의 일부를 읽어 주면 방에 모인 참가자들의 개인적이고 집단적인 의도에 씨앗을 뿌리고 풍부하게 할 수 있다. 가령, 마음챙김 움직임 수련을 할 때 애씀과 애쓰지 않음에 깨어 있으려는 의도에 씨앗을 뿌리기 위해서라면 〈더 댄스〉라는 시의 처음 몇 줄이 도움이 된다(Dreamer, 2001). 또 마음챙김 움직임 수련을 안내하는 중에도 이 시의 짧은 구절을 소개하면 참가자의 의도를 다시 자극할 수 있다. 가령, "이번 스트레칭의 힘든 부분까지 나아가 볼까요. …… 이제 보다 부드러운 부분으로 돌아와 볼까요. …… 아마도 우리는 그저 내려놓고 춤을 출 수 있어요."다.

논의를 도입하고 배움을 다지기

이야기와 시를 사용해 논의를 도입하고 세션의 주제를 다질 수 있다. 가령, 허용과 내려놓기라는 주제는 세션 5에서 소개하는 어려움 다루기라는 주제와 연결되는데, 이때 Lumi의 시 〈게스트하우스〉(1995)를 정좌 명상이 끝난 뒤에 소개함으로 회피의 문제, '다가감'에 의해 일어나는 기회에 관하여 참가자들의 대화를 자극할 수 있다. 이 논의를 여는 좋은 방법은 시를 읽고 난 다음, 이런 질문을 던지는 것이다. "시/이야기에서 어느 행이 당신에게 가장 와닿았나요?" 시나 이야기가 아무리 부드러워도 그것이 가진 힘은 이성적 레이더를 넘어 가치와 감정의 영역에 닿는 데 있으므로 지도자의 커다란 민감성이 필요하다. 상황과 집단을 읽는다는 것은 일단 시를 제쳐 두고 그 자리를 단순한 기초 수련으로 대체한다는 의미일 수 있다. 시와 이야기의 선택은 집단에 대한 지도자의 이해에 의해 안내를 받는다. 가령, 현재 강한 혐오 경험을 하고 있거나 촉발 성향을 강하게 지닌 참가자 집단을 상대로는 문간에 서서 '웃으며' 자신의 경험을 맞이하라는 초대가 담긴 〈게스트하우스〉라는 시가 도움이 되지 않을 수 있음을 알아야 한다.

이동하기—특히 수련이나 세션의 시작과 종결 부분에서

세션 시작부에서 활동적인 행위 양식에서 보다 수용적인 존재 양식으로 이동할 때 짤막한 시나 인용구, 이미지를 사용하면 더 편안하게 이동할 수 있다. 가령, 세션 1의 시작부에서 '나는 왜 이 코스를 선택했나'를 성찰할 때 호수의 이미지와 '돌을 떨어뜨려 …… 지그재그로 움직이다가…… 물 아래로 떨어지는' 이미지를 사용하면 도움이 된다. 혹은 우리가 어려움과 맺는 관계를 변화시키는 것을 살펴보는, 특히 감정적인 세션 5의 마지막에는 Billy Collins의 〈내가 집에 총을 두지 않는 또 하나의 이유(Another Reason Why I Don't Keep a Gun in the House)〉(2001) 같은 보다 가벼운 시를 읽는 것이 적절하다. 이 시는 그 주제를 말하고 있지만, 또한 일상생활로 옮겨 가는 것에 대한 자각에도 응하고 있기 때문이다.

집단의 '순간들'에 대응하기

잠깐의 휴식이나 기초 수련을 소개해 이로부터 이로움을 얻는 취약성이 커지거나 통찰이 깊어지는 순간이 존재한다. 이 순간들에 뒤이어, 코스 앞부분에 낭송한, 수업 공간 안의 취약성 또는 통찰을 언급하되 자극을 일으키는 것이 아니라 종결로 느껴지는 몇 줄의 시를 낭송하는 것도 때로 도움이 된다. 이런 시는 취약성을 명시적으로 언급하지 않고도 이것이 보편적이라는 것을 분명히 전한다.

집단 내 에토스의 균형 맞추기

시와 이야기는 의식적으로 집단 에너지의 균형을 잡는 방법을 제공할 수 있다. 가령, 지도자는 집단의 생명력과 동기가 떨어지는 경우에 영감을 주는 시나 생생한 이야기를 참가자들과 나눌 수 있다. 이상적으로는 세션의 주제와 연관된 시나 이야기가 가장 좋지만, 어떤 경우에는 공통된 가치나 영감을 떠올리는, 보다 일반적인 시와 이야기도 괜찮다. 이것을 행동(enactment)과 연결시켜 말하면, 이야기를 들려주고 시를 낭송하는 동안 집단이 방을 걷도록 초대하는 것을 의미할 수 있다. 지도자와 집단의 성격에 따라, 걷는 속도와 양식을, 현재 일어나고 있는 느낌과 어울리도록 만들 수 있다. 반대로, 집단이 다소 지나치게 이성적이라면 가령, 〈야성적인 것들의 평화(The Peace of Wild Things)〉(Berry, 2013)처럼 깊은 에토스를 불러일으키는 시나 이야기를 던질 수 있다.

추가적 고려사항

집단에는 비유와 연결하지 '못하는' 참가자들이 한 사람 이상 포함되는 일이 드물지 않다. 이런 이유로 코스의 주제를 안내하고 전달할 때(영역 4와 영역 5: 19장 참조) 이 영역의 민감성을 알리고, 추가적인 이성적 · 구체적 대안을 포함시키는 것이 중요하다. 이것은 이야기와 시를 개별적으로 활용하는 것을 통해 가능하다. 참가자가 자폐 스펙트럼이 있어 비유를 이해하기 힘들다면 미리 알려 이미지와 비유가 도움이 될 수도 있고 되지 않을 수도 있다고 그것을 읽기 전에 말함으로써 그들이 느낄 수 있는 혼란을 정상화할 수 있다.

기업이나 비즈니스 장면 같은 일부 맥락에서는 (시나 이야기처럼) '모호한' 훈련 스타일로 간주되는 것에 대해 조직 차원의 반감이 있을 수 있다. 이때 MBP 지도자는 현재 자신이 가르치고 있는 맥락에 가장 도움이 되는 언어와 접근방식을 모색하는 동시에 자기만의 스타일과 교육과정, 접근방식에 암묵적으로 충실해야 한다. 이야기와 시의 활용 차원에서 말하면, 이것은 지도자 본인이 살고 있는 특정한 세계에서 영감을 주는 인용구와 이야기를 찾는 것을 의미한다. 가령, 『성공하는 사람들의 7가지 습관(The 7 habits of highly effective people)』(Covey, 1989)의 한 구절이나 다국적기업의 유명한 리더의 말을 읽어 주는 것이다. 마지막으로 중요한 것은 시와 이야기를 활용할지 말지를 결정할 때에도 해당 학급에 대한 대응성을 지속적으로 유지하는 것이다. '내면에서 외면으로' 그 순간 체화된 알아차림을 지닌 지도자는 집단과의 창조적 관여를 가능케 하는 중요한 안내자다(Griffith et al., 2019a).

15장

명시적 교육과정과 암묵적 교육과정의 통합

MBP 세션의 상당 부분은 공식 명상과 탐구에 할애된다. 그리고 이와 더불어 집단 연습이나 교시적 설명 등의 기타 요소도 있다. 이 장에서는 이 모든 명시적 교육과정 요소가 어떻게 자연스럽게 한데 엮이는지, 그리고 지도 과정의 암묵적이고 비도구적인 정신이 어떻게 MBP 지도에 적용되는지 보일 것이다. 이를 보이기 위해 MBP의 3개 세션에 해당하는 예시 멘트를 제공한다. 우리는 MBP의 시작과 중간, 끝에 대한 느낌을 보이기 위해 세션 1, 세션 5, 세션 8을 선택했다. 그리고 우리는 MBCT와 MBSR 사례를 혼합해 제공한다. 이 장 전체에 걸쳐, 탐구하는 지도 주제와 관련된 MBI:TAC와 TLC 영역은 텍스트 안에 지시했다[예: D6는 영역 6(집단 환경 유지하기)의 줄임말이다].

당신이 가르치고 있는 MBP의 개별 교육과정 가이드는 각 세션의 요소를 안내하는 최상의 지침이다. 이 장을 읽을 때 여기에 소개하는 내용이 단지 사례일 뿐이며 절대적인 것은 아니라는 점을 기억하는 것이 중요하다. 모든 집단은 다르며 모든 지도자는 자신의 스타일을 갖고 있다. 이 사례들을 소개하는 우리의 의도는 전체로서의 지도 과정에 대한 느낌을 전하는 것이다. 즉, 지도자가 어떻게 세션 안에서 그리고 세션 사이에 지속적으로 연결을 짓느냐, 교육과정의 각 요소가 어떻게 이전 요소들 위에 쌓여 가느냐, 그리고 앞으로 소개할 주제들의 기초를 이루느냐 하는 것이다. 어떻게 가르치느냐(가르침의 암묵적/비도구적 성격)가 무엇을 가르치느냐(가르침의 명시적/도구적 성격)만큼이나 중요하다. 당신의 지도 과정의 핵심 기준점은 의도다. 즉, '우리는(지도자는) 참가자들이 세션에서 무엇을 배우기를 원하는가?'다. Stephen Covey의 격언(1989)은 여기서도 적용된다. '가장 중요한 것을 가장 중요한 것으로 유지하는 것', 우리는 어떻게 그것을 지킬 수 있을까?

세션 1: 시작

첫 세션은 오리엔테이션과 평가 과정을 통해 참가자들과 교류한 다음에 이어지는 세션으로 다섯 가지 주요 요소로 구성된다.

1. 출발하기–집단 환영하기: 안전하고 자극을 주는 학습 환경을 창조하기
2. 성찰 수련의 의도와 기대: 우리는 왜 여기에 모였는가?
3. 건포도 명상: 우리는 왜 여지(리치)를 사용하지 않는가!
4. 바디스캔 명상과 탐구: 4장에서 언급함
5. 세션 마무리: 마음챙김을 집으로 가져가기

1. 출발하기

지도자가 가르침을 시작하기 전부터 세션은 시작한다. 물리적 공간을 준비하는 방식에서부터 말이다. 수업 공간의 단정함이 돌봄과 세부사항에 대한 관심을 전달하고 있는가? 당신이 필요한 것(즉, 참가자 자료, 세션 계획, 건포도, 매트, 방석 등)이 모두 준비되고 마련되어 있는가? 또 주차/이동 방향, 안내표지, 화장실 정보 등 참가자들에게 필요한 것은 준비되어 있는가?(D1)

참가자들이 첫 세션에 왔을 때 당신은 마음챙김과 마음챙김의 사절(대사)인 당신 자신에 관하여 어떤 첫인상을 전하고 싶은가? 이것은 많은 다양한 관점을 낳을 수 있는 중요한 질문이다. 마음챙김은 단지 공손하고 평온하며 친절함에 관한 것은 아니지만 이러한 자질들은 참가자가 마음을 안정시키는 데 도움을 줄 수 있다. 그러므로 참가자가 세션에 들어올 때 그들을 평온한 다정함으로 의도적으로 맞이하는 것이 도움이 된다. 마음챙김을 일상의 평범하고 언제든 활용할 수 있는 것으로 만들어 주는 의도를 지지하는 다른 모든 자질과 함께 말이다. 이러한 집단 모임 단계는 시간이 걸릴 수도 있다. 사람들이 모임

공간에 도착할 때 어떤 이는 일찍 오고 어떤 이는 늦어서 당황하는 이도 있다. 이 시간을 어떻게 활용하면 가장 좋을까? 어떤 이슈를 다루면 가장 좋을까? 우리는 자연스럽게 내향성 또는 외향성의 성격을 타고난다. 집단 과정의 초기 단계에서 지도자는 자신의 타고난 성격과 일관성을 유지하면서 참가자들을 환영하는 방식이 자신의 타고난 존재 방식과 어울리도록 하는 것이 중요하다(D2, D3). 만약 가르침이 처음이라면 우리는 스트레스의 영향을 받아, 가령 아무 말도 없이 완전한 침묵 속에 앉아 있는다든지 부적절한 잡담을 나누는 등의 실수를 범할 수 있다! 중요한 것은 캔버스에 그리는 이 중요한 '첫 붓질'에 알아차림을 가져가는 것이다.

새 집단을 만들 때 어떤 이슈가 작동 중일까? 의자를 둥그렇게 놓는 것은 조화, 포함, 상호성을 상징한다. 원이 한쪽으로 기울거나 평평하지 않으면, 또는 당신이 가부좌를 한 채 바닥에 앉고 그 밖의 모든 사람이 의자에 앉는다면 이와 반대되는 것을 전할 수 있다(D6). 당신의 눈과 신체언어를 통한 참여는 둥글게 앉은 참가자들을 훑어보고 각각의 사람과 눈 맞춤을 하는 시간을 갖는 등 둥그렇게 모인 원을 부드럽게 포괄하는 흐름을 반영할 수 있다. …… 그렇지 않으면 그것은 반대되는 것을 반영할 수도 있다. 당신이 머리를 숙인 채 종이나 만지작거리고 있다면 그 영향은 어떻겠는가? 우리가 처음으로 하는 몇 마디는 알아차림과 열림을 전할 수도 있고, 그 반대를 전할 수도 있다. 가령, 만약 수업 공간 안의 불안이나 불확실성을 인정하고 싶다면 그것은 세션 1의 주제(자동조종 양식과 습관 패턴의 보편적 성격)와 일치하도록 행해질 수 있다. 미소를 지으며 이렇게 말하는 것도 도움이 된다. "누구 약간 불안을 느끼는 사람 있나요?"(D2, D3, D6) 그런 다음, 참가자들이 지금 이 순간 자기 경험의 느낌에 조율하도록 초대할 수 있다. 여기서 강조점은 마음챙김의 일상성에 있다. 지금 여기에, 즉 이 새로운 공간에 도착하는 지금의 특정한 순간에 존재하는 것을 단순하게 알고 거기에 여유 공간을 주는 것이다. 그런 다음, 이 경험을 마음챙김이 무엇이며 이 과정의 의도가 무엇인가에 관하여 가볍게 상기시키는 것과 연결시킬 수 있다. 그리고 참가자가 이 탐구의 시간에 나타난 것에 대해 축복을 보내 준다.

다음 의제는 보통 집단 가이드라인 또는 참가를 위한 '기본 규칙'을 설정하는 것이다. 한 가지 방법은 다음과 같은 질문을 던져 집단과 함께 이것을 만들어 가는 것이다. "여기서 당신이 편하게 느끼게 하는 데 도움이 되는 것은 무엇일까요?" 우리는 중요한 안전 가이드라인에 관한 상기를 제공할 수 있다. 우리가 과정에서 하는 모든 일이 초대적 성격을 갖는다는 것을 상기시킬 수 있다. 여기서 중요한 질문은 이것이다. '안전하면서도 자극을 주는 학습 환경의 토대를 놓기 위하여 지도자가 집단에게 간단히 상기시켜 줄 수 있는 것은 무엇일까?' 언제나처럼, 우리가 이 주제에 관여하는 방식은 그것의 내용만큼이나 중요하다(D2, D3, D6). 수업 공간에서 일어나는 느낌에 대한 대응성은 교육과정 가이드의 순서를 따르는 것보다 더 중요하다. 집단을 형성하고 그들이 편안하고 연결되어 있다고 느끼게 돕는 것이 '중요한 일'이라면 집단 가이드라인을 세우는 이 시간 동안 참가자에게 파트너와 함께 이야기를 나누도록 하는 것이 도움이 될 수 있다. 아니면 말을 많이 한 것에 대한 충만감이 있어서 잠시 의도적으로 멈춰 중심을 잡고 연결하는 것이 중요하다고 느낄 수도 있다. 이 단계에서 핵심 질문은 '지금 이 순간에 무엇을 우선적으로 해야 하는가?'다.

2. 성찰 수련의 의도와 기대

참가자가 MBP 과정에 참가하게 된 동기에 관하여 개인 성찰의 시간을 짧게 갖도록 초대한다. 이것을 하는 한 가지 방법은 안내 수련 중에 조약돌 하나를 호수에 떨어뜨리는 이미지를 활용하는 것이다. 이 간단한 수련을 소개하는 방식은 참가자에게 마음챙김에 관하여 많은 것을 전할 수 있다(D2, D3, D4). '내가 어떤 동기로 여기에 왔지?'라고 혼자 성찰해 본 다음, 아직 이야기를 나누지 않은 사람과 이야기를 나누게 초대한 다음, 어떤 이야기를 나누었는지 나누도록 한다. 논의에 대한 간단한 접근법을 허용하는 것이 중요하다. 중간 타임 벨은 울리지 말고 단순히 참가자들에게 이렇게 초대한다. "두 사람이 돌아가며 이야기하세요. 4~5분 뒤에 제가 벨을 울리겠습니다." 4분 뒤에 '2분 남았습니다'라고 펠트펜으로 적은 A4 카드를 들고 돌아다니면 너무 간섭적이지 않으면서 돌봄과 안전의 느낌을 체화할 수 있다. 초대와 학습 환경의 토대를 강화하기 위해(D6) 안전의 주제를 더하고 싶다면 이 지침에 다음처럼 추가할 수도 있다. "지금 단계에서는 나누어도 괜찮다고 여겨지는 것만을 나누도록 하세요 ……. 모든 단계에서 전혀 말하고 싶지 않다면 저에게 알려 주세요……. 우리가 이 과정에서 하는 모든 일은 (강요가 아니라) 초대입니다."(D2) 이 활동은 중요한 내용을 가지고 있다. 왜냐하면 그것은 마음챙김에 있어 분명한 의도의 중요성을 소개하기 때문이다. 이 연습에 사용되는 '과정'도 똑같이 중요하다는 점을 기억하라. 둘씩 짝을 지어 이야기를 나누는 것은 집단 과정의 연결을 촉진함으로써 참가자들을 편안하게 하는 수단으로 유용하다. 집단 과정의 촉진자로서 우리는 의도의 중요성에 관한 명시적 내용을 다루는 동시에 이런 암묵적 의도를 분명하게 유지하는 것이 중요하다(D2, D6). 지도자가 참가자에게 둘씩 짝을 지어 나누는 이야기를 마치고 그들이 자신들의 의도와 기대에 관하여 나누고 싶은 것을 전체 집단에 나누도록 안내할 때 초대와 주권에 대한 이러한 알림을 반복할 수 있다. 먼저, 이렇게 말함으로써 침묵을 지키는 선택을 일반화하는 것이 중요하다. "기억하십시오. 아무 말도 하지 않아도 완전히 괜찮습니다. …… 우리의 핸드북에 이 주제에 관하여 무인가를 적을 기회를 우리 모두가 가질 것입니다."

그런 다음에 참가자들에게 자신의 의도를 전체 집단과 나눌 기회가 주어진다. 참가자의 의도에는 '불안을 다루기 위해' '더 현존하기 위해' '더 좋은 부모가 되기 위해' 등 다양한 것이 있을 수 있다. 참가자가 말할 때 지도자가 어떤 마음으로 듣느냐 하는 태도는 핵심 단어를 간단히 반복하는 것만으로 '중요한 것'이 된다. 이 단계에서는 참가자에게 더 자세한 것을 요청하거나 그들의 말에 무엇을 보태지 말고 모든 것을 간단하고 안전하게 유지하는 것이 중요하다(D2). 그러나 우리는 이때 나타나는 다양한 주제를 기억해 나중에 보다 일반적인 방식으로 다시 언급할 수 있다. 이런 방식으로 우리는 이들 주제 가운데 몇몇을 무엇이 마음챙김이고 마음챙김이 아닌지를 비춰 주는 데 사용할 수 있다. 이렇게 해서 만약 참가자 가운데 어떤 사람이 '평온을 찾고 싶다' '이완하고 싶다'고 말했다면 우리는 평온과 이완을 찾는 마음챙김의 접근방식에 관하여 몇 가지를 공손하게 요약해 둘 수 있다. 이 요약은 마음챙김에 관한 초기의 정의에 살을 붙이는 데 이상적인 토대가 되어 준다. 그리고 그것은 당신이 모든 사람의 말을 들었을 뿐 아니라 그들이 하는 말의 의미를 받아들이고 이해했음을 집단에 보여 주는 이상적인 방법이 된다(D2, D3, D5).

이 활동의 부산물로서 기본 규칙을 집단에 상기시키는 데 이 활동을 활용할 수도 있다. 즉, 어떤 참가자가 집단에 대해 이야기하거나 다른 누군가에 대해 이야기한다면 이때는 매우 부드럽게 …… 그리고 아마 유머러스하게 …… 그들에게 이 규칙과 그것이 도움이 되는 이유를 상기시켜 주는 이상적인 시간이 될 수 있다. 어떤 지도자는 이 시점에서 참가자들에게 자신의 의도를 대략적으로 적은, 스스로에게 보내는 짤막한 편지를 써 볼 것을 권한다. 그런 다음, 이 편지를 안전하게 기밀 보관한 후 코스의 중간쯤인 세션 5나 종결부인 세션 8에 가서 편지를 다시 꺼내 읽어 본다.

3. 건포도 명상

우선, 왜 초콜릿이나 리치를 쓰지 않고 건포도를 사용하는가? 마음챙김을 누구나 일상에서 활용할 수 있는 기술로서 소개하기 위해 우리는 다섯 감각으로 탐구할 수 있는 가장 평범한 대상을 선택한다. 감각에는 맛도 포함되므로 우리는 먹을 수 있는 것 외에도 보고, 만지고, 냄새 맡고, 귀로 들을 수 있는 단순한 대상을 선택한다. 작은 건포도면 충분하다. 이 연습을 전에 해 본 적 있는 참가자를 대상으로 한다면, 특히 딸기나 리치, 초콜릿 같은 다른 대상을 선택하지 '않는' 것이 중요하다. 왜냐하면 건포도는 '초심'의 감각을 소개하는 기회를 제공하기 때문이다.

이 첫 번째 주요 마음챙김 수련을 소개하는 주된 의도는 마음챙김이 무엇인지 경험적으로 보여 주고 도움이 되지 않는 생각이나 신화(근거 없는 믿음)를 없애는 것이다. (건포도 명상의) 보다 암묵적이고 중요한 의도는, 탐구가 작동하는 방식과(D5) 과정 전체에 걸쳐 집단이 어떻게 함께 작업하는지를 준비하는 것이다(D6). 이 둘의 바탕에는 체화를 통해 마음챙김의 태도적 토대를 전하고, '친절'과 '자기돌봄'을 모델링하는(보여 주는) 데 있다(D3). 이것은 앞서 안전하고 활기찬 학습 환경을 조성하기 위해 해 놓았던 작업을 더욱 굳건히 해 준다. (건포도 명상의) 특정한 교육과정 의도는 '의도적으로, 자신의 판단을 알아차리며, 현재 순간에 특별한 방식으로 주의 기울이는 것'의 의미와 중요성을 보이는 것이다. 그리고 자동조종 양식이 지닌 보편성과 힘, 문제점과 유리함을 보이는 것이다(D1). 이 최초의 '감각을 느끼는(sensing)' 연습은 의도적으로 단순하고 간단하게 만들어졌다. 자동조종 개념은 전체 교육과정 과정에서 일어나는 그 밖의 모든 일, 특히 곧이어 하는 바디스캔 수련에 영향을 미친다. 이어지는 실제적 지도 고려사항과 일어나는 탐구 주제는, MBI:TAC 전체 버전의 영역 5와 MBSR/MBCT 교육과정 가이드에 자세히 설명되어 있다.

4. 바디스캔 명상과 탐구

바디스캔에 대한 소개와, 의도, 안전 이슈, 실제적 지도 고려사항과 탐구 주제는 4장과 관련 교육과정 가이드에 소개되어 있다. 새로 소개하는, 긴 시간에 걸쳐 하는 이 수련(바디스캔)을 이번 세션과 오리엔테이션에서 지금까지 일어난 모든 일에 연결시키는 작업은 다음과 같은 중요한 주제를 더 튼튼히 하고 실제로 보여 주는 기회를 제공한다.

- 친절과 자기돌봄에 대한 강조는 지도자가 참가자들에게 편안한 자세를 찾도록 도와주는 방식에서 체화할 수 있고 실제로 그것을 보여 줄 수 있다. 가령, 개인적으로 담요나 머리에 받칠 방석을 제공하거나 편안한 자세를 취할 충분한 시간을 주기도 한다(D1, D3)
- 장비, 실내 온도, 조명 등에 관심을 기울임으로써, 좋은 환경을 마련하는 것과 있는 그대로의 우리 경험과 만나는 것 사이의 균형에 관하여 방금 말한 것을 실제로 보여 준다(D1).
- '지시'보다는 '초대'와 '선택'의 주체는 이 실습을 위한 적절한 닻을 찾는 과정과 안내 전반에서도 온전히 구현될 수 있다. 예를 들어, "지금 이 순간 당신에게 맞는 닻을 찾아보세요. 어쩌면 숨결의 느낌일 수도 있고, 혹은 두 손이 바닥에 닿아 있는 감각일 수도 있습니다."
- (지도자의) 목소리 톤, 언어, 비유는 모두 마음챙김이라는 주제가 일상생활의 한 가지 측면임을 강조할 수 있다(D4).
- 이것(바디스캔 수련)은 참가자가 (대개) 자신이 지금까지 앉아 있던 의자와 원(circle)의 안전함을 떠나 처음으로 하게 되는 장시간 수련이다. 집단 과정의 관점에서 이것은 (참가자들 사이의) 차이를 정상화하고, 다양성을 포괄하고 수용하는 것을 분명히 보이는 구체적 기회를 제공한다.
- 수련을 마친 뒤 서두르지 않고 수업 공간을 정리하는 것, 그리고 원을 새로 만드는 것은 그 공간과 거기서 일어나는 모든 일에 대한 집단의 책임감을 키우는 데 도움이 된다(D1, D6).
- 바디스캔 탐구에서 세션의 나머지 작업으로 옮겨 가는 과정은 무의식적 과정을 의

식적인 과정으로 만드는 또 하나의 기회다. 즉, 원 내에서 다시 한번 '이동'과 '종결'을 언급하면서 짤막한 '멈춤'을 안내한다(D3).

5. 세션 마무리

통합(consolidation)은 세션을 마무리하는 중요한 측면이다. 만약 우리(지도자)가 참가자들의 내면 지혜와 자기 역량강화(self-empowerment)에 대한 신뢰라는 주제를 지지하고자 한다면, 참가자가 마음챙김에 관하여 '알아차리기 시작하는 것' 또는 '배우기 시작하는 것'을 말하도록 집단에 간단히 요청함으로써 할 수 있다. 이것은 이러한 강화가 세션의 주요 주제와 학습 결과를 포함하는 한편, 중요한 경험적 에토스를 보호하여, 명확화와 다른 지침에 대한 든든한 플랫폼을 제공한다(D2, D5).

과제 소개

과제에 대한 근거를 집단에 안내하는 것은 필수적이다. 첫째, 이것은 (언어나 악기를 배우는 것처럼) 기술 훈련에 대한 보다 명시적인 근거를 포함한다. 둘째, 집에서 수련함으로써 참가자는 마음챙김을 자신의 일상에 통합하여 언제든 사용할 수 있는 습관을 키울 수 있다. 셋째, 연구에 따르면 집에서 하는 수련의 양과 긍정적인 참가 결과 사이에는 긍정적인 상관관계가 존재한다고 한다(예: Parsons et al., 2017; 그리고 25장).

이 시점에서 [집단 관계를 촉진하는 목적으로 사람(참가자)을 서로 다른 짝으로 옮겨 가도록 격려하는 것을 기억하며] 집단을 짝으로 가져가는 것이 도움이 된다. 그리고 참가자가 어떻게 자기 삶에서 과제 시간을 마련할 것인지 간단히 이야기 나누게 한다. …… 특히 하루 중 수련하는 시간과 장소를 정하도록 하고, 어떻게 하면 그 시간과 장소를 기억할 것인지 이야기 나누게 한다! 그런 다음, 참가자들에게 자신의 핸드북과 유인물을 보면서 어떻게 자신의 수련 경험을 기록할 것인지 이야기 나누도록 요청한다. 정해진 과제의 세부사항을 어디에 체크해야 하는지 알도록 요청한다. 그 중요성을 강조하기 위해 지도자는 자신의 스케줄에 충분한 시간을 할애해 세 가지 과제를 모두 소개한다(D1).

- 바디스캔: 지금부터 7일 중 6일 동안 하루 한 번씩 한다. 참가자들에게 바디스캔에서

무언가를 성취해야 하는 것은 아니며 단지 '바디스캔을 하면서 어떤 일이 일어나는지' 보도록 상기시키는 것이 중요하다. 또한 참가자가 바디스캔을 반드시 즐겨야 하는 것은 아니라는 점을(물론, 즐김이 가능하기는 하지만!) 상기시키는 것이 중요하다.

- 규칙적 활동–일상의 마음챙김: 이 수련은 마음챙김에 덧씌운 잘못된 믿음을 벗긴다는 주제와 매우 밀접히 연결된다. 우리는 일상생활에서 가정과 직장에서 '의도적으로, 특정 방식으로' 주의를 기울이는 것을 배울 수 있다. 우리가 일상적으로 행하는 사소하고 간단한 활동에 주의를 기울인다는 아이디어를 간단한 두 가지 예와 함께 소개한다. 이것은 건포도에 주의를 기울이는 경험과 연결될 수 있다. 즉, 간단한 일상의 경험에서 중요한 배움이 일어날 수 있다. 한 가지 중요한 실제적 고려사항은 누구도 길고 복잡한 활동을 선택하지 않는다는 점이다. 그것은 지나치게 느리게 행해져서는 안 된다. 또 특별한 방식으로 행할 필요도 없다. 단지 몇 분 정도 걸릴 뿐이다. "당신이 만약 샤워한 뒤 몸을 말리는 행위를 (일상 마음챙김의 대상으로) 선택한다면" 그것은 "단지 당신의 발가락과 머리카락을 말리는 것"일 수 있는 것처럼 상황을 더 구체적으로 밝히는 사례가 도움이 될 수 있다. 또 하나의 흔한 도전은 (마음챙김을) 기억하는 것이다! 집단에서 나온 전화 알림, 포스트잇 노트에 적어 두기, 화장실 거울에 스티커 붙여 놓기 등과 같은 아이디어를 공유하라. 만약 적절하다고 느껴진다면 참가자가 둘씩 짝을 지어 그들이 하고자 하는 계획을 말하도록 제안한다. 이것은 모두가 (일상 마음챙김을 위한) 구체적 계획을 세운 뒤에 자리에서 일어나는 것을 의미한다.
- 마음챙김 먹기: 스트레스 대처에서 중요한 것은 이것을 가볍고 간단하게 다루는 것이다. 따라서 한 번 식사할 때 사회적으로 그것이 가능하다면 한 가지 부분만 마음챙기며 먹도록 한다. 아니면 직장에서 하루에 한 번 이런 방식으로 샌드위치를 먹도록 한다.

첫 세션 마무리하기: 간단하게 말해, 이 첫 번째 마무리는 매우 의미가 깊다. 시간 압박이 있더라도 침묵하는 성찰의 시간을 갖는 것이 중요하다. 시를 나누거나 짤막한 침묵의 시간을 가진 뒤 벨을 울릴 수도 있다. 14장에 소개한 David Whyte(1990)의 시 〈충분하다(Enough)〉는 과정의 이 시점에서 읽을 수 있는 좋은 시다(D1, D3, D5).

세션 5: 중간

여기서 우리는 명시적 교육과정 요소가 어떻게 세션 5의 암묵적 교육과정과 합쳐지는지를 보인다. 여기에는 다음과 같은 여섯 개의 주요 요소가 있다.

1. 도착과 세션에 대한 소개: 허용/내려놓기라는 주제에 대한 간단한 수련과 소개, 자동반응 패턴에 대한 인식과 대응에 대한 배움
2. 정좌 명상과 탐구
3. 과제 돌아보기
4. 중간 성찰: 지금까지의 배움과 도전 돌아보기
5. 일상생활의 상황에 대응하는 짤막한 수련: 3단계 호흡 공간 또는 S.T.O.P 또는 일상생활의 스트레스 순간에 대응하기 위한 잠시 멈춤
6. 세션 마무리

세션 5의 개요

세션 4와 세션 5는 8주 MBP 과정에서 참가자의 과정 참가에 깔려 있는 특정 어려움(즉, MBSR에서 스트레스, MBCT에서 우울증)에 처음으로, 명시적으로 초점을 맞추고, 어떻게 하면 이 고통을 직접적이고 명시적으로 다루기 시작할 것인가를 살펴보는 새로운 시작에 해당한다. 세션 5의 주제는 도움이 되지 않는 (자동반응적) 패턴을 인식하는 선택을 탐색하는 것이다. 회피가 아니라 다가가는 법을 배우는 것이며, 일어나는 어떤 일이든, 특히 그것이 원치 않거나 힘든 일일 때 거기에 대응하는 것이다. 이때 참가자들이 훈련하게 되는 기술은, 문제에 관해 생각하고 그것을 고치려는, 그러나 곧장 무익한 반추(되새김)에 이르고 마는, 우리가 일반적으로 어려움에 다가가는 습관적 방식이 아니라 호흡과 몸에 대한 알아차림을 친절하게 다루는 것이다. 세션 5는 전체 과정의 중간 시점에 해당하며, 지도자는 종종 참가자를 중간 성찰에 초청한다.

명시적 교육과정 요소의 이면에서 암묵적 요소가 조용히 자신의 일을 하고 있다. 가

령, 집단의 규칙, 경계, '임무(tasks)'가 이제 분명해졌으면 참가자 개인은 자신이 이 집단에 대한 소속감을 시험해 보았을 것이다. 그래서 세션 5에서는 혼돈기(storming)가 일어나는 동시에 집단이 수행기(performing)로 옮겨 간다는 느낌이 종종 있을 수 있다(Tuckman, 1965; 13장). 이것을 염두에 두고, 지도 방식은 암묵적으로 이 '수행' 단계(performing phase)로의 이동을 격려한다(D6). 이때 지도자가 참가자와 관계 맺는 태도(D2)는 분명하고 경험적으로 안전하고 확실적인 것으로 이해되어 적절한 도전과 투명성에 필요한 기초를 창조한다. 근저에 깔린 태도적 토대는 이제 분명하게 체화되며(D3) 그것의 근본적 중요성이 더 크게 인식된다.

1. 도착과 세션에 대한 소개

세션 5가 되면, 세션 시작 전의 순간이 새롭고 중요한 기회를 제공할 수 있다. 지도자는 다가오는 세션들의 주제와 연관된 비공식적 대화를 준비할 수 있다. 가령, 이렇게 묻는다. "이제 우리는 전체 코스의 절반을 지났습니다. …… 직장이나 집에서 마음챙김이 어떤 식으로 나타나는 것을 알아차렸습니까?" 지도자는 집단 과정을 염두에 두고(D6) 앞과 같은 비공식 대화를 조용히 준비한 다음, 약간 '뒤로 물러난다.' 이 과정의 시점에서 참가자는 집단 규칙을 알고 있으며 서로에 대해서도 알고 있다. 또한 참가자는 세션의 패턴도 알고 있으므로, 집단을 간단히 벨이나 말로 짤막한 가이드 없이 하는 도착 수련(unguided arriving practice)으로 초대하는 것도 가능하다. "환영합니다. 다 함께 바닥에 놓인 양발과 의자에 앉은 자신의 몸을 알아차려 봅니다……. 아마도 소리, 신체감각, 호흡을 (주의 기울임의) 닻으로 삼을 수 있을 겁니다." 집단 과정을 강화하기 위해 이것의 마지막에 다음처럼 수평적 탐구(D5; 9장)를 이용해 지도자의 설명 없이 참가자들이 간단히 말을 하도록 초대하는 것도 도움이 된다. "수련이 어땠나요? …… 한두 마디 해 주시겠어요?"

그런 다음, 세션 주제에 대한 소개가 균형을 이루어야 한다. 무엇과 무엇의 균형이냐하면, 말을 너무 많이 해서 경험적 학습을 해치는 것, 말을 충분히 하지 않아 의도했던 학습에 집단이 참여해 그것을 인식할 준비를 하지 못하는 것 사이의 균형이다. MBCT에서 제공하는 접근방식은 다가감, 허용, 내려놓음의 가치를 중시하는 이야기의 활용에 의해 이 균형을 달성한다(Segal et al., 2013). 수업 시작부에서 이 주제들을 소개하는 다른 방식을 탐색해 보는 것도 재미있다. 여기에는 이야기를 들려주거나 시를 활용하거나 보다 행동

중심적인 방식도 있다. 가령, 다음처럼 드라마에 기초한 소개를 사용할 수도 있다. 신발끈 두 줄을 무릎에 올려놓는데, 하나는 끝이 쉽게 풀어지는 것, 다른 하나는 (미리 준비해 둔) 매듭이 꼬여 안 풀어지는 끈이다. 지도자는 안 풀어지는 끈을 끙끙대며 잡아당기다가 마침내 지쳐 집단에 묻는다. "제가 어떻게 해야 할까요? 무엇을 할 수 있을까요?" 집단의 누군가가 (마침내) 이렇게 말한다. "잡아당기는 걸 멈춰요." 그러자 지도자는 잡아당기기를 멈추고 지쳐서 조금 뒤 이렇게 묻는다. "알았어요, 멈췄어요. 그런데 이제 어떻게 하죠? 여전히 끈이 묶여 있는데요!" 이 시점에서 분명히 지도자는 꼬인 부분을 '보지 않고' 있다! 마침내 집단 내 누군가가 이 상황을 이해하고 이렇게 말한다. "꼬인 부분을 보세요." 이런 식으로, 우선 멈추어 알아차림 다음, 그 어려움을 찬찬히 들여다본다는, 세션의 학습 주제를 체험적으로 보인다. 세션 5의 관점에서 볼 때 이것은 꼬인 매듭을 '찬찬히 들여다본' 다음, 그것이 그곳에 존재하도록 '허용하는' 것에 관한 것이다. 그렇게 찬찬히 들여다보면서 어떻게 매듭을 풀지, 또는 애당초 매듭을 만들지 않을지에 대해 배우는 것이다. 여기서 어려움은 꼬인 매듭 자체가 아니라 우리가 거기에 어떻게 대응하는가, 그리하여 우리가 어떻게 그것을 우리 자신에게 더 큰 문제로 만드는가 하는 방식에 있다는 관점을 소개하는 것이다. 이런 종류의 소개는 대응과 허용의 가치를 보일 뿐 아니라 보다 분명하게 보는 위치에서 우리 삶의 능숙한 행동을 취한다는 세션 6과 세션 7의 주제도 가리키고 있다(D5).

2. 정좌 명상과 탐구

일반적으로 MBSR에서는 서서 하는 요가 기반의 마음챙김 움직임으로 세션을 시작한다. MBSR과 MBCT 모두 세션 주제를 경험적으로 탐색하는 도구가 되는 40~45분의 정좌 명상과 이 경험적 학습을 심화하고 다지는 것을 참가자의 목적으로 하는 탐구도 있다. 정좌 명상의 형식, 의도, 실제적 고려사항은 1부에 설명했다. 그리고 교육과정 가이드에 제시된 수련의 프로그램 특정 구조도 있다. 여기서 다시 살펴볼 중요한 관점은 정좌 명상이 회피를 인식하기, 허용하기, 내려놓기, 다가감 vs. 회피, 대응 vs. 반응 등 세션 5의 주제들과 어떻게 연결되며 그것을 더 확장시키는가 하는 것이다. 지도자는 이 주제들을 염두에 두고 이 수련을 소개하고 안내한다(D4). 탐구에서도 지도자는 이 주제들을 염두에 둔 채로 그것을 예시적으로 드러내는 경험들을 알아차리고 그에 대응할 것을 준비한다(D5). 예를 들어 설명하자면, 어떤 참가자가 "수련이 얼마나 길었어요?"라는 질문으로 탐구를 시작한다면 지도자는 이 질문의 이면에 그것이 '너무 길다'는 판단이 자리 잡고 있음을, 그리고 이것의 이면에는 허용하기와 내려놓기의 태도가 없음을 인식해야 한다. 지도자는 이 주제들의 중요성을 인식하고 있으므로 처음에 그 질문에 대답하지 않고, 그 수련이 길다고 또는 너무 짧다고 느껴졌는지 …… 그리고 참가자들이 이것을 어떻게 경험했는지를 탐구한다(탐구 과정의 1층위; 9장). 참가자들에게서 초조함이나 들뜸의 감각을 확인한 지도자는 그들이 어떻게 이 들뜸의 느낌과 관계를 맺었는지 탐구할 수 있다. 가령, 지도자는 다음과 같은 질문으로 참가자가 지도자가 지금 묻고 있는 내용을 알도록 돕는 보조적 방법을 제공할 수 있다. "이 느낌을 느끼는 것이 매우 어려웠나요? 아니면 조금 불편할 뿐이었나요?"(2층위). 이 질문은 참가자가 자신이 경험한 힘겨운 느낌이 회피 패턴에서 일어났음을 깨닫게 하는 것이 목적이다. 즉, 그 힘겨운 느낌이 자신이 지금 하고 있는 것과 다른 경험을 원하는 데서 생긴다는 것을 깨닫게 하는 것이다. 적절한 때에 지도자는 전체 집단에 열려 다음처럼 3층위 탐구 질문을 던진다. "그러니까 우리는 얼마나 자주 지금 여기에 존재하지 않는 것을 원하나요? 아니면 지금 여기 존재하는 것을 원하지 않나요? …… 누가 최근 사례를 제시해 주겠어요? …… 아니면 이번 세션에서 일어난 일을 얘기해 주어도 좋고요."

탐구가 마무리되면 어려움을 알아차리고 거기 다가가기, 대응하는 법을 배우기라는 주제를 루미의 시 〈게스트하우스〉(1995)나 릴케의 〈젊은 시인에게 보내는 편지(Letter to a Young Poet)〉(2012)를 읽어 줌으로써 더 튼튼히 다진다. 이것은 대개 회피가 아닌 다가가기의 가치에 관한 심도있는 대화를 유도한다. 또한 우리가 마음챙김을 한다면 '손님'은 그저 손님이라는 것, 즉 날씨처럼 왔다가 사라지는 것이며, 그렇다 해도 우리는 안전할 수 있다는 관점에 관한 대화에 자극을 준다. 이 나누기를 안내하는 방식은 지도자가 집단 과정을 읽고 있다는 점(D6), 그리고 여기 모인 개인들의 취약성을 읽고 있다는 점을 보여 주어야 한다(D2). 이것은 종종 질문과 감정을 강하게 드러내는 과정에서 고치지 않음(non-fixing), 판단하지 않음(non-judging)을 보여 주는 황금의 기회다. 집단 내 현실주의자와 이상주의자의 구분이 표면화되는 것도 바로 이 시점이므로 이때 지도자의 강력한 체화된 현존이 필요하다(D3). 시는 판도라의 상자가 될 수도 있어서, 수용에 중요성을 두기보다(그렇게 하면 어떤 것에 대해 애쓰는 감각을 자극할 수도 있다) 지금 이 순간 있는 그대로 경험을 허용하는 것에 관한 선택과 타이밍에 관한 마무리 말로 상자의 뚜껑을 신중히 다시 덮어야 한다. 마음챙김은 경험에 대한 창조적 관여, 즉 현재 순간의 조건에 기초한 현명한 대응을 돕는다는 점을 참가자들에게 전하는 것도 중요하다. 어떤 때 이것은 사물의 느낌과 '함께하는 것' '그 느낌 속으로 가까이 한발 들여놓는 것'일 수 있으며, 또 어떤 때 이것은 있는 그대로를 인정하면서 한발 물러나 지금과 다른 방식으로 우리 자신의 자원을 풍요롭게 하는 것일 수 있다.

3. 과제 돌아보기

세션 주제에 관한 앞과 유사한 배경 인식을 가지고 과제를 돌아본다(D5). 집단 과정을 염두에 둔다면 지도자는 둘, 셋, 또는 소그룹 대화를 통해 수련으로 이어지는 행동을 향해 더 나아가도록 이 탐구를 구조화할 수 있다(Tuckman, 1965). 참가자들에게 지난주에 무엇이 의미가 있었고 흥미가 있었는지 간단하게 물어보는 수평적 탐구(9장)를 통해 집단 과정을 더욱 촉진할 수 있다. 지도자가 '비켜서서(get out of the way)' 참가자들의 보다 자유로운 대화가 일어나도록 허용함으로써 집단의 수행 단계를 촉진할 수 있다(D6).

4. 중간 성찰

MBSR에서 중간 성찰는 세션 5의 명시적 요소인 반면, MBCT에서 지금까지 배운 학습에 대한 리뷰는 과제 돌아보기의 일부 또는 〈게스트하우스〉 같은 시를 읽어 줄 때 하게 되는 대화에서 일어난다. 중간 성찰는 참가자와 지도자에게 학습, 성장, '막힘(정체)'를 평가하고 되돌아보는 기회를 제공한다. 중간 성찰의 학습 의도는 다음과 같다.

- 참가자들이 과정의 나머지 부분에 어떻게 참여하기 원하는지 성찰하는 틀을 만들도록 돕는다.
- 마음챙김에 근본이 되는 태도와 기술, 이해를 매우 실제적인 방식으로 튼튼히 한다.
- 미래에 대한 열림의 감각, 지금까지 어떤 일이 있었든 새롭게 전념하는 감각을 북돋는다.

중간 성찰는 다양한 방식으로 접근할 수 있지만 경험 기반 학습의 원칙은 지도자가 안내하는 성찰 수련이 유용한 시작점이라는 것을 의미한다. 이것은 참가자가 자신에게 도움이 되는 아이디어, 관점, 개인적 도전을 더 직접적으로 직감할 수 있도록 돕는다. 지도자의 안내는 참가자들의 경험이 자연스럽게 드러나고 느껴질 수 있는 충분한 공간을 허용하되, 참가자들이 여기서 떨어져 나갈 정도로 너무 넓어서도 안 된다(D4). 전체 집단 나눔으로 나아가기 전에 이 성찰 수련에 관하여 참가자가 둘씩 짝을 지어 대화를 나누게 하는 것이 매우 도움이 된다. 이때 지도자는 학습 의도를 염두에 두고 있어야 한다. 지도자가 집단 과정에 대해 의식하고 있을 때 중간 성찰의 과정과 내용 모두에 도움을 준다(D6). 가령, 지도자가 대그룹 집단 토론에서 보다 이완된 접근을 허용할 때 집단이 '수행' 단계로 성숙해 가는 과정이 도움을 받을 수 있다. 일부 지도자는 리뷰의 추가적인 성찰 도구로서 세션 1에서 참가자 본인의 의도와 기대에 관하여 작성한 '자기'에게 보내는 편지를 활용하는 것을 선호한다.

세션의 상당 부분을 차지할 수 있는 리뷰 단계 전체에 걸쳐, 멈춤을 초대하거나 집단이 현재 순간의 연결로 돌아오도록 짤막한 수련 공간을 마련하는 것이 도움이 된다. 이 성찰 수련을 공고히 하는 단계에서 전체 과정의 후반부로 나아가는 것에 관하여 가장 의미 있고 흥미로운 것이 무엇이라고 느끼는지 집단에게 두세 마디 나누도록 요청할 수 있다. 이렇게 하면 마음챙김이 실제로 무엇이고 무엇이 아닌지를 지도자가 상대적으로 비교시적인(non-didactic) 방식으로 참가자들에게 상기시키는 기회가 된다! 이 중간 성찰의 결과는 진북(올바른 방향)을 향해 나침판 바늘을 재설정하는 감각을 준다.

5. 일상생활의 상황에 대응하는 짤막한 수련

이 수련의 의도는 물리적 닻을 사용한 짤막한 수련이 어떻게 스트레스와 기분 저하의 순간에 자동반응이 아닌 대응을 할 수 있게 해 주는지 수업에서 실제로 보여 주는 것이다. 여기에는 1부에서 설명한 대로, 3단계 호흡 공간, S.T.O.P 또는 멈춤(pause) 등이 있다. 이 수련들은 정해진 시간표대로 활용할 수도 있고, 참가자가 중심을 잡고 마음의 안정이 필요할 때 간단하게 실행할 수도 있다. 이런 경우에 짤막한 수련을 안내하는 지도자의 목소리 톤, 페이스, 안내 방식은 '대응'이 '고치기'와 같지 않다는 것을 강조할 수 있다.

6. 세션 마무리

중간 성찰에서 과제를 전부 다루지 못했다면 지금이 그것을 하기에 적절한 장소와 시간일 수 있다. 두 사람이 과제에 관한 새로운 계획에 대해 말하도록 초대하거나, 만약 도움이 된다면 한 사람이 다른 한 사람에게 계획이 잘 실천될 수 있도록 제안하는 것이 도움이 될 수 있다.

세션 5가 끝난 뒤의 주요 수련 과제는 정좌 명상 수련과, S.T.O.P과 정기적인 호흡 공간 등의 짤막한 수련을 다음 한 주 동안에 걸쳐 통합하는 것이다. 세션 5는 종종 감정적이고 에너지가 넘치는 세션이어서, 분명하고 차분한 마무리가 특히 중요하다. 이렇게 하기 위해서는 음미, 감사, 아름다움, 연결, 전체성이라는 주제를 이야기하는 시나 이야기를 사용하는 것이 도움이 된다. 마지막의 짤막한 정좌 명상에서는 '우리 집단'에 대한 자각이나 이와 유사한 감사의 정감을 들여오는 것이 도움이 될 수 있다.

세션 8: 종결

(MBCT 역시 그 내용과 과정에서 매우 유사하나) 우리는 MBSR 세션 8의 사례를 가지고 마지막 세션을 예시한다. '어떻게 우리의 마음챙김을 살아 있는 것으로 유지할 것인가'라는 주제와 관련된 두 개의 명시적인 요소가 존재한다. 첫째는 지금까지 배운 것을 돌아보는 것이고, 둘째는 이 배움을 어떻게 앞으로 가져갈 것인가에 대한 고려다. 이 세션 내의 측면은 해당 참가자와 지도자의 기호에 따라 조금씩 다르지만 일반적인 세션 8은 다음과 같은 다섯 가지 요소를 갖는다.

1. 도착과 환영: 간단한 그라운딩(기준점, 닻, 앵커링) 수련, 종결의 인정
2. 바디스캔 수련: 지도자의 안내 없는 정좌 명상으로 자연스럽게 이어지도록 한다. 시작과 끝에서 마음챙김 움직임 수련을 해 볼 가능성도 있다.
3. 뒤돌아보기: 대화를 나누면서 하는 성찰 수련
4. 앞을 내다보기: 대화를 나누면서 하는 성찰 수련
5. 마지막 원 나눔과 집단 종결: 각 참가자와 지도자가 발언하는 공간, 마지막 종결 의식이나 수련

1. 도착과 환영

코스의 종결은 지도자와 참가자 양측 모두에 다양한 강렬한 감정을 일으킬 수 있다. 지도자는 이런 '내면'의 감정들을 알아차림에 담아 참가자가 도착했을 때 거기에 적절히 담을 수 있도록 스스로를 준비시키는 시간을 반드시 가져야 한다(Griffith et al., 2019a; D3). 참가자가 자신의 느낌에 상대적으로 더 솔직해질 수 있다고 느끼는 집단의 수행 단계(performing stage)는 이제 불확실성과 혼돈이 존재할 수 있는 산회 단계(adjourning stage)로 옮겨 간다(Tuckman, 1965). 지도자가 참가자들을 맞이할 때 이러한 이해를 마음에 새기고 있으면 도움이 된다. 이 비공식적 인사 시간은 지도자가 때로 자신의 특정한 감정 혼합에 관해 솔직해지는 것을 포함해 느낌을 정상화하는 중요한 기회가 될 수 있다(D2, D3, D6). 또한 이 마지막 집단 단계에서 참가자들이 늦게 오거나 아예 나타나지 않는 경우도 드물지 않다. 짤막한 도착 수련을 하는 동안, 지도자는 지금 여기에 존재하는 모든 느낌을 '허용하고 그것을 위한 공간에 초대하는' 말을 포함시키면 도움이 된다. 그러면서 이번이 마지막 세션이라는 사실을 언급한다. 언제나처럼, 세션에 관해 너무 말을 많이 함으로써 경험의 에토스를 선취(先取)하지 않는 것이 중요하다. 하지만 지금까지 배운 것을 다지는 주제에 관하여 몇 마디 하고, 앞으로 마음챙김 수련을 지속하기 위한 준비에 관하여 말하는 것은 도움이 될 수 있다.

2. 바디스캔 수련

'뒤돌아보고 앞을 내다본다'는 주제는 참가자가 맨 처음에 체험한 바디스캔으로 되돌아가는 방식으로 구체화된다. 다음과 같은 말로 가볍게 이 수련을 시작한다. "지금까지의 모든 수업을 마치고 이제 우리는 다시 바디스캔으로 돌아왔습니다. 이 수련을 위해 준비하고 마음을 가라앉힌 자세와 편안함에 관하여 우리가 그때 발견한 것을 기억하며." 안내(D4)는 분명한 의도를 형성하는 중요성에 관하여 상기시킬 수 있고, 지도자는 이미 수업 중 들려준 적이 있는 가장 좋아하는 시를 바디스캔을 시작할 때 참가자들에 제공하여 이 의도를 풍부하게 하고 상기시키는 데 도움을 줄 수 있다. 1부에서 바디스캔 수련 안내에 관한 기초를 자세히 소개했지만, 세션 8에서는 더 여유를 둘 뿐 아니라(더 많은 침묵), 지금까지 암묵적으로 전했던 자질들, 가령 친절, 음미, 감사, 자기연민 등의 자질에 강조점을 둘 수 있다. 이런 주제들을 어떻게 수련에 포함시킬 수 있는지 예를 여기서 제시한다. "주의를 확장해 양발을 느껴 봅니다. …… 숨을 들이쉬고…… 숨을 내쉬고…… 발이 바닥에 편안하게 놓여 있는 것을 알아차려도 좋습니다. …… 바로 지금 가야 할 어떤 곳도 없습니다. …… 균형을 잡을 필요도 …… 계단을 오르거나 급히 걸어갈 필요도 없습니다……. 그냥 쉴 수 있습니다……. '발아, 고마워' 하는 감각을 초대해 봅니다……. 숨을 들이쉬고…… 숨을 내쉬며." 나중에 비슷한 맥락에서 이 안내는 우리의 등이 하는 일을 가리킬 수도 있다. "하루 종일 우리를 지탱해 주며, 이곳 저곳 데리고 다니던 수고, 이제 고요히 쉬고 있다." 아니면 손을 방문할 때는(손에 주의를 기울일 때는) 다음처럼 안내할 수 있다.

> 손을 그 따뜻함 또는 아마도 차가움 속에서 느껴 봅니다. …… 아마도 따끔거리거나 맥박이 느껴질 수도 있습니다. …… 반겨 주고 때로는 돌봄을 건네는 손입니다. …… 손가락은 어떻게 타이핑을 하는지 압니다. 과일이 익었는지 시험할 줄도 알지요. …… 이 손이 지금은 조용히 있습니다. …… 쉬고 있습니다, 손가락의 특정한 구부림과 함께. 우리가 숨을 들이쉬고 내쉬면서(D4).

바디스캔 이후에 이어지는 탐구는 변화를 알아차리는 것과 처음 바디스캔을 한 이후로 지금까지 얼마나 많은 것이 변화했는지를 탐험하는 것뿐 아니라 지금까지 과정 전체에서 존재했던 주제들을 더 다지는 데 도움을 준다. 마찬가지로 과제에 대한 탐구는 이전의 학습을 다지고 참가자의 수련이 어떻게 발전했는지 다지는 데 대응적일 수 있다(D5). 그러나 때로 지도자는 바디스캔으로부터 자기에게 쓰는 편지로 바로 이어간다(자세한 것은 다음에). 그런 다음, 과정의 학습에 대한 성찰적 과정에의 참여가 이어진다.

3. 뒤돌아보기

아이였을 때 우리는 '파티 가방'을 들고 파티를 떠났다. 파티 가방은 친구들과 함께한 좋은 시간을 우리에게 상기시켜 주었다. 세션 8은 이와 비슷한 맥락에서 자신에게 지금까지 도움이 되었던 것과 연결해 그것을 기억하고 집으로 가져가는 성찰 수련으로 계속

된다. 이상적으로, 여기 사용되는 과정은 경험적 학습, 집단 과정, 그리고 마음챙김의 초대적이고 열린 성질이 지닌 중요한 암묵적 차원을 반영한다(D3, D6). 따라서 지도자는 전체 과정에 대하여 참가자가 자신의 경험을 돌아보도록 안내해야 한다. 이 과정을 돕는 한 가지 가능성은 이전 세션 각각에 이름을 붙이는 데 사용하는 플립차트 종이를 전시하는 것이다. 또는 여덟 개의 플립차트 종이로 구성된 플립차트 '사다리'를 만들어 바닥에 놓고 주변에 서 있는 집단의 도움으로 각 세션의 주요 주제에 관하여 무엇이 생각나는지 물어본다. 이 성찰을 안내하는 것 자체가 마음챙김의 자질과 태도를 체화한다(D2, D3, D4).

또 다른 방법은, 먼저 참가자들에게 마음을 안정시키고 도움이 되는 자세를 찾게 한 다음, 관련 장소와 집단에 대한 첫인상, 그리고 최초에 지녔던 기대와 의도를 떠올리게 하는 것이다. 세션 1의 주요 요소를 떠올리게 한 다음, 충분한 여유를 두고 이것을 기억하고 느끼게 한다. 참가자들이 생각뿐 아니라 몸에서 느껴지는 반응, 감정 반응을 알아차리도록 초대한다. 이런 식으로 '종일 수련'을 포함해 각 세션을 차례대로 살펴본다. 이때 이런 상위 차원의 말을 함께 들려준다. '나에게 가장 두드러지게 나타났던 점은?' '무엇이 도전이었고, 나는 그것을 어떻게 다루기 시작했나?' '무엇이 도움이 되었나?' 지도자의 안내가 너무 조밀하면 참가자의 경험적 측면이 제한되며, 너무 느슨하면 경험이 희석되기 쉽다. 암묵적 교육과정은 다음과 같은 말에 담긴 초대적이고 열려 있으며 수용적인 언어와 목소리 톤에 있다. "아무것도 일어나지 않을 수 있습니다. 그래도 좋아요. 그저 한두 순간 호흡과 함께 머물러 봅니다. …… 그러면서 성찰로 돌아가 봅니다. 이것이 적절하다고 느껴지면요." 이것을 마친 뒤에는 두세 사람씩 소그룹으로 짝을 지어 이 성찰에서 일어난 일을 함께 나누도록 초대하는 것이 매우 도움이 될 수 있다(D6). 이런 나눔을 뒤에 앉아 지켜보는 것이 지도자에게는 기쁨일 수 있다. 그런 다음, 기쁨뿐 아니라 도전까지도 나누는 것이 좋은 일이라는 것을 상기시키며 전체 집단이 자신의 성찰을 나누도록 초대한다.

세션의 이 부분에 대한 시간제한을 염두에 두면서(D1) 집단이 중요 주제에 관한 논의로 옮겨 가는 기회, 또 때로는 지도자가 도움이 되며 해당 주제를 든든히 다지는 관점을 제공하는 기회가 있을 수 있다. 집단 과정의 이 수행 단계와 산회 단계에서 지도자의 주요 임무 중 하나는 덜 부여잡으며 한 발 뒤로 물러서는 것이다(D6). 적절한 순간에 침묵의 순간과 간단한 수련에 들어가는 초대장을 가지고 집단을 모은다. 서서 하는 명상이나 마음챙김 걷기, 또는 다른 간단한 움직임 수련을 하면서 의자에서 일어나 이 간단한 동작 수련을 위해 잠시 서 있는 것이 얼마나 도움이 되는지 기억하는 것도 좋다.

4. 앞을 내다보기

세션 8은 두 부분으로 나누어진 게임이다. 짧은 수련 뒤에 참가자에게 어떻게 하면 이 과정에서 얻은 긍정적 동력을 지속하면서 '자신의 마음챙김을 살아 있는 것으로 생생히 유지할까'에 관하여 생각해 보도록 초대한다. 이를 위한 몇 가지 방법이 있지만 이상적으로 이것은 소규모 또는 전체 집단의 나눔 뒤에 이어지는, 경험에 기초한 성찰의 과정이다. '뒤돌아보기'는 자신에게 닥친 도전을 다루는 방법 등 지금까지 참가자들에게 도움이 되었던 부분에 관한 생각을 나누었다. 이것은 '앞을 내다보기'에 도움을 주고 그것을 풍요롭게 한다. 한 가지 도움 되는 접근방식은 이 성찰을 다음 두 가지 차원을 가진 것으로 소개하는 것이다. 첫째, 공식 명상과 비공식 명상을 얼마 정도로 조합이 가능하냐에 관한 질문이 존재한다. 둘째, 우리가 왜 수고스럽게 공식 명상과 비공식 명상 수련을 하느냐에 관한 질문이 존재한다. 첫 번째 질문이 머리로 생각해야 하는 이성적인 질문이라면, 두 번째 질문은 우리의 가슴으로 답해야 하는 감성적인 질문이다. 여기서 지도자가 제시하는 다음의 안내 사례는 암묵적 교육과정과 명시적 교육과정이 어떻게 함께 엮일 수 있는지를 어느 정도 보여 준다. 지도자는 집단이 마음을 안정시키고 '바닥을 느끼며' 부드러운 성찰을 돕는 자세로 느껴 들어가도록 해 준다. …… 깨어 있는 바른 자세로, 그러나 편안한 자세로. 그런 다음, 참가자들에게 앞의 '뒤돌아보기' 성찰을 다시 방문하도록 초대해 그들이 가장 도움이 된다고 느꼈던 수련 유형을 알아차린다. '그것은 바디스캔이었나, 아니면 마음챙김 움직임이었나, 아니면 정좌 명상 중 하나였나…… 그리고 물론 더 짧은 수련이 도움이 되었을 수도 있다.' 그런 다음, '걷기나 일상의 일들, 일지 쓰기 또는 새 친구, 동료, 가족과 마음챙김 이야기를 나누는 것'처럼 보다 비공식적인 수련에 주의를 향할 수 있다. 배움이 일상생활에 영향을 주는 비공식적인 방식에 가치를 두는 것이 중요하다. 다시 한번 지도자의 안내는 경험적 반응을 돕는 동시에 주의를 지지하는 충분한 '템포'를 유지하면서 넉넉한 여유를 주어야 한다(D4).

이제 성찰은 동기, 즉 마음챙김을 생생히 살아 있는 것으로 유지하는 '이유'에 대해 숙고하는 데로 나아간다. 이를 틀 짓는 한 가지 방법은 부드럽고 여유롭게 참가자에게 이렇게 묻는 것이다. "이 세상에서 당신이 중요시하는 가치는 무엇입니까? …… 당신은 이 세상에서 무엇을 '가장' 중요하게 여깁니까?" 그리고 "마음챙김 자각이 어떻게 그것에 도움을 줄 수 있을까요?" 지도자의 안내는 참가자에게 "지금 당장은 아무것도 마음에 떠오르지 않는다 해도 이것대로 괜찮다."는 것을 상기시켜 줄 수 있다. …… 그것은 그저 '나의 건강' 또는 '나의 안녕'일 수도 있다. 마음챙김이 어떻게 내가 가장 중요시하는 가치에 다가가는 데 도움을 줄까? 그런 다음, 지도자의 안내는 그저 "땅, 의자 또는 방석, 발…… 호흡" 등을 느끼는 데로 돌아오는 것을 돕는다. 이 성찰 뒤에 둘씩 또는 소그룹으로 경험을 나누면 집단의 연결감을 더욱 강화시켜 참가자가 아직 많은 시간을 함께 해 보지 않은 사람들을 찾는 것을 도울 수 있다(D6). 이때 지도자는 인정해 주고 지켜보는 것 외에 아무것도 더하지 않으며 이들 집단에 잠시 합류하는 것도 도움이 된다(D2). 그런 다음, 집단 과정은 전체 집단 나눔으로 이어질 수 있다. 여기서 지도자는 그저 뒤로 물러 앉아 집단이 '수행'하도록 놓아둔다.

이 과정의 마지막을 향해 가면서 책이나 자율참여 세션, 향후의 코스 등 도움이 되는 자료들 또는 웹사이트나 핸드북에 나와 있는 자료 목록을 언급하는 것도 적절할 수 있다(D1). 어떤 지도자는 이 과정에서 일어난 모든 일을 중시해 참가자에게 '앞으로 다가올 주와 달에 내가 기억하고 싶은 것'이라는 제목으로 미래의 자기에게 편지를 쓸 기회를 준다. 이 편지를 봉인한 다음, 주소를 적어 '미래의 어느 시점에 있을' 참가자에게 우편으로 부친다. 이 과정에서 지도자의 역할은 참가자를 부드럽게 격려하고 현실적인 의도와 목적을 찾도록 확인해 주는 것이다.

이 전 과정은 종결과 관련된 감정을 자극할 수도 있다. 이것을 의식적인 자각에 가져온다면, 다가감 vs.회피, 열림, 변화에 대한 알아차림 등의 핵심 주제를 튼튼히 다지는 데 도움이 된다. '이 집단의 마지막 활동'으로 옮겨 가는 것을 전하는 간단한 터 잡기 수련을 제안한다면 '대응(responding) vs. 반응(reacting)'이라는 또 하나의 중요한 주제를 튼튼히 다질 수 있다. 이런 식으로 집단이 짤막한 안정 수련으로 초대받을 수 있다.

5. 마지막 원 나눔과 집단 종결

'집단 종결'에 충분한 시간을 주는 것이 중요하다. 이것은 세션에 걸쳐 효과적인 시간

제한을 둔다는 의미다(D1). 이 종결에 대한 소개는 참가자들에게 비록 앞으로 참가자들 사이에 연락할 방법을 언급하긴 했어도 지금의 특정한 집단이 이 맥락에서 다시 만날 일은 없을 거라는 점을 상기시키는 데 도움이 된다. 단순히 참가자들에게 "마지막을 기념하는 말을 몇 마디 해 보세요" 하는 것이 적절해 보일 수 있다. 지도자는 집단에 대한 연결감과 집단 내에서의 배움을 상징하고 지속하는 특정한 물건(돌, 조개껍데기, 증명서 등)을 제시할 수도 있다. 참가자들은 (원의 중앙에 미리 준비해 둔) 물건을 하나 골라 그것을 자기 손에 쥔 채로 집단에 몇 마디 하도록 초대받는다. 이것은 자기를 드러내면서, 배우는 참가자들의 노력을 중요하게 여긴다는 메시지를 암묵적으로 전한다. 또한 마음챙김이 본질적으로 감사, 관대함, 연결과 연결되어 있다는 메시지를 전한다. 어떤 과정을 사용하든 바탕에 깔린 주요 원칙은 종결에 관한 명료함이다. 어떤 사람에게는 이 경계가 그것 자체로 매우 의미 있는 배움이 된다. 종결에 관한 명료함의 안과 주변에서, 지도자는 다음처럼 적절한 태도적 토대를 보여 준다. 즉, 친절이 명료함을 희석하지 않고 오히려 증가시킨다는 점을 보여 준다(D2, D3). 지도자의 마지막 말은 과정의 시작에서부터 거리 또는 다른 공공장소에서 '우연한 만남'이 일어나더라도 개인적 비밀을 지키는 것을 기억하는 것에 관한 상기를 포함한다.

세션 종결 후에 뒤따르는 일들(감정, 이별, 작별 인사 등)에서 종종 깔끔하지 못한 경우가 있다. 어떤 참가자는 빨리 떠나는 걸 좋아하고 어떤 참가자는 떠나지 않고 서성거린다. 지도자 역시 종결과 관련해 자기가 선호하는 습관이 있으며, 때로는 이에 관해 솔직한 태도로 이런 습관들은 우리가 거기에 알아차림을 가져간다면 바뀔 수 있다고 전하는 것이 적절할 수 있다. 마지막으로, 집단이나 장소와 별개로, 지도자가 지도 과정을 종결하기 위해 신경을 써야 하는 것들이 많이 있다. 여기에는 담요 청소, 참가자 문서를 파쇄하거나 안전하게 파일링 하는 등의 순전히 실제적인 활동들이 포함된다. 그 밖의 다른 활동에는 지금까지 배운 내용과 주의를 기울여야 할 부분을 기록으로 남기는 것, 마지막 슈퍼비전 세션에 무엇을 가져갈지 결정하는 것 등이 포함된다. 돌아보는 시간은 필수이다. 19장의 TLC는 구조화된 성찰을 하는 데 유용한 자료다. 그리고 성찰 과정에 참여하는 시간을 동료들과 함께 마련하는 것은 배움과 성장에 매우 도움이 된다.

16장

오리엔테이션과 평가

이 섹션을 가르침에 관한 장들이 있는 앞부분이 아닌, 뒷부분에 둔 것이 이상해 보일 수 있겠다. 그렇게 한 이유는 MBP의 암묵적 교육과정과 명시적 교육과정 모두가 MBP 학습 과정의 토대에 매우 적합하기 때문이다. 이 섹션에서는 참가자와의 첫 만남에 그들을 평가하고 MBP 과정을 오리엔테이션 하는 일련의 과정에서 의도와 실제적 고려사항에 대해 개관한다. '첫인상을 줄 기회는 결코 두 번 가질 수 없다'는 격언도 있다. 이번 섹션에서 평가(assessment) 과정이라 함은 참가자가 과정에 참여하는 것이 적합할지 평가하는 것을 가리키며, 오리엔테이션(orientation)이라 함은 지도자가 참가자에게 전달하는 정보를 말한다.

평가와 오리엔테이션을 하는 동안에 고려해야 할 중요한 몇 가지 원칙은 다음과 같다.

- 체화: 지도자는 '집사(steward)'로서(McCown et al., 2010) 마음챙김의 대사(ambassador)다. 오리엔테이션과 평가 단계에서 지도자가 무엇을 말하는가도 중요하지만 어떻게 말하고 행동하는가가 더 중요할 수 있다!
- 안전: MBP에 참가하는 것이 지금 이 순간 도움이 되지 않거나 안전하지 않다면, 평가 과정에서 존중하는 태도로 이것을 알려 주어야 한다.
- 관계: 참가자들은 앞으로 2개월 이상 지속되는 과정이 소속감과 안전감을 느낄 수 있는 것인지 알고 싶어 한다.
- 충분히 좋은 궁합: 오리엔테이션/평가 과정은 참가자가 이 프로그램이 어떤 내용인

지 알고, 또 그들이 원하는 것인지 고려해 보는 기회를 갖는 것을 목적으로 한다.

- 평등, 다양성, 포용: 시설(출입구, 화장실, 조명 등)에 대한 고려에서 지도자가 차이와 다양성을 포용하는 방식에 이르기까지, 참가자들은 안전하다고 느끼며 학습 과정에 참여할 수 있기를 바란다.

평가와 오리엔테이션 단계에서 지도자의 역할

평가와 오리엔테이션에 접근하는 몇 가지 방식이 있다. 어떻게 접근할 것인가는 MBP의 조직적 맥락, 지도자의 선호, 참가자의 취약성에 따라 달라진다. 어떤 접근방식을 택하든 MBP 지도자가 수행해야 하는 다섯 개의 핵심 역할은 다음과 같다.

1. 평가자-보호자: 참가자가 특정 MBP에 참가하는 것이 안전한지 평가할 필요가 있다. 이 역할은 특정 지식이나(특정한 신체적 · 심리적 · 정서적 취약성을 지닌 임상 집단을 상대로 할 때) 포용을 위한 민감성이 요구될 수 있다. 자세한 사항은 다음 섹션을 참조하라.
2. 경고자: 지도자는 참가자에게 해를 입히지 않는 것은 물론, MBP에 참가하는 것이 참가자에게 도움이 되는지 확실히 결정해야 한다. 특히 참가자가 시간을 쏟아야 하는 과제의 과정이 그들 자신의 삶에 어떤 영향을 미치는지, 또 수련이 정서적으로 어떤 영향을 미치는지(적어도 처음에는 모든 것이 더 강렬하게 느껴질 수도 있다) 알게 해야 한다. 마음챙김의 효과에 관한 광범위한 증거 기반이 존재하지만, 마음챙김 훈련이 '만병통치약'은 아니라는 점도 반드시 알려야 한다.
3. 촉진자-동기부여자: 참가자들이 MBP에 참가하도록 만든 호기심과 자기돌봄의 씨앗을 격려하는 한편, 과정에서 발생하는 도전에 관해서도 참가자에게 현실적으로 솔직히 이야기하는 것이 중요하다. 평가와 오리엔테이션 과정은 참가자가 이 코스에 참가하고 싶은 이유를 공유하는 중요한 기회다. 이전 코스에 참가한 참가자 한 사람을 초청해 그의 마음챙김 수련 경험을 집단 오리엔테이션 세션에서 나누도록 초대하는 것도 좋다. 이것은 지도자의 동기부여자로서의 역할을 강화시키는 좋은 방법이다.

4. 정보 제공자: 실제적 차원에서, MBP에 관한 정보는 말로, 그리고 글로 전달할 수 있다. 여기에는 지도자가 비용, 일시, 장소, 주차, 대중교통, 복장 등에 관한 분명한 정보를 제공하는 것이 포함된다. 또한 수업 형태, 집단 크기, 참가에 관한 기대 등의 관점에서 전형적인 세션의 모습이 어떠한지를 참가자에게 전달하는 것도 포함된다. 짤막한 경험적 마음챙김 수련을 통해 참가하도록 초대할 수도 있다.
   세션 장면을 촬영한다든지 지도자 수련생을 대동한다든지 등의 특별한 고려사항이 있다면 오리엔테이션 단계에서 명확히 설명해야 한다. 또한 증거 기반과 이론(25장)을 제시함으로써 MBP가 어떤 식으로 효과를 내는지에 관한 정보도 제공해야 한다. 이것은 참가자가 전하고 있는 삶의 이슈와 관련된다. 집단 오리엔테이션 세션에서 참가자들에게 이 코스에 참여하려는 동기와 기대를 공유하도록 요청한다면 이것은 마음챙김이 무엇이고 무엇이 아닌지에 관하여 알려 주는 기초 자료가 될 수 있다.
5. 연결자: 집단 리더로서 그리고 개인적으로, 참가자들과 연결하는 경험을 창조하는 것은 안전하고 활기찬 학습 환경의 씨앗이자, 참가에 대한 확신과 용기를 심어 주는 데 반드시 필요하다. 지도자가 코스와 관련하여 일어나는 모든 이슈에 관하여 세션과 세션 사이에 참가자들이 적절히 접촉할 수 있는 것이 중요하다.

평가—MBP가 특정 참가자에게 적합한가 혹은 안전한가

'일반 대중' 집단을 위한 고려사항

당신의 MBP에 지원하는 모든 참가자를 평가하여 지금 이 시기 그들이 이 프로그램에 적합한지 확인하고, 만약 확신이 서지 않는 참가자가 있다면 당신의 슈퍼바이저와 상의하는 것이 중요하다. 참가자의 태도, 자기 자신의 상황에 대한 이해, 자신의 경험을 다루려는 의지, 지도자와 협조하려는 의지 등이 모두 마음챙김 코스 수강의 준비도를 평가하는 중요한 요인이다. 프로그램에 참가함으로써 어떤 일이 일어날지에 관하여 열린 마음을 가진 참가자들, 문제가 생길 경우 지도자와 솔직하게 상의할 의지가 있는 참가자들, 필요하다면 지원을 받아들이는(그리고/또는 코스를 떠나는) 참가자는 이런 자질을 갖지 않은 참가자보다 더 높은 차원의 문제나 질병을 가지고도 이 코스를 밟을 수 있을 것이다. 마음챙김이 자신의 모든 어려움을 마법처럼 해결해 준다고 생각하는 참가자는 이 과정을 제대로 하지 못할 것이다.

마음챙김을 자기 직업의 일부로 사용하거나 가르치는 데 관심이 있는 전문가 참가자들에 대해서는 이 코스가 경험적인 것이며, 그들이 이 측면을 반드시 받아들여야 함을 강조하는 것이 중요하다. 또한 전문가들이 집단 내에서 어떻게 자신을 소개할지 미리 논의하는 것도 도움이 된다. 그러지 않으면 '관찰당한다'는 느낌이 다른 참가자로 하여금 자신의 경험을 나누는 것을 방해할 것이다.

지원 과정에서 참가자들이 지도자가 알아야 할 다음 사항들을 기밀을 유지한 채 공유하도록 다음 양식을 작성하도록 요청한다.

- 특히 지난 몇 년간 정신건강상 힘들었던 부분에 관한 이력(예: 불안과 우울)
- 현재 복용하는 약
- 신체건강상 힘든 부분
- 최근에 힘들었던 생애 사건(사별, 이혼, 실직, 기타 주요한 변화 등)
- 참가자 안전 이슈에 관한 합의 확인을 위한 전문가 접촉 세부사항[일반 진료의(GP)/핵심 조력자(Key Worker)/치료사 등]
- 트라우마 이력–트라우마의 의미에 관하여 사례를 가지고 충분히 설명하는 것이 중요하다(23장 참조).
- 참가자가 현재 마음챙김 코스를 밟고 싶어 하는 이유

'일반 대중' 집단을 위해 권고되는 제외 기준

여기에서는 안전과 적합성이라는 주제에 관하여 개략적으로만 다룬다. '제외 기준'을 고려할 때라도 포용적 언어를 사용하는 것이 대개 가능하다. 가령, 권고되는 몇몇 제외 기준은 지금은 적용되나 향후 수개월 뒤에는 적용되지 않는 경우가 있는데, 이 경우에 그 사람에게 이렇게 말할 수 있다. "지금은 당신이 이 코스를 밟기에 적당한 시기가 아닙니다. 조금 기다렸다 나중에 밟으시는 게 좋을 것 같습니다." 아니면 시간과 관계되지 않은 기준이 존재한다면 '당신이 지금 겪고 있는 힘듦에 보다 적합한 접근방식'에 대해 알려 주거나 이렇게 말할 수도 있다. "이런 유형의 코스를 밟기 전에 우선 x나 y 또는 z를 알아보는 것이 도움이 될 수 있습니다." 다음 목록에서 제시한 '제외 기준'은 지도자의 판

단과 경험, 그리고 사용 가능한 지원에 따라 달라진다. 다음 범주에 관한 모든 질문/염려는 슈퍼비전에서 신중히 고려해야 한다.

- 최근 알코올이나 약물에 신체적으로 중독된 경험이 있는가: 만약 참가자가 현재 약물이나 알코올에 신체적으로 의존하고 있다면 MBP를 받기 어려울 것이다. 그들의 알아차림이나 현재 순간에 머무는 능력이 부정적 영향을 받는 상태이므로 그들의 삶 또한 주기적으로 수련에 전념하기엔 너무 혼란스러울 것이기 때문이다. 신체적이 아닌 심리적으로 약물에 의존하는 참가자와 코스 수강의 다른 기준(변화와 통찰에 대한 동기부여가 잘 되어 있는 참가자)을 충족하는 참가자라면 마음챙김 훈련에 임할 수 있고, 자신의 자동반응적 약물 사용을 다룰 수 있을 것이다. 반추 사고나 불안, 스트레스를 다루어야 하는 참가자도 마음챙김 훈련을 할 수 있다. 마음챙김 기반 재발방지(MBRP) 프로그램은 특히 약물 남용을 겪고 있는 사람을 위해 개발되었다.
- 자살경향성: 자살경향은 명상을 처음 하는 사람에게 위험성이 있다. 자살 생각을 하는 사람은 일단 기다린 뒤 상황이 나아진 다음에 코스를 수강하도록 요청해야 한다. 이 특정한 이슈에 관한 평가와 오리엔테이션의 관점과 정보에 관한 광범위한 자료는 『자살 위험자를 상대로 하는 MBCT(Mindfulness-Based Cognitive Therapy with People at Risk of Suicide)』(Williams et al., 2017)의 5장과 6장에 나와 있다. 자살경향성에 맞춘 MBCT는 이런 취약성(자살경향성)을 가진 참가자를 위한 것이지만, 이런 취약성을 일반 집단에서 발견하는 일도 드물지 않다. 만약 MBP를 진행하는 중에 이런 일이 불쑥 일어난다면 이것은 즉각적인 슈퍼비전이 필요한 사안이다.
- 코스 참가가 어려울 정도의 신체적 질병: MBSR과 MBCT는 일반적으로 만성적인 문제와 질병, 정신건강 문제를 지닌 참가자를 상대로 한다. 급성 질환을 앓고 있거나 기존 질환이 급성으로 악화된 시기에는 사람은 종종 높은 수준의 스트레스에 시달리거나, 새롭고 낯선 삶의 방식에 적응해야 하는 어려움을 겪는다. 이런 시기에는 일반적으로 MBP 훈련과 같은 강도 높은 마음챙김 프로그램에 참여하는 것이 적절치 않다. 지속적인 신체적 한계를 가진 사람에 대해서는 코스 참여를 가능하게 해 주는 지원이나 조정을 그들에게 확인하는 것이 중요하다.
- 삶의 위기: 최근 사별이나 이혼을 겪은 참가자는 대개 상황이 조금 더 안정된 뒤에

MBP를 받도록 권한다. 기존에 했던 마음챙김 수련은 슬픔, 충격, 분노라는 날것 그대로의 강렬한 감정을 다루는 데 큰 도움이 되지만, 이런 감정을 다루는 동시에 명상하는 법을 배우는 것은 참가자들에게 종종 큰 부담으로 다가갈 수 있다. 이것은 개인에 따라, 그리고 그 사람에 대한 주변의 지지, 그들이 가진 기존의 자원, 지도자의 경험/확신에 따라 유연성을 발휘해야 하는 영역이다.

- 집단 참여를 어렵게 만드는 사회불안(대인불안): 한 참가자의 사회불안이 집단의 다른 참가자들에게 방해를 주지 않는지도 고려해야 한다(이런 경우 일대일 MBP를 권한다).
- 활성화된 정신병/조현병: 평범한 현실로 간주되는 것과 접촉하지 못하는 참가자들은 구조화된 8세션 MBP의 형태로 제공되는 마음챙김 명상으로 도움을 받기 어려우며 오히려 해를 입을 수도 있다. 일부 개인에서 명상이 정신병 삽화를 촉발했다는 소량의 증거가 존재한다(Britton, 2019). 비록 이것이 신체감각과 기타 몸의 느낌에 머무르는 데 중점을 두는 마음챙김 명상에는 해당되지 않을지라도 여기서는 안전을 목표로 하는 것이 더 타당할 것이다. 이 집단에 신중히 맞춤형 안내를 제공하는 정신병 연구와 수련을 위한 몇몇 마음챙김도 있다(Chadwick, 2014).
- 외상후 스트레스 장애(PTSD): 이 중요한 이슈는 23장에서 자세히 다루었으며, 이 영역에서 현재의 연구문헌에 익숙해지는 것이 중요하다(예: Hopwood & Schutte, 2017). 간단히 말해, 이 영역은 개인적으로 맞춤형 평가와 오리엔테이션이 필요하다. 핵심 고려사항은 개인이 가진 트라우마와 그것이 현재 순간에 영향을 주는 방식에 대한 자각의 수준이다. 만약 그들이 자신의 삶에서 비교적 안정된 상태에 있고, 이 이슈에 관하여 치료자의 도움을 얻어 개인적인 작업을 어느 정도 했다면, 그리고 이와 더불어 재발이 어떤 식으로 나타나며 이런 일이 일어났을 때 자신을 어떻게 돌보는지에 관한 이해를 갖추고 있다면, 트라우마에 유의하는 방식으로 가르치는(모든 MBP가 그래야 한다!) MBP에의 참여가 바람직한 다음 단계일 수 있다. 지도자와 참가자는 세션을 진행하는 동안, 그리고 과제에서 자신이 내릴 수 있는 선택의 종류에 관하여 미리 대화를 나눌 수 있다. 그리고 8주 내내 상황을 모니터링 하기 위해 서로 연락을 유지할 수 있다.
- 현재 심리적 문제를 겪고 있는 참가자들: MBCT는 원래 우울증에 취약하나 코스를 밟으면서 증상이 완화되는 사람들을 상대로 만들어졌다. 이 집단의 평가에 관한 광범

위한 내용은 Segal 등(2013, pp. 94-108)과 Crane(2017, pp. 103-105)에 나와 있다. 현재 불안과 우울 삽화를 겪는 사람에게 MBCT를 제공하는 것에 관한 연구와 실천이 존재한다. 그 밖의 만성적이며 치료 저항적인(치료가 잘 듣지 않는) 우울증을 겪고 있는 집단을 상대로 한다면 그에 대해 익숙하게 알아두어야 한다(예: Strauss et al., 2014; Cladder-Micus et al., 2018). 우울증이 발현하는 양상에 대해(특히 비임상적 맥락에서) 그리고 이것이 왜 어떻게 MBP에 참가하는 것을 문제로 만들거나 해로울 수 있는지 알아두는 것도 중요하다. 이런 이해로부터, 일반 대중 맥락이 아닌 임상 맥락에서 MBP에 참여하는 것 또는 더 적합한 때를 기다리는 등의 다른 선택에 관한 대화가 도움이 될 수 있으며, 연민심 있는 행동이 될 수 있다.

참가자가 이 코스가 어떤 내용을 담고 있는지 이해하는 것이 필수적이다. 그리고 만약 이 코스가 자신에게 역효과를 낸다고 알게 되었을 때는 코스에서 나올 수 있는(비록 이것이 부정적인 자기 이미지를 강화한다는 것을 안다 해도) 권한을 완전히 부여하는 것도(자신에게 스스로 주는 것도) 필수적이다. MBP 지도자나 자신의 치료사가 참가자를 전적으로 지지하는 것이 가장 중요하다. 치료사는 참가자가 겪고 있는 어려움의 성질을 이해해야 하고, MBP 지도자는 MBP에서 알아차림과 수용에 관한 배움이 지닌 경험적이고 잠재적으로 도전적인 성질을 이해해야 한다. 이 배움의 과정으로 인해 참가자는 현재 경험 중인 어려움에 더 가까이 다가가게 된다는 것을 미리 예상할 수 있다. 그리고 자신의 생각, 감정, 감각과 새로운 방식으로 관계 맺는 법을 배우는 것은 그들이 해야 하는 작업임을 인식하게 하는 것이 도움이 된다.

지도자는 현재 참가자가 겪고 있는 특정 문제/질병에 대해 훈련을 받고 그것을 다룬 경험이 있어야 한다. 그리고 이런 훈련과 경험이 집단 내 마음챙김 수련이나 작업과 어떻게 상호작용하는지에 대한 이해도 갖추어야 한다. 이런 훈련/경험을 갖추지 못했다면 이런 훈련/경험을 갖춘 사람 곁에서 함께 배우라. 참가자들에 관한 당신 자신의 염려에 신중히 귀를 기울이고 참가자들의 동기와 이해도를 평가하라. 그리고 참가자들이 충분한 지원을 받고 있는지, 당신이 그들과 작업하기에 충분한 지식과 시간, 확신을 갖고 있는지에 관하여 당신의 판단과 더불어 슈퍼바이저의 의견을 참조하라.

기타 고려사항

• 학습장애가 있는 참가자들

학습장애가 있는 참가자에게 마음챙김 훈련이 도움이 될 수 있음을 보이는 증거가 점점 많이 나오고 있다(Chapman et al., 2013). 만약 당신이 이 집단을 상대로 작업할 생각을 갖고 있다면 학습장애인을 상대로 마음챙김을 가르치는 모범 실천 가이드라인을 읽어야 한다(Griffith et al., 2019b). 실천은 단순해야 하며 대상 집단에 신중히 맞춰야 한다. 그리고 이 집단을 상대로 작업을 생각 중이라면 전문가의 훈련과 조언을 구해야 한다.

• 천식이나 기타 호흡기 문제가 있는 참가자들

주의를 기울이는 대상으로 호흡 외 다른 주의 기울임의 닻을 표준적인 권고 실천으로 제시하고는 있으나 MBP에서는 일반적으로 호흡을 강조하며 이것은 호흡기 문제가 있는 참가자들이 불리하다고 느끼게 만들 수 있다. 따라서 코스가 시작되기 전의 인터뷰나 오리엔테이션에서 이 문제에 관하여 이야기할 필요가 있다. 또 필요하다면 수업에서 (호흡곤란 환자를 위한) 흡입기를 사용해도 괜찮다는 점을 언급해 두는 것도 중요하다.

평가와 오리엔테이션의 결합을 위한 실제적 고려사항

참가자들을 평가하고 오리엔테이션을 안내하는 다양한 방식을 다음에 간단히 소개한다. 가장 철저한 접근방식에서부터 가벼운 순으로 소개한다. 이에 관한 선택은 참가자 집단, 조직상 맥락, 지도자의 경험 등에 따라 달라진다. 임상 맥락에서 제시된 모든 집단은 철저한 평가가 필요한 반면(Williams et al., 2017), 당신이 일반 대중을 상대로 가르치는 경험 있는 지도자라면 이보다 가벼운 접근방식으로도 충분하다.

1. 개별 평가에 더하여 집단 오리엔테이션 세션을 실시: 이것은 일대일 평가 과정(전화 또는 온라인)에 이은 집단 오리엔테이션 세션을 진행하는 가장 풍부한 자원을 갖춘 접근방식이다. 이것은 더 정확하고 자세한 평가를 가능하게 하며, 참가자와 지도자 사이의 개인적 연결이 시작되게 해 준다. 여기서 평가 과정과 오리엔테이션이 분리되어 있으므로 집단 형성 과정이 시작되게 하는 데 오리엔테이션 세션을 더 분명하게 할

당할 수 있다.

2. 개별 평가는 하되 집단 오리엔테이션 세션은 하지 않기: MBP를 시작하기 전에 개별 참가자와 일대일 세션을 갖는 이 방법은 높은 수준의 안전감, 지도자와 참가자 사이의 관계적 연결성을 달성하지만 참가자가 실제로 집단과 만나거나 현장을 경험하기 전에 전체 코스에 대한 전념이 있어야 한다.
3. 집단 오리엔테이션 세션 속에 통합된 개별 평가 과정을 두기: 이 접근방식에서는 예비 참가자가 코스를 광고하는 것을 본 뒤 지도자에게 연락을 해 올 수 있다. 처음 접촉할 때 지도자는 코스에 관한 자세한 정보를 이메일로 보내 주고, 자기평가 질문지를 작성하도록 요청한다. 질문지에 대한 예비 참가자의 반응에 따라 지도자가 그 사람과 접촉할 필요가 있다고 느낀다면(아마도 예비 참가자는 자신이 최근에 겪은 힘든 생애사건을 이야기하거나, 우울증 약을 복용 중이라고 이야기할 것이다), 이를 참작하여 이 코스가 그 사람에게 도움이 되는지 결정하도록 도움을 주어야 한다. 이런 식으로 평가하는 경우에는, 집단 오리엔테이션 세션에서 안전에 관해 언급하는 것이 중요하다. 그리고 '지금 시점에서는' 또는 '이 형식으로는' 코스를 밟지 않는 이유에 대해서도 이야기하는 것이 중요하다. 그리고 예비 참가자에게는 MBP에 전념할 결정을 내리기 전에 일대일 면담을 예약할 기회를 주어야 한다. 오리엔테이션에 참가하는 대부분의 사람은 이런 미팅을 필요로 하지 않기 때문에 이 접근방식은 보다 시간을 효율적으로 사용할 수 있게 하고, 각각의 예비 참가자와 반복적으로 만나는 일을 피하면서도 상대적으로 높은 안전도를 유지한다.

요약

많은 예비 참가자에게 평가 과정과 오리엔테이션은 마음챙김이나 마음챙김 공동체와의 첫 만남이 될 것이다. 따라서 이 최초 만남의 질은 매우 의미가 깊다. 주로 안전이나 '해를 입히지 않는다'는 윤리와 관련하여 참가자에게 전해야 하는 중요한 내용이 물론 존재한다. 동시에 평가와 오리엔테이션은 이와 똑같이 중요한 학습의 토대를, (지도자의) 체화를 통해 참가자에게 전달하는 기회가 되기도 한다. 그래서 열림, 신뢰, 정직, 비판단, 수용 등에 대해 명시적으로 언급하지 않고도 우리는 이 지지적 태도들을 '수업 공간 안에' 가까이 초대하고자 시도한다. 마음챙김이 자기 역량과 연민에 관한 것임을 많이 말하지 않고도 우리는 이러한 이해의 씨앗을 뿌리는 방식으로 행동한다. 우리는 '말한 대로 행동해 보이며(walk the talk)' 그러면 참가자들은 마음챙김이 어떤 것인지 감을 '잡기(catch)' 시작한다! 게다가 평가와 오리엔테이션은 과정의 후반 세션에서 일어날 수 있는 힘겨운 상황을 예방하는 데 도움이 되는 중요한 약속의 기회도 제공한다. 이것의 적절한 사례는 탐구 과정에 관한 약속으로, 참가자들이 더 이상 이야기의 내용을 파헤치지 말고 다시 한 번 자신의 직접 경험에 집중하도록 요청하는 가능성에 관하여 미리 알려 두는 것이다. "우리가 당신이나 당신의 이야기에 관심이 없어서가 아닙니다. 우리는 관심이 있습니다. 지금의 배움의 맥락에서는 자신의 직접 경험으로 돌아오는 것이 도움이 되기 때문입니다." 코스를 시작하기 전에 이런 약속을 명확하게 해 두면 코스에 발을 들여놓기가, 그리고 덜 지시적인 방식으로 안내하기가 훨씬 수월해진다. 이런 약속은 또한 활기 있고 안전한 학습 환경(learning container)을 창조하는 데도 도움이 된다. 이런 배움의 환경에서 참가자들은 집단 내 다른 사람을 존중하고 기밀을 유지하며 피드백을 나누고 시간을 준수하며 지도 공간을 떠나 흥분한 경우에 대처하는 등의 경우에 관하여 집단적으로 논의하고 그에 관한 가이드라인에 합의할 수 있다. 오리엔테이션은 세션에서 불가피한 어색한 문제가 발생했을 때 권위적 방법을 채택하는 것이 아니라 미리 합의하고 논의한 바를 참가자에게 '상기시켜' 문제를 다룰 수 있도록 상황을 명확하게 정리하는 기회다. 코스 시작 전 평가와 오리엔테이션의 내용과 근거에 관한 광범위한 정보는 다양한 교육과정 가이드에서 찾아볼 수 있다(즉, Crane, 2017, pp. 103–105; Kabat-Zinn et al., 2021; Segal et al., 2013, 6장). 철저한 준비와 우리가(지도자가) 준비를 하는 방식은 안전하고 즐거우며 효과적인 학습을 창조하는 데 반드시 필요하다.

17장

온라인으로 마음챙김 기반 프로그램 가르치기

우리가 사는 세계는 새로운 도전, 새로운 기술과 함께 빠르게 변하고 있다. 2020년 3월, 코로나 팬데믹으로 온라인으로 MBP를 가르치는 경향이 가속화되었다. 온라인 MBP는 지도 맥락에서 한계가 있을 수 있지만 대표성이 부족한 집단에 대한 접근성 증가, 그리고 직접 만남을 위한 물리적 이동에서 발생하는 이산화탄소 배출량 감소 등의 중요하고도 새로운 기회도 제공한다.

이 섹션에서 '온라인' 지도라 함은 대면 과정에서 일어나는 것과 유사하게 당신이 (대개는 매주) 참가자들과 동시에 로그인하여 정기적으로 함께 세션을 가지며 집단을 상대로 '실시간으로' 가르치는 것을 의미한다. 집단과 개인이 말을 할 때 그들을 '보는' 방법 등 비슷한 기능을 제공하는, 온라인 가르침을 위한 다양한 디지털 플랫폼이 존재한다. 두 사람이나 소그룹 작업이 가능하도록 따로 대화방을 만들 수도 있고, 화이트보드나 프레젠테이션 기능을 하는 화면 공유 기능도 있다. 개인들 사이 또는 지도자와 실시간 문자 커뮤니케이션('채팅')을 할 수도 있다. 이 섹션에서는 온라인 지도 시 고려사항을 MBI:TAC의 여섯 개 영역 내에서 구조화하고 탐구해 본다. 이 텍스트에서 언급되는 MBI:TAC 영역은 괄호 안에 인용했다(즉, D2는 영역 2 관계 맺기 기술을 가리킨다).

영역 1: 세션에서 다루는 범위, 진행 속도, 조직화 (코스 시작 전과 오리엔테이션 고려사항 포함)

다루는 범위와 속도

교육과정의 내용이나 주요 세션 요소의 '속도' 역시 크게 바꿀 필요가 없다. 그러나 교육과정 가이드에 소개한 핵심 시간 프레임에 추가하는 여분의 시간은 각 세션마다 고려해야 한다. 가령, 오리엔테이션 세션은 참가자가 온라인 플랫폼에 익숙해지고 기술적 문제를 해결하는 데 추가적으로 20분 정도를 더 필요로 한다. 또한 각 세션이 시작되기 15분 전에 온라인 '방'을 개설해 참가자가 일찍이 합류하도록 하면 수업 시작 전에 참가자가 만남을 가지고 서로 인사하며 기술적 문제를 해결할 수 있다.

온라인 강의가 갖는 또 하나의 차별점은 탐구 과정에 더 많은 시간이 필요하다는 점이다. 이는 전체 집단 탐구에 앞서 참여를 촉진하기 위해 둘셋씩 짝을 지어 하는 소그룹 작업과 '팝콘(자유) 발언방식(pop-corning)'(9장의 수평적 탐구 참조)을 활용하기 위함이다. 시간이 더 걸리는 것은 코스 시작부에 하는 짤막한 전체 집단 연결 활동에는 이로울 수 있다. 참가자가 지금 어떻게 느끼는지 돌아가며 간단히 한두 마디 하도록 초대한다. 그러나 그 밖의 다른 측면은 시간이 더 적게 걸릴 수도 있다. 가령, 소그룹 작업에 들어가고 나오는 활동은 의자를 물리적으로 이동할 필요가 없으므로 훨씬 빠르게 일어날 수 있다.

온라인 플랫폼의 선택

소프트웨어 선택은 단지 개인적 선호일 수 있지만 일부 의뢰 기관은 자신들의 특정한 보안 및 비밀 유지 요구사항을 충족하는 디지털 플랫폼을 특정해 명시한다. 이상적으로, 플랫폼은 소그룹 집단 작업을 위한 대화방을 만들 수 있어야 한다. 이 모든 것을 코스의 기본적인 '조직화'의 일부로서 확인해야 한다.

비밀 유지

온라인으로 가르칠 때 추가적으로 고려해야 하는 사항이 많다. 첫째, 세션에 등록하지 않은 사람은 누구도 온라인 미팅에 들어오지 못하도록 해야 한다. 첫 만남에서부터 참가자들에게 비밀 유지와 개인생활 보호를 확실히 할 것임을 알려야 한다. 참가자들이 세션 내용을 녹음하거나 스크린샷을 찍지 않도록, 그리고 [훈련 · 평가 · 연구 목적으로 녹음을 해야 하는 경우(이 경우에는 이 과정을 보호하기 위한 분명한 거버넌스가 존재한다)가 아닌 이상] 지도자가 세션 내용을 녹음하지 않을 것이라는 등의 기본 규칙을 설정하는 것도 중요하다. 참가자가 등장하는 모든 세션 녹음은 보안상 이유로 다른 참가자와 공유하지 않을 것을 권한다. 더욱이 가정 내 다른 멤버들이 수업에서 어떤 일이 일어나고 있는지 보거나 듣는다면 비밀을 유지할 수 없다. 따라서 타인과 집을 함께 쓰는 개인은 문이 닫힌 방에서 참가할 필요가 있다. 이것이 가능하지 않다면 노이즈를 소거한 마이크로폰을 단 헤드폰이 필요하다. 이 문제는 오리엔테이션 세션에서 다루어야 한다.

평가와 오리엔테이션

'대면' 코스를 지도하는 일반적인 준비 과정에 더하여(16장), 온라인 지도는 조금 다른 강조점을 요구한다. 예비 참가자와의 일대일 '만남'과 '연결'에서 평가가 부여하는 기회는 특히 의미가 깊다. 이 처음 만남은 일반적인 안전 기능을 확보해 줄 뿐 아니라 효과적인 가르침에 필수적인 관계적 맥락(D2)과 학습 환경(D6)에 대한 토대가 된다. 온라인 강의를 시작하기 전에 각 참가자와의 만남을 마련하길 적극 권한다. 이렇게 하면 학습 과정의 초대적 성격에 특히 강조점을 두면서 트라우마 민감성의 일부 원칙을 확립할 수 있고, 강의를 듣는 것과 관련하여 어려움을 겪을 경우 자기를 돌보는 선택을 하면서 지도자와 연결하도록 격려할 수 있다. 평가하는 동안에 필요한 내용에 더해 '비공식적' 연결 시간의 필요성을 고려해 본다. 이것은 또한 참가자가 온라인 강의에 전념하고 그로부터 이로움을 얻을 수 있는 능력을 확인하는 시간이기도 하다.

개인이 아닌 집단 전체를 상대로 오리엔테이션을 한다면 해당 세션에 참가자들 사이에 그리고 지도자들과 연결감을 쌓는 작업을 포함시킬 수 있다. 연결감을 형성할 때 지도자가 어디에서 가르치고 있는지 지리적 위치를 참가자들과 공유하며, 참가자들 또한 자신이 사는 위치를 공유하면 도움이 될 수 있다.

(특히 초기 세션들에서) 소그룹 작업은 온라인 지도 맥락에서 더욱 의미가 크다. 왜냐하면 온라인 수업에서는 집단이 물리적 공간에 도착해 함께한다는 비공식적 연결감을 갖지 못하기 때문이다. 소그룹 대화방은 지도자가 '볼 수 없다'는 점에서 처음 단계에서는 두 사람보다 세 사람 또는 네 사람씩 조직하는 것이 더 안전하다. 이렇게 하면 참가자가 어려워하거나 부적절하다고 여기는 파트너와 함께할 일이 확률적으로 줄어든다. 일단 집단이 만들어지고 지도자가 집단에 대해 더 잘 알게 되면 두 사람씩 짝을 지어 작업하는 것도 안전해진다. 모든 참가자에게 언제든 '채팅' 기능을 사용해 대화방에서 지도자['호스트(주인)']와 접촉할 수 있으며 언제라도 대화방을 나와 메인 '방'으로 돌아올 수 있다는 점을 알려 줌으로써 추가적인 안전망을 제공한다.

첫 만남은 참가자가 세션 동안 카메라를 켜놓고 있는 것을 안전하다고 느끼는지 확인하는 기회이므로 지도자는 안전상 이유로 모든 참가자를 볼 수 있어야 하고 집단 내 연결감을 촉진해야 한다. 카메라 위치 때문에 말을 할 때 사람을 똑바로 쳐다보지 않는 것처럼 보일 수 있다는 점에 관하여 이야기하도록 한다.

참가자들에게 테크놀로지 사용법 가르치기

평가 단계에서, 동영상 기능에 필요한 주파수 대역폭을 충분히 갖고 있는지 참가자들의 인터넷 연결 상태와 디지털 플랫폼 활용 능력을 체크한다. 참가자가 (손에 든 디바이스가 아니라) 책상 등 딱딱한 표면 위에 놓인 컴퓨터, 랩탑, 태블릿PC로 접속하도록 한다. 다른 모든 창(즉, 이메일, 소셜미디어 등), 스마트폰, 기타 장비들은 반드시 꺼 두도록 기본 규칙을 정한다. 오리엔테이션에서 '마이크/마이크 해제' '비디오 켜기/끄기' '자기 모습 숨기기' '채팅' '참가와 나가기' '소회의실'(또는 그에 해당하는 것) 등의 다양한 필수적 기능을 연습해 보도록 한다. 이것은 재미도 있으며 참가자들 사이에 연결감을 갖는 데 도움이 된다. 가령, "세계에서 당신이 가장 좋아하는 장소는 어디입니까?" 같은 질문을 던지며 '팝콘'을 하기 위해(각 참가자들에게 순서대로 말하도록 하는 것이 아니라 참가자들이 준비가 되었을 때 집단을 상대로 말하는 것) 집단에 그들 마이크로폰의 음소거를 해제하도록 요청할 수 있다. (불량한 인터넷 연결 상태 때문에 불가능한 경우가 아니라면) 비디오를 계속 켜 둘 것인가, 발언을 할 때 손을 들고 음소거를 해제할 것인가, 당신이 사람들에게 불리고 싶은 이름을 다시 달 것인가, 지도자가 분명히 초대하지 않는 이상 세션이 진행되는 동안에는 채팅 기능이나 키보드를 사용하지 않을 것인가, 당신이 미팅에서 떨어져 나갔다면 즉시 다시 합류할 것인가 등과 같은 기본 규칙에 대해서도 합의를 구한다. 이 단계에서 너무 많은 디지털 훈련을 하지 말고 반드시 필요한 것만 하는 것이 바람직하다. 만약 인터넷 연결이 완전히 끊어지는 경우에 참가자가 메시지를 보낼 수 있는 전화번호를 그들에게 제공한다. 참가자는 세션에 필요한 주파수 대역폭을 우선 확보하도록 요청하기 위해 자신과 생활공간을 함께하는 사람들과 협의해야 하는 수도 있다.

개인 장비와 공간 조직하기

평가 미팅이 끝난 뒤 그 사람을 강의에 받아들인다는 내용의 이메일과 함께 '안내(kit)' 목록을 보낼 수 있다. 여기에는 온라인 에티켓에 관하여 오리엔테이션 세션에서 협의한 합의사항을 상기시키는 것, 바닥 작업에 필요한 깨끗하고 미끄러지지 않는 매트, 따뜻함을 위한 담요, 머리와 손을 걸쳐 놓을 수 있는 방석, 등받이가 바른 의자, 앞쪽을 향하는 양질의 조명, 노트 기록을 위한 종이 패드, 컬러 펜 등이 포함된다. 모든 세션에서 이 모든 것이 필요하지는 않지만 미리 준비해 두면 도움이 된다. 마지막으로, 오리엔테이션에서 눕기 자세에 필요한 공간에 관하여 말해 두는 것이 좋다.

준비하기

각 세션마다 디지털 방송/알림 기능에 '오려 붙이기' 준비가 되어 있는 특정한 소그룹 지침, 세션 내 작업을 가능한 투명하게 해 주는 '공유' 스크린에 붙일 수 있는 다른 유용한 지침을 담은 문서를 준비한다. '공유 스크린'을 통해 사용하려고 계획하는 자료들을 미리 준비한다. 불필요한 스크린은 닫는다.

하이브리드 온라인/대면 강의

일부 상황이나 맥락에서는 대면과 온라인 미팅을 혼합할 수 있다는 가능성에 대해 생각해 본다. 가령, 지리적 격리가 온라인으로 가르치는 주요한 이유라면 '종일 수련(day of practice)'은 대면으로 진행하는 것이 가능하다. 세션 1과 세션 2를 커버하는 최초의 대면의 날과 그 이후에 온라인으로 매주 강의를 계속하는 것처럼 그 밖의 다른 포맷도 가능하다.

강의를 최대한 쉽고 포용적으로 만드는 합리적인 조정과 응용은 앞의 모든 사안을 관통하는 핵심 줄기다. 그러나 온라인 강의가 모든 사람에게 적합하지는 않을 수 있다는 점도 인정해야 한다.

영역 2: 관계 맺기 기술

단 한 번이라도 물리적 만남을 가진 온라인 집단은 대개 서로에 대한 연결과 공감 속으로 자연스럽게 들어간다. 그러나 잘 유지되는 온라인 공간에서도 연결, 공감, 커뮤니티 형성이 매우 깊은 차원에서 일어날 수 있다는 것 또한 놀랍다.

연결을 우선시하기

온라인 공간에서 공감과 연결을 키우는 데는 더 많은 시간과 관심이 필요하다. 이것은 영역 2의 핵심에 있으며 다른 영역에도 깊이 영향을 준다. 세션 시작 15분 전에 등록하며 모든 마이크로폰을 켜 놓는 등 세션 전과 후에 비공식 만남의 시간을 반복해 갖는 것이 좋다. 사는 지역이나 키우는 고양이의 이름 등 평범한 비기밀 세부사항을 떠올리며…… 비공식 사교의 분위기를 주도적으로 창조한다. 각 세션 마지막에는 참가자의 이름을 부르며 개인적으로 '안녕' 하는 시간을 갖는 것을 고려해 보라. 참가자가 세션 도중에 떠난다면 대면 강의에서와 마찬가지로 이에 대해 팔로업 하는 것이 반드시 필요하다. 온라인 지도자는 참가자가 자신에게 개인적으로 언제든 연락할 수 있도록 주도적으로 조치를 취해야 한다. 대면 강의에서 하듯이 참가자가 공식 세션 바깥에서도 지도자와의 접촉을 구하도록 격려해 주라.

외모

온라인 맥락에서 얼굴에 비치는 좋은 조명은 연결을 촉진하는 데 중요하다. 도움이 되지 않는 그림자를 피하려면 조명을 '앞쪽에서 비추는 것'으로 하며, 조명이 하나 이상의 빛의 원천에서 나오는 것이 이상적이다. 덧붙여, '가상 배경'을 사용하지 않는 것이 관계적 연결에 더 바람직하다. 이것은 정치적 · 종교적 편견(즉, 이미지, 아이콘, 포스터 등)을 지닌 참가자가 바라보는 공간을 중립화하는 것을 의미한다. 눈에 보이는 것이 연결에 영향을 미치므로 그것(참가자의 눈에 보이는 것)이 당신이 누구인가에 관하여 무엇을 말하는지 생각하라!

다수의 온라인 디지털 플랫폼이 '자기 모습'을 숨기는 기능을 제공한다. 이것은 대인 집단 상황을 복제하는 데 매우 도움이 될 수 있다. 가르치는 동안 자기 모습을 볼 수 있다는 것은 개인적 피드백 측면에서 어느 정도 이로운 점이 있지만[가령 어떻게 우리가(지도자가) 부적절하게 몸을 꼼지락거리고 인상을 찌푸리는지] 대개는 불필요하게 주의를 끌어 연결과 현존에서 벗어나게 만들 수도 있다.

편안함

온라인 맥락과 온라인 기술에 편안해질 때 참가자들과의 연결을 촉진할 수 있다. 테크놀로지 스트레스가 일어난다면 이에 대한 깨어 있는 자각을 모델링 해 보이는 시간을 가져야 한다. 지도자는 기술적 문제 때문에 자신과 그리고 집단과의 연결이 방해 받아서는 안 된다!

조교 또는 공동 지도자

조교나 공동 지도자와 함께 가르치는 것을 권한다. 이렇게 하면 당신이 가르치는 동안 기술적 문제를 돌봐 줄 사람을 가질 수 있다. 특히 조교나 공동 지도자는 채팅을 모니터링하고, 대화방을 만들며, 어떤 이슈가 일어났을 때 지도자에게 그에 관한 피드백을 제공하며, 집단 내 개인들에게 관심을 유지하는 등의 책임을 맡을 수 있다. 참가자 가운데 힘들어하는 사람이 눈에 띄면, 조교나 공동 지도자가 그들과 함께 다른 방으로 '나갈 수' 있다. 공동 지도자는 또한 누군가 인터넷 연결 문제 때문에 방에서 떨어져 나갔을 때 도움을 줄 수 있다. 지도자의 인터넷 연결에 문제가 있어 잘 연결되지 않는 경우에 공동 지도자가 지도할 수도 있다.

파워포인트와 기타 슬라이드의 사용

온라인으로 프레젠테이션 하는 동안 집단과의 대인적 연결감을 잃을 수 있는 경향성에 대해 자각해야 한다. 한번에 두 개 이상의 슬라이드를 사용하지 않는 것을 고려한다.

영역 3: 마음챙김의 체화

테크놀로지에 익숙해지기

온라인 플랫폼에 관련된 기술적 이슈나 다른 어려움이 발생할 경우에는(반드시 발생할 것이다) 대면 맥락에서와 완전히 동일한 반응을 허용하는 것이 중요하다(즉, 멈춤, 자각, 호흡하기, 그 이슈를 세션 안으로 집어넣어 일반화하기). 온라인상에서 안내하고 탐구하고 동료들과 교시적 설명을 연습함으로써 지도자 자신이 이 플랫폼에 익숙해져야 한다. 마음챙김 움직임 수련이나 바디스캔 수련을 이끌 때 마이크를 사용하거나 비디오 또는 마이크를 다시 위치시켜야 하는 어려움 때문에 지도자의 체화가 방해를 받을 수도 있다. 무선 헤드셋 사용을 고려하라.

내가 어떻게 보이는가

체화에는 지도자 자신뿐 아니라 집단과도 연결을 유지한다는 의미의 관계적 또는 맥락적 차원이 있다. 이런 점에서 '자기 모습(self-view)'을 때로 숨기는 실험을 하는 것이 도움이 될 수 있다. 탐구를 안내하고 촉진할 때 스피커 뷰(speaker view)가 아닌 갤러리 뷰(gallery view)를 사용하면 지도자가 집단과 맺는 연결감을 더 크게 느낄 수 있다. 평소 당신이 가르칠 때 입는 복장 그대로 입는 것 또한 중요하다.

멈추어 자신의 중심과 연결하기

이것은 우리가 지도 세션의 전과 후에 개인 수련에 할애하는 일반적인 주의의 일부이다. 테크놀로지, 자원, 지도 공간을 체크했다면 '만나고 인사하기' 전에 안정하고 연결하는 충분한 시간을 남겨 두라. 또 하나의 고려사항은 소그룹 '대화방'을 짓는 동안 지도자가 마음을 안정시키며 중심과 연결하도록 기억하는 것이다. 이것이 당신의 데스크톱에 오려 붙이기 지침을 준비하는 또 하나의 이유다. 이렇게 하면 이 '비번' 시간에 지도자가 자신의 경험과 접촉할 수 있는 최대한의 기회를 확보할 수 있다. 이 시간에 스크린에서 눈을 돌리면(만약 당신의 공동 지도자가 그런 공간을 갖게 한다면) 자신에게 중심을 잡는 데도 도움이 된다.

성가신 방해들

매우 빠르게 체화를 저해하는 요소는 예상하지 못한 방해들이다. 특히 세션 중에 당신의 지도 공간에서 들려오는 소음이다. 우리는 아마도 전문 지도 스튜디오가 아니라 우리 집의 어느 방에서 수업을 진행할 것이다. 이때 만약 그 소리가 일시적이라면 우리는 재빨리 마이크를 무음 상태로 전환할 수 있다. 그 방해에 대해 명시적으로 이야기하면서 우리의 가르침 속으로 집어넣을 수 있다. 하지만 이로써 우리의 균형감은 흐트러진다. 그러므로 반드시 필요하지 않은 장비는 꺼두는 등 이러한 방해 요소를 제한하기 위해 우리가 할 수 있는 일을 하는 것이 좋다. 참가자는 당신이 어떻게 이 상황을 다루는지 주의 깊게 지켜볼 것이다. 그런 일은 언제든 일어나기 마련이기 때문에 참가자 중 누구도 사소한 기술적 문제나 방해를 기억하지는 못할 것이다. 그러나 참가자들은 지도자인 당신이 그 문제를 '어떻게' 다루는지 지켜볼 것이다. 이것을 당신의 수련의 일부로, 마음챙김의 태도적 토대를 암묵적으로 체화하는 기회로 여기며 여기에 다가가라.

영역 4: 마음챙김 수련 안내

수련을 안내하면서 연결을 유지하기

수련 안내의 중요한 측면은 집단과 주변에서 일어나고 있는 일에 대한 생생함과 대응성이다. 그러므로 참가자에게 항상 자신들의 영상을 켜 놓도록 요청하는 것이 중요하다. 수련을 안내할 때는 청각적 피드백을 막는 모든 참가자의 음성을 꺼 두는 것이 좋다(물론, 필요하다면 참가자 스스로 그렇게 할 것이다).

바닥에서 하는 수련 안내하기

온라인상으로 바디스캔과 마음챙김 움직임 요가를 안내하는 것에는 실제적인 어려움이 따른다. 지도자 입장에서 이런 어려움에는 자신의 몸을 어떻게 위치시켜 집단에 보일 것인가, 지도자의 눈에 안 보이는 참가자들과 어떻게 접촉을 유지할 것인가 하는 문제가 있다. 바디스캔의 경우 의자에 앉아 이끄는 것이 바람직하다. 마음챙김 움직임의 경우, 무선 헤드셋을 끼고 카메라에서 멀찍이 뒤로 떨어져 당신의 몸 전체가 보이도록 하고 참가자들에게는 '스피커 뷰'로 전환하도록 하는 것이 좋다.

포용적이고 보통화하는 언어를 사용하라

참가자들에게 수련을 위한 좋은 조건을 만들라고 권고했어도 집안 환경에서 나오는 소리와 그 밖의 방해 요인이 있을 수 있다. 그러나 대면 집단을 상대할 때와 마찬가지로,

이것은 지금 일어나고 있는 일에 대한 생생한 감각을 창조한다는 점에서 방해 요인에 대해 그럴 수 있다고 인정하는 것이 도움이 된다. 그런데 온라인 집단에서는 마이크를 꺼 놓으면 주변 소리가 들리지 않는다. 그러므로 다음처럼 보다 일반적인 언급을 주기적으로 안내 속에 넣어 주는 것이 좋다. "원치 않는 소리들…… 자신의 안과 밖에서 오는 소리들…… 이 소리들이 지금 우리에게 미치고 있는 영향을 알아차립니다." 그 밖에 애완동물이나 아이들처럼 다른 방해 요인들에 대해서도 종종 안내함으로써 지금 일어나고 있는 일을 확인하게 한다!

스크린 알아보기

참가자들이 공식 명상에 들어가고 그로부터 나오는 동안 하게 되는 주된, 생생한 경험이 바로 컴퓨터 스크린 화면이다. 이것을 안내에 가져가는 것이 좋다(예: "스크린과 우리 앞의 참가자 모습들을 내려놓습니다. …… 아래를 지긋이 바라보거나 눈꺼풀을 살며시 감습니다." 또는 "이제 수련에서 나가면서, 눈을 뜨고 우리 앞의 화면과 다시 한번 연결합니다. …… 우리와 함께하고 있는 참가자들과 다시 연결합니다.").

지도자는 눈을 뜨거나 반쯤 뜬 상태로 마음챙김 수련을 이끈다

이것이 중요한 이유는, 대면 수업에서 캐치할 수 있는 많은 단서(가령, 참가자가 방을 나갈 때 내는 소리, 우는 참가자, 몸을 뒤척이는 참가자, 집단의 분위기나 에너지의 변화 등)이 온라인 수업에서는 가능하지 않기 때문이다. 지도자가 평소 눈을 감고 개인적으로 마음챙김 수련을 한다면, 온라인 수업의 확신과 수월함을 키우기 위해서 눈을 뜨거나 반쯤 뜬 상태로 명상하는 법을 통합할 필요가 있다.

영역 5: 상호작용적 대화와 교시적 설명을 통해 강의 주제 전하기

시각적 연결

효과적 탐구는 지도자가 참가자들과 최대한 온전히 연결되어 있을 것을 요구한다. 따라서 양호한 소리 연결을 확보해야 할 뿐 아니라 신체언어도 적절히 채택하는 것이 좋다(가령, 손 제스처의 사용 등). 이런 이유로 오리엔테이션 세션에서 참가자들에게 자신의 비디오 카메라를 머리와 어깨만 보이는 것보다 더 넓은 각도로 설정할 것을 요청하는 것이 좋다. 탐구는 '관계적' 작업이므로, 지도자 자신의 비디오도 지도자의 팔과 손이 모두 보이게 하는 것이 좋다(예: 참가자가 하는 몸동작을 지도자가 되돌려 비출 때 이것이 참가자들에게 보이도록).

기본을 연습하기

오리엔테이션이나 세션 1 시작부에 다시, 모든 마이크를 꺼 둔 채 다음처럼 간단하고 가벼운 주제를 사용해 수평적 탐구를 연습하라. "만약 당신이 나를 안다면 당신은 ~를 알 것입니다." 이것의 일부로서 당신이 부르기 전에 손을 분명하게 들어 올리는 연습을 하라. 그런 다음, 가령 다음처럼 말함으로써 수직적 탐구를 연습하라. "이제 모두가 자신의 마이크를 꺼 주세요. …… 방금 나누신 것에 관해 조금 더 말해 주실 분 있나요? 손을 들고 말할 준비가 되셨으면 마이크 음소거를 해제해 주세요."

참여를 격려하기

사각형 모양의 작은 머리와 어깨로 이루어진 온라인 집단에서는 뒤로 숨기가 더 쉽다. 강의 시작부에서 온라인 탐구의 어려움에 대해 명시적으로 언급하는 것이 좋다. 가령, 일부 참가자에게는 스크린 화면이 탐구 과정에 덜 적극적으로 참여한다는 느낌을 자연스럽게 일으킨다는 점을 직접적으로 언급하는 것이 좋다. 이런 이유로 탐구에 대한 조금 다른 접근방식이 필요해지기도 한다. 우리는(지도자는) 탐구의 초대적 성격을 보호하기 위해 최선을 다하는 한편으로, 다음 사항을 고려해야 한다.

- 전체 집단 탐구에 앞선 예비 활동으로서 소그룹, 세 명 모임(집단이 일단 두 명 모임을 '만들었다면')의 활용을 증가시킨다.
- 가령, 다음과 같은 말로 때로 참가자들에게 집단에 참여할 것을 더 직접적으로 지시한다. "세션에서 아직 말씀하지 않으신 분, 자신의 수련에 대해 잠시 말씀해 주실 수 있을까요?"
- 채팅 기능이나 게시판을 활용해 집단으로부터의 인풋을 '거두어들인다.'

소프트웨어를 충분히 활용하기

당신이 사용하고 있는 디지털 플랫폼은 '투표' '채팅' 또는 '공유 화면'을 통해 미리 준비한 워드문서에 타이핑을 할 수 있는 등의 간단한 피드백을 수집하는 기능을 가지고 있을 것이다. 이 기능들은 간단한 반응을 다수 모아서 수평적(또는 팝콘) 탐구처럼 사용할 수 있다. 수평적 탐구를 위해 화면을 사용하는 더 직접적이고 연결된 방식은 "새로운 동작 수련을 해 보니 당신은 어땠습니까?" 같은 질문에 대해 '엄지 치켜세우기, 엄지 내리기, 엄지 수평으로' 같은 반응을 초대하는 것이다. 또는 연습이나 수련을 한 뒤 그에 대한 반응으로 '한두 마디' 하도록 유도하는 채팅 기능을 활용할 수도 있다.

탐구 뒤에 소그룹, 세 명 모임, 두 명 모임 활용하기

앞에 언급한 것처럼, 집단 내 모든 멤버 사이에 분명한 신뢰의 감각이 형성되기 전까지는, 그리고 지도자가 모든 참가자는 오리엔테이션에서 확립한 기본 규칙을 충실히 지킬 것이라고 확신하기 전까지는 두 명 모임을 만드는 것은 피하는 것이 좋다. 그렇다면 여기에 유용하게 포함시킬 수 있는 것은 '브로드캐스팅' 기능을 신중하게 사용하는 것이다. 이렇게 하면 대화방에 있는 참가자들의 화면에 인스턴트 메시지를 보낼 수 있다. 지도자는 참가자가 계속해서 제 궤도에 있도록 연속적으로 지침을 전해야 한다. 가령, 참가자는 다음과 같은 지침으로 시작할 수 있다. "당신의 수련 경험에 대해 잠깐 말해 주세요." 그런 다음, 몇 분 뒤 방송 메시지를 띄우며 이렇게 말할 수 있다. "이제, 당신이 그 수련을 하는 중에 알아차린 감각이나 감정에 관해 서로 함께 체크해 보세요." 또 몇 분 뒤에는 "서로 어떤 내용을 나누었나요? 서로 다른 점이 있었나요?" 대화방을 처음 사용할 때는 이렇게 말하는 것이 중요하다. "침묵이 이어질 수도 있지만 괜찮습니다." "만약 당신이 혼자라고 느끼거나 무엇을 하고 있는지 잘 모르겠다면 또는 어떤 이유에서든 불편하다면 '채팅 기능'을 이용해 언제든 나(지도자)와 연결할 수 있습니다." 일부 온라인 플랫폼에서는 적절한 경우에 지도자('호스트')가 대화방에 들어갈 수 있다.

집단 활동을 위한 수정

일부 연습을 온라인상에서 제공할 경우 수정이 필요하다. 다양한 창의적 기회가 존재한다. 〈글상자 17-1〉은 이런 수정의 두 가지 사례를 제시한다.

글상자 17-1 온라인 지도를 위한 수정

세션 7: MBSR-자리 바꾸기 수련

참가자 개인들이 일반적으로 방에 혼자 있음을 감안, 지도자는 참가자들에게 방의 다른 곳 어딘가에 앉거나 서거나 눕도록 안내할 수 있다. 또는 기존 자리에서 벽이나 창, 문 쪽으로 방향을 돌리도록 할 수도 있다.

세션 8: 자기에게 편지 쓰기

선택사항에는 다음과 같은 것이 포함된다.

- 손으로 쓴 편지를 종이 다이어리에 끼워 두고 미래의 선택한 날짜에(향후 3~6개월) 꺼내 본다.
- 퓨처미(future me)라는 웹사이트(www.futreme.org)를 이용한다.
- 참가자에게 일기를 쓰도록 요청한다.

영역 6: 집단 학습 환경 유지하기

온라인으로 가르칠 때 이 영역은 신중한 고려가 필요하다. 학습 환경을 조성할 때 안전을 확립하는 것이 핵심이다. 학습 환경을 구축할 때 다음과 같은 질문을 던지면 유용하다. 이 온라인 집단이 '형성' '혼돈' '정착' '수행'의 과정을 밟아 나가도록 돕기 위해 무엇이 필요할까?(Tuckman, 1965; 13장)

형성기

형성기(forming)에서 온라인 환경에서 안전과 소속감 같은 집단의 형성 측면에 집단의 경우보다 더 많은 시간과 그 밖의 다른 활동들이 요구된다. 대면 집단에서는 기본 규칙과 비밀 유지에 관해 참가자끼리 함께 이야기 나눔으로써 공통의 안전감과 소속감을 일으킬 수 있지만 온라인에서는 이것을 만들기가 더 어렵다. 온라인상에서 참가자들은 자기만의 공간에 있으므로 개인적으로 더 안전하다고 느낄지 몰라도, 집단 '형성'의 차원에서 보자면 참가자 사이에 공유되는 안전과 소속감을 키우는 것이 중요하다. 이것이 온라인 MBP에서 지나치게 큰 규모의 집단을 만들지 않을 것을 고려하는 한 가지 타당한 이유다. 우리는 한 화면에서 눈으로 볼 수 있는 참가자의 수를 넘는 규모로 강의를 만들지 않을 것을(특히 가르침의 초기 단계에서는) 권한다. 이것은 온라인 코스를 위한 적절한 장비를 권하는 이유이기도 하다.

각 세션의 시작부에서 참가자들이 '돌아가며' 자기 이름을 말하고 자신의 현재 상태에 관하여 '한두 마디' 하는(우리는 이것을 '내면의 일기예보'라고 부른다) 시간을 갖는 것도 좋다. 이미 시간이 제한되어 있는 교육과정에서, 집단이 갖는 가치와 힘을 충분히 기억하지 않는다면 이것은 비효율적으로 보일 수 있다. 집단 형성은 앞에 말한 대로 각 세션이 시작되기 전에 비공식적인 만남과 인사 시간을 가짐으로써 촉진될 수도 있다. 만남과 인사 시간은 개인적으로 또는 둘씩 대화를 나누는 시간이 아니므로 이때 지도자는 원활한 진행을 위해 적극적인 역할을 해야 한다. 각 참가자가 '한두 마디로 작별인사를 하며' 세션 마무리를 촉진하는 것도 집단 '형성'에 도움이 된다. 한 가지 가능성은, 전체 집단에 음소거를 해제하고 로그아웃 하면서 집단의 다른 사람들에게 안녕을 기원하는 작별인사 기능을 켜도록 요청하는 것이다. 또한 각 세션을 진행하면서 중간에 멈추어 집단에게 이렇게 초대하는 것이다. "서로를 받아들여 봅니다……. 화면 주변을 둘러봅니다……. 우리가 지금 이 순간 함께라는 것을 느껴 봅니다……. 서로를 알아보고 여기 함께하는 이 공유된 경험을 알아차려 봅니다."

혼돈기

혼돈기(storming)에는 공개적으로 비판적이 되거나 힘겨워지는 것보다 수동적 혼돈(즉, 신체적 · 언어적으로 스스로 사라지는 것)이 온라인 형식에서 더 쉽게 일어날 수 있다. 내용, 과정, 집단에 관한 의심과 걱정을 표현하도록 세션 중간에 참가자들과의 접촉을 초대하는 데 주도적인 것이 좋다. 비밀 유지를 철저히 지키면서 주제와 걱정에 관한 일반적 언급을 이후의 세션에 가져갈 수 있다. 온라인 맥락의 이로움을 이용하면 도움이 된다. 가령, 세션 4에서 다음에 관해 투표할 때는 투표 기능을 활용할 수 있다. '집에서 수련하는 것의 가장 힘든 측면은, ① 시간, ② 방해, ③ 지도자의 목소리, ④ 해야 한다는 소리를 듣는 것!' 때로 (온라인 집단에서는) 대면 집단에서 보이는 정중함을 찾아보기 어려울 수 있다. 따라서 서로에 대한 존중이 기본 규칙이며 온라인 장면에서도 대면 장면에서와 마찬가지로, 정중함이 중요하다는 것을 주기적으로 집단에 상기시킬 필요가 있다.

정착기

정착기(norming)는 집단이 온라인 맥락, 규칙, 패턴, 전형적 세션의 활동에 익숙해지면서 일어난다. 이 맥락과 규칙, 활동을 명료하게 만들 때 규칙 만들기는 더 촉진된다. 여기에는 이런 것을 세션 시작 전에 이메일로 써서 참가자에게 보내거나 이것을 명시적으로 반복해 이야기하는 시간을 갖는 것 등이 포함된다. 상호작용 시에 신경 써서 참가자의 이름을 불러 주는 것 또한 매우 도움이 된다. 참가자가 세션 사이에 서로 연결하는 온라인 포럼을 마련하는 것도 도움이 된다. 그러나 이렇게 하려면 명료하게 협의한 기본 규칙이 지켜지고 있는지 그 내용을 신중하게 모니터링해야 하는 지도자의 헌신과 노력이 요구된다.

수행기

수행기(performing)는 지도자가 지도의 전면에서 '적절한 때에' 뒤로 물러나 집단이 대화방에서 소그룹 또는 반집단(half-groups)으로 공동의 '과제'를 놓고 함께 작업하도록 할 때 촉진된다. 가령, 세션 7에서 생활양식 선택에 자양분을 주는 것에 관해 둘씩 짝 지어 이야기한 뒤에 소그룹을 만들어 각 개인의 아이디어를 '더 실행 가능하게, 지속 가능하게' 만드는 방법을 모아 보는 작업을 할 수 있다. 마찬가지로 코스 후반부에, 세션 이전과 이후의 만남과 인사 단계에서 지도자의 임무는 뒤로 물러나 참가자 또래 간의 상호작용을 더 많이 허용하는 것이다. 온라인 맥락의 몇몇 요인이 이 영역에 도움을 준다. 가령, 참가자의 집이 시각적으로 보이는 방식은 미묘한 친밀감을 일으킬 수 있다. 지루해하는 아이가 집에 돌아와서는 참가자의 목에 매달릴 수도 있고, 집에서 키우는 고양이가 화면을 빼꼼히 들여다볼 수도 있다! 우리는 지도자로서 화면 배경에서 시각적으로 눈에 들어오는 일에 관해 언급할 권한을 가졌다고 간주하지 않도록 신중해야 한다. 온라인에서는 종종 참가자의 생활이 대면 집단보다 훨씬 더 잘 눈에 들어온다. 다른 종류의 친밀감은 온라인 집단 지도의 강력한 특징일 수 있다.

산회기

코스의 마지막 산회기(adjourning)에는 참가자들이 손을 펴 손바닥을 카메라로 향하고 화면 가장자리로 가져가면 참가자들의 손이 서로 닿는 모양이 만들어지는데, 이것은 집단 환경이 해체되기 전에 시각적으로 눈에 드러나 보이는 상징성을 띤다(재미도 있다).

요약

참가자들을 대면으로 가르치는 것에 커다란 가치가 있지만, 이것이 가능하지 않은 많은 이유가 있다. 그러므로 여기서 던져야 할 질문은 '나는 온라인으로 가르칠 것인가'가 아니라 '어떻게 온라인에서 가장 잘 가르칠 것인가'이어야 한다. 마음챙김은 우리가 실제로 처한 환경 속에서 최대한의 알아차림과 번영(flourishing)으로 사는 것에 관한 것이다. 대면 강의라는 선택권이 닫혔을 때면 온라인 플랫폼에서 번영하는 법을 배우고 다른 사람이 번영하도록 돕는 것이 선물이 된다. 이 선물을 지혜롭게 다루어 안전한 배움의 공간을 창조하는 것이 지도자의 과제다.

제3부

마음챙김 지도자로서 우리 자신의 자원을 풍요롭게 하기

소개

지금까지 우리는 MBP 지도 공간 자체 내에서 무슨 일이 일어나는지 살펴보았다. 제3부에서 우리는 MBP 전달과 관련한 다양한 주요 주제에 관하여 CMRP의 훈련 팀과 동료들이 쓴 9개의 장을 제시한다. 이 장들을 관통하는 공통의 연결고리는, 당신의 마음챙김 지도 수련의 여정의 일부로서 반드시 필요한 영역이다. 지도 공간에서 일어나는 실제 작업을 지지하고 풍요롭게 하는 수많은 연구와 수련이 존재한다. 이 영역이 점점 더 자리를 잡으면서 MBP 지도자가 되는 여정 속에서 무엇이 핵심 자원 요소인지가 점점 더 분명해지고 있다. 우리는 각 요소의 주요 측면을 기술한 뒤 더 많은 읽기 자료를 당신에게 안내할 것이다.

Rebecca Crane은 우리가 MBP 지도자로서 어떻게 자신의 자원을 풍요롭게 할 것인가에 관한 개관을 제시한다. Gemma Griffith, Rebecca Crane, Karunavira, Lynn Koerbel은 당신의 MBP 지도를 돌아볼 수 있는 틀을 제공하는 TLC를 제시한다. Bridgette O'Neil은 우리가 개인적 마음챙김 수련을 어떻게 잘할 수 있는지 살핀다. Alison Evans는 마음챙김 슈퍼비전이 어떻게 우리의 MBP 지도 수련에 있어 핵심적인 도움이 되는지 말한다. Pamela Duckerin은 성찰 수련을 살펴보고 우리가 어떻게 이 성찰 수련을 우리의 직업적 이슈와 윤리의 지속적인 탐구에 적용할 수 있는지 살핀다. Eluned Gold는 트라우마에 민감한 방식

으로 MBP를 제공하는 것에 관한 이론과 실천을 제시한다. Bethan Roberts와 Rebecca Crane은 MBP 지도가 위치해 있는 사회적인 맥락을 살핀다. Gemma Griffith와 Karunavira는 과학과 이론이 MBP 지도에 어떤 정보를 주는지 적는다. 그리고 마지막으로, Rebecca Crane과 Heledd Griffiths는 MBP를 실제로 적용하는 과정에 능숙하게 관여하는 방법에 관해 논한다.

18장

우리는 어떻게 MBP 지도자로서 우리 자신의 자원을 풍요롭게 하고 또 스스로를 도울 수 있을까 -개관-

Rebecca Crane

MBP 지도자가 된다는 것은 매우 평범한 동시에 매우 특별한 역할을 맡는 것이다. 여기서 평범함이란 인간으로서의 일상에 대한 핵심 탐구에 참여한다는 점을 말하는 것이다. 즉, 내가 지금 헤엄치고 있는 물은 어떤 것인가를 탐구하는 것이다. 또 특별함이란 마음챙김 수련을 통해 우리는 직접 경험 위에 덧씌워진 습관과 지각이라는 장막을 뚫고 들어가 그것을 살핌으로써 우리의 삶을 추동하는 저류에 주도적으로 관여한다는 점을 말한다. 이 작업을 위해 우리가 가진 도구는 바로 우리 자신의 존재다. 즉, 체화된 참된 인간으로서 나타나는 우리 자신의 능력이다. 취약성과 노출은 이 작업 내용의 일부다. MBP 지도자가 되는 과정을 통해 우리는 정체성의 커다란 변화가 일어나는 여정에 오른다. 그것은 삶 전체의 관여라는 만족과 도전을 우리에게 동시에 던진다. 그것은 우리가 일하는 시간에만 하는 일이 아니다. 그것은 우리의 삶의 결에 녹아든 우리 존재의 방식이다. 이 작업에 참여하는 수년 동안 우리는 어떻게 자신을 지지하고 자신의 자원을 풍요롭게 할 것인가? 이 장의 목표는 다음과 같다.

- 우리의 지도 수련의 기초로서 그 의도를 살펴본다.
- MBP 지도 수련의 기술, 자질, 지식의 발달을 돕는 조건에 대해 살펴본다.
- 지도를 시작하는 데 필요한 실제적 사항들을 제시한다.

당신의 의도와 연결하기

이 작업에 참여하는 당신의 동기는 무엇인가? MBP 지도자가 된다는 것은 유망한 커리어, 회사 차량, 펜션을 얻는 아주 확실한 경로는 아니다! MBP 지도자가 된다는 것은 하나의 소명(calling)으로서 그것은 우리에게 깊은 의미를 갖는 작업을 향한 내면의 끌림이다. 이런 영감이나 동기와 연결하는 작업은 매우 중요하다. 이 작업은 우리가 내면 깊이 중시하는 것에 대한 사랑의 직접적인 표현이자 우리가 이 세상에서 연결을 맺고 있는 고통에 대한 연민과 염려의 직접적인 표현이기도 하다. Mary Oliver(1992)는 자신의 〈여름날(The Summer Day)〉이라는 시에서 다음과 같은 통렬한 질문을 우리에게 열정적으로 던진다. "당신은 자신의 한 번뿐인 소중한 삶으로 무엇을 하려 하는가?"

이제 당신이 잠시 멈추도록 초대한다. 책을 무릎 위에 올려놓고 내면에서 움직이는 호흡과 함께 몸을 느끼며 이렇게 묻는다. '내 일과 관련하여 나의 가슴은 무엇을 바라는가? 나의 핵심 동기는 무엇인가? 나의 에너지, 즉 나의 기쁨은 어디에 있는가?' 이 질문과 함께 조용히 앉아 있는 시간을 자신에게 선사하라. 그러면서 성찰 수련 중에 여기로 돌아오는 것을 자주 떠올리라. 우리는 꽉 찬 일상 속에서 지도자로서 우리가 지닌 의도성과 접촉을 상실하기 쉽다. 그러면서 우리에게 중요한 문제에 현명하고 온전한 정신으로 관여하려는 동기와의 접촉도 잃기가 쉽다. 그러나 우리의 의도는 매우 너그러우며, 우리는 언제든 그리로 돌아갈 수 있다. 우리의 의도는 고정되어 있지 않으며, 우리가 발전함에 따라 의도도 발전한다. 이것은 계속해서 우리가 질문해야 하는 지점이다. 우리를 이 작업으로 데려오는 동기의 층위를 계속해서 알아보아야 한다. 우리의 의도는 사랑, 연민, 진실, 깨어남, 살아 있음을 향한 자연스러운 움직임으로 우리들을 연결시켜 준다. 우리의 의도는 우리가 다른 존재들이나 자연세계에 대해 갖는 사랑이나 우리 자신과 세상의 편안함과 평화를 향한 깊은 바람처럼 커다랗게 표현되기도 하고, 또 우리가 친구와 연결되고 싶어 하는 방식이나 오늘 우리가 갖고 있는 가르침을 위한 공간에 어떤 열망을 담고 싶은지 등 우리들 일상의 순간순간에서 드러나는 보다 작은 의도도 있다. 이런 핵심 의도를 가지고 연결로 돌아올 때 우리의 작업과 살아 있는 채로 지혜롭게 지속적으로 관계를 맺을 수 있다. 우리의 의도를 넘어, 마음챙김 지도자가 되는 데 필요한 세 가지 핵심 요소가 있다.

우리는 기술이 필요하며, 특정한 개인적 자질이 필요하며, 지식이 필요하다.

MBP 지도에 필요한 기술, 자질, 지식의 개발

이 책은 MBP 가르침에 필요한 기술, 자질, 지식에 대해 알아보기 위해 썼다. 1부와 2부는 MBP 세션에서 필요한 지도의 기술과 자질에 특별히 초점을 맞추어 다루었다. 3부는 지도자가 가장 효율적인 방식으로 지도의 공간에 나타날 수 있도록 지도자의 자원을 풍요롭게 해 주는 주변의 성찰, 연구, 수련에 초점을 맞춘다. 여기서는 MBP 지도자로서 우리의 발달 과정에 대해 잠시 살펴보고자 한다.

우리의 기술을 개발하기

MBI:TAC에 관한 발전 작업에서 우리는 어떤 기술(skills)이 필요한지, 그리고 이 기술을 시간의 흐름과 함께 어떻게 발전시킬지를 알아보는 데 특별히 관심을 가졌다. 탐구에는 크게 두 가지 영역이 있다. 첫째, 우리는 지도의 영역에 어떤 것들이 있는지를 확인하고 최종적으로 여섯 개의 핵심 지도 영역을 규명했다. 둘째, 이들 여섯 개 영역 각각에서 역량 수준을 구분하는 방법론을 만들었다. 기술을 어떻게 키울 것인가를 이해하는 데 도움이 되는 것이 바로 이 두 번째 영역이다. 역량 수준을 판별하는 MBI:TAC 프레임을 위해 우리는 기술 습득 모형을 만든 Dreyfus와 Dreyfus(1986)의 작업을 참조했다. 그들의 새로운 기술 학습에 대한 발달적 접근법을 제공하고 있다. 우리는 또한 이 작업을 임상심리 수련생들의 기술 향상에 적용시킨 Sharpless와 Barber(2009)에도 도움을 받았다. 이 작업은 여러 가지 이유로 우리에게 매력적이었다. Dreyfus와 Dreyfus(1986)는 사람들이 기술을 향상시키는 공통된 패턴에 대해 살폈다. 그들은 체스 그랜드마스터, 직업 음악가, 비행기 조종사처럼 숙련에 수많은 시간을 투자해야 하는 전문지식이 요구되는 사람들을 살폈다. MBP 지도 역시 이 범주에 속하는데, 복잡한 기예다. Dreyfus와 Dreyfus(1986)는 이 모든 영역에서 기술 향상에 공통된 패턴이 존재한다는 것을 알아냈다. 그것은 기술 향상이 향상 과정에서 미묘하고 예측 가능한 변화가 일어나는, 평생에 걸친 노력이라는 점, 그리고 이런 변화의 핵심 열쇠는 규칙 준수의 필요성이 줄어들며 직관적 의사결정의 역할이 커진다는 점이었다. 기술이 점점 능숙해지면 그들은 점점 체화하게 되고 직관적이 된다. Dreyfus와 Dreyfus(1986)는 기술은 경험, 지침, 모방을 통해 습득되며, 그리고 중요한 점은 우리의 학습 필요가 기술 향상의 각 단계를 거치며 변화한다는 점이라고 말했다. 우리는 이것이 고무적인 모형임을 알게 되었다. 왜냐하면 적절한 조건이 갖추어지면 역량은 시간의 흐름과 함께 자연스럽게 향상되는 것이라고 말하기 때문이다. 본질적으로, 우리는 우리 자신을 배움의 길에 올려놓을 필요가 있다. 그러면 배움을 반드시 일어날 것이다!

이 모형은 지도자 훈련의 초기 단계에서[CMRP 구조 내에서, 우리의 석사 프로그램에서는 '지도 1' 모듈에 해당하며, 지도자수련경로(Teacher Training Pathway)에서는 '지도자 수련 레벨 1'에 해당한다] 수련생 지도자는 수련을 안내하고 탐구를 촉진하는 핵심(명시적 교육과정) 기술을 키울 수 있는 구조와 확실한 프레임이 필요하다는 것을 분명히 하고 있다. 우리는 처음부터 지도자의 체화된 자질(embodied qualities)을 강조하면서 우리의 수련생들이 스스로 자신의 개인 명상 수련을 하면서 매년 집중 수련에 참가하도록 규정한다(모범실천 가이드라인에 따라. BAMBA, 2019 참조). 그러나 우리는 지도자들이 체화된 직관적 장소(즉, 2부에 소개한 암묵적 교육과정)로부터 가르치는 법을 온전히 알게 되는 충분한 주의의 능력을 갖게 되는 시점은 지도 과정의 기본 구조(즉, 1부에 소개한 명시적 교육과정)에 익숙해지는 훈련 후반기라는 점도 인지하고 있다. 공식적 지도-수련 세션 외에서 우리는 우리의 훈련생들에게 자신의 지도 기술을 주도적으로 연습하도록 격려한다(왜냐하면 오직 기술의 수련을 통해서만 지도 기술을 향상시킬 수 있기 때문이다). 지도법을 익히는 초기 단계에서 이것은 참가자와 수련생 모두에게 안전하고 접근 가능한 맥락에 있어야 한다. 처음 지도할 때는 종종 동료들을 상대로 짧은 세션으로 진행한다. 또는 경험 있는 지도자의 견습생으로 있으면서 교육과정 요소의 일부를 지도해 본다.

MBP 지도자로서 우리에게 필요한 기술은 지도 공간에만 국한되는 것은 아니다. 지금부터 소개하는 장들은 우리가 지도자로서 집중해야 하는 다양한 영역을 가리키고 있다. 우리가 쉽게 잊는 기술 영역 중 하나가 MBP 코스를 만들고 운영하는 실제적인 작업이다. 즉, 강의에 대한 마케팅, 네트워크 형성, 관리, 리더십, 행정적 기술, 주요 기관의 구조와 시스템을 헤쳐 나가는 기술 등이다. 우리를 안전지대의 가장자리로 몰고 가는 일들이 많이 생길 것이다! [그림 18-1]은 MBP 지도를 준비하는 데 필요한 실제적인 지점들을 보여 주는 마인드맵이다(이것의 적용에 관해서는 26장 참조). 당신이 슈퍼바이저와 맺는 관계가 이 과정을 헤쳐 나가는 데 도움이 되는 핵심 기둥 중 하나다(21장).

MBP 지도에 필요한 자질 키우기

MBP 지도 기술을 실현하는 데 필요한 개인적 자질에는 어떤 것이 있을까? 2부에서 우리는 체화에 관해 깊이 다루었다. 여기서는 이 영역으로 다시 들어가되 체화된 수련을 통해 우리가 가까이 다가가게 되는 불가피한 취약성을 어떻게 헤쳐 나갈 것인지의 관점에서 다뤄 본다. 2017년 세상을 뜬, 우리가 무척 사랑했던 CMRP의 지도자 Cindy Cooper는 이렇게 말하곤 했다. "당신의 마음이 흔들리는 곳부터 가르쳐라." 그녀는 이론적 이상에 대해 말하는 것이 아니었다. 그녀는 고통과 질병이라는 취약성을 직접 느끼는 것으로부터 이 지도 작업에 임하는 경험을 알고 있었다. 취약성이 드러나는 방식은 사람마다 다르다(비록 취약성이 드러날 때 매우 예측 가능한 경우도 있지만). 그러나 우리는 누구나 인간으로서 취약성에 대해 알고 있다. 많은 사람에게 있어 매우 고전적인 취약성은 자신이 충분한 기술을 갖지 못했다는 취약성, 충분히 괜찮지 않다고 느끼는 취약성이다. 나는 이것에 관한 나의 경험을 어느 논문에 적었는데, 이 논문은 우리 수련생들 사이에서 매우 인기가 있었다. 그 이유는 그것이 우리의 공통된, 그러나 잘 드러내고 말하지 않는 수치심, 취약성, 노출의 주제에 관해 말하고 있기 때문이다(Crane, 2014). 물론 우리는 자신이 기술을 갖추길 바란다. 당신이 이 책을 읽고 있는 이유도 지도에 있어 당신이 최고의 전달자가 되는 것이 당신에게 중요한 일이기 때문일 것이다. 잘 가르치고 싶다는 이 욕동은 매우 건전하다. 그런데 능숙한 지도자가 되고 싶은 욕구에 '가볍게' 안착하는 것 또한 중요하다. 왜냐하면 참된 체화 수련의 기초는 온통 불완전하고 연약한 인간 존재로서 있는 그대로의 우리 모습을 드러내는 것에 있기 때문이다. 궁극적으로, 이것이야말로 우리의 참가자에게 가장 도움이 되는 부분이다. 즉, 우리의 인간적 자질과 연결되는 지점인 것이다. 그것은 우리의 참가자들에게 의도성, 기술, 지식을 평범하고 참되며 일관되고자 하는 깊은 의지와 결합시킨 안내자 곁에 함께 있을 수 있는 기회를 제공한다. 만약 우리가 지도자로서 자신이 되고 싶은 모습에 관하여 일정한 이상적 기준에 도달하고자 애

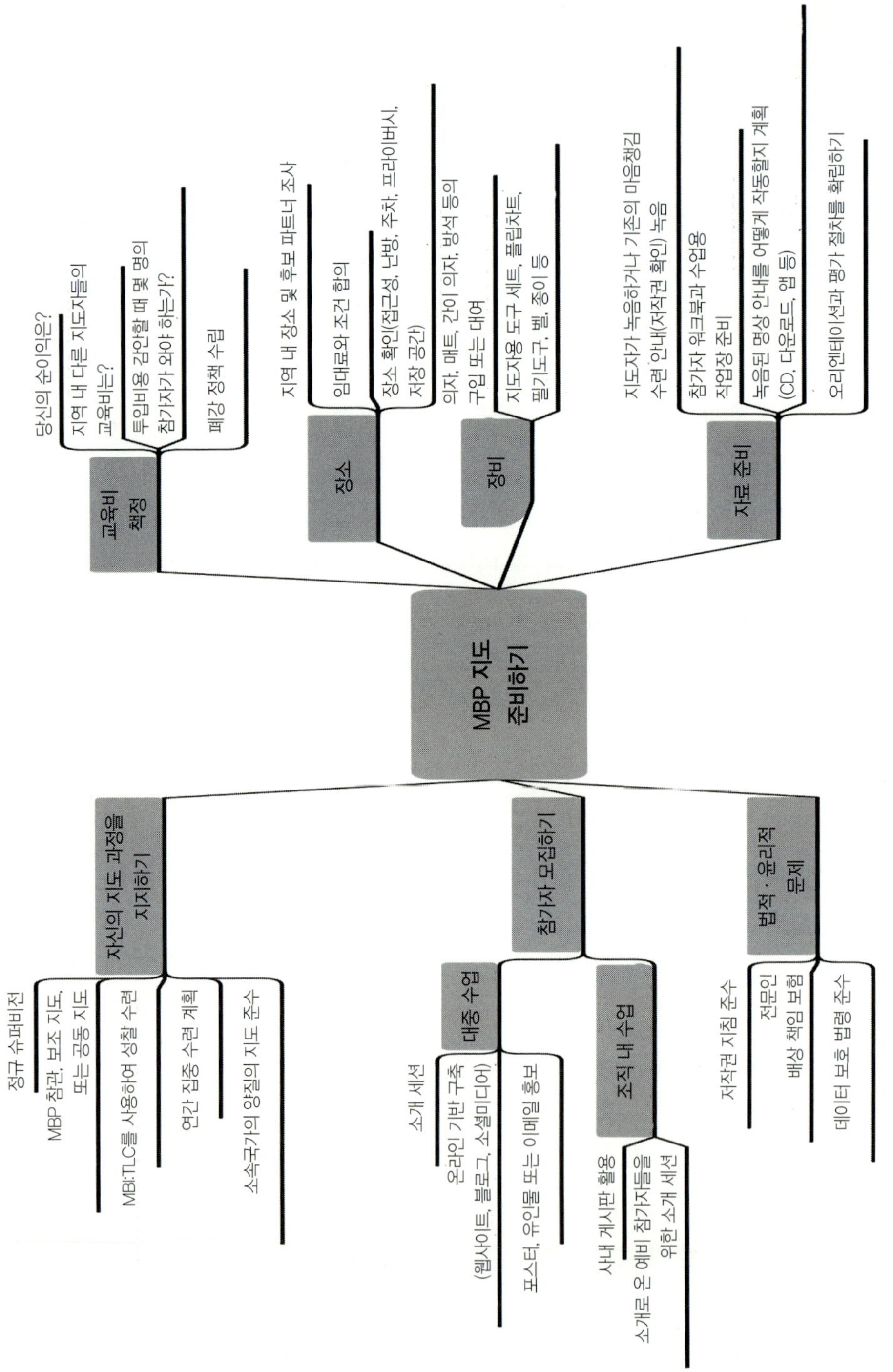

[그림 18-1] 마인드맵—MBP 지도에 필요한 준비

쓴다면 그것은 우리의 참가자들이나 우리 자신에게 도움이 되지 않는다. MBP 지도자가 된다는 것은 안전한 길이 아니다. 그것은 기쁨, 연결, 의미뿐 아니라 상심, 실망, 퇴보 등 일어나는 모든 일에 우리 자신을 열어 놓는 것이다.

이 주제들은 역설적인 다양한 방식으로 드러난다. 가령, 우리는 결과 중심의 건강 서비스 안에서 일하면서도 어떻게 자신의 가치를 존중할 수 있는가? 우리의 마음챙김 수련이 여기에 자원이 된다. 광대한 알아차림(자각)은 역설과 모순을 포함하여 일어나는 모든 일을 품어 안을 수 있는 능력을 지녔다. 마음챙김 수련은 매 순간 우리의 주의를 어디에 두는 것이 현명한지 분별하는 훈련이다. 마음챙김 수련은 또한 우리가 복잡성과 더 큰 문제, 모순을 더 넓고 대응적인 방식으로 품어 안게 한다(24장, 26장 참조).

MBP 지도를 위한 지식 개발

우리가 MBP 지도자로서 필요로 하는 기술과 자질을 어떻게 키울 수 있는지 살펴보았다. 이제 그 바탕을 이루는 지식을 키우는 것에 대해 살펴본다. 이어지는 장들에서 당신은 이론적 · 경험적 기초, 지도자가 사회적 맥락에 대해 어떻게 방향을 잡아야 하는가 등 MBP 지도자에게 요구되는 지식의 몇 가지 핵심 영역을 살펴보는 섹션을 발견할 것이다. 여기서 우리는 이 문제들의 내용에 관해서는 다루지 않을 것이다. 이 영역에서 우리의 발전에 다가가는 과정에 대해 다룰 것이다.

이 발달 과정에는 다양한 서로 다른 단계가 있다. 수련 중인 MBP 지도자는 지식 습득의 집중된 과정에 몰두해야 한다. 훈련 구조는 이 영역의 여러 측면과 관련된 초점을 유지하게 해 준다. 훈련을 넘어 우리의 이해를 지속적으로 발전시키는 책임도 있다. 이것은 부담이 아니다. 적절하고 자극을 주며 우리의 자원을 풍부하게 하는 주제들과 지속적으로 생생한 관계를 맺는 것이라는 점에서 이것은 중요하다. 의무가 아니라 탐구가 되게 하라. 당신의 지도 수련에서 일어나는 주제들에 자극을 받도록 하라. 입력을 자극하는 성찰로 당신 자신을 풍요롭게 하는 공간을 마련하라. 여기서 일어나는 주제들을 슈퍼비전과 동료들의 성찰로 가져가라. 가령, 매우 불안하고 과제를 힘들어하는 참가자를 당신이 가르친다고 하자. 이 문제를 슈퍼비전에 가져가는 것과 더불어, 이것은 불안을 겪는 사람에게 MBP를 지도하는 방법에 관한 문헌을 찾아보는 계기로 삼을 수도 있다. 매주 당신의 발전을 돕기 위해 가르침과 성찰을 읽고 듣는 시간을 가지라.

우리는 성찰 수련을 통해 지도자로서 자신의 의도와 연결을 유지하면서 여정의 각 단계에서 우리의 배움을 지지하는 데 무엇이 필요한지 분별할 수 있으며, 우리는 성찰 수련을 통해 우리가 마음을 열 수 있는 한계를 기꺼이 더 넓힐 수 있다. 또 우리가 펼쳐지는 과정을 직관적으로 신뢰할 수 있다. 또 취약성, 인간성, 수치심, 불완전함 등에 대한 공간도 허용할 수 있다. 성찰 수련은 또한 우리 자신에 대한 견제이기도 하다. 우리가 언제 가르쳐서는 안 되는지 분별하도록 돕는다. 즉, 지금 당신의 삶에는 어쩌면 수많은 혼란이 있을지 모른다. 당신의 건강이 안 좋을 수도 있고, 영감이 부족하다고 느낄 수도 있다. 잠시 멈추어 마음을 다시 가다듬고 치유하며 당신의 안녕과 배움에 신경 써야 하는 시간도 필요할 수 있다. 조용한 멈춤의 시간을 갖는 것은 커다란 지혜의 행위다.

요약

수많은 조직에서 모범실천 가이드라인과 윤리적 틀을 개발했다(영국의 BAMBA, 아일랜드 마음챙김 지도자 연합, 마음챙김 기반 접근법 유럽연합, 국제 마음챙김 통합 네트워크 등). 이것들은 본질적으로 최초의 수련과 그 후의 지속적인 학습, 모범실천과 윤리에 대한 충실도 등을 돕는 데 필요한 조건들이다. 당신의 국가에서 사용되는 가이드라인에 익숙해지는 것이 중요하다.

당신의 배움을 돕는 데 필요한 조건들의 핵심에는 당신 자신의 마음챙김 수련이 있다. MBP 지도자로서 우리는 자신의 내면에 깊이 침잠해 이 내면 여행에서 얻은 배움을 우리가 함께 사는 공동체와 맥락에 가져가는 방법을 탐구한다. 이런 이동은 우리에게 많은 것을 요구한다. 마음챙김 기반 프로그램을 제공하는 데 필요한 기술과 지식, 자질을 쌓는 데는 시간이 걸리며, 다음과 같은 특별한 조건을 요구한다.

- 매일 개인 수련 유지하기(이것을 의무가 아닌 창조적이며 재미있는 활동이 되게 하라). 지도자가 이끄는 연중 마음챙김 명상 집중 수련에 참여하기
- 정기적으로 마음챙김 슈퍼비전 받기
- 지속적인 성찰 수련을 하기. (19장의) TLC를 사용해 자신의 성찰에 도움 받기

- 자신이 가르치는 모습을 녹화하기. 보고, 돌아보고, 배운 뒤에는 삭제하기
- 취약성, 인간성, 수치심, 불완전성에 대한 공간을 마련하기
- 당신의 개인 수련과 지도 수련에 도움이 되는 커뮤니티의 일부가 되고 그것을 만들기
- 의도와 계속해서 연결을 유지하기
- 가르쳐서 안 되는 때를 알기
- 이 여정이 평생의 탐구가 되도록 하기. 일정 시점에 신뢰할 만한 치료사나 상담가를 찾는 것은 우리 자신을 돕고 자기 자각과 조율의 능력을 키우는 중요한 방법이 될 수 있음.

19장

마음챙김 기반 개입법: 지도 및 학습 안내서(MBI:TLC)

Gemma Griffith, Rebecca Crane, Karunavira, Lynn Koerbel

마음챙김 기반 개입법: 지도 및 학습 안내서[Mindfulness-Based Interventions: Teaching and Learning Companion-MBI:TLC(이 책에서 우리는 줄여서 'TLC'라고 쓴다)]의 목적은 MBP 지도자의 성찰 수련을 돕는 것이다. 지도자 과정을 막 시작한 지도자부터 오랫동안 지도해 온 지도자에 이르기까지 모든 단계의 지도자에게 도움이 되도록 설계했다. 성찰 수련은 MBP를 진실하게 가르치는 데 필수다. 그것은 우리가 무엇을 잘하고 있는지 볼 수 있는 공간을 주며, 가르침을 펼 때 일어나는 불가피한 한계를 살피게 해 준다.

성찰 수련을 위한 이 안내서는 『마음챙김 기반 개입: 지도 평가 기준』(MBI:TAC; Crane et al., 2018)에 기초를 둔다. 이 책은 가르침 기술의 지도를 제공하며 MBP 지도자를 평가하는 데 세계적으로 사용되는 자료다. TLC 역시 다운로드와 프린트가 가능하므로 당신의 지속적인 성찰 수련에서 여러 번 사용할 수 있다(www.routeledge.com/9780367330798).

성찰 수련이란 무엇인가

MBP 지도자가 된다는 것은 개인적 차원에서 우리에게 많은 것을 요구한다. 그리고 성찰 수련(reflective practice)에 지혜롭게 임하는 것은 지도자로서 발전의 핵심이다. 효과적인 성찰은 비판적 사고의 요소를 요구하는데, 그것은 열려 있는 성찰적 접근태도 안에서 분석과 질문의 결합이다. 그것은 몸, 감정, 인지 등 우리의 전체 시스템에 참여하는 것을 포괄한다.

성찰 기술을 키우는 것은 그 자체로 학습 과정이다. 그것은 우리의 개인적 마음챙김 수련, 우리의 지도 실천, 우리의 일상의 삶, 우리가 중시하는 가치, 우리의 사회적 조건화 등을 포괄하며 그것과 관여된다는 점에서 중요하다. 비판적 성찰 기술의 발달은 MBP 맥락에서 배움을 가능하게 하는 열쇠이며, MBP 지도자가 공식 훈련을 넘어 계속되는 성찰 수련과 자기평가 문화의 일부가 되도록 돕는다. 이런 방식으로 이 영역의 윤리와 전일성이 근본적인 수준에서 유지된다.

성찰에 핵심이 되는 요소에는 다음과 같은 것이 있다.

- 성찰은 지금까지와 다른 관점에서 문제를 보게 한다. 이로써 지도자는 자신이 중시하는 가치, 자신이 내리는 가정, 자신이 갖는 편견과 관점을 이해하고 더 유심히 살펴볼 수 있다.
- 성찰은 배움으로 이어진다. 생각과 그 상황에 대한 우리의 이해가 바뀔 때 낡은 태도, 생각, 행동을 떨칠 수 있다. 따라서 성찰은 인간으로서, 그리고 MBP 지도자로서 우리의 발전과 향상의 일부다.
- 성찰은 적극적인 배움의 과정으로, 생각이나 사려 깊은 행동 이상의 것이다.
- 성찰은 MBP 지도에 딜레마, 도전, 문제가 없지 않음을 알아본다.
- 성찰은 직선적 과정이 아닌 순환적 과정이다. 성찰은 새로운 생각을 일으키고, 그 새로운 생각은 우리의 다음 단계의 배움을 계획하는 데 사용된다.

MBP 지도자로서 우리는 탐구를 촉진하는 훈련을 받는다. 탐구 과정(9장)에는 경험의 직접성, 경험과 맺는 관계, 우리가 관찰하고 있는 바의 더 넓은 의미에 대한 관여의 세 가지 층위가 있다. 이 탐구 과정은 성찰의 아름답고 효과적인 시스템이다(Segal et al., 2013). 우리가 지도자로서 우리의 참가자들에게(그리고 우리 자신에게!) 품는 열망은, 경험에 대한 이런 방식의 탐구가 우리 삶의 자연스럽고 기본적인 관여 방식이 되게 하는 것이다.

왜 TLC를 만들었는가

지난 수년간 동료 지도자 트레이너들은 MBI:TAC를 어떻게 개인적으로, 동료들과, 그리고 피수련생들과 함께 성찰 목적에 사용할까를 의논해 왔다. MBI:TAC 사용법에 관한 이해를 높이기 위해 2018년 우리는 79명의 세계 MBP 지도자와 슈퍼바이저를 상대로 국제적인 조사를 진행했다. 응답자 중 95%가 이미 MBI:TAC를 자신의 피수련생의 성찰 과정을 돕는 데 사용하고 있으며, 85%의 지도자가 자신의 수련을 돌아보는 도구로 사용하고 있다는 사실을 알고는 놀랐다(Russell, 2018). 성찰을 위해 MBI:TAC를 사용한 지도자들은 그것을 응용시켜 가령 다음과 같은 목적에 사용했다. "나는 MBI:TAC를 평가보다는 성장하는 법에 강조점을 두어 사용했습니다. …… 과정에 더 중점을 두었습니다."

MBI:TAC는 필연코 복잡하고 심층적인 평가 도구이므로 신참 피수련생 지도자들이 겁을 먹을 수 있다고 보고되었다. 부분적 이유는 이렇다. "상세함의 정도가 무서울 수 있습니다." 또한 "'평가'라는 단어가…… 즉시 평가나 측정의 인상을 줍니다." 이는 피수련생들을 '공포' 모드에 집어넣음으로써 학습 과정에 도움이 되지 않을 수 있다고 느끼는 트레이너도 있었다. 더욱이 모든 새 기술을 학습할 때와 마찬가지로, MBP 지도자가 되는 길에는 종종 자기의심의 단계를 거쳐야 한다. 일부 응답자는 이런 의심의 순간들을 나타내는 MBI:TAC의 사용 방법을 원했다.

> MBI:TAC는 매우 열망적인 방식으로 쓰였어요. 지도 과정에서 일어나는 힘들고 어둡고 혼란스럽고 길을 잃은 자동반응적인 에너지의 한가운데서 자신과 관계 맺는 것에 관한 이야기를 해 볼 공간이 조금이라도 있나요?

따라서 MBI:TAC를 성찰 보조 도구로 명시적으로 사용하는 응용 방법을 탐구하자는 요청이 있었다. 즉, '강점 영역과 학습, 발달의 필요를 강조하는' 요청이 있었다. TLC는 모든 수준의 경험 단계에 있는 MBP 지도자를 위한 성찰 수련 도구에 대한 필요에 응답한다.

TLC가 어떻게 MBP 지도자로서 나의 발전을 도울 수 있는가

- TLC는 MBP 지도자로서 개인적 과정과 기술 개발에 대한 성찰적 참여의 구조를 제공한다.
- TLC는 MBI:TAC와 겹치는 부분이 있다는 점에서(여섯 개의 영역과 핵심 특징) 평가의 '위협' 없이 MBI:TAC를 부드럽게 소개하거나 또는 디딤돌로서 도움이 된다.
- TLC는 지도자의 지속적인 발달을 돕는 실제적 안내를 제공한다. 각 영역의 마지막에는 성찰과 참고자료를 소개한다.
- 이 장의 마지막에는 특정 지도 사례에 대해 성찰하게 하는 섹션이 있다. 이것은 필요에 따라 TLC와 함께 또는 그것과 별개로 사용할 수 있다. 도전적이거나 불편한 가르침의 순간들은, 우리가 그것을 더 깊게 성찰하는 방식으로 사용할 수 있다면 우리에게 풍부한 배움을 제공한다.
- TLC는 지도자로서 당신의 강점에 대해 성찰하게 해 준다. 이것은 당신의 지나치게 비판적인 성향에 균형을 맞춰 줄 것이며, 어떻게 앞으로 더 발전해야 하는지에 관한 자신감과 이해를 키워 줄 것이다.

TLC는 수련 과정뿐 아니라 수련이 끝나고서도 계속해서 당신의 안내서로 활용될 수 있도록 설계되었다. 그것은 지도자로서 당신이 거치는 과정에 대한 자신의 감각에서 나오는['내면에서 외면으로(inside out)'] 지도 기술과 관련한 자기성찰 과정을 돕는다. TLC는 동료나 슈퍼바이저와의 논의를 위한 기초 자료로서도 도움이 된다. 이것은 당신의 마음챙김 수련의 일부로서 자기성찰을 다룰 때에도 여러 번 반복해 사용할 수 있다. 즉, 비판이나 칭찬이 일어날 때를 관찰하고, 성찰 중에 일어나는 모든 신체적 · 감정적 반응을 알아차리는 것이다. 기억할 것은, 우리가 지도자로서 최대한 능숙하게 가르침을 펴기를 원하는 것이 자연스러운 일이지만 그와 동시에 우리가 매 순간 있는 그대로의 자기 자신이 될 수 있도록 허용하는 것 또한 중요하다는 사실이다. TLC를 사용해 우리는 '훌륭한' MBP 지도자가 되고 싶은 우리의 자연스러운 (그리고 바람직한) 소망에 쫓기기보다 친절한 알아차림으로 품어 안을 수 있다.

TLC는 MBI:TAC에 본질적으로 들어 있는 평가적 요소에 초점을 두지 않으면서 MBP 지도 기술에 더 친숙해지는 '디딤돌'로 사용할 수 있다. TLC에 반복해 참여하는 과정에서 당신은 이 문서에 제시된 제안을 넘어 당신의 성찰을 미세하게 조정하고 싶을 수도 있다. 그 단계에 이르면 당신은 전체 MBI:TAC를 참조해 각 영역에 대한 더 자세한 사항을 접할 수 있다(mbitac.bangor.ac.uk). TLC의 프린트 버전은 온라인에서 구할 수 있다(www.routledge.com/9780367330798). 성찰 과정에서 노트를 기록함으로써 창의적으로 이 도구를 활용할 수 있을 것이다.

TLC를 사용하는 법

TLC 사용하기 전에 짤막한 명상 수련으로 마음을 안정시키는 것이 좋다. 이것은 판단하고 애쓰는 자연스러운 경향을 가진 사람들에게 특히 중요하다. 이것은 지도자가 된다는 것의 암묵적 과정에 관한 것이다. 자신을 평가하거나 타인과 비교하는 방식이 아니라 '내면에서 외면으로' 나오는 자연스러운 느낌에 관한 것이다.

마음이 관념에 걸려드는 때를 알아차려야 한다. 가령, "나는 체화를 잘 하지 못해." 그런 다음, 특정 주제에 관하여 뒤이어 일어나는 연상 작용에 걸려드는 때도 알아차리면 좋다. "수련을 체화하지 못한다면 나는 가르쳐서는 안 돼." 이런 일이 일어나는 경우 잠시 멈추어 생각으로부터 몸에서 일어나는 직접적인 감각을 느끼는 것으로 옮겨 가도록 당신 자신을 초대하라. 생각에 걸려드는 일이 지금 여기의 직접적인 경험에 어떤 영향을 미치는가? 가령, 가르침을 전하는 동안 당신이 실수한 기억이 떠오른다면 가슴에 철렁하는 느낌이나 배가 푹 꺼지는 느낌이 함께 일어날 수 있다. 이 모든 것은 풍부한 정보로서 성찰과 일지 쓰기에 도움이 된다.

당신의 가르침에 대해 돌아볼 때 생각이 좁은 판단 모드로 옮겨 가는 것을 알아차릴 수도 있다. 인간의 마음을 고려할 때 판단을 내리는 것은 거의 불가피한 현상으로서 이것이 불쾌하게 느껴질 수 있다. 일어나는 모든 판단을 가능한 가볍게 다루는 것이 좋다. 그 과정에서 일단 한 발 물러나 나중에 돌아온다는 선택권을 가지고 지금 이 순간에 마음챙김 멈춤을 가져가는 것이 좋다. 멋지고 효과적인 가르침의 순간을 관찰하고 성찰하는 데도 마음을 열고, 이런 긍정적 판단 또한 (부정적 판단과 마찬가지로) 가볍게 다루어야 한다. 마지막으로, (이 책의 저자들도 포함해!) MBP 지도자가 되는 작업에 참여하는 모든 사람은 그 과정에서 비슷한 질문과 의문을 가지고 있음을 기억해야 한다. 당신은 TLC에서 한발 물러나 준비가 되었을 때 다시 돌아올 수도 있다. 또는 만약 당신이 TLC를 이용한 결과로 특정한 지도 사례에 이끌린다면 Atkins와 Murphy(1993) 모형을 참조해 이것을 성찰하는 데 도움을 받을 수 있다(가르침을 전하는 동안 도전적인 특정 사례에 관해 성찰하는 '방법'에 관한 가이드는 이 장의 마지막에 수록되어 있다).

MBI:TAC는 지도 과정을 여섯 개의 지도 기술/능력 영역에 두며, 이것이 TLC에 반영되어 있다. 각 섹션은 한 개의 영역을 다루며, 그 속에서의 핵심 특징을 간략하게 설명한다. 당신은 각 영역에서 자신의 가르침의 강점과 향상이 필요한 영역에 관해 성찰하는 표를 작성하게 된다. 당신이 지금 처한 단계에 가장 어울린다고 생각되는 박스에 체크하면 된다. '네, 확실히 그렇습니다'부터 '이 핵심 특징에 대해 한번도 생각해 본 적이 없습니다'까지 다양하다. 이 도구의 다운로드 버전을 이렇게 사용하는 것은 유용할 것이다.

지금 이 순간 가장 정직하고 가장 정확하다고 느껴지는 범주를 선택한다. 직관적으로 가장 잘 맞다고 생각되는 범주다. 학습의 과정은 지속적인 발전의 과정임을 기억하라. 모든 사람이 어느 지점이든 어딘가에서 출발해야 하며 옳거나 틀린 반응이란 없다. TLC의 목적은 당신이 잠시 멈추어 자기를 성찰하도록 하는 것, MBP 지도자로서 당신의 수련과 발달을 돕는 것이다.

각각의 표 아래에는 두 섹션으로 나누어진 공간이 있다. '강점' 아래에는 지도 강점이 있는 영역에 대해 성찰한다. 설령, 때로 도전적으로 느껴지더라도 언제나 긍정적인 무언가를 찾아 적어야 한다. '발전이 필요한 영역' 아래는 더 계발하면 좋을 기술에 대해 성찰하는 공간이다. 각 영역의 마지막에는 당신의 기술을 더 발전시킬 실제적인 지침들을 담았다.

이 발달 과정을 돕는 보조 도구로 우리는 일지를 쓸 것을 권한다. 당신이 이 표를 작성하는 과정에서 특정한 지도 포인트 또는 질문이 일어난다면(가령, "내가 체화를 잘하지 못한다면 그것을 어떻게 알 수 있을까?" 같은 큰 질문에서부터 "참가자들이 도착하기 전에 의자를 제대로 정돈해야 할 필요가 있어." 같은 작은 질문에 이르기까지), 이것을 당신 자신, 동료, 그리고 당신의 마음챙김 슈퍼바이저와 더 깊이 상의하도록 종이에 적어 두라. 무엇을 써야 할지 모를 때를 관찰하라. 그리고 그래도 괜찮다고 인정해 주라. 실제로, 이런 불확실성 자체를 이용해 더 깊은 성찰로 이어질 수 있다. 과정 자체에 대한 알아차림이 이 성찰 수련의 일부가 되게 초대하라. 이런 식으로 자기를 성찰하는 것이 어떤 것인지 살펴본다. 일어나는 모든 판단과 자기비난을 친절한 알아차림으로 품어 안는다. 당신이 종이에 적는 것은 오직 당신의 눈을 위한 것임을 기억하라. 그리고 당신 자신이 자유롭고 방해받지 않도록 허용하라.

범주에 대한 열쇠

다음은 각 범주에 대한 설명이다. 이것들을 가볍게 다루면 된다. 여기서 옳음과 그름은 존재하지 않는다. 당신은 지금 이 순간 당신의 주관적 경험의 측면들을 파악하고 있을 뿐이다. 당신은 두 범주 사이에 해당한다고 느낄 수도 있다. 그럴 경우, 표에서 그 두 범주 사이에 위치하도록 표시한다. 이 과정을 자유롭고 직관적으로 사용해 당신의 성찰 과정, 배움, 발전에 도움이 되기를 바란다.

네, 확실히 그렇습니다

이 범주는 이것을 MBP 지도의 핵심 특징으로 알고 있음을 말한다. 당신이 가르침을 전하는 내내 그것이 '일관되게' 존재하고 있다는 의미다. 이 핵심 특징에서 당신은 비록 여전히 미세 조정이 필요하다 해도 자신의 능력에 대해 확신을 가지고 있다.

네, 때로 그렇습니다

이 범주는 핵심 특징을 당신이 인지하고 있으며, 가르침을 펴는 동안 주기적으로 존재하지만 그것이 종종 '비일관적으로' 존재할 수 있음을 나타낸다. 혹은 이 핵심 특징이 당신의 수련에 일관되게 존재하지만 아직은 상당 부분 향상의 여지가 존재함을 반성적으로 돌아본다는 의미다.

네, 그러나 가끔씩만

당신은 이 핵심 특징을 전체의 절반에 못 미치게, 또는 매우 비일관적으로 또는 확신을 갖지 못한 채 적용한다. 이것은 당신이 다루어야 하는 한계일 수 있다. 당신은 그것과 익숙해지는 과정을 인지하며, MBP 지도 내에서 그것을 계발하는 법을 배운다.

아니요, 아직은 아닙니다

당신은 이 특징을 MBP 지도의 일부로 인식한다. 하지만 MBP를 지도할 때 아직 그것을 적용해 보지 않았으며 그렇게 하도록 노력하고자 한다.

잘 모르겠습니다

이 범주는 핵심 특징이 아직 당신에게 낯설 때를 위한 범주다. 당신은 아직 그것에 대해 생각해 본 적이 없을 것이다. 또는 MBP를 지도할 때 이것을 포함시켜야 하는지 아직 모를 수도 있다. 또는 이 핵심 특징을 실제에 적용시킬 기회를 아직 갖지 못했을 수 있다.

영역 1: 세션 교육과정에서 다루는 범위, 진행 속도, 조직화

핵심 특징

1. 교육과정 충실도

당신의 지도는 이 과정을 가르치기 위한 MBP 교육과정 가이드를 충실히 준수한다(예: Kabat-Zinn et al., 2021; Segal et al., 2013).

2. 대응성

세션 계획을 사용하는 것과 그 순간의 요구 사이에 적절한 역동이 존재한다. 가령, 어려움 다루기가 세션 1의 집단에서 강력한 주제로 떠오른다면 당신은 이것을 세션 1의 특정한 의도를 잃지 않은 채 적절히 통합할 수 있다. 또 만약 그 대화가 특별히 유용하다면 거기에 필요한 공간을 주어 일관되고 완전한 방식으로 세션의 나머지 시간을 역동적으로 조정할 수도 있다.

3. 주제와 내용의 적절한 포함

세션의 핵심 주제에 충실하면서 안전하게 그것을 행한다(가령, 초기 세션에서 참가자들이 자신의 힘겹고 강렬한 감각에 주도적으로 주의를 기울이도록 독려하는 것은 부적절할 수 있다).

4. 조직화

모든 자료는 적절히 조직하고 언제든 사용할 수 있도록 곁에 두어야 한다. 세션 계획을 작성하고, 참가자들이 도착하기 전에 실제 공간이나 온라인 공간을 미리 준비해야 한다.

5. 진행 속도

당신의 지도의 리듬과 흐름 안에 참가자들이 그 주제를 이해하고 성찰하는 공간을 주어야 한다. 세션을 서둘러 진행해서는 안 되며, 너무 느리게 진행해도 도움이 되지 않는다.

표 19-1 영역 1: 세션 교육과정에서 다루는 범위, 진행 속도, 조직화

	영역 1의 핵심 특징	네, 확실히 그렇습니다	네, 때로 그렇습니다	네, 그러나 가끔씩만	아니요, 아직은 아닙니다	잘 모르겠습니다
1	나는 이 교육과정에 충실한가?					
2	나는 해당 교육과정을 전하는 동안 수업의 필요에 대한 유연성과 대응성의 균형을 맞추는가?					
3	나는 코스의 주제와 맥락을 적절히 소개할 수 있는가? 필요할 때 유연성을 발휘할 수 있는가?					
4	수업에 필요한 준비를 잘 조직하는가? (예: 시간표, 나눠 줄 자료들, 수업 장소 등)					
5	나의 가르침은 진행 속도가 적절한가? (예: 특정 이슈에 머물지 않고 참가자의 학습에 필요한 여유를 허용하는가?)					

강점:

발전이 필요한 영역:

영역 1을 위한 팁과 참고자료: 다루는 범위, 진행 속도, 교육과정

교육과정에 대한 당신의 친숙도와 이해가 이 영역의 핵심에 자리 잡고 있다. 어느 수련과 주제가 교육과정 내의 어디에 가야 하는지 아는 것은 물론(즉, 마음챙김으로 건포도 먹기는 세션 1이다) 그 수련의 근거(rationale)와 의도(intention)를 이해하는 것이 중요하다. 이것을 당신의 내면에 깊이 깃든 지식으로 발전시킨다면 가르침을 펼칠 때의 의사결정을 안내해 줄 것이며, 당신은 자유롭게 되어 집단의 필요에 대응할 수 있을 것이다.

더 발전하기 위해 다음이 필요하다.

- 수련 초기에 당신의 학습을 하나의 확립된 MBP 교육과정에 닻을 내려 여기에 집중하도록 한다. 몇 가지 교육과정을 한번에 하려고 하면 혼란스러울 수 있다. 한 가지 교육과정을 매우 잘 안다면 그것 사이의 중첩되는 부분이나 차이점, 당신이 맞닥뜨리는 다른 MBP 교육과정을 이해하기도 훨씬 수월해진다.
- 관련 가이드와 핵심 텍스트를 여러 번 읽어 당신이 선택한 MBP 교육과정에 매우 익숙해지도록 한다. 그리고 동료들이나 슈퍼바이저와 함께 그것을 탐구한다. 당신에게 적합한 학습 전략을 탐구하라(마인드맵, 목록, 그림 등). 친숙도와 지식을 심화시키기 위해 MBP 코스에 견습생으로 자원 봉사할 기회를 찾아보라.
- 각 세션마다 교육과정의 요소들이 어떻게 서로를 지지하는지 성찰해 보라. 가령, 바디스캔에서 일어나는 어려움에 알아차림을 가져갈 때 유용하게 사용할 수 있는 방법에 어떤 것이 있는가? 정좌 명상이 세션 7에서 현명한 삶의 선택을 내리는 것에 어떻게 연결될 수 있는가?
- 참가자들이 각 세션에서 어떤 것을 하고 싶고 배우고 싶어 하는지 성찰해 보라. 이것은 지금 당신이 가르치고 있는 것의 근거나 의도와 참가자들이 연결되도록 해 줄 것이다. 각 세션에서 흔히 일어나는 공통된 주제도 탐구해 보라(가령, 세션 2에서 졸림과, 과제를 하기 위해 수련 시간을 마련하는 일은 참가자들이 공통적으로 겪는 경험이다). 당신이 알고 있는 것을 바로 지금 종이에 적어, 미니 탐구로 활용하라. 이것으로 교육과정에 대한 당신의 이해가 어떤 부분에서 부족한지 확인할 수 있다.

영역 2: 관계 맺기 기술

핵심 특징

1. 진실성

당신은 당신의 참 모습과 일관된 방식으로 가르쳐야 한다. 참가자들과의 관계에서 일관되고 열린 태도를 지녀야 한다. 개인이나 집단에 대한 대응은 '일어나야' 하는 일에 인지적으로 집중하는 것이 아니라 그 순간에 대한 대응성으로부터 생겨난다.

2. 연결과 수용

당신은 참가자들이 하는 말, 즉 그들이 말하는 내용과 감정 톤에 있어서 모두에 '조율한다.' 그리고 이것을 반영해 주는 능력으로 지금 이 순간 참가자들이 존재하는 곳, 바로 그곳에서 그들을 만난다. 자신과 참가자를 수용하는 감각을 기른다.

3. 연민과 따뜻함

당신은 참가자를 향한 진정한 따뜻함과 연민을 전한다. 이것은 주의 깊음, 격려, 그리고 힘든 순간에 연민으로 관계 맺는 것을 통해 드러난다. 그리고 참가자의 경험과 상호 연결된 '동료-인간'으로 관계 맺으며 드러난다.

4. 호기심과 존중

당신은 참가자가 자신의 방식으로 참여할 수 있도록 격려하는 일관된 메시지를 가지고, 그리고 참가자의 취약성과 한계에 대해 깊은 존중의 마음으로 참가자들이 지도자로서 당신의 전문지식에 기대는 것이 아니라 참가자 자신의 경험을 적극적으로 탐구하도록 격려한다. 당신은 참가자의 경험에 관한 참된 호기심을 전해야 한다.

5. 상호성

당신은 우리 모두가 공유하는 인간적 취약성을 강조하면서 참가자와 함께하는 탐구의 감각, 참가자와 함께 여행하는 느낌을 전한다.

표 19-2 영역 2: 관계 맺기 기술

	영역 2의 핵심 특징	네, 확실히 그렇습니다	네, 때로 그렇습니다	네, 그러나 가끔씩만	아니요, 아직은 아닙니다	잘 모르겠습니다
1	나는 참가자와 참된 방식으로 관계 맺고 있는가?					
2	나는 참가자의 세계에 '조율하면서' 이에 대한 정확하고 공감적인 이해를 전할 수 있는가?					
3	나는 참가자가 이야기할 때 온전히 주의를 기울이는가? 그리고 따뜻함과 연민으로 관계 맺는가?					
4	참가자의 경험에 진정으로 호기심을 갖는가? 개인적 취약성과 과정을 존중하는가?					
5	참가자 사이에서 함께하는 탐구의 느낌을 촉진하는가? 내가 그 일부로서 참여하는가?					

강점:

발전이 필요한 영역:

팁과 참고자료: 영역 2: 관계 맺기 기술

이 영역에서 많은 것이 당신의 자연스러운 관계능력에 의존한다. 우리 모두는 타인과 관계 맺는 방식에 있는 강점과 한계(edges)를 모두 가지고 있다. 더 발전하기 위해 다음이 필요하다.

- 타인과 따뜻함, 호기심, 연민으로 관계 맺는 방식은 꾸준한 마음챙김 수련을 통해 이 자질들을 키우려는 의도로 계발된다. 이 과정은 사람마다 다양한 방식으로 드러난다. 그러나 규칙적으로 수련하는 대부분의 사람은 이것이 다른 사람에게 더 큰 도움이 된다고 말한다. 우리가 자신의 이익을 위해서만 명상하는 것이 아니라, 우리의 수련이 타인과의 연결을 강화하고 더 깊이 만들어 준다는 점은 분명하다. 우리는 다른 모든 존재와 긴밀하게 연결되어 있다. 개인의 집중 명상 수련은 당신의 마음챙김 수련을 심화하는 데 중요하다. '통찰 대화(Insight Dialogue)' 집중 수련(Kramer, 2007)에 참여하는 것을 고려해 보라. 이것은 관계 맥락에서 마음챙김 자각을 계발하는 집중 수련이다.
- 우리가 타인과 관계 맺는 방식에 대해 성찰할 때 우리가 가진 편견과 맹점에 주도적으로 빛을 비추려는 의도를 갖는 것이 도움이 된다. 우리는 특정 참가자에 대한 저항과 두려움을 느낄 때, 또는 그들이 우리와 다른 견해를 가질 때 어떻게 반응하는가? 이 주제를 더 탐구하기 위해 '사회적 주제'(24장)와 제시 자료를 읽으라.
- TLC를 사용할 때 당신의 '한계'가 무엇인지 떠올리게 하는 생각을 관찰할 수도 있다. 그 생각을 적어 둔 다음에 다음번 당신의 슈퍼비전 세션에 그것을 가져가라. 우리에게 도전적인 참가자들을 만날 때 우리 자신의 관계 맺기 패턴에 대한 이해를 심화시키는 것이 중요하다. 슈퍼비전은 지도 과정에서 참가자들과의 관계상 일어날 수 있는 개인적 취약성과 약점을 논의할 수 있는 특별히 중요한 장소다. 참가자들과의 관계에서 맞닥뜨리는 도전은 MBP 지도자가 되는 데 있어 자연스러운 부분이다. 우리의 약점에 빛을 비추는 과정은 불편한 과정이지만 개인적으로 충족감을 주는 과정이며 궁극적으로 우리의 참가자에게(그리고 우리 자신과 우리의 가족에도!) 이익이 되는 과정일 수 있다. Crane(2004)이 쓴 MBP 지도자가 되는 것에 따르는 취약성

에 관한 성찰 논문을 읽는 것이 도움이 될 수 있다.

- 가르치기 전에 잠시 멈추는 것은 좋은 습관이다. 일단 수업 장소를 준비했으며, 당신의 참가자가 도착하기 전에 5~10분 동안 명상할 수 있는지 보라. 이것은 현재 순간에 머물며 중심을 잡는 데 도움을 준다. 이로써 당신 자신과 연결을 맺고 이것은 우리가 타인과 연결을 맺는 토대가 되어 줄 것이다. 가르치는 동안에도 우리 앞의 사람과 다시 연결한다는 단순한 의도를 가지고 잠깐씩 멈추는 것은 유용한 습관이다(이것은 온라인으로 MBP를 가르칠 때 특히 유용하다). 집단 내에 트라우마를 겪은 사람을 상대로 가르칠 때면 그들에게 민감한 방식으로 알아차림과 기술을 가지고 가르치는 것이 중요하다. 이것은 안전한 수련 환경을 확보하는 데 중요한 관계 맺기 기술이다(23장).

영역 3: 마음챙김의 체화

핵심 특징

1. 현재 순간에 초점 맞추기

당신은 가르치는 동안 몸에 든든히 중심을 잡아야 한다(그러나 뻣뻣해서는 안 된다). 이것은 당신의 말의 리듬이나 높낮이에도 드러나며, 참가자는 당신의 마음챙김의 신체적 표현을 '감지할' 수 있다.

2. 현재 순간에 대한 대응성

당신은 지도 공간에서 당신의 내면에서 일어나는 일(생각, 감정, 신체감각 등)과 외면에서 일어나는 일(교육과정 문제, 참가자들, 집단 과정 등)에 마음챙김으로 대응하고 있어야 한다. 여기에는 당신이 매 순간 집단에 어떻게 반응하는가 하는 것도 포함된다. 당신의 일관된 의도를 가지고 세션을 안내해야 한다.

3. 깨어 있는 동시에 꾸준함을 전하기

지도하는 동안에(특히 도전적 순간에) 내면의 자동반응이 일어날 수 있다. 이때는 이것을 충분히 인정하면서 깨어 있음과 활기와 함께 꾸준함을 전할 수 있다. 불편함을 느끼는 중에도 당신은 안정성과 활기를 전할 수 있다. 불안, 취약성, 불확실성의 순간에 마음을 열고 그것을 있는 그대로 허용한다. 자동반응하기보다 지혜롭게 대응한다.

4. 태도적 자질

당신은 비판단(참가자들과 개인적 경험을 친절하게 알아차리는 입장을 키우기), 인내(현재 순간이 그 스스로 드러나도록 허용하는 방식으로 다루기), 애쓰지 않음(모든 것을 고치려 하지 않고, 있는 그대로 두기), 허용(자신, 타인, 경험에 대해 친절한 현존을 실천해 보이기) 등의 태도적 자질을 전한다.

5. 지도자의 자연스러운 현존

당신은 지도자로서 자기만의 독특하고 진실된 자연스러운 존재 방식을 통해 가르침을 편다. 당신의 개인적 특성에 자리를 잡고 산다. 마음챙김을 하는 사람은 어떻게 '행동해야' 한다는 '페르소나'를 걸치는 것이 아니다. 있는 그대로의 자연스러운 당신의 모습으로부터, 그리고 당신 자신의 수련을 토대로 가르치는 것이다.

표 19-3 영역 3: 마음챙김의 체화

	영역 3의 핵심 특징	네, 확실히 그렇습니다	네, 때로 그렇습니다	네, 그러나 가끔씩만	아니요, 아직은 아닙니다	잘 모르겠습니다
1	나는 가르칠 때 몸에 중심을 잡고 있는가? 현재 순간에 주의를 기울이고 있는가?					
2	나는 가르치는 동안 내면 그리고 외면의 경험에 대응하고 있는가?					
3	나는 도전적인 가르침의 순간에 꾸준함과 깨어 있음을 유지할 수 있는가? 그리고 참가자와 연결된 중심으로부터 가르칠 수 있는가?					
4	나는 가르치는 동안 허용, 애쓰지 않음, 비판단, 인내의 태도를 전할 수 있는가?					
5	나는 '나 자신'의 진실된 모습으로 가르치고 있다고 느끼는가?					

강점:

발전이 필요한 영역:

팁과 참고자료: 영역 3: 마음챙김의 체화

체화는 개념적으로 파악하기가 사실상 불가능하다. 그것은 '느껴야' 한다. 만약 이 영역이 도전적으로 느껴진다면 그것은 실제로 그것이 도전적이기 때문이며 제대로 체화하는 데 시간이 필요하기 때문이다. 마음챙김 수련의 체화는 MBP 지도의 핵심에 있으며, 각 사람에게서 독특하게 나타난다. 그렇지만 우리가 그것을 타인에게서 보고 느낄 때면 우리는 어떻게든 '그것을 알 수 있다.' 체화는 '역량'이나 기술이 아니라, 당신이 마음챙김 수련을 당신의 존재 방식에 일관되게 녹여 낼 때 자연스럽게 나타나는 능력에 가깝다.

- 체화된 마음챙김을 계발하는 주요한 방식은(무엇인지 짐작해 보라!) 개인의 마음챙김 수련과, 그리고 이 수련들이 기초하고 있는 가르침에 지속적으로 관여하고 그것을 탐구하는 방법을 통해서다. 수련에 임하고 수련을 탐구하는 과정에서 체화란 어떤 것인지에 관한 생생한 느낌이 자라난다. 그리고 당신이 가르치는 과정에서 이 느낌이 자연스럽게 드러날 것이다. 특히 체화를 키울 때는 당신의 수련을 몸 중심의 수련, 가령 바디스캔이나 마음챙김 움직임으로 옮겨 가는 것이 유용할 수 있다. 또한 정좌 명상을 하는 동안에 일어나고 사라지는 생각과 감정을 지켜보는 것과 관련해 몸의 사용을 탐구하는 것도 특히 도움이 될 수 있다.
- 체화를 탐구할 때 피수련생들이 현존을 타인에게 어떻게 '전달하는가'에 집중하는 일이 흔하다. 그러나 우리는 당신이 겉으로 어떻게 보일까에 관한 생각을 떨치도록 격려한다. 체화는 본질적으로 일관성이다. 그러므로 체화의 기초는 가르침이 일어나는 동안에 당신의 직접 경험과 연결하는 것이다. 체화에는 직감적 감각 경험에 대한 특별한 강조가 포함되며 생각, 감정, 그리고 더 넓은 가르침의 공간에서 일어나고 있는 일에 조율하는 것이 포함된다. 지도자의 내면 과정과 함께 지도 공간으로 알아차림을 확장할 때 이것이 더 깊은 체화로 자연스럽게 이어진다는 점을 신뢰해야 한다. 체화는 마음챙김 수련의 계발로부터 일어나는 창발적 과정이다. 이것은 체계적으로 가르칠 수 있는 과정이 아니다.
- 적극적으로 체화에 질문을 던지고, 이것을 MBP 지도에 대한 당신의 탐구의 전면으로 가져가라. 이것은 당신에게 무엇을 의미하는가? 당신이 체화할 때 당신은 그것

을 어떻게 감지하는가? 체화하지 못할 때는 그것을 어떻게 아는가? 당신이 가르칠 때 몸에 중심을 잡도록 도와주는 것은 무엇인가? 당신이 자신의 직접 경험과 접촉하지 못하고 개념적인 행위 양식에 빠질 때 당신은 어떻게 하는가? (아마도 당신의 마음챙김 슈퍼바이저의 도움을 얻어) 이 질문들을 성찰 수련에 가져감으로써 당신은 체화에 대한 이해를 심화시킬 수 있다.

영역 4: 마음챙김 수련 안내

핵심 특징

1. 언어는 정확하되 여유 공간을 전해야 한다.

각 수련에는 다음 세 가지의 요소가 존재한다.

- 참가자들이 경험의 어느 측면으로 주의를 향해야 하는가를 분명히 한다.
- 가령, 이 자연스러운 움직임을 지켜본 다음 친절하게 마음을 되가져 오는 것과 같이, 마음이 방황할 때 (이것은 자연스러운 과정임을 강조함과 함께) 그 과정을 능숙하게 다루는 법에 대한 안내가 필요하다. 수련 내에서 참가자들이 안내에 몰두할 수 있도록 침묵의 공간을 제공한다. 안내가 참가자에게 적합하지 않은 경우에 그것을 수정할 수 있도록 한다.
- 어떤 태도적 자질을 일깨워야 하는지 말한다(예: 애쓰지 않음, 신뢰, 호기심을 초대하기).

2. 각각의 마음챙김 수련의 핵심 배움을 참가자들에게 가능하게 하기

당신은 각각의 마음챙김 수련의 핵심 의도를 알고 있으며, 이 배움이 암묵적이고 명시적인 지도 과정을 통해 참가자에게 분명히 전달되도록 해야 한다.

3. 각각의 수련을 안내할 때 고려해야 하는 특정 요소를 분명히 하기

가령, 바디스캔에서 특정 신체 부위를 탐구하기 전에 항상 몸 전체에 중심을 잡는 것에서 시작한다. 서로 다른 경험에 이름을 붙인다(감각이 매우 강할 수도 있고, 아예 감각이 없을 수도 있다). 그리고 안내하는 내내 안전과 트라우마 민감성에 대한 고려에 주의를 기울인다.

MBI:TAC에는 이런 특정 요소에 대한 유용한 요약이 있다(Crane et al., 2018).

표 19-4 영역 4: 마음챙김 수련 안내

	영역 4의 핵심 특징	네, 확실히 그렇습니다	네, 때로 그렇습니다	네, 그러나 가끔씩만	아니요, 아직은 아닙니다	잘 모르겠습니다
1	나는 각각의 마음챙김 수련 내에서 주의, 마음의 방황, 태도적 자질에 대해 분명하게 안내하는가?					
2	나는 각 수련의 핵심 의도에 대해 알고 있으며 가르칠 때 이것을 참가자에게 전달하는가?					
3	나는 수련을 안내하는 동안 고려해야 하는 요소들에 대해 언급하는가?					

강점:

발전이 필요한 영역:

팁과 참고자료: 영역 4: 마음챙김 수련 안내

- 당신의 개인 마음챙김 수련의 일부로서 서로 다른 MBP 지도자들의 음성이 녹음된 안내 명상을 다양하게 들어 본다. 이것은 같은 교육과정 요소라도 지도자에 따라 어떻게 서로 다르게 가르치는지 보여 준다. 오래된 음성 녹음은 이 분야가 트라우마 민감성 언어의 중요성을 자각하기 전에 만들어졌음을 인식하라. 어떤 사람들은 오디오 녹음을 옮겨 적으면 자료에 익숙해지는 데 도움이 된다고 한다. 각 수련에서 다루어야 할 자료들을 발전시키고 거기에 익숙해지면서 당신의 자연스럽고 고유한 안내 목소리가 나타날 것이다. 처음에 당신의 명상 안내가 다른 사람의 말을 빌려 쓰는 것처럼 느껴진다고 해도 걱정하지 마라. 이것은 매우 자연스러운 일이며, 시간이 지나면서 각 수련의 의도와 요소를 당신이 내면화함에 따라 점차 열어질 것이다. 당신 자신의 살아 있는 수련 경험으로 하는 안내를 점점 더 늘려 가면 된다.
- 처음 배울 때는 간단한 노트를 눈에 보이는 데 붙여 두고 수련을 안내하는 것이 도움이 된다. 일단 수련의 기본 구조를 배운 다음에는 노트를 내려놓는 의도를 견지하라. 그래야 당신의 주의를 그 순간의 직접성에 더 많이 보낼 수 있다. 노트를 보지 않으면 처음에는 불안하게 느껴질 수 있지만, 즉각적인 보상을 줄 것이다. 그것은 수련을 안내할 때 당신 자신의 수련과 더 온전히 연결할 수 있다는 것이다. 누구도 배울 때는 '완벽한' 수련 안내를 기대하지 않는다(그런 것은 정말로 존재하지 않는다!). 우리는 초기 단계에서조차 안내 수련에 대한 전체 '각본'을 그대로 읽는 것을 권하지 않는다. 처음에 수련 안내를 배울 때는 몇 가지 핵심 포인터를 담은 노트로 충분하다. 이후에는 이것조차 빨리 내려놓아야 한다. 그리고 당신 자신의 과정과 연결한 상태에서 안내하는 것을 더 우선해야 한다.
- 각 수련의 이면에 존재하는 의도에 친숙해지도록 한다. 각 수련 안에서 가능한 주요 배움은 무엇인가? 당신의 수련 안내에서 이 점이 어떻게 분명히 드러나는가? 각각의 수련이 지도 세션의 주제와 어떻게 연결되는가?
- 자신의 수련 안내를 음성으로 녹음한 다음, 그것을 들으며 몇 차례 명상해 본다. 그런 다음, 녹음한 것을 지우고 다시 녹음한다. 이것은 어떤 부분이 잘 되고, 어떤 부분에서 당신이 더 발전해야 하는지를 알아보는 좋은 방법이다.

- 수련의 주요 요소가 점점 더 내면화되면 당신이 수련을 안내하는 동안에 그 수련에 대한 당신의 경험적 참여에 강조점을 두고 본다. 이것은 당신의 수련 안내가 순간순간의 경험에 대한 체화된 연결로부터 나온다는 의미다. 가령, 당신의 지도 공간 바깥에서 시끄러운 드릴 소리가 들려온다면 당신은 참가자가 이 소리를 어떻게 다룰 수 있는지 안내할 수 있다. 또 당신 자신이나 참가자가 불안해한다면 이것에 관한 안내를 제공할 수 있다. 이 경험에 관해 일지를 쓰면서 현재 일어나고 있는 상위 차원의 학습(meta-learning)에 주의를 기울이는 것도 도움이 된다. 알아차림이 내면과 외면에서 모두 일어나도록 하는 것은 어떤 느낌인가? 이렇게 시간이 지나면 당신의 명상 안내는 수련의 형식에 여전히 충실하면서도 좀 더 직관적이 될 것이고, 좀 더 '현재 순간에' 있게 될 것이다.
- 계속 수련하라! 여느 기술과 마찬가지로, 수련도 시간이 흐르면서 더 발전한다.

영역 5: 탐구와 교시적 설명을 통해 강의 주제 전하기

핵심 특징

1. 경험에 초점 맞추기

지도자는 참가자가 그들의 직접 경험에(특히 몸에서 느껴지는 감각을 강조하면서) 연결하도록 도와야 한다. 그리고 현재 순간의 경험(생각, 감각, 감정 등)을 구성하는 다양한 요소들에 대한 알아차림을 격려해야 한다. 지도자는 만약 참가자가 개념에 빠지는 경우에 그들을 직접 경험(생생함)으로 데려와야 한다. 그러면서 열린 질문을 던져 경험을 탐구하도록 해야 한다. 참가자가 가진 문제를 고치려는 태도를 내려놓아야 한다.

2. 탐구의 '세 층위'를 모두 사용하기

비선형적이며 창발적인 방식으로, 그리고 가벼운 접근방식으로 탐구의 모든 층위를 활용한다.

- 1층위: 참가자의 직접 경험. 참가자들에게 이런 질문을 던진다. "무엇을 알아차리셨습니까?" "그 감각은 어떤 느낌이었나요?" "그것과 연관된 생각이 있었습니까?"
- 2층위: 참가자가 자신의 직접 경험과 관계 맺는 방식. 지도자는 참가자가 특정 경험에 대해 맺고 있는 암묵적 관계를 들여다본다. 가령, "마음이 방황할 때 어떤 느낌이 들었습니까?" "불편함의 감각에 이름(명칭)을 붙여 보니 그것이 어떻게 느껴집니까?" "수련할 때 일어나는 조바심을 어떻게 다루었습니까?"
- 3층위: 참가자가 하는 말을, 적절한 경우에, 프로그램의 주제나 더 큰 삶과 연결시키기. "당신의 삶의 다른 곳에서도 애쓰는 일이 일어납니까?"와 같이 지도자는 참가자들의 마음이 어떻게 생각에 걸려드는지 스스로 보게 함으로써 스스로 연결을 짓도록 격려해야 한다. 학습이 참가자로부터 스스로 일어나도록 하는 것이 더 좋다. 그런 다음, 요점을 전한다. 어떤 대화는 1층위와 2만 다루는데, 그것도 괜찮다.

3. 학습 주제를 전하기

이 핵심 특징에는 여러 가지 요소가 포함된다. 학습을 가능하게 하는 다양한 지도 전략을 사용하는 방법에 관해 이야기한다. 다양한 상황에서 당신은 교시적 설명, 심리교육, 이론에 대한 연결, 경험적 관여, 이야기, 시, 비유를 제공할 것이다. 다양한 지도 보조 도구(플립차트, 포스트잇 메모지, 그림 자료 등)도 사용하게 될 것이다.

4. 유창성

이것은 유연하고 직관적인 방식으로 가르치는 능력을 말하며, 핵심 주제에 대한 당신의 지식으로부터 생겨난다.

5. 효과적인 가르침

이 핵심 특징은 당신의 가르침이 참가자의 학습을 효과적으로 가능하게 하느냐에 관한 것이다. 가령, 참가자가 세션에 얼마나 참여하는가? 당신은 참가자가 학습 자료를 자신들의 개인적 과정에 적용하고 있다고 느껴지는가?

표 19-5 영역 5: 탐구와 교시적 설명을 통해 강의 주제 전하기

	영역 5의 핵심 특징	네, 확실히 그렇습니다	네, 때로 그렇습니다	네, 그러나 가끔씩만	아니요, 아직은 아닙니다	잘 모르겠습니다
1	나는 대화 중에 참가자들을 자신의 직접 경험으로 능숙하게 안내하는가? 그리고 전반적으로 정해진 궤도를 벗어나지 않고 유지하는가?					
2	나는 탐구의 세 가지 층위를 인지하고 있는가? 가르칠 때 세 가지 층위 사이를 적절하게 왔다 갔다 하는가?					
3	나는 효과적이고 경험적으로 참여적인 학습이 가능한 방식으로 강의 주제를 가르치는가?					
4	나는 프로그램의 주제에 대한 지식/이해에 자신감을 갖고 있는가? 그리고 이것을 유창하게 전달할 수 있는가?					
5	나의 가르침은 효과적인가? 즉, 참가자의 학습이 일어날 수 있도록 하는가?					

강점:

발전이 필요한 영역:

팁과 참고자료: 영역 5: 탐구와 교시적 설명을 통해 강의 주제 전하기

이 영역에서 기술을 발전시키는 열쇠는 지도자가 우선 교육과정 주제에 관한 '지식(knowledge)'을 발전시킨 다음, 이 주제를 참가자에게 창의적으로 전달하는 '지도 기술(teaching skills)'을 발달시키는 것이다(즉, 참가자의 경험으로부터 주제가 자연스럽게 드러나는 학습 맥락을 마련하는 것이다). 이 영역은 강의 주제를 '어떻게' 전하는가에 관한 것이자, 전달하려는 강의 주제 이면의 '의도'에 관한 것이기도 하다. 초점을 맞출 특정 영역에는 다음과 같은 것이 있다.

- 참가자들에게 권위와 정확성을 가지고 말하기 위해서는 MBP의 이론적 근거에 대해 명확히 파악하는 것이 중요하다. MBP 교육과정을 살펴보면서 당신이 자신감을 느끼는 측면이 어떤 것인지, 또 더 많은 지식이 필요한 부분이 어떤 것인지 알아보라. 이것을 알아보았다면 부족한 이론적 지식을 보완하는 학습을 하면 된다(가령, 스트레스 반응 주기, 부정적 편견, 신경과학의 증거 등).
- 많은 사람에게 탐구는 MBP 지도에서 배우기에 가장 도전적인 측면이다. 만약 당신도 그렇다면, 당신과 비슷한 처지에 있는 많은 동료가 있다. 시간이 흐르면서 그리고 경험이 쌓이면서 적절한 조건이 갖추어진다면 학습이 자연스럽게 일어날 것임을 신뢰하라.
- 탐구를 다룰 때 기억해야 할 것은, 경험에 대한 우리의 강고한 생래적 관계(즐거운 일에는 끌리고, 불쾌한 일에는 혐오감을 느끼며, 중립적 일에는 무관심한)가 스트레스/고통/감정 고통 등으로 이어지는 자동반응성의 뿌리라는 점이다.
- 자신의 탐구 촉진 과정을 기록하고 그 기록을 슈퍼비전에서 공유하라. 과정(탐구 과정에서 당신의 '존재 방식')과 내용(일어난 선택 지점과 그에 대한 당신의 반응 방식) 모두에서 경험 있는 지도자와 상의하는 것이 도움이 된다.

  당신의 가르침에서 어떤 측면이 참가자들의 참여를 촉진하는지, 또 어떤 측면이 덜 효과적인지 돌아보라. 그리고 참가자들의 참여를 향상시키는 전달 방식을 창조적으로 바꾸어 당신의 가르침의 효율성을 제고하는 방법이 있는지 생각해 보라.

영역 6: 집단 학습 환경 유지하기

핵심 특징

1. 안정된 학습 환경 창조하기

지도자는 비밀 유지와 시간 준수 등 분명한 집단 경계와 기본적인 규칙을 설정함으로써 참가자가 안전하다고 느끼는 환경을 만들어야 한다.

2. 집단 형성

지도자는 집단의 시작과 종결, 집단 내 역동을 적절히 조정하는 등 학습의 잠재력을 향상시키는 식으로 집단의 핵심적인 형성 과정을 다루어야 한다. 여기에는 전체 집단에 도움을 주는 방식으로 까다로운 참가자를 다루는 일도 포함된다.

3. 개인적 과정에서 보편적 과정으로

집단 맥락을 활용해 인간 경험/패턴의 보편적 성격을 부각시키고 개인적 이야기와 보편적 이야기의 상호 연관성에 대한 자각을 증대시켜야 한다. 가령, 한 참가자가 방황하는 마음에 대해 이야기하며 탐구를 하는 동안, 지도자는 '우리'라는 단어를 사용할 수 있다. "우리는 누구나 방황하는 마음을 갖고 있죠."처럼 말하면서 참가자의 개인적 경험으로부터 보다 확장된 가르침의 요점을 전할 수 있다. 지도자는 한 사람의 참가자와 이야기를 나누는 동안에도 집단 전체를 의식해야 한다.

4. 리더십 스타일

지도자의 권위는 지도자의 '실제' 수련 경험에서 나온다. 지도자의 실제 수련 경험으로부터 참가자와 함께 여정을 걸어가는 감각을 확신을 가지고 참가자에게 전할 수 있다.

표 19-6 **영역 6: 집단 학습 환경 유지하기**

	영역 6의 핵심 특징	네, 확실히 그렇습니다	네, 때로 그렇습니다	네, 그러나 가끔씩만	아니요, 아직은 아닙니다	잘 모르겠습니다
1	나는 과정 내내 안전하고 효과적인 학습 환경을 유지하는가?					
2	나는 집단 형성의 핵심 과정을 자각하고, 이를 가르침에 적용하는가?					
3	나는 참가자 개인의 이야기를 바탕으로 집단의 관심을 보편적 과정으로 향하게 하는가?					
4	나의 리더십 스타일은 권위가 있으면서도 위계적이지 않은가?					

강점:

발전이 필요한 영역:

팁과 참고자료: 영역 6: 집단 학습 환경 유지하기

MBP에서 '집단'을 활용해 최적의 학습을 촉진하는 법을 배우는 것을 간과하기 쉽다. 특히 MBP의 '기본적인 요점'(즉, 명시적 교육과정)을 가르치는 법을 처음 배울 때는 더 그렇다. 그러나 지도자의 경험이 쌓일수록 집단 과정의 작업이 더 분명하게 드러나 보일 수 있다. 집단 과정의 이론을 학습하고 지도하는 동안 이것을 적용하는 것은 이 기술을 키우는 데 있어 열쇠가 된다.

- 안전감 확립하기: 참가자들 사이에서 안전감과 초대적 분위기가 어떻게 만들어지는지 돌아본다. 그 공간을 '안전하다'고 칭하지 않으면서도 이런 환경을 지지하는 지도자의 행동과 태도에는 어떤 것이 있는가? 안전감은 과정의 초기 단계에서 확립하는 것이 특히 중요하다. 세션에서 참가자들이 서로 연결할 수 있는 기회를 주는 것도 중요하므로 둘씩 짝을 짓거나 소그룹으로 작업하는 것도 반드시 필요하다. 가령, 명상 수련을 조금 한 뒤에 참가자들을 두셋씩 짝을 지어 자신의 수련 경험에 대해 이야기하도록 한 뒤 더 큰 집단으로 옮겨 간다. 이렇게 하면 핵심 특징 2와 3을 촉진할 수 있다.
- 당신은 지도자로서 (인간 경험의) 보편성을 지도 과정에 어떻게 가져가고 있는가? 지도자가 보편성을 자주, 가볍게 언급하면 참가자의 학습을 강화하는 데 도움이 된다. 이것을 더욱 발전시키는 방법은 없는지 생각해 보자.
- 인간 경험에 보편성이 존재한다 해도 집단의 참가자가 모두 똑같은 경험을 하는 것은 아니라는 사실을 기억해야 한다. 우리 모두에게는 각자가 지나온 역사와 조건화, 삶의 경험이 있다. 이로써 우리는 누구나 자기만의 확신의 영역과 취약성의 영역을 갖는다. 안전한 공간을 마련한다는 것은 참가자 간의 차이를 포괄하는 법을 알고, 참가자가 가진 무의식적 편견에 관하여 배우는 개인적인 과정에 참여하는 데 전념한다는 의미다.
- Griffith 등(2019a)에 설명된 집단 형성의 핵심 이론에 대해 공부하고 이를 집단 작업을 촉진하는 데 활용하도록 한다. 집단 스튜어드십(관리)에 관한 McCown(2016)의 연구도 참조하라.

도전적인 지도 경험에 관한 성찰

TLC는 현재 당신의 지도 기술과 학습 발전을 돌아보는 보조도구로 설계되었다. 그렇다면 특정한 지도 경험, 특히 지도자로서 힘겹거나 불쾌하다고 느낀 지도 경험을 돌아보고 싶을 때는 어떻게 해야 하는가? 이런 유형의 성찰 수련에 있어 Atkins와 Murphy(1993)가 개발한 모형을 추천한다. 처음에 이 모형은 도전적인 전문직 사례에 대한 성찰을 돕는 데 사용하도록 설계되었지만 MBP 지도 맥락에도 잘 적용된다. 이 모형은 TLC의 여러 측면과 결합해 사용할 수도 있지만, 그것과 정확히 일치하지는 않는다. 그럼에도 이 모형에서 가져온 몇몇 원리는 핵심 지도 기술을 돌아볼 때 유용하게 활용할 수 있다. 이 섹션은 지도자가 불편하게 느끼거나 자신에게 도전으로 다가왔던 지도 경험을 소화하고 그로부터 배우는 시간을 갖는 것이 도움이 되는 경우에 별도로 사용할 수 있다.

이 모형을 당신의 개인적 과정이나 특정한 지도 순간에 나타난 주제들에 관한 심도 깊은 성찰 수련에 참여하는 구조로서 가볍게 받아들이라. 이런 식으로 도전적이고 불편한 지도 사례에 관해 성찰하는 데는 지도자 자신의 취약성과, 지도하는 동안 지도자가 자주 '스스로 자신을 방해하는' 것처럼 지도자 자신의 습관적인 패턴을 알아보는 작업도 따른다. 당신의 지도 과정에 친절과 현존을 가져가라. 다음은 이 모형에 대한 설명([그림 19-1])이다. 그리고 그 다음에는 내(Gemma Griffith)가 이 모형을 사용해 도전적 지도 경험에 관해 성찰한 사례를 소개한다.

알아차림

모형의 '알아차림' 단계에서 시작한 다음, 성찰을 시작할 때 일어나는 사건에 대한 당신의 경험을 알아차린다. 그때 일어났거나 자신의 지도 경험을 돌아보는 과정에서 일어나는 감정, 생각, 신체감각에 중점을 둔다. 그것은 어떤 경험이었으며, 당신의 감정에 어떤 영향을 미쳤는가?

사례: 한 참가자가 MBSR 과정의 세션 1에서 말을 너무 많이 하고 있었다. 그는 자신의

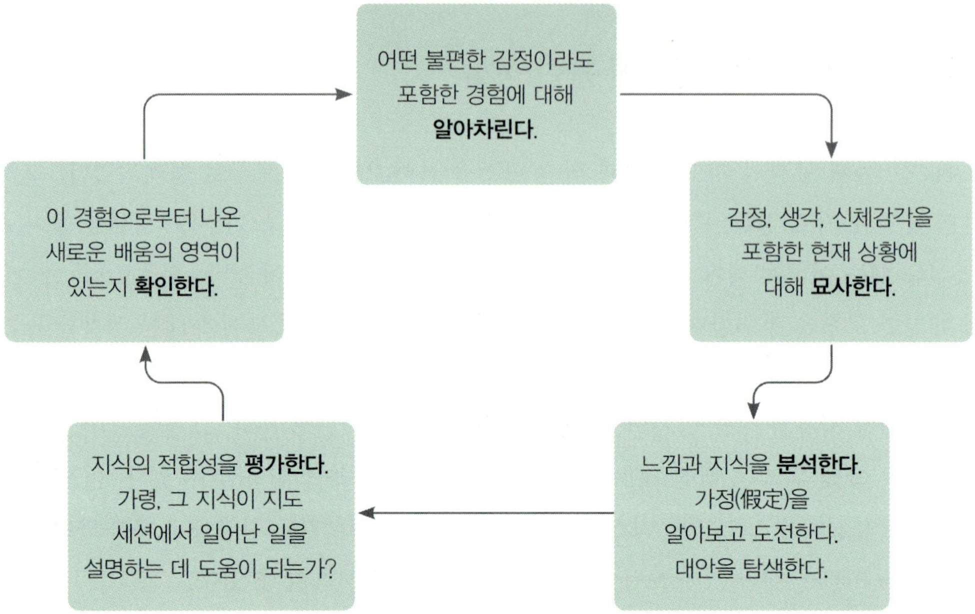

[그림 19-1] MBP 지도자들에게 응용한 Atkins와 Murphy(1993)의 성찰 수련 모형

직장 이야기를 몇 번씩이나 자세히 이야기했는데, 그러다 보니 세션 1에서 초점을 맞춰 가르쳐야 하는 시간이 줄어들었다. 나는 지도자로서 그 점이 불편했다. 지도자로서 나의 마음이 방황하고 있는 걸 알아차렸으며, 이런 생각도 들었다. '이 참가자를 어떻게 다시 궤도에 올려놓을까? 어떻게 하면 그가 빨리 이야기를 끝내도록 만들까?' 나는 이 참가자가 집단의 다른 참가자들에게 미치는 영향도 걱정되었다. 위장과 턱이 조이는 걸 느꼈는데, 그 이면에는 '그가 이야기를 끝낼 때까지 놓아두는 수밖에 없지.'라며 포기하는 느낌도 있었다. 나는 걱정이 되었고, 세션 동안에 지도자로서 내가 어떻게 하는 것이 적절한지 알 수 없었다. 그 사례를 돌아보며 나는 바로 지금, 불확실성을 느끼고 있고 자신감도 별로 없다고 느낀다. 그런데 그 아래에서는 이토록 불쾌한 감정을 느끼더라도 '괜찮다'고 느끼는 꽤 안정적인 느낌도 있다.

묘사하기

여기는 실제적이고 배경적인 세부사항을 묘사하는 지점이다. 핵심 사건은 무엇이었는가? 그때 당신은 어떻게 했는가? 다른 참가자들은 어떻게 했는가?

사례: 세션 1이었다. 집단은 초기 형성 단계에 있어 아직 집단의 규칙이 설정되지 않았다. 그 참가자는 남성이었는데, 그 집단은 거의 여성이었다. 남성 참가자는 자신이 직장에서 힘든 시간을 보내고 있다며 이것을 돌아가며 이야기하는 첫 시간에, 그리고 바디스캔이 끝난 뒤의 탐구 시간에 다시 한번 자세히 이야기했다. 나는 그가 입을 열자마자 '이야기' 모드에 들어간다는 걸 알 수 있었다. 나는 그 일이 그의 몸에서 어떻게 나타나고 있는지 그에게 질문할 기회를 찾으려고 했지만, 내가 그의 말을 끊는다고 느끼지 않을 만한 적절한 기회를 찾지 못했다. 나중에 그는 다시 그 주제로 돌아왔고, 다른 참가자들도 자신의 직장에 관한 이야기를 5분 정도 나누고는 나는 참가자들을 다시 원래의 주제로 데려왔다. 나는 그 남자가 말을 할 때 다른 참가자들이 지루해하는 걸 보았다. 그가 자세히 이야기를 늘어놓을 때면 나는 약간의 무력감을 느꼈다(이것은 내가 가진 습관적 패턴의 일부로서 일종의 '냉동' 모드다). 나는 이 경험이 불쾌했다. 그의 이야기가 끝나고 그를 다시 경험 모드로 돌아오게 한 다음, 그와 동시에 그의 경험을 신중하게 인정해 주었다.

분석하기

이 단계에서 우리는 그 사건에 대해 우리가 가지고 있는 모든 가정을 분석한다. 그 가정들은 실제로 진실인가? 아니면 단지 우리가 그렇게 지각하는 것일 뿐인가?

사례: 지도자로서 나는 수업이 어떻게 진행되면 좋겠다고 하는 기대를 갖고 있다. 또 지도자로서 전달해야 하는 교육과정도 있다. 참가자들은 이것을 별로 자각하지 않을 것이다. 참가자는 직장 상황에 관해 너무 많이 말하는 남성 참가자에 관한 나의 걱정을 공유하지 않을 것이다. 물론 남성 참가자의 말에 공감하는 몇몇의 참가자도 있다. 하지만 다른 참가자들은 지루해 보이고, 나는 그들이 어떻게 느끼고 있는지 알지 못한다. 나는

그 남성 참가자가 집단 내에서 자신의 자리를 확실히 확립하려고 하며, 집단의 규칙을 무의식적으로 시험해 봄으로써 집단 규칙을 세우려 한다고 생각한다. 그리고 이것은 집단 과정에서 일어날 수 있는 정상적인 일부다. 하지만 이것은 사실일 수도, 사실이 아닐 수도 있다. 이것은 또한 나의 습관적인 패턴을 건드리고 있다. 나는 내 주장을 내세우거나 상대의 말에 끼어드는 것이 힘들게 느껴진다. 나는 상대가 자기 이야기를 하도록 내버려 두는 것이(비록 집단에는 도움이 되지 않는다 해도) 훨씬 편하다. 그런 다음 상대가 자연스럽게 이야기를 멈추었을 때 다시 궤도로 돌아오도록 하는 것이 더 편하다.

평가하기

3단계에서 당신이 행한 분석이 어떻게 도움이 되었는가? 일어난 일이나 그 일에 관해 당신이 느낀 불편함을 그 분석이 어떻게 설명하고 있는가? 이 도전을 다루기 위해 당신은 어떤 단계를 밟을 수 있는가?

사례: 나는 상대의 말에 직접적으로 끼어들고 싶지 않은 나의 이런 습관적 패턴에 대해 알고 있지만 이것을 직면하는 것은 쉬운 일이 아니다. 왜냐하면 그것은 나의 안전지대에서 벗어나 지도자로서 좀 더 직접적으로 참가자들에게 지시하는 것을 의미하기 때문이다. 이 경우에는 이렇게 해야 할 필요가 있을지 모르지만, 또 어떤 경우에는 그렇지 않다. 내가 지도 과정에서 그 남성 참가자에게 한 사람의 개인으로서 직접적인 행동을 취하는 것이 너무 이른 일일 수도 있지 않을까 생각한다. 전체적으로는 내가 '제대로' 행동했다고 생각하지만, 좀 더 직접적으로 지침을 주었다면 더 도움이 되지 않았을까 하는 의문도 가지고 있다. 동시에 그 남성 참가자는 집단 내에서 자신의 위치를 찾아가고 있을 것이며, 집단의 규칙이 확립되어 가는 과정에서 직장에서 자신이 처한 상황을 장황하게 이야기하는 경향도 시간이 지나면서 점차 줄어들 것이다.

확인하기

여기는 앞과 같은 성찰 과정에서 일어난 모든 배움을 확인하는 단계다. 앞으로 비슷한 일이 일어나는 상황에서 당신은 어떻게 할 것인가?

사례: 단기적으로 이 수업에서 나는 아직 말을 하지 않은 참가자들의 말을 자주 듣고자 한다. 나는 이 참가자들의 수업에 미치는 영향이 집단 내 다른 참가자들에게 문제가 되지 않는지 유심히 살펴보고자 한다. 지금 그것을 말하기에는 너무 이를 수 있다. 앞으로의 수업에서 나는 세션 1의 '집단 규칙 정하기' 단계에서 참가자가 상대의 말을 듣는 것을 더 강조할 것이며, 참가자에게 "지도자로서 나는 당신을 지금 여기의 경험으로 다시 데려올 수도 있습니다. 그러므로 어떤 때라도 내가 이렇게 하는 경우, 그것이 내가 당신에게 개인적인 감정이 있어서가 아니라 우리가 함께 마음챙김을 탐구하는 데 도움이 되기 때문에 그렇게 한다는 것을 알아주셨으면 합니다."와 같은 말을 집단에게 들려줌으로써 참가자들이 이야기 모드에 빠지는 것을 미리 방지할 수 있다. 나는 또한 이와 관련한 나의 습관적 패턴을 지도 공간에서 그리고 일상생활에서 탐구할 필요가 있다. 하지만 아직은 정확히 어떻게 해야 하는지 알지 못하므로 이 주제를 나의 마음챙김 슈퍼바이저에게 다음 세션에 가져가 상의할 것이다.

요약

- TLC는 지도자가 자신의 지도 기술에 대해 성찰하고, 특정한 지도 기술을 발전시키는 도구다.
- Atkins와 Murphy(1993) 모형은 도전적인 지도 경험에 대해 성찰할 수 있는 유용한 토대다.
- 당신은 이 사례에서 성찰 과정이 우리에게 전하는 답의 수만큼이나 많은 질문을 낳는다는 것을 알게 될 것이다. 그리고 성찰의 핵심은 특정한 답을 찾아내는 것이 아니라, 그 자체로 엄연한 하나의 과정으로, 지도자가 자신의 실제 지도 행위에 대한 참여를 심화시키는 데 도움이 된다.

20 장

지도자의 개인 수련 발달시키기

Bridgette O'Neill

이 장은 마음챙김 기반 지도자에게 반드시 필요한 자원으로서 지속적인 개인 수련의 역할에 대해 알아본다. 왜 개인적 마음챙김 수련이 마음챙김을 지도하는 데 중요한지에 초점을 맞춰 살펴보는 것으로 시작한다. 개인적 마음챙김 수련은 지도자의 현존의 질에, 그리고 지도자의 안녕과 참가자의 안녕에 가장 중요한 부분이다. 그것은 지도 공간에 미치는, 보다 넓은 상황적 영향에 대한 알아차림을 가능케 한다. 이 장은 개인 수련이란 무엇을 의미하는지 살펴보고, 그것의 다양한 형식에 대해서도 생각해 본다. 마음챙김을 수련할 때 흔히 빠지게 되는 역설과 함정에 대해서도 살펴본다. 그런 역설과 함정은 종종 우리로 하여금 마음챙김 수련을 포기하게 만들 수도 있다. 일상생활과 집중 수련에서 마음챙김 수련을 닦는 실제적인 방법을 생각해 보는 것으로 장을 마무리한다.

마음챙김 수련이란 무엇을 의미하는가

MBP 내에서 사용하는 마음챙김은 다양한 측면을 지니고 있어서 쉽게 정의할 수 없다. MBP 내에서 마음챙김을 연구하고 조작하기 위한 목적에서 연구자들은 다양한 정의를 시도해 보았다. Feldman과 Kuyken(2019)은 자신들 책의 첫 장을 할애해 마음챙김의 다양한 정의를 살펴본다. 그리고 MBP 지도자들에게 다양한 정의를 지속적으로 탐색하도록 권한다. Kabat-Zinn(2003)이 전하는 가장 잘 알려진 마음챙김의 정의 중 하나는, 마음챙김이란 "지금 있는 그대로의 상태에 의도적으로, 현재 순간에, 비판단적으로 주의를 기울일 때 일어나는 자각(알아차림)이다."라는 것이다. 이 알아차림은 "자기 내면과 외면의 경험에 현명하고 의도적인 관계 속에 존재하는 방식"이기도 하다(Kabat-Zinn, 2016, p. 9).

이런 존재 방식은 특정 조건에서 발현되는 인간의 자연스러운 능력이다. 그런데 우리는 우리의 알아차림을 흐리게 하는 나머지 자신과 타인에게 문제를 일으키는 자동반응성의 경향 또한 지니고 있다. 그러므로 마음챙김이 자연스럽게 나타나는 특정 조건을 무작정 기다리기보다 마음챙김을 우리의 일상생활에 가져오기 위해, 다시 말해 우리의 삶을 더 지속 가능한 방식으로 이런 방향에서 살기 위해 일정한 훈련과 전념이 필요하다. 이 훈련과 전념을 마음챙김 수련이라고 부른다. 여기에는 세 가지 핵심 요소를 다루는 작업이 따르는데, 이 핵심 요소들은 마음챙김에 관한 Kabat-Zinn(2003)의 정의에 담겨 있으며 Shapiro 등(2006)이 명확하게 설명하고 있다. 그것은 의도, 주의, 태도 모형이다(이 모형의 자세한 내용은 3장을 참조).

개인 수련이 마음챙김 기반 프로그램을 가르치는 지도자에게 중요한 이유

마음챙김 기반 프로그램과 체화

마음챙김 기반 프로그램(MBP)은 체계적이고 지속적인 공식/비공식 마음챙김 명상 훈련에 대한 참가자와 지도자의 경험적 참여에 기초하고 있다(Crane, 2017). 이런 참여는 MBP 세션 중에만 일어나는 것이 아니라, 집에서 대부분의 날에도 명상 수련을 하는 것을 의미한다. 이런 이유로 이 프로그램을 '마음챙김에 기반해 있다.'고 말한다.

MBSR이 처음 만들어지게 된 계기는, 불교 전통 내 마음챙김 수련에 대한 Jon Kabat-Zinn의 개인적인 경험적 참여에 뿌리를 두고 있었다. 그는 개인 수련 경험에서 얻은 배움을 자신의 과학 연구에서 얻은 현대적 이해와 결합시켰다(Kabat-Zinn, 2013). 그의 지속적인 개인적 명상 수련은 MBSR을 발전시키는 중심 요인이었으며, 그는 마음챙김을 가르친다는 것은 지도자 '자신의' 수련과 그에 따른 끝없는 학습 곡선에서 나타나는 존재 방식을 (참가자들과) 공유하는 것이라는 점을 늘 분명히 해왔다(Kabat-Zinn, 2010, p. xviii).

Segal 등(2013)도 개인적 마음챙김 수련에 전념하기로 한 자신들의 결심을 MBCT가 만들어지는 전환점이 되었다고 말했다. Jon Kabat-Zinn의 마음챙김 센터(Center for Mindfulness)를 직접 찾아가 MBSR 지도 장면을 직접 목격하면서 그들은 마음챙김이 수련자들로 하여금 자신의 경험에 더 큰 연민의 마음을 관계 맺게 한다는 점을 점점 더 확신하게 되었다고 한다. 지속적인 개인 수련이라는 '내면으로부터'만 진정으로 알 수 있는 방식, 그리고 참가자가 자신의 마음챙김 수련을 통해, 또 마음챙김 수련이 지도자의 지도 공간에서 그의 존재 방식에서 표현되는 방식, 그것을 체화(embodiment)라고 한다.

체화는 마음챙김 지도의 질에 가장 중요한 핵심으로 간주되며, MBI:TAC(Crane et al., 2018)의 여섯 가지 영역 중 하나다. 체화는 지도자의 현존의 질과 관련된 것으로, 지도자가 자신의 마음과 몸에서 현재 순간 경험하고 있는 것을 얼마나 잘 알아차리며, 또 얼마나 대응하느냐를 말한다. 또 체화는 마음챙김 수련의 핵심적인 태도적 토대(비판단, 인내, 초심, 신뢰, 애쓰지 않음, 수용, 내려놓기)를 가지고 자신의 경험과 만나는 능력을 가리킨다. 지도자의 개인 수련 참여 수준이 그들의 지도 과정 속에서 얼마나 체화되어 드러나는가와 직접적으로 연결되어 있다는 수련 기반의 근거가 있다. 따라서 지속적인 개인 수련은 지도자에게 필수적인 자원이라 할 수 있다. 이 때문에 지속적인 개인 수련은 지도자에게 반드시 필요한 자원이다.

영역에 대해 알기

마음챙김 수련은 인간이 된다는 것에 관심을 갖는다. 따라서 MBP를 가르치는 지도자는 다른 사람들(참가자들)의 탐구를 돕기 위해서라도 자신 스스로 이 탐구를 하는 것이 필요하다. 이것은 인간 경험이라는 영역을 안내하는 여행 가이드가 되는 것과 비슷하다. 가이드는 지역을 안전하게 탐험하는 법에 관한 지식이 있어야 하며 지역의 지도에 대해서도 알아야 한다. 또 다양한 풍경을 미리 탐험해 보면서 거기에 익숙해야 한다. 그러면서 가이드는 동료 여행자들과 함께 그 지역을 탐험한다. 무엇이 어려움을 일으키고 무엇이 안녕으로 이끄는가에 관한 현대와 고대의 이해에 관한 개념적 지식은 이 탐험에 필요한 지도를 제공한다(25장). 개인 수련을 통해 지도자는 해당 영역에 대한 직접적 친숙함으로 경험적 이해를 키울 수 있다. 이 탐험에서 타인들(참가자들)을 안내하는 지도자의 능력은 지도자가 자신의 개인 수련 경험을 통해 이 영역을 얼마나 기꺼이 탐험하고자 하느냐에 달려 있다. Kabat-Zinn이 「마음챙김 국가(Mindful Nation) 보고서」(2015)에서 말했듯이 "자신의 마음 상태에 관한 고도의 친밀감이 필수적이다"(p. 10).

마음챙김은 인간이라면 갖는 자연스러운 능력이다. 그것은 열려 있고 관심을 갖고 있는 알아차림의 상태, 친절하고 현명한 알아차림의 상태다. 그러나 우리는 쉽게 우리의 타고난 이 자연스러운 능력에서 단절되고 만다. 진화적 관점에서 우리는 기본적인 생존 본능을 가지고 있다. 생존 본능은 우리를 직접적인 위험에서 보호해 주며 우리의 생존 욕구를 충족하도록 추동한다. 위협에 맞서 우리가 보이는 생물학적 반응은 자동적인 것으로 그것을 무시하기는 사실 어렵다. 우리가 속한 문화에서 배운 개인적인 학습의 이력과 가정들이 우리가 가진 위협 및 욕동의 체계를 형성한다(Gilbert & Choden, 2013; Hanson, 2009). 따라서 의식적인 자각이 없이, 우리는 자칫 자동반응성이 지닌 힘과 지속기간을 더 키울 수도 있다. 이런 자동반응 과정은 타인과 자신에게 해로운 영향을 미친다(예: Britton, 2016; McGonigal, 2013). 규칙적인 마음챙김 명상을 통해 우리는 자신의 경험과 있는 그대로 함께 하는 능력을 의도적으로 연습할 수 있다. 자신의 자동반응이 작동하는 과정을 지각할 수 있고, 거기에 더 큰 어려움을 보태지 않고 그것과 현명하게 관계 맺는 법을 익힐 수도 있다. 이것은 끝없이 계속되는 과정으로, 지속적인 수련에 대한 우리의 전념을 요구한다.

Rebecca Crane(2014)은 자신의 성찰적 글에서, 가령 자신이 '사기꾼 같다'는 느낌처럼, 많은 사람이 겪는 공통된 인간의 경험임을 깨닫는 과정에서 자기 이해가 확장된다고 말하고 있다. 지도자가 자신이 겪고 있는 특정한 어려움을 개인 수련을 통해 기꺼이 다루려는 의지를 가질 때, 지도자는 자신이 지도하는 과정에 참여하는 참가자들이 겪는 어려움과 연결될 수 있다. 이런 어려움이 지닌 성질과 그 어려움에 대해 마음챙김 수련을 통해 어떻게 현명하게 관계 맺어야 하는가 자각할 때 지도자 자신의 안녕뿐 아니라 지도자의 마음챙김 지도에도 도움이 된다. 이것은 우리가 겪는 어려움에 대해서만이 아니다. 기쁨에 대해서도 그러하다.

모범실천 가이드라인

영국에서는 MBP 지도를 위한 모범실천 가이드라인(good practice guideline)을 영국 마음챙김 기반 접근법 협회(British Assciation of Mindfulness-Based Approaches: BAMBA, 2019)에서 만들었다. 이 단체는 영국의 주요 지도자 훈련 조직을 대표하는 곳이다. 이 가이드라인은 지도자가 훈련을 받는 동안 MBP에서 가르치는 마음챙김 수련에 대한 심도 깊은 개인적 경험을 요구하며, 매일 공식/비공식 명상 수련을 할 것과, 매년 열리는 지도자 명상 수련에 참여할 것을 요구한다.

보호하는 알아차림, 안녕, 그리고 마음챙김 지도의 윤리학

Feldman과 Kuyken(2019)은 전통적 비유를 토대로, 마음챙김이 지닌 네 가지 상호 연결된 차원에 대해 이야기한다. 그것은 단순한 알아차림, 보호하는 알아차림, 탐구하는 알아차림, 그리고 지각과 관점을 새롭게 틀 짓는 알아차림이다. 보호하는 알아차림을 설명하는 데 사용되는 전통적 이미지는 마을로 들어가는 입구를 지키는 문지기의 비유다. 문지기는 입구를 지키면서 입구에 다가오는 자들을 하나씩 살핀다. 그는 누구를 들여보내고 누구를 들여보내지 않을지를 그가 이익을 가져오느냐 해를 가져오느냐를 기준으로 결정한다. 이 이미지는 지도자를 자신의 개인적 마음챙김 수련과 마음챙김 지도에서 자신과 타인의 안녕을 기원하는 분명한 의도와 연결시켜 준다.

마음챙김은 본질적으로 윤리적이다. Feldman과 Kuyken은 이렇게 말한다. "마음챙김은 해를 입히지 않음(non-harming)과 은혜를 베푸는 데 뿌리를 둔 이해의 길이자 존재와 행동의 방식이다. 이런 의도성에 뿌리를 두지 않는다면 그것은 마음챙김이 아니다" (2019, p. 209). 개인 수련은 지도자가 자신의 삶과 지도 공간에서 윤리적 공간을 창조하도록 돕는 데(McCown, 2013), 그리고 자신의 체화된 가르침을 통해 지도 과정의 전일성에 대해 개인적 책임을 지는 데도 필수적인 요인이다(Crane, 2017).

우리는 자신의 경험에 대해 현명하고 따뜻한 알아차림으로 관계 맺는 가능성과, 무자각 상태로 자동적이고 강력한 자동반응 패턴에 휩쓸려 가는 가능성을 모두 가지고 있다. 이것은 마음챙김을 가르치는 때를 포함하여 우리 삶의 모든 영역에서 마찬가지다. 실제로, 우리가 MBP 지도자로서 리더의 역할에 들어서게 되면 (기대에 부응하지 못하는 것에 대한 걱정, 옳아야 하고 사람들이 좋아해야 하며 재미있어야 하고 정답을 확신하고 알아야 하며 실수를 해서는 안 된다는 필요 등) 지도자 자신의 자동반응적인 정신적 과정이 강하게 촉발될 수 있다. 이때 의식적인 알아차림이 없으면 이 정신적 패턴들이 지도자가 윤리적 공간을 창조하는 능력에 안 좋은 영향을 미칠 것이다. 이 패턴들은 지도자에게 고통을 일으킬 것이며, 지도자가 그 패턴에 따라 행동한다면 (무익한 상호작용을 통해, 그리고 참가자가 자신의 경험에 대해 마음챙김으로 만날 수 있다고 느낄 가능성이 줄어든다는 점에서) 잠재적으로 참가자에게도 괴로움을 일으킬 수 있다. 지도 순간과 지도자의 공식 명상 수련에서 하는 지속적인 개인적 마음챙김 수련은 지도자의 자기 절제와 지속적 배움, 지도자 자신과 참가자의 안녕에 필요한 '문지기' 역할이라는 자원을 제공해 준다. 어떤 의미에서, 지속적인 개인적 마음챙김 수련은 우리가 빠져 있는 자기만의 길과 타인의 길에서 벗어나게 해 준다.

지도자의 개인 수련은 지도자가 자기 자신과 참가자 개인, 집단에 대한 반응을 포함한 자기 내면의 경험을 적절히 다루도록 돕는 것은 물론, 집단 과정을 적절히 인지하고 다루는 데도 도움이 된다. Griffith 등(2019a)은 MBP 지도 내에서 집단 과정을 다루는 자신들의 모형에서, 지도자가 내면으로부터 마음챙김을 체화하는 것을 MBP 지도에서 가장 중요한 핵심으로 꼽는다. 그리고 무의식적 편견을 통해 일어나는 사회적이고 맥락적인 영향력과, 사회 구조적인 불평등을 참가자들이 의식하게 하는 필요성에 관한 인식도 증가하고 있다(24장). 훈련이나 슈퍼비전과 더불어, 개인 수련은 지도자 자신의 특정 경험이 어떻게 성, 문화, 계급, 인종, 환경, 권력 관계와 관련한 지도자의 생각과 행동을 형성하는지 자각하는 데 꼭 필요한 자원이다. 개인 수련은 또 지도자가 MBP 지도 내의 이러한 측면들을 어떻게 더 능숙하게 다루어 참가자들에게 해를 입힐 위험을 최소화하는 동시에 그들의 안녕을 증진할 수 있는지 알아보게 돕는다(Crane, 2017; Magee, 2019).

마음챙김 지도(mindfulness teaching)는 지도 과정의 전일성(통일성)에 대하여 지도자가 개인적으로 책임질 것을 요구한다. (지도자 자신의 취약성을 포함해) 인간 본연의 취약성을 민감하게 다루어야 하고, 해를 입힐 위험성을 최소화해야 하며, 이익을 줄 가능성을 최대화해야 한다. 그러나 이 작업은 완벽함에 관한 것이 아니다. 불가피하게 우리는 자동반응성과 무자각 상태에 빠질 수 있다. 집단 과정에 어쩔 수 없이 균열이 생길 것이다.

중요한 것은 지도자가 자신과 참가자의 안녕을 위해 이 경험들을 마음챙김으로 맞이하겠다는 전념이다. 이 과정에서 개인 수련은 지속적인 훈련이나 슈퍼비전과 함께, 필수적인 요소다.

마음챙김 수련에 담긴 역설과 함정

마음챙김 수련에 흔히 따라오는 도전에 대해 생각해 볼 필요가 있다. 왜냐하면 그 도전들은 우리를 종종 자동반응성과 낙담으로 이끌기 때문이다. 흔히 일어나는 도전을 그린 지도를 갖고 있으면 그 도전들이 일어날 때 그것을 인식할 수 있고 친절한 관심으로, 그리고 우리 자신의 배움과 안녕에 대한 전념으로 그 도전들을 맞이할 수 있을 것이다 (Wellings, 2016).

Shapiro 등(2018)은 우리가 헤쳐 가기에 혼란스럽고 도전적인, 마음챙김 내의 네 가지 역설에 대해 설명했다. 그것은 받아들임과 변화, 노력과 애쓰지 않음, 회피와 참여, 자기 초점과 무아의 네 가지다. 우리는 이 네 가지 역설을, 서로 다투는 필요와 동기, 자동적 성향을 지닌 상태에서 인간이 된다는 것의 본질에 관한 우리의 이해를 심화시키는 초대로서 우리의 수련에 담을 수 있다.

수련을 통해 우리는, 모든 것이 특정한 방식이 되어야 한다는 우리의 자연스러운 마음의 경향을 알아차리기 시작한다. 그리고 이미 이 순간에 존재하는 것을 거부하거나 저항하려 할 때, 그것이 단지 더 큰 내적 갈등과 고통을 만들어 낸다는 사실을 깨닫게 된다. 우리는 변화를 가능하게 하는 핵심 태도로서 수용(받아들임)을 주요하게 여긴다. 그러나 인간에게는 자신의 경험이 어떤 식으로 되기를 바라는지 상상하면서 그것을 목표로 삼아 나아가고자 하는 강력한 능력이 있다. 우리는 여러 가지 미묘한 방식으로, 우리의 경험을 그에 맞추어 평가하는 이상을 어떻게 만들어 내는지 보게 된다. 우리는 우리의 공식 명상이 좀 더 안정적이어야 하며, 덜 졸려야 하고, 일상생활에서 특정 방식대로 느껴서는 안 된다고 쉽게 믿는다.

우리가 원하는 특정 상태에 비추어 자신의 경험을 평가하려는 성향을 인지과학에서는 '불일치 기반 모니터링(discrepancy-based monitoring)'이라고 부른다(Williams, 2008). 이것은 간단히 말해 지금 일어나는 것이 아닌, 다른 것이 일어나기를 원하는 것을 말한다!

이것은 우리를 낙담케 하고 마음챙김 수련을 아예 포기하게 만들 수도 있다. 우리가 바라는 특정 상태에 이르는 것을 목표로 삼는 것이 아니라, 이런 원리가 작동함을 알고, 순간순간 방향을 잡는 마음챙김 수련으로 돌아와야 한다. 이럴 때 우리는 어딘가에 '도착하기를' 원하는, 인간으로서 지닌 성향을 지혜롭게 헤쳐 갈 수 있다. 특정한 도전적 경험이 마음챙김 수련의 영역에 깃든 일부이며, 우리가 어느 시점에서든 그것과 만날 수 있다는 사실, 그리고 그것을 개인적인 실패로 바라볼 필요가 없다는 점을 아는 것은 큰 도움이 된다. 이런 도전적 경험에는 졸림, 지루함, 들뜸, 걱정, 탐욕, 즐거운 경험에 대한 집착, 불쾌한 경험에 저항하고 그것을 제거하려는 마음, 자신과 수련에 대해 의심하는 마음 등이 있다. 이 모든 것을 우리는 마음챙김으로 맞을 수 있다. 우리가 가진 것은 현재 순간이 전부다. 우리는 성공과 실패에 관하여 우리가 지니고 있는 거부감과 개념을 포함해 지금 이 순간의 모든 경험을 의식적이고 다정한 알아차림으로 맞을 수 있다.

노력과 관련해서도 이와 유사한 역동을 탐구할 수 있다. 마음챙김 수련은 우리의 경험을 특정한 방식으로 다루는 데 유익한 조건과 규율을 만드는 것에 전념할 것을 요구한다. 그러나 우리는 생각의 흐름에 빠지고 목표 지향에 사로잡히거나, 아니면 '과도한 노력으로' 스트레스를 받아 낙담하거나 실패했다고 느끼는 상태를 오가는 자신을 발견할 수도 있다. 자신이 노력이 너무 부족하거나 반대로 노력이 너무 과한 상태에 있다면 그 때를 인식하고, 지금 어떤 노력이 필요한지 그리고 어떻게 노력의 균형을 맞추고 지속할 수 있는지 살피는 것은 수련에서 탐구해야 하는 또 하나의 역동이다.

불쾌한 경험을 피하고 즐거운 경험을 끌어당기려는 우리의 성향 또한, 우리를 고요함을 계발하고 내면과 외면의 도전을 피하는 데 수련을 사용하는 함정으로 이끈다. 회피는 우리를 처리되지 않은 필요와 느낌으로 추동되는 취약한 상태에 남게 만든다(Tricycle, 2011). 이것은 다시 우리 자신과 타인에게 해를 입히며 우리를 우리가 중시하는 가치와 단절시킨다. 마음챙김 수련은 우리가 삶에 대해 더 충만하고 비(非)반응적이며 배려 깊은 관계를 맺도록 도와주며 이것은 우리로 하여금 적절한 행동을 하도록 돕는다. 수련에서 우리는 힘겨운 경험의 직접적 성질에서 한발 물러나는 것이 더 현명한 때를 알아보고 이로써 더 안정적인 상태가 된 다음, 그 영역에 다시 돌아가 그것을 탐구할 수 있다. 이처럼 우리의 의도와 직접 경험의 감각으로부터 안내를 받아 힘겨운 경험에 다가가거나 한발 물러나는 작업은, 우리가 힘겨움의 한가운데 있거나 도전적인 과거 경험과 관계 맺을 때 일어나는, 또 하나의 살아 있는 역동이다(Treleaven, 2018; 23장).

마음챙김 수련에 대해 우리가 느끼는 불편감 중 하나는 그것을 이기적인 행위로 느낄 수도 있다는 점이다. 그러나 우리의 마음챙김 수련에서 우리의 특정한 인간적 경험을 탐구하는 것은, 자기를 자각하는 힘을 키워 자신과 타인에게 곤란을 더 적게 할 뿐 아니라, 인간이 된다는 것에 관한 더 큰 감사와 연결의 감각으로 우리를 이끌어 준다. 우리 자신의 경험의 흐름에 더 친숙해질수록 자신에 대한 감각이 확장되고 여유가 생기면서 타인에 더 도움이 되는 사람, 타인에 더 적절히 반응하는 사람이 될 수 있다.

어떻게 우리의 수련을 살아 있는 것으로 유지할 수 있는가

우리는 다른 모든 우리 삶의 영역에서와 마찬가지로, 수련에서도 자동조종 양식에 빠진 자신을 발견할 수도 있다. 또 우리는 수련과의 관계에 있어서도 자동반응적이고 무의식적인 곤란함에 빠질 수 있다. 가장 흔한 장애물 중 하나가 수련을 또 하나의 '해야 하는 귀찮은 일'로 인식하는 것이다. 그렇다면 어떻게 우리의 수련을 생생하게 살아 있는 것으로 지속할 수 있을까?

발견의 여정

수련을 '인간으로 존재하는 풍경을 계속 탐구해 가는 여정'으로 보는 것은, 수련을 지속하고 끊임없이 새롭게 갱신해 나가는 데 도움이 될 수 있다. 우리는 주기적으로 잠시 멈춰 '내가 지금 무엇을 배우고 있지?'라고 물어볼 수 있다. 정기적인 기록과 공부는 이 성찰 과정에 도움을 줄 뿐 아니라, 당신이 수련을 '잘하게 되도록' 애쓰기보다 당신에게 중요한 것에 집중할 자유를 준다. 만약 당신이 수련을 당신의 삶 전체에 적합한 것으로 본다면 당신은 지금 바로 당신에게 적합한 것은 무엇이든 그것을 탐구할 수 있다. 그것이 휴식과 일의 균형이든, 대중 연설이든, 돈과의 관계이든, 동료와의 소통이든, 집단 내의 당신의 성향이든, 사회적 활동에 대한 참여이든, 그 어떤 에너지와 관심의 영역이든 말이다.

다른 사람의 도움

다른 사람에게 수련에 관해 말하게 하는 것은 매우 도움이 될 수 있다. 여기서 다른 사람이란, 당신의 지도 실천보다는 당신의 개인 수련에만 온전히 초점을 맞추는 당신의 슈퍼바이저나 수행 멘토를 말한다. 마음챙김 명상 수련자 커뮤니티에 가입하는 것도 도움이 될 수 있다. 우리 중 많은 이가 다른 사람들과 함께 수련할 때 수행에 필요한 지속적인 에너지를 얻는다는 것을 안다. 당신이 사는 지역에 함께 수련하는 사람들의 모임이 있는지 알아볼 수도 있다. 없다면 당신이 직접 수련 모임을 만들어 볼 수도 있다.

집중 수련

지도자가 인도하는 마음챙김 명상 집중 수련이라는 형식으로 갖는 보다 심도 있는 수련 시간은 마음챙김 기반 지도자에게 요구되는 모범실천 사항이다(예: BAMBA, 2019). 집중 수련의 환경은 일상생활의 요구를 내려놓고 수련에 전념하는 기회를 자신에게 선사한다. 지지적 환경 속에서 보다 긴 수련 시간을 가짐으로써 다양한 마음 상태와 관련한 주의와 자각의 안정성과 민감성이 커지고, 이로써 직접 경험으로부터 깊고 명료한 배움을 얻는다. 많은 사람이 MBP 과정에서 하는 종일 수련이 자신의 개인 수련의 전환점이 되었다고 말한다. 사흘 이상 진행되는 장기 집중 수련이 참가자의 마음챙김과 연민심을 키워 준다는 증거가 존재한다(Khoury et al., 2017).

미래 지도자와 현 MBP 지도자에게 맞춤한 집중 수련이 점점 많아지고 있다. 이들은 불교의 가르침과 현대의 이론 및 과학에서 도출한 핵심적인 심리 프레임을 중심으로 다양한 설명을 제공한다. 또한 이들은 수련을 심화시킬 뿐 아니라 개념적 학습과 경험적 학습을 더 통합하며, MBP 지도 공간에서 지도자의 확신과 마음챙김의 체화를 증대시킨다. 집중 수련이 진행되는 동안 MBP 지도에 관해 직접적으로 생각하는 것은 아니지만 집중 수련 경험이 지도자의 지도 경험에 전환점이 된다는 증거가 존재한다(English, 2019; Place, 2019).

구조화된 과정을 통해 수련을 심화하고 새롭게 하기

자신의 개인 수련과 이해를 확장, 심화시키는 구조화된 방법을 찾는 것이 중요하다. 지속적인 전문적 개발에 도움이 되는 두 영역에는 연민에 초점을 맞춘 훈련과 대인 간 마음챙김이 있다. 현재 연민에 기초한 주류 프로그램이 다수 존재한다. 그중에는 마음챙김 자기연민(Mindful Self-Compassion: MSC; Neff & Germer, 2018), 마음챙김 기반 연민의 삶(Mindfulness-Based Compassionate Living; van den Brink et al., 2018) 같은 프로그램이 있다. 대인 간 마음챙김 프로그램(Interpersonal Mindfulness Programme; Kramer et al., 2008) 또한 처음으로 MBP를 받은 이후에 밟도록 설계된 과정이다. 이 과정들은 자기 자신이나 자신의 괴로움, 그리고 다른 사람과의 관계 속에서 자신의 수련을 확장시키는 추가적인 방법을 제공한다.

요약

- 지도자가 개인적으로 마음챙김 수련을 하지 않는다면 그 프로그램을 '마음챙김에 기반한다(mindfulness-based)'고 할 수 없다. 지도자가 개인적으로 자신의 마음챙김 수련을 얼마나 진지하게 하느냐는 자신의 가르침에서 마음챙김을 체화하는 능력과 직접적으로 연관된다.
- 개인 수련은 지도자의 자기 자각력을 높일 뿐 아니라 집단과 지도 공간 내에서의 더 넓은 사회적 영향에 대한 자각력도 키워 준다. 이런 자각력은 지도자의 윤리적 실천에 도움이 된다.
- 마음챙김을 수련한다는 것은 순간순간의 경험 속에서 자신의 의도(intention)와 주의(attention), 태도(attitude)를 의식적으로 다루는 작업이다. 이렇게 할 때 더 크게 자각하고 더 현명하게 대응하는 데 필요한 조건이 마련된다. 개인 수련에는 공식 명상, 일상생활에서 하는 짤막한 수련, 비공식 명상, 그리고 명상적 탐구와 성찰 등이 있다.
- 마음챙김 수련에서 흔히 나타나는 역설과 함정들은 수련을 지속하는 데 방해가 될 수 있다. 그러나 이 도전들을 인식하고 이해한다면 그것을 능숙하게 다루는 데 도움이 될 것이다.
- 우리는 수련에 대해서도 자칫 자동조종 양식과 추동 행위 양식에 빠지기 쉽다. 그러나 배움의 정향을 지속적으로 설정하고, 타인과의 관계를 유지하며, 집중 수련과 이후의 과정을 통해 자신의 수련을 새롭게 하고 늘 살아 있는 무엇으로 만들 수 있다.

참고자료

Shapiro, S., Siegel, R., & Neff, K. D. (2018). Paradoxes of mindfulness. *Mindfulness, 9*(6), 1693-1701. doi:10.1007/s12671-018-0957-5

Wellings, N. (2016). *Why can't I meditate? How to get your mindfulness practice on track.* Piatkus.

… 온라인 자료와 유용한 책들

개인 수련에 도움이 되는 다양한 온라인 자료가 상당수 존재한다. 뱅거 대학교(www.bangor.ac.uk/mindfulness/audio/index.php.en; Centre for Mindfulness Research and Practice, n.d.)와 옥스퍼드 마음챙김센터(https://mbctapp.oxfordmindfulness.org/practices/mbct/; Oxford Mindfulness Centre, n.d.)는 명상 안내 음성을 자신들의 웹사이트에 올려놓았다. MBSR과 MBCT 개발자들은 명상 안내 음성과 자신들의 가르침을 담은 자기도움 책들을 출간했다. Dharma Seed(https://dharmaseed.org/)는 풍부한 온라인 대담을 제공한다. Sangha Live(https://sangha.live/)는 온라인 대담과 과정을 제공한다.

21장

마음챙김 기반 슈퍼비전

Alison Evans

> 슈퍼바이저와 슈퍼바이지(슈퍼비전을 받는 사람) 사이에 만들어지는 정기적 공간은 슈퍼바이지의 마음챙김 지도 실천, 그리고 이것이 슈퍼바이지의 개인적 마음챙김 수련과 또 그들의 삶과 어떻게 상호작용하는지 성찰하게 한다. 이 과정은 슈퍼바이지의 성장과 이해, 전일성을 키우는 작업이다. 또 그가 개인적으로 그리고 자신의 직업생활에 있어서 마음챙김을 적용하는 것의 안전성과 효과성을 키우고 심화시키는 과정이기도 하다.
>
> Cindy Cooper & Jody Mardula(2011: BAMBA, 2019에서 인용)

마음챙김 기반 슈퍼비전(Mindfulness-Based Supervision: MBS)은 MBP 지도자의 학습과 개발을 돕는 열쇠이자, 새롭게 부상하는 MBP 영역에서 표준성과 전일성을 유지하는 열쇠다. 이 장은 뱅거 대학교의 마음챙김 연구수련센터(Centre for Mindfulness Research and Practice: CMRP)에서 쌓은 MBS에 관한 지식과 경험을 공유하는 것이 목표다. 이러한 이해는 슈퍼바이저 훈련을 지속적으로 제공하고, 경험이 풍부한 마음챙김 기반 슈퍼바이저와 교류하면서 협력적 대화를 나누고 경험적 연구를 수행함으로써 축적한 것이다.

이 장의 목표

1. MBP 지도자에게 슈퍼비전이 중요한 이유를 명확하게 설명한다.
2. MBS의 업데이트된 프레임을 소개하고, 그것의 여러 요소를 간단하게 설명한다.
3. 당신이 슈퍼바이지로서 어떻게 MBS에 참여하고 그것을 생산적으로 활용할 것인지 탐색한다.
4. 슈퍼바이저를 선택할 때 어떤 점을 살펴야 하는지 알아본다.

슈퍼비전이 MBP 지도자에게 중요한 이유

당신이 슈퍼바이저와 맺는 관계는 MBP 지도자로서 당신의 경험과 과정을 헤쳐 가는 데 있어 당신을 돕는 중심적인 기둥 중의 하나다. 무엇이 MBS를 지도자 발달 과정에서 핵심이 되는 것으로 만드는가? MBS는 다음 몇 가지 방식으로 당신의 지도의 전일성을 돕는 장소가 된다.

- MBS는 당신의 MBP 지도 기술, 기본적 자질과 이해, 성찰 기술과 자신감을 키워 준다.
- MBS는 당신이 가진 그 모든 본유적 취약성과 함께 당신 자신의 인간됨에 온전히 머물 수 있는 능력을 키워 준다.
- MBS는 지도할 때 일어나는 윤리적 문제에 관하여 성찰하고 대화하게 한다.
- MBS는 다른 사람이 우리의 지도방법을 비판적으로 바라보고 필요할 때 적절한 도전을 제기할 수 있는 공간을 제공한다.

나는 무엇이 슈퍼비전을 중심 기둥으로 만드는가에 관한 이 글을 쓰던 당시를 돌아보았다. 내가 MBP를 지도하던 초기에는 훈련 기회가 지금보다 적었다. 초기에 나는 근본적인 배움의 일부를 슈퍼비전에서 얻었다. 나는 경험 많은 다양한 지도자에게 연구 실험의 맥락에서 자주, 능숙한 슈퍼비전을 받는 행운을 누렸다. 거기에는 내 지도 장면을 녹음한 음성을 리뷰한 것도 있었다. 슈퍼비전을 통해 나는 MBCT 매뉴얼에서 설명하는 내용(Segal et al., 2013)과 내가 진행하는 과정에 참여한 참가자의 필요, 나의 개인 마음챙김 수련, 그리고 그 가르침이 나의 고유한 개성을 통해 어떻게 나타나는가 하는 것 사이의 연관성을 찾을 수 있었다. 슈퍼비전은 나의 참 개성을 발견하게 하는 방식으로 이것을 촉진했다. 나는 의제와 이론에서 벗어나 그것을 바로 적용하고 싶었다. 나의 온 존재와의 관계 속으로, 무언가 살아 있고 참여적인 어떤 것 속으로 가져가고 싶었다. 만약 슈퍼비전이 없었다면 나는 그렇게 옮겨 가지 못했을 것이라고 믿는다. 이 과정은 지금도 계속되고 있다. 나는 새로운 작업 영역으로 옮겨 가고 새로운 상황과 만나며, 익숙한 경험을 새로운 눈이라는 잠재성으로 다시 찾는 과정에서 개인 슈퍼비전을 지금도 계속해서 받고 있다. 나의 슈퍼바이저와 이런 방식으로 작업하는 데서 나는 열정과 기쁨을 찾는다. 그것은 살아 있고, 참여적이며, 나에게 양분을 주고, 자극을 주며, 도전을 안긴다.

초창기에 우리는 MBS가 중요하다는 걸 알고 있었지만 그것이 무엇인지 정확하게 기술하는 작업은 하지 않았다. 지도자 훈련이 점점 조직화되고 구조화되면서 MBS가 지도자의 성장을 돕는 다양한 인풋 내에서 필수적인 요소라는 것이 우리에게 분명해졌다. 이것은 MBS 내에서 어떤 일이 일어나는지 이해하도록 우리를 자극했다. 이것은 다시 나에게 박사학위 프로젝트로서 MBS를 연구하도록 자극했고 그 결과가 「슈퍼바이저와 슈퍼바이지가 바라보는 마음챙김 기반 슈퍼비전: 기본 이론 연구」(Evans, 2019)라는 논문으로 이어졌다. 이 질적 연구는 MBP 지도자가 되어 직업적 자질을 지속적으로 개발하는 데 있어 MBS가 핵심적인 학습 영역이라는 점을 상소하는 논문이다. MBP 지도자가 전문직업인으로서의 자질을 개발할 때 질 높은 MBP를 전달할 수 있고 이 영역의 전일성도 높아진다.

마음챙김 기반 슈퍼비전의 틀

[그림 21-1]에 소개한 틀은 처음에 「마음챙김 기반 지도자를 위한 슈퍼비전의 틀: 체화된 상호 탐색을 위한 공간」(Evans et al., 2015)이라는 우리의 논문에서 설명한 틀에 대

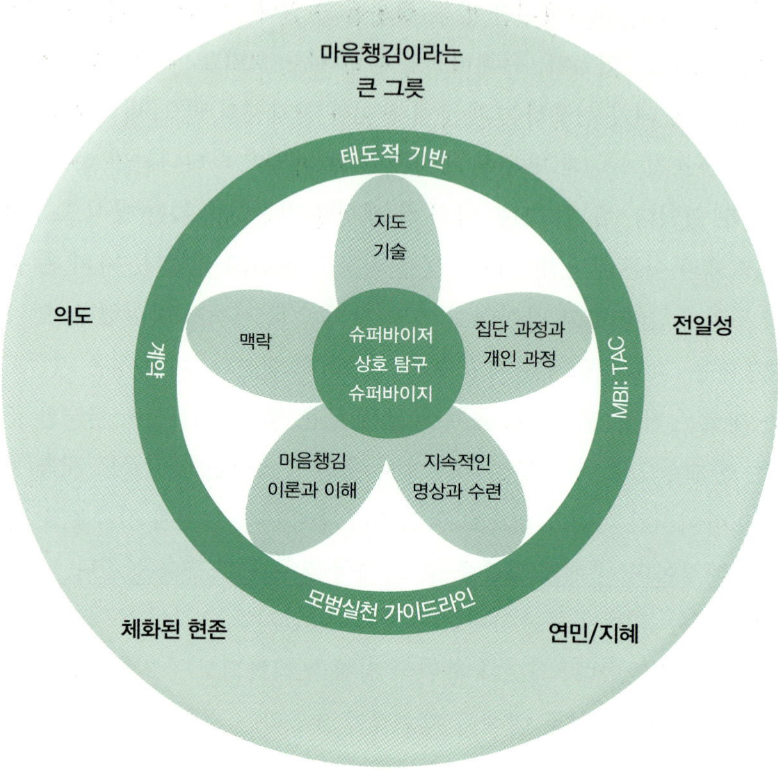

[그림 21-1] MBP 지도자를 위한 마음챙김 기반 슈피비전 모형

한 업데이트를 제공한다. 이 틀은 마음챙김 기반 슈퍼바이저에게 요구되는 훈련, 경험, 태도와 기술을 시각적으로 보여 준다. 이것은 슈퍼바이저와 슈퍼바이지 모두에게 슈퍼비전에 참여하는 과정을 안내한다. 이 틀은 MBP 지도자라면 자신의 평생에 걸쳐 발달을 지속해야 하며 MBS 과정도 이러한 발달 단계에 맞춰 함께 발전해야 한다고 가정한다.

마음챙김이라는 큰 그릇: 틀의 바깥쪽 원

바깥쪽 원은 마음챙김이라는 큰 그릇을 나타낸다. 그것은 슈퍼비전의 과정 전체를 포괄하며 그것을 마음챙김이라는 성질로 흠뻑 젖게 만든다. 이 틀은 MBS를 위한 큰 그릇을 마련하는 것의 중요하고도 기본적인 측면인 네 가지 영역을 제시한다. 슈퍼바이저와 슈퍼바이지는 자신들의 개인적 마음챙김 수련의 도움을 받으면서 이 네 영역에 함께, 경험적으로 관여하게 된다. 당신의 슈퍼바이저가 이 자질들을 체화하는 모습에서 그것을 감지하는 방법으로 당신은 이 자질들에 대해 터득할 수 있다.

의도

이것은 지도자가 자신의 마음챙김 수련과 MBS 과정에 적용하는 분명한 동기와 목적, 비전과 방향성이 지닌 힘과 중요성을 말한다. 당신의 슈퍼바이저는 당신이 지도하는 과정에서 문제가 일어날 때 당신이 지닌 의도와 다시 연결하도록 도움을 줄 것이다. 이 작업은 미시적 차원에서는 교육과정을 구성하는 요소들과 지도 과정에서 당신이 내리는 선택의 순간들이 지닌 의도성을 명료하게 드러낸다. 그리고 당신이 이 작업에 참여하는 다양한 층의 의도와 연결하도록(그리고 다시 연결하도록) 돕는 거시적 차원에서도 이루어진다.

체화된 현존

슈퍼바이저는 자신의 존재 방식을 통해 슈퍼바이지에게 마음챙김을 전달한다. 마음챙김 기반 접근법에서 지도자의 역할에 관하여 다룬 Van Aalderen 등(2014)의 연구에 다음과 같은 내용이 나온다. 즉, 지도자가 보이는 지도법의 체화가 참가자와 지도자 모두에게 가장 중요한 영향을 주는 네 가지 핵심 요소 중 하나라는 것이다. MBS는 관계 속에서 이루어지는 과정으로 마음챙김의 자질을 반영한다. 이렇게 해서 슈퍼바이지는 그 자질을 자신의 존재와 지도 과정에 가져가도록 도움을 준다. 슈퍼바이저는 자신의 경험을 슈퍼비전 과정에 가져가는데, 여기서 중요한 것은 전문지식과 경험이 아니라 슈퍼바이저 자신의 인간됨에 중점을 두어야 한다는 점이다. 슈퍼바이지와 슈퍼바이저가 (자기 경험의 연약하고 취약한 면들을 포함한) 자신의 온 존재를 그 공간에 가져가도록 허용할 때 이 만남은 더욱 촉진된다.

전일성

전일성(integrity)은 마음챙김의 기본 철학과 수련, 그리고 (현대의 이해와 명상 전통에서 도출한) MBP의 근본 이론을 충실히 지키는 것이 무엇보다 중요함을 말한다. 슈퍼비전 과정 내의 전일성에는, 슈퍼비전 자체와 슈퍼바이지의 지도 실천을 직업적 윤리 강령의 틀 안에서 행하며(Baer, 2015; BAMBA, 2019) 마음챙김 수련의 체화된 윤리가 계속해서 통합되도록 보장하는 것이 포함된다. 또 여기에는 슈퍼바이지가 진행하는 과정에 참여하는 참가자들을 잠재적 피해에서 보호한다는 관점에서 그들을 무엇보다 우선하는 것도 포함된다. 당신의 슈퍼바이저는 이렇게 당신의 윤리적 태도, 프로그램에 대한 충실도를 돌아보도록 명시적으로 격려할 것이다.

연민과 지혜

때로 당신의 슈퍼바이저는 특정 주제에 관하여 열린, 성찰 수련을 하도록 당신을 격려할 것이다. 또 어떤 때는 당신에게 보다 직접적으로 지시하며, 질문하고, 도전을 안길 것이다. 슈퍼바이지가 진행하는 과정에서 참가자의 안녕은 무엇보다 중요한 문제인데, 슈퍼바이지가 진행하는 과정에 참가하는 참가자들의 안전과 그 작업의 전일성을 보호하는 책임을 맡는 사람이 바로 슈퍼바이저다. 슈퍼바이저는 연민의 마음과 함께, 분명하고 명료한 지혜를 지니고 이 작업을 행해야 한다. 도전과 연민의 균형을 맞추는 일은 쉽지 않다. 그것은 시간의 흐름과 함께 형성되는 관계 속에서 신뢰와 열림을 필요로 한다.

전일성 유지하기: 틀의 안쪽 원 또는 '벨트'

틀 내부의 원은 슈퍼비전 과정을 유지시키며 MBP의 윤리와 전일성을 유지하는 기준을 정한다. 여기서 네 가지 지도적 토대(guiding touchstone)를 소개한다.

태도적 기반

마음챙김 수련, MBP 지도와 MBS의 바탕을 이루는 자질들이 있다. 슈퍼바이저와 슈퍼바이지 모두 이 자질들을 서로 간의 상호작용에 담아내려는 의도를 지녀야 한다. 그래야 슈퍼바이지가 그 자질들을 자신의 삶과 지도 공간에서 살아낼 수 있고 또 체화할 수 있다.

계약

계약은 슈퍼바이저와 슈퍼바이지 사이에 맺는 상호 합의된 과정으로, 업무적 사항(일시, 횟수, 보수, 비밀 유지 등)을 분명히 하고, 목표와 경계, 모범실천 사항의 준수 등 두 사람이 함께 작업하는 방식을 분명히 정하는 데도 도움이 된다. 이 계약은 시작 단계에서 슈퍼비전 과정을 구성하는 데 중요한 부분이다. 최초 세션을 가져봄으로써 서로에 대해 알고 이 과정을 거치는 동안 서로 지속적으로 이야기를 나누며, 슈퍼비전에 대한 각자의 기대와 경계선을 분명히 정하는 시간을 반드시 가져야 한다. 슈퍼바이지 입장에서 이것은 자신의 필요를 명확히 할 수 있는 중요한 순간이다. 이렇게 합의한 사항과 슈퍼비전의 목표에 대하여 이후에 당신의 작업이 변화하는 과정에서 다시 살펴보고 수정하는 것은 슈퍼비전에서 매우 중요한 부분이다.

모범실천 가이드라인

이것은 MBP 지도자 슈퍼바이저, 트레이너에게 어떤 훈련과 수련, 지속적인 배움이 중요한지 분명하게 적어 놓은 글이다(BAMBA, 2019). 슈퍼비전 내에서 슈퍼바이저와 슈퍼바이지가 나눈 대화의 일부로 이 가이드라인을 참조할 수 있다. 가령, 당신은 당신에게 가장 중요한 다음 훈련 단계가 무엇인지 당신의 슈퍼바이저와 상의할 수 있다. 또는 당신이 매년 열리는 집중 수련에 참가하는 데 있어 어려움을 겪는 부분이 무엇인지 당신의 슈퍼바이저와 상의할 수 있다.

마음챙김 기반 개입법: 지도 및 학습 안내서(MBI:TLC)

19장에 소개한 TLC는 슈퍼비전 관계에서 매우 적합하게 사용할 수 있다. 그것은 TLC가 여섯 개 각각의 영역에 초점을 맞춘 체계적인 자기성찰을 가능케 함으로써 슈퍼바이지의 성찰 수련에 도움이 되도록 명시적으로 설계되었기 때문이다. 슈퍼바이지가 충분히 경험을 쌓고 슈퍼바이저와 신뢰 관계가 형성되었다면 평가 목적으로 설계된 도구, 즉 MBI:TAC를 사용해 직접적으로 즉석에서 성찰할 수 있다. 그리고 나중에 이것을 더 확장해, 여섯 개 영역 중 하나에서 슈퍼바이저가 슈퍼바이지의 지도 장면을 담은 동영상을 보고 그의 역량 수준을 리뷰할 수 있다.

슈퍼비전의 내용: 틀의 '꽃잎 부분'

이것은 슈퍼바이지인 당신이 슈퍼비전에 가져가 슈퍼바이저와 상의하고 싶은 문제들을 말한다. 더 살펴보고 싶고 더 돌아보고 싶은 부분이다. 당신의 슈퍼바이저 역시 자신이 초점을 맞추려는 영역을 가져올 것이다. 슈퍼비전 세션을 가질 때마다 매번 모든 꽃잎을 다뤄야 하는 것은 아니지만 종종 한발 물러나 당신이 소홀히 하고 있는 영역이 없는지 살펴보는 것이 좋다. 가르침의 실제에서, 우리는 모든 것이 서로 연결되어 있음을 알게 된다. 가령, 바디스캔을 가르치는 법을 탐색하는 과정에서 당신은 자신의 바디스캔 경험과 수련을 돌아보게 되며, 그다음으로는 당신이 가르치고 있는 특정 대상 집단이 당신의 수련 안내 방식에 어떤 영향을 주는지 고려하게 되며, 그런 다음에 수련의 목표와 이론적 토대를 돌아보게 된다.

당신이 더 들여다보고자 하는 가르침의 측면에 알아차림을 가져다주는, 이 책의 다른 섹션들을 참고해 당신의 슈퍼비전을 돌아보라. 다섯 개의 꽃잎을 요약하면 다음과 같다.

지도 기술

슈퍼비전에서 탐색하는 지도 기술의 세부사항은 당신의 발달 단계에 따라 다르다. 가르침의 첫 단계에서는 슈퍼바이저와 슈퍼바이지가 나누는 대화가 주로 명시적인 교육과정에 집중된다. 가령, 과정을 시작하기 전에 필요한 예비사항, 적정 교육과정의 세부사항, 가르칠 내용, 수련을 이끄는 방법, 수련 녹음하기, 유인물 준비하기, 시간 배분 방식 등이다. 그러다 나중에는 지도 주제(teaching themes)를 참가자에게 전달하고, 탐구의 기술을 다듬고, 도전적 순간을 다루는 등의 암묵적 교육과정에 관하여 대화할 공간이 마련된다. 당신의 지도 장면을 녹음한 내용을 슈퍼바이저와 함께 리뷰하는 공간을 마련할 수도 있다. 이런 탐색은 지속적인 자질, 지식, 지도 기술 등의 계발을 위해 더 훈련하고 수련해야 하는 부분이 무엇인지 가리킬 수도 있다.

맥락

슈퍼비전에서 유용하게 초점을 맞출 수 있는 부분이 프로그램의 형식(예: MBSR, MBCT 등)과 특정 참가자 대상(예: 암환자, 아동, 중독자 등), 그리고 특정 맥락(예: 병원, 직장 등)

을 적합하게 대응시키는 것이다. 슈퍼바이저를 선택할 때는 당신이 가르치고자 하는 프로그램에 경험이 풍부한 사람을 찾는 것이 좋다. 그 슈퍼바이저가 당신이 상대하고 있는 맥락과 대상 집단에 대한 경험이 있으면 가장 좋지만 반드시 그렇게 되지는 않는다. 그렇지 않은 경우에는 이 영역에서 당신이 어떻게 안내를 받고 있는지 논의하는 것이 필요하다. 이런 맥락 문제는 지도 과정에 큰 영향을 미치며 슈퍼비전 탐색에서 매우 중요한 문제다. 맥락과 대상 집단의 요구를 충족시키는 것과, 프로그램 형식의 전일성에 충실해야 하는 문제 사이에 종종 긴장이 일어나기도 한다. 맥락에서 또 하나의 중요한 측면은 문화적 · 사회적 맥락이다. 여기에는 해당 프로그램을 커뮤니티나 조직 내에서 어떻게 위치시키느냐 하는 문제를 자각하는 것이 포함된다. 또 권력, 억압, 사회적 배제 등과 관련된 잠재적 역동에 대한 자각도 포함된다. 슈퍼비전은 그 속에서 평등, 다양성, 포용에 대한 자각을 조사하고 키우는 중요한 맥락이다. 또 슈퍼비전은 프로그램 또는 지도 과정을 응용하는 방식에 대한 함의를 살피고(24장) 키우는 중요한 맥락이 된다. 우리의 무의식적 편향을 인식하고 그것을 다루는 과정은 슈퍼비전의 중요한 부분을 이룬다.

집단 과정과 개인 과정

많은 슈퍼바이지가 자신의 지도 과정에서 일어난 집단 역동과 문제들과 함께 개인과 집단의 학습 및 발달 과정과 관련된 특정 순간을 슈퍼비전에 가져온다. 만약 당신이 공동으로 지도하고 있다면, 슈퍼비전은 이 관계에 대해 성찰할 수 있는 장소가 된다.

마음챙김 이론과 이해

MBP에서 가르치고 실천하는 방식에 대한 이해는 명상 지도/수련과 현대 서구의 경험론/문화 등 다양한 인식론과 그들이 어떻게 MBP의 근본 원리를 구성하는지에 대한 더 넓고 깊은 이해를 포함한다(Crane, 2017; Feldman & Kuyken, 2019). 이론에 대한 이러한 이해는 개념적인 앎이자, 시간에 걸쳐 발달하는 체화된 앎이다.

지속적인 명상과 수련

개인적으로 하는 공식/비공식 마음챙김 명상(20장)에서 일어나는 이해는 참된 MBS와 MBP 지도에 반드시 필요한 부분이다. 수련은 여러 가지 방식으로 슈퍼비전 세션에 도움을 준다. 다음은 몇 가지 사례다.

- 세션 시작부에서 잠시 침묵하는 '멈춤'의 시간을 가짐으로써 지금 여기에 존재하는 것에 중심을 잡고, 그것을 알아보며, 그것과 함께할 수 있다.
- 슈퍼바이지가 명상 수련을 안내하고, 그에 대해 자신의 슈퍼바이저에게 묻는다. 그러면 슈퍼바이저는 그에 대한 피드백을 준다.
- 슈퍼바이지는 슈퍼바이저에게 특정 명상 수련을 안내해 줄 것을 요청하고 그에 관해 질문할 수 있다. 명상 수련을 시연해 달라고 요청하는 것이다.
- 두 사람 중 누구라도 불확실성과 곤란함에 마주쳤을 때는 잠시 멈추어 중심을 잡고 호흡할 수 있다. 이때 암묵적으로 자기 내면의 과정으로 더 주의를 향할 수도 있고, 아니면 명시적으로 그것에 이름을 붙이며 마음챙김 멈춤을 할 수도 있다.
- 세션 마지막에 짧은 침묵의 순간을 가지면 마음을 안정시키고 소화할 수 있는 공간이 생긴다.

꽃잎들 사이의 공간

MBS에 직접적으로 수련을 가져가는 것은, 우리가 바쁜 생활의 한가운데서 쉽게 잊어버리는 사실, 즉 공간(여백)이 삶의 필수적 부분이라는 사실을 강력하게 상기시킨다. 마음챙김 멈춤은 슈퍼바이저와 슈퍼바이지 모두에게 자신의 직감적 경험과 자신의 의도와 다시 연결되도록 돕는다. MBS 내에서 나타나는 멈춤의 사례는 〈글상자 21-1〉을 참조하라. 이 사례는 우리가 앞서 논의한, 인간으로서 지닌 우리의 불가피한 취약성을 헤쳐 나가는 것과 관련된 개념에 바탕을 둔다. 또 흔들림과 동요를 제거하고 숨기는 것이 아니라 그렇게 '흔들리는 바로 그 자리에서 가르침을 펴는' 것과 관련된 개념에 바탕을 둔다.

글상자 21-1 슈퍼비전 내에서의 멈춤

지난주 나는 숨을 헐떡거리며 감정적으로 몹시 긴장한 상태에서 전화 슈퍼비전에 임했다. 그때 나는 정해진 시간을 넘겨 진행되어 나를 매우 초조한 상태로 만든, 매우 감정적인 상담 세션을 막 끝내고 온 참이었다. 늦었던 터라 버린 시간을 벌충하려고 나는 곧장 나의 노트북 컴퓨터에 띄워 놓은 슈퍼비전 세션 의제로 뛰어들었다. 그러나 나의 슈퍼바이저는 나에게 잠시 멈추라고 하면서 (친절한 목소리로) 나의 초조함이 전화를 통해 그녀의 몸으로 느껴지는 걸 알 수 있다고 말했다. 나는 간단한 마음챙김 수련을 그녀에게서 가볍게 안내받았다. 멈추어, 바닥에 닿아 있는 우리의 발과 호흡을 느낀 다음, 우리의 경험 속에 있는 무엇이든 그것에 관해 열려 무언가를 반드시 하지 않고도 그것이 자연스럽게 가라앉도록 했다. 잠시 멈춤의 시간을 가진 후에 나는 내가 그 경험과 그 서두름에 얼마나 큰 영향을 받았는지 볼 수 있었다. 나는 초조함을 알아차리고 그것에 여유 공간을 마련하고 그것이 가라앉도록 놓아두며, 그것과 새로운 방식으로 관계를 맺는 것이 얼마나 중요한지 보았다. 이로써 나는 명료함을 가지고 슈퍼비전에 임할 수 있었다. 나는 눈에 보이지 않는 초조함이 의도치 않게 나의 슈퍼비전 과정을 방해하도록 놓아두지 않았다. 슈퍼바이저와 이에 대해 더 이야기를 나누는 과정에서 나는 내가 진행하는 프로그램 참가자들이 나에게 영향을 받는 것과 마찬가지로, 나의 슈퍼바이저 역시 내가 알아보지 못한 나의 초조함에 영향을 받는다는 사실을 알고는 놀랐다. 나는 내가 진행하는 프로그램 참가자들에게 내가 아무 영향을 받지 않는, 모든 것을 다 아는 전문가인 척하기보다, 나의 인간적 모습을 솔직히 보이는 것이 더 중요함을 알았다.

가운데 원–슈퍼비전의 핵심

MBS에서 당신과 당신의 슈퍼바이저의 연결은 상호 질문을 통해 만들어지고 더 강화된다. 그것은 슈퍼바이지가 하는 경험과 슈퍼바이저가 하는 경험에 대해 순간순간 탐색하는 것을 말한다([그림 21-2] 참조). 주의 영역에는 당신의 내면 체험(세로줄), 그것들 사이의 경험(가로줄), 마음챙김과 그 토대에 대한 이해를 포함하는 전반적인 더 큰 원(원), 슈퍼비전에서 다룰 이슈들, 슈퍼바이지의 작업과 맥락, 슈퍼비전 관계 등이 포함된다.

이 체화된 토대로부터, 슈퍼바이지로서 당신은 먼저, 일어난 일을 마음에 가져온다.

그런 다음, MBP 지도 공간 내에서 탐구할 때와 유사한 틀을 사용해 이와 관련된 경험의 층위를 탐색해 들어가는 방식으로 경험을 탐색하는 데 도움을 받을 수 있다. 슈퍼바이저는 당신이 당신의 참가자들에게 사용하는 것과 동일한 탐구 과정을 차용해 모델링하고 있다(9장). 슈퍼비전은 MBP의 탐구 과정에서 일어나는 것과 마찬가지로, '그때 거기'를 '여기 지금'으로 가져온다. 과거의 경험을 마음에 가져올 때 그것은 지금 이 순간 우리 내면에서 현재가 된다. 이때 신체감각과 감정, 생각 등도 함께 따라온다. 슈퍼바이저는 슈퍼비전 이슈와 관련하여 지금 일어나고 있는 일에 대한 순간순간의 탐색을 관계적 탐구를 통해 촉진한다. 당신은 슈퍼바이저와의 상호 탐구에서 일어난 어떤 배움이든 그것을 당신이 행하는 MBP 지도에 엮어 넣을 수 있다.

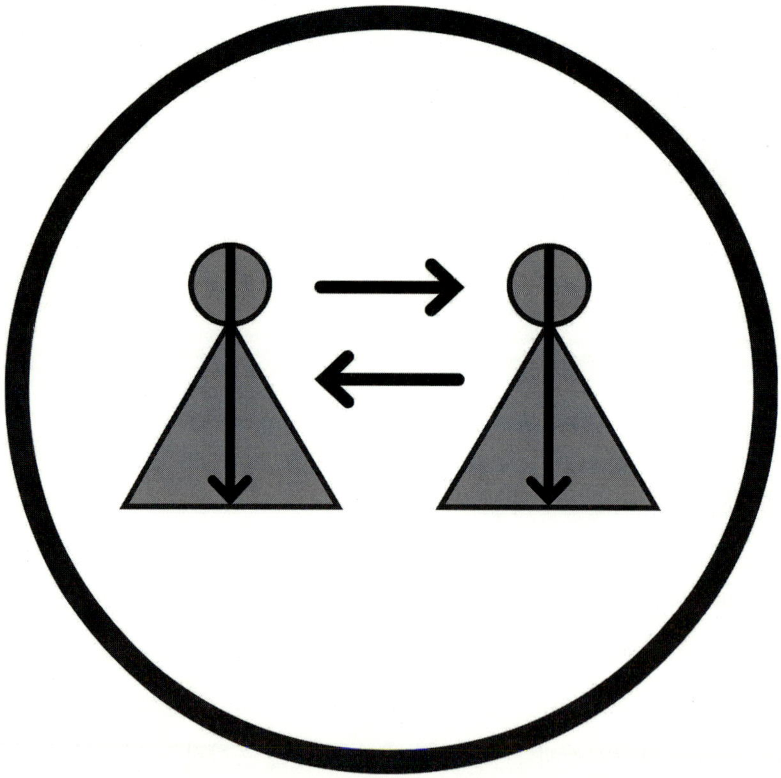

[그림 21-2] 슈퍼비전 관계에서 주의의 흐름

마음챙김 기반 슈퍼비전에 어떻게 참여할 것인가

MBS가 무엇인지에 관한 이해

앞에 제시한 틀에 관한 성찰을 통해 MBS의 성격에 관해 이해하면 슈퍼비전에 더 생산적으로 참여하는 데 도움이 된다.

성찰 과정에의 참여

세션 전과 후에 슈퍼비전에 관해 성찰하는 작업은 슈퍼비전 과정과 당신의 배움에 큰 도움이 된다. 슈퍼비전을 받기 전에 당신은 어떤 문제를 슈퍼비전에 가져가고 싶은지 잠시 생각해 볼 수 있다. 틀 속의 여러 가지 꽃잎과 관련하여, 또는 TLC와 관련하여 무엇이 당신에게 생생하게 살아 있는 의미를 갖는가? 지도 공간 내에서의 힘겨운 관계나 안전에 대한 염려 등 직접적인 주제가 있을 수 있다. 때로 즉각 떠오르는 주제가 없을 수도 있다. 따라서 TLC의 틀을 살펴보면서 당신이 결코 슈퍼비전에 가져가지 않을 측면들이 있는지 보아라. 질문이나 탐구 주제, 특정 경험을 가지고 슈퍼비전에 임하도록 강력 권고하지만, 현재 순간과 연결하여 지금 바로 가장 살아 있는 무엇을 발견하는 것 또한 중요하다. 당신의 슈퍼바이저 또한 자신이 슈퍼비전에 가지고 오고 싶은 주제가 있을 것이다.

많은 슈퍼바이지가 슈퍼비전을 받는 동안 몇 개의 키워드를 기록한다. 슈퍼비전에서 나눈 대화에 대해 돌아보면서 간단한 기록을 남기는 시간을 슈퍼비전 직후에 갖는 것이 도움이 될 수 있다. 당신의 수련 내에서 더 살펴보고 돌아보아야 할 주제들이 떠오를 수도 있다. 슈퍼비전은 당신의 삶과 가르침에서 동떨어진 섬처럼 존재하는 것이 아니다. 그것은 당신의 삶과 가르침 속으로 들어가야 하며 또 그것으로부터 흘러나와야 한다.

실제 수업지도 장면

슈퍼바이지는 동영상이나 음성 자료 또는 슈퍼비전 세션 내에서 수련을 안내하고 질문하는 것을 통해 실제 수업지도 장면을 점점 더 많이 자신의 슈퍼비전에 가져간다. 이런 식으로 자신의 모습이 '보여지는' 것이 매우 불편하게 느껴질 수도 있다. 그런데 이것은 당신의 가르침에 대해 특정한 피드백을 받는 매우 훌륭한 방법이기도 하다. 슈퍼바이저에게 많은 양의 지도 장면을 전달할 필요는 없다. 10~15분 정도의 짧은 분량이면 심도 깊은 탐구에 충분한 양이다.

피드백 주기/슈퍼비전 리뷰하기

당신의 슈퍼바이저는 당신이 슈퍼비전에 참가한 과정과 경험을 돌아보면서 주기적으로 그 과정에 대한 공식적인 리뷰를 행할 수 있다. 아니면 보다 비공식적으로, 지금 당신의 가르침이 어떻게 되어 가고 있는지, 지금과 다르게 변화시키고 싶은 부분은 없는지 당신에게 물어볼 수도 있다. 때로 슈퍼비전을 꽉 차게 정신없이 진행하다 보면 리뷰를 놓치는 경우가 있다. 그렇지만 당신이 슈퍼비전으로부터 필요한 것을 지금 얻고 있는지, 지금과 다르게 바뀌어야 하는 부분은 없는지 멈추어 돌아보는 시간을 갖는 것이 중요하다. 우리가 무엇을 필요로 하는지 질문하기 어려울 수 있고, 우리가 언제나 그것을 아는 것도 아니다. 하지만 당신의 슈퍼비전 내에서 일어나는 일들을 만들어 가는 데 당신이 적극적으로 참여하는 것이 중요하다. 슈퍼바이저 역시 언제나 그것을 알 수는 없으므로, 당신이 하는 말을 반기며 들어 줄 것이다.

당신 자신을 준비시키기

이 슈퍼비전 틀의 몇몇 지점에서 마음챙김의 현존을 강조했다. 당신이 슈퍼비전에 가져갈 수 있는 다양한 요소를 스스로 떠올리면서 슈퍼비전 세션을 준비하는 데 [그림 21-1]이 도움이 될 것이다. 당신은 몸에 가능한 한 현존하며, 대화의 순간에 준비하는 최적의 조건을 자신에게 마련할 수 있는가? 아마도 이것은 슈퍼비전에 임하기 전에 잠시 멈추어, 이메일을 닫고, 물을 한 잔 마시며, 화장실에 갔다 오고, 물리적 공간을 준비하며 자리를 선택하는 것을 의미할 수 있다. 만약 당신이 슈퍼바이저에게 직접 간다면 조금 일찍 도착해 간단한 산책을 하거나 정좌 명상을 하는 것을 의미할 수도 있다.

이 책의 몇몇 지점에서 우리는 인간이 된다는 것, 그리고 MBP 지도자가 된다는 것에 따르는 취약성에 대해 이야기했다. 친밀하지만 때로 강렬한 대화에 들어가기 위해서는 자신을 기꺼이 '드러내는' 의지가 요구된다. 자신의 개인적 과정을 돌아보는 과정에서는 자신을 향한 어느 정도의 친절과 연민의 마음이 필요하다. 또는 자신에게 이렇게 물어볼 수 있다. '나의 슈퍼비전 과정이라는 큰 그릇 안에서 내가 안전하다고 느끼려면 어떻게 나를 돕는 것이 가장 좋을까?'

슈퍼비전의 빈도

지도자를 위한 모범실천 가이드라인(BAMBA, 2019)에서는, 지도 경험이 없는 지도자는 MBP 기간 동안 최소 3시간의 슈퍼비전을 받을 것을 권한다. 지도 경험이 있는 지도자는 지도 기간 동안 매달 슈퍼비전을 받을 것을 권한다. 당신이 처음 가르치거나 새로운 프로그램을 가르친다면 추가적인 슈퍼비전 시간이 필요할 수도 있다. 당신이 슈퍼비전에 가져가고 싶은 가르침의 측면들이 매우 많을 수 있다. 그러나 슈퍼비전은 체화된 대화에 관한 것이므로 의제 목록을 서둘러 다뤄서는 안 된다. 만약 그렇게 한다면 무언가를 놓치게 될 것이다. 유경험 지도자라면 한 달에 한 번 정도가 유용한 측정치다. 많은 지도자가 특정 시기에 활동적으로 가르침을 전하든 그러지 않든, 지속적으로 슈퍼비전을 받는 쪽을 택한다. 그들은 자신의 실제 가르침 내에서 탐색해야 하는 지속적인 주제가 있음을 알게 된다.

슈퍼바이저에게서 무엇을 보아야 하는가

MBP는 슈퍼바이저를 위한 모범실천 가이드라인에서 정한 상당한 경험과 훈련, 기술을 필요로 하는 복잡한 과정이다(BAMBA, 2019). 당신의 슈퍼바이저가 이 가이드라인을 준수하는 것은 반드시 필요하다. MBS에서는 슈퍼바이저가 MBP 지도 경험과 직업적 전일성과 윤리성, 일관성, 신뢰성, 슈퍼비전의 역량, 긍정적인 의도성, 안정성, 친절 등의 토대를 튼튼히 갖출 것을 요구한다. 이 모든 것은 오랜 시간의 마음챙김 수련과 실제 지도 경험, 연구를 통해 가능하다. 또 다른 측면은, 당신이 가르치고 있는 MBP와 당신이 가르치는 대상 집단에 관한 경험 및 지식이 풍부한 슈퍼바이저와 연결하는 것이다. 따라서 당신과 잘 맞는 슈퍼바이저가 있는지 알아볼 필요가 있다. 처음에는 이것을 확인하기가 어려울 수 있기 때문에 때로 슈퍼바이저를 바꿔야 하는 경우도 생긴다. 이것은 그 자체로 슈퍼비전의 주제가 된다. 이것은 욕구 이면의 동기와 의도가 슈퍼비전 과정의 지지적인 태도적 기반에 반영되며 또 그 안에 담기기 때문이다. 틀에서 보았듯이, MBS 내의 탐구 과정의 상당 부분이 슈퍼바이저와 맺는 신뢰할 수 있는 안정적 관계에 달려 있다. 이런 안정적 관계 속에서 당신은 지도와 관련된 민감하고 까다로운 주제들을 탐구할 수 있다. 이런 관계를 만드는 데는 시간이 걸린다.

마지막으로, 지도자는 자신의 가르침과 발달 단계에 따라 슈퍼비전으로부터 필요로 하는 것도 달라진다. 장기간 유지되는 슈퍼비전 관계는 그 나름대로 유익함이 있는 반면, 지도자로서 당신의 여정에서 거치게 되는 각각의 단계에서 각각 다른 슈퍼바이저와 관계를 맺는 것도 그 나름대로 지혜로운 일이다. 가령, 당신이 새로운 프로그램을 지도한다면 그 프로그램의 교육과정에 경험이 많은 슈퍼바이저로 변경할 필요가 있을 수 있다. 또는 당신이 현재 슈퍼바이저와 편안한 관계에 이르러서 이제 당신 안에서 다른 것을 보고 다른 방식으로 당신에게 도전을 안길 수 있는 슈퍼바이저와 함께하는 것이 더 도움이 될 것 같다고 느낄 수도 있다. 성장을 돕는 종결과 전환을 보장하기 위해서는 이런 결정들을 내리는 데 있어 열려 있는 솔직한 소통이 필요하다. 당신이 슈퍼바이저를 바꾸고 싶다고 얘기하면서 그 이유를 설명하는 것도 괜찮다.

요약

- MBS의 성격을 설명하기 위한 하나의 틀을 제시했다. MBS는 마음챙김이 결합된 과정이자, MBP의 이론과 교육학을 활용하는 과정이다.
- MBS는 MBP 지도자가 전일성과 적합한 윤리적 실천에 정렬하는 데 있어 핵심이 된다.
- MBS는 기술 학습과 체화, 윤리적이고 전문 직업적인 이슈들, MBP 지도자로서 당신의 안녕을 포함한 다양한 기능을 지원한다.

- 체화된 관계적 탐색이 MBS의 핵심에 자리 잡고 있다.
- 슈퍼바이지로서 당신은 슈퍼비전 과정에 적극적인 참가자가 되어 MBS가 무엇인지에 관한 이해와 효과적이고 적극적인 참여 방법을 발견함으로써 슈퍼비전을 촉진할 수 있다.

참고자료

Evans, A., Griffith, G. M., Crane, R. S., & Samson, S. A. (2021). Using the Mindfulness-based interventions: Teaching Assessment Criteria (MBI:TAC) in supervision. *Global Advances in Health and Medicine, 10*, 1-6. https://doi.org/10.1177/2164956121989949.

Evans, A., Crane, R., Cooper, L., Mardula, J., Wilks, J., Surawy, C., Kenny, M., Kuyken, W. (2014). A framework for supervision for mindfulness-based teachers: A space for embodied mutual inquiry. *Mindfulness, 6*(3), 572-581. doi:10.1007/s12671-014-0292-4

틀에 대한 업데이트와 슈퍼바이저와 슈퍼비전에 관한 기타 정보를 찾아보려면 www.mindfulness-supervision.org.uk/를 방문하라.

22장

전문적 실천

Pamela Duckerin

마음챙김을 가르치는 것은 커다란 특권이다. 인간 경험의 모든 영역과 연결되는 기회를 제공하기 때문이다. 이와 더불어, 우리의 가르침과 배움의 공동체에서 각각의 참가자들을 가능한 한 세심하게 대해야 한다는 윤리적 책무를 요구한다.

Rhonda Magee (2016, p. 244).

마음챙김 연구수련센터(Centre for Mindfulness Research and Practice: CMRP) 콘퍼런스의 기조연설에서 Christina Feldman은 마음챙김에 내러티브(이야기, 서사)가 있다고 상기시키며 우리 모두가 마음챙김이 펼쳐지는 것의 일부임을 인식하도록 촉구했다. "우리의 지금 모습은 모두 우리의 과거 모습의 결과입니다. 그리고 내일 우리의 모습은 지금 우리 모습의 결과일 것입니다"(Feldman, 2016). 이것은 마음챙김의 전통적 시작에서부터 바로 오늘까지 일어난 발전에도 그대로 해당되는 말이다. Christina는 우리가 하는 일을 현미경 아래에 두고 세밀히 들여다 보라고 한다. 그녀는 우리가 어떻게 관계 맺고 참여하는지 질문하고, 우리가 이끌어 가는 과정에 영감을 주는 도덕적 가치들에 대해 성찰하도록, 그리고 이 작업의 위험성과 가능성에 대해서도 성찰하도록 도전을 던진다. "이 수련이 개인적 차원과 사회적 차원에서 변화가 일어나게 하려면 무엇을 지켜야 하고 무엇을 버려야 하는가?"(Feldman, 2016)

글상자 22-1 윤리적 실천과 전문 직업 의식에 대한 정의

정의

- 윤리적 실천
  - 윤리는 우리의 행동을 지배하는 도덕적 원리와 가치를 말한다. 즉, 윤리는 무엇이 옳고 그른가에 관한 우리의 이해다. 윤리는 우리가 직면한 딜레마, 특히 우리가 중시하는 가치에 도전을 던지는 딜레마를 헤쳐 나가도록 돕는다. 그렇게 해서 우리는 어떻게 하는 것이 최선의 대응인지 알 수 있다(Feldman & Kuyken, 2019, p. 203).

- 전문 직업 의식
  - 전문가는 특정 전문직의 지식과 기술, 가치를 적용하는 사람이다.
    전문적 전일성: 특정 전문직의 모범실천 가이드라인 내에서 일관되게 실천하는 전문직업인을 말한다.

이제 발전하고 있는 MBP 분야의 맥락에서 우리는 직업적 이슈와 윤리적 실천에 관한 가이드를 어디에서 구해야 할까? 공식 규제 기관이 없는 상태에서 우리는 MBP 지도자로서 어떻게 우리에게 필요한 기술과 지식, 태도를 키워 전일적으로 실천하도록 보장할 수 있을까? MBP가 점점 널리 보급되는 과정에서 어떻게 하면 우리의 수업에 참여하는 대중들의 관심을 보호할 수 있을까? 이 장에서는 이런 전문 직업적 윤리 실천 이슈에 관한 성찰을 촉진하는 틀을 제공한다.

우리의 성찰을 구조화하기

이 장의 목표는 일련의 지침이나 정답을 제공하는 것이 아니라 전문 직업적 실천의 영역에 대한 자각을 키우고 우리가 윤리적이고 안전하게 작업하는 데 사용할 수 있는 전략들에 대해 생각해 보는 것이다. 이 주제의 뉘앙스와 긴장, 펼쳐지는 성질에 대해 숙고하는 성찰의 공간이 여기에 있다. 이것은 평생에 걸친 탐구로서 미시적 관점에서(우리 자신

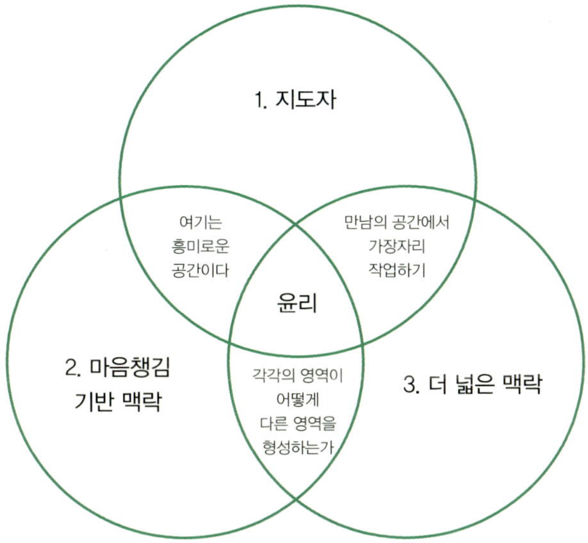

[그림 22-1] 윤리적 결과에 기여하는 세 가지 차원

의 개인/지도 수련 안에서) 연구할 수도 있고, 더 넓은 관점에서(예: 특정한 맥락에서 MBP를 바라보는 식으로) 연구할 수도 있으며, 전문 직업의 맥락에서 연구할 수도 있다[BAMBA의 작업처럼(BAMBA, 2019)]. 특정 순간에 가장 적절하다고 여겨지는 것은, 지도자의 발달 단계에 영향을 받고 마음챙김 기반 영역의 안과 주변의 특정 주제에 대응하면서 변화하게 마련이다.

지도자

우리는 누구나 자신이 지닌 근본 신념과 가치에 영향을 받는다. 그런데 우리는 자신의 신념과 가치가 MBP 지도자로서 우리의 작업에 심대하게 영향을 미친다는 사실을 종종 자각하지 못한다. "나는 MBSR 지도자 한 사람, 한 사람이 MBSR의 전일성과 질, 실천 표준을 보증하는 책임을 온전히 수행할 때 MBSR이 가장 건강한, 최선의 무엇이 될 수 있다고 항상 느껴 왔습니다"(Kabat-Zinn, 2011, p. 295). 그리고 교육자인 Palmer는 이렇게 적었다.

> 어떤 종류의 일에서든 우리가 성취할 수 있는 가장 실제적인 것은 그 작업을 행하는 과정에서 우리 내면에 일어나는 일에 대한 통찰을 얻는 것이다. 우리가 자기 내면의 지형에 대해 잘 알수록 우리의 가르침(그리고 우리의 삶)이 더 단단히 발을 딛고 설 수 있다(2007, p. 5).

개인 마음챙김 수련은 자기 자각력을 키우는 데 필수적이다(20장). 개인 마음챙김 수련은 지도자가 지닌 사회적 · 문화적 배경에 대한 깊은 성찰을 가능케 한다(24장). 마음챙김 수련을 통해 지도자는 진정한 자기의 내면과 연결하는 개인적 여정에 오르게 되며, 그리하여 그는 마음챙김 수련의 성질을 자기 존재에 통합할 수 있고, 이처럼 체화된 장소에서 가르침을 펴는 법을 터득할 수 있다(Crane & Reid, 2016). 이러한 마음챙김의 체화는 순간순간 지도자에게 요청되는 윤리적 측면에, 내면에서 외면으로, 참되게 머물게 하는 열쇠다. Feldman과 Kuyken(2019)은 이렇게 적었다.

> 우리는 종종 매우 직감적으로 윤리를 느낀다. 우리는 적절한 대응에 대한 감을 지니고 있다. 윤리는 불편감의 감각을 일으켜 우리가 무언가에 잘못 맞춰져 있음을 알린다. …… 이런 순간에 우리는 뭔가가 제대로 되어 있지 않음을 알게 된다. 체화는 우리에게 이런 불편감을 인식하도록 돕는다(p. 205).

당신의 삶의 여정 돌아보기

잠시 멈춰 당신이 개인적으로 중시하는 가치와 신념을 돌아보고 그것이 당신의 윤리적 틀에 어떻게 영향을 주었는지 알아보는 시간을 갖자. 당신의 삶을 흐르는 강으로 상상해도 좋다(직접 그림으로 그려도 좋다). 당신의 '삶의 흐름' 속으로 들어온 지류들이 어떻게 당신이 마음챙김 지도의 작업에 착수한 동기와 의도성에 영향을 미쳤는가? 이 탐색을 통해 당신은 자신의 내러티브(이야기)와 더 제대로 만날 수 있는데, 이때 자신의 개인적 역사와 트라우마, 취약성의 순간에 관하여 부드러운 민감성이 필요하다.

- 무엇이 당신이 중시하는 가치와 현재 당신의 윤리적 관점에 영향을 주고 그것을 형성시켰나?(예: 초기 경험, 문화, 인종, 성 정체성, 교육/훈련, 가족, 커리어/직업, 기관, 영적 신념, 특정

사람, 생애 사건 등)
- 당신은 이 핵심 영향을 어떻게 정의하고 묘사하겠는가?

이 맥락에서 내면의 탐색 과정을 도와주는 모형이 Johari 창(Johari Window)이다(Luft & Ingham, 1955). 이것은 우리 자신과 타인이 경험하는 개인적 공간을 보여 준다(예: 느낌, 경험, 관점, 태도, 기술, 의도, 동기). 이것은 우리의 개인적 과정에 대한 이해를 심화하는 데 활용할 수 있는 자기성찰 도구를 제공한다([그림 22-2] 참조).

이 틀은 피드백, 자기발견, 함께하는 발견, 자기개방 등의 방법을 통해 맹점 영역과 숨겨진 영역, '미지의 자기' 영역의 크기를 줄임으로써 '열린 자기' 영역의 크기를 증가시키

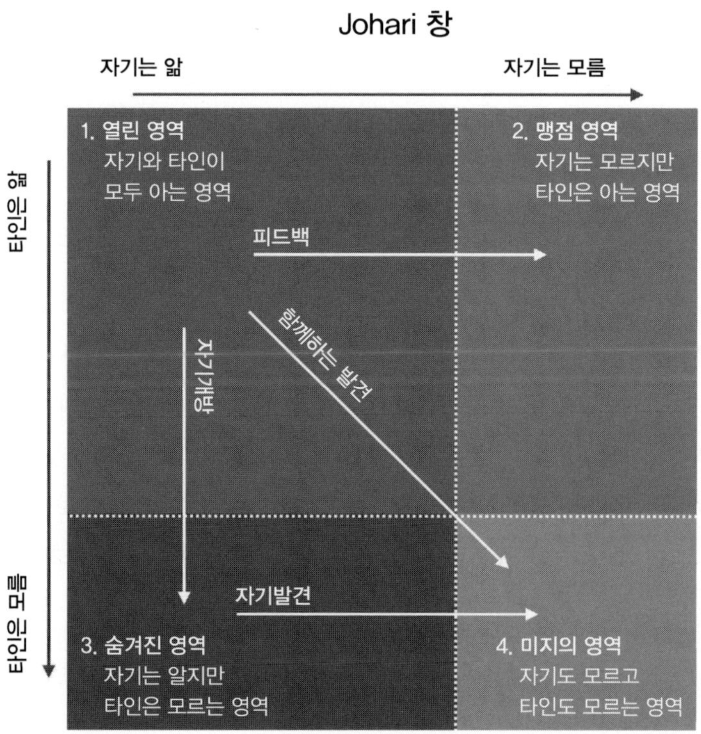

[그림 22-2] Johari 창

는 방식을 그림으로 보여 준다. MBP 지도는 온전히 함께하는 발견(shared discovery)에 관한 것이다. 즉, 지도자와 참가자가 의식적으로 참여하는 인간이 되는 방식에 관하여 함께 탐색해 가는 상호적인 과정이다. 지도자는 자신의 지도 실천에 관하여 개인적으로 성찰하고, 동료와 함께 또는 슈퍼비전을 통해 대화를 나눔으로써 자기개방과 자기발견의 기회를 갖는다. 또 당신이 지도할 때 분별력 있게 자기개방을 선택해야 하는 순간들이 있을 것이다. 지도 공간에서 이것은 공동의 인간됨과 상호성의 감각을 형성하는 한편, 지도자를 지나치게 이상화하는 경향을 줄여 준다.

지도자로서 나는 누구인가에 관하여 성찰하기

- 어떤 생애 사건, 도전, 사람들, 학습이 나의 윤리적 관점을 형성했는가?
- 내가 중시하는 가치는 나의 지도 실천에서 어떤 방식으로 '나타나는가'?
- 나의 조건화, 문화, 성, 인종, 계급 등이 나의 지도 실천에 어떻게 영향을 주는가?
- 나는 나의 취약성과 민감성을 어떻게 다루고 있는가?
- 나는 어떻게 실수, 맹점, 편견에 열릴 수 있는가?
- 사람들이 지도자로서 나의 개인적 성격과 지도 실천에 관하여 알았으면 하는 것과 알지 못했으면 하는 것은 무엇인가?
- 나는 나의 지도 실천에서 나타나는 윤리적 순간과 어떻게 만나는가?

이제 [그림 22-1]에서 나머지 두 개의 원을 살펴보자. 마음챙김 기반 지도(가르침) 맥락의 윤리적 풍경과 더 넓은 사회적 맥락이 그것이다. 우리는 여기에 관련된 다중적 요소와 층을 설명하기 위해 나무의 비유를 사용한다. 나무의 뿌리는 토대가 되는 윤리 원칙들을 나타내며, 나무줄기는 지도 자체를, 한편 나뭇가지는 지도에 피드백을 주고 지지하는 주요 구조를 가리킨다. 덮개는 전체 구조에 영향을 주는 더 포괄적인 체계적 · 사회적 이슈를 상징한다.

마음챙김 기반 지도의 맥락

뿌리: 마음챙김 윤리, 전문 직업적 윤리, 태도적 기반

MBP를 가르칠 때 우리의 윤리적 기준점은 마음챙김 수련에 내재한 윤리와 전일성이다. 그리고 우리의 주류 제도와 전문 직업적 실천 맥락의 일부인 윤리적 틀이다(Crane, 2016).

Kabat-Zinn이 처음으로 MBSR을 적용한 맥락은 건강관리와 의료였다.

> 처음부터 병원과 학문적 의료센터에서 탄생한 MBSR은 누구에게 어떠한 해도 입히지 않는다는 히포크라테스 선서의 윤리적 토양에 뿌리를 둘 수밖에 없었다. 의대를 졸업하는 모든 의사가 하는 참으로 고귀한 이 맹세는 의료와 건강관리의 근간이 되었다. …… 처음부터 …… 환자의 요구가 의사나 기타 돌봄 제공자의 요구보다 우선시되었다. 이런 의료적 정신에는 이타적 행동의 토대가 스며들어 있다. …… 이것은 자신의 모든 힘을 쏟아 사람들이 괴로움에서 벗어나게 하고자 노력하는 보살의 맹세와 비슷하다. 보살은 자신이 괴로움에서 벗어나는 것보다 사람들이 벗어나는 것을 더 우선시한다(2017, p. 6).

MBP의 명상적 뿌리와 현대사회의 주류적 전달 맥락이 만나는 지점에서 나타나는 창조적 기회와 도전적 긴장을 둘러싸고 의미 있는 논쟁이 지속적으로 이루어지고 있다(예: Baer & Nagy, 2017; Husgafvel, 2019). 실천의 관점에서 볼 때 이것은 이들 두 가지 뿌리로부터 우리의 윤리적 실천을 돕는 기준점에 관해 생각해 보게 한다. 따라서 마음챙김 수련 자체에 자아, 타인, 더 넓은 세상을 향한 체화된 윤리적 정향이 내포되어 있다(Grossman, 2015). 그리고 이와 더불어, 우리는 우리의 주류적 공공 서비스 맥락 내에서 일어난 전문 직업적 윤리의 오랜 전통에도 속해 있다(Baer, 2015).

Kabat-Zinn이 상세히 이야기한 태도적 기반들은, 동양의 철학과 수련의 교차 지점을 항해하는 동시에 그 가르침을 서구의 주류 제도문화권 내에서 맥락화 해야 하는 실제적 중요성을 다루는 한 가지 방식이다(Kabat-Zinn, 2013). 이 태도적 기반들은 MBP의 교육학적 접근법에 중심이 되며, 따라서 체화된 지도에도 매우 중요하다. [그림 22-3]에는 이 근본적 성격들이 나무의 뿌리로 표현되어 있다.

나무줄기: 교육과정, 참가자, 그리고 맥락

교육과정

당신이 가르치고 있는 MBP의 특정 형식에 충실하는 것은 전일성과 질을 유지하는 데 필수적이다(2장). 교육과정에 대해 아는 데는 지도의 초기에 시간이 걸린다. 익숙함이 커

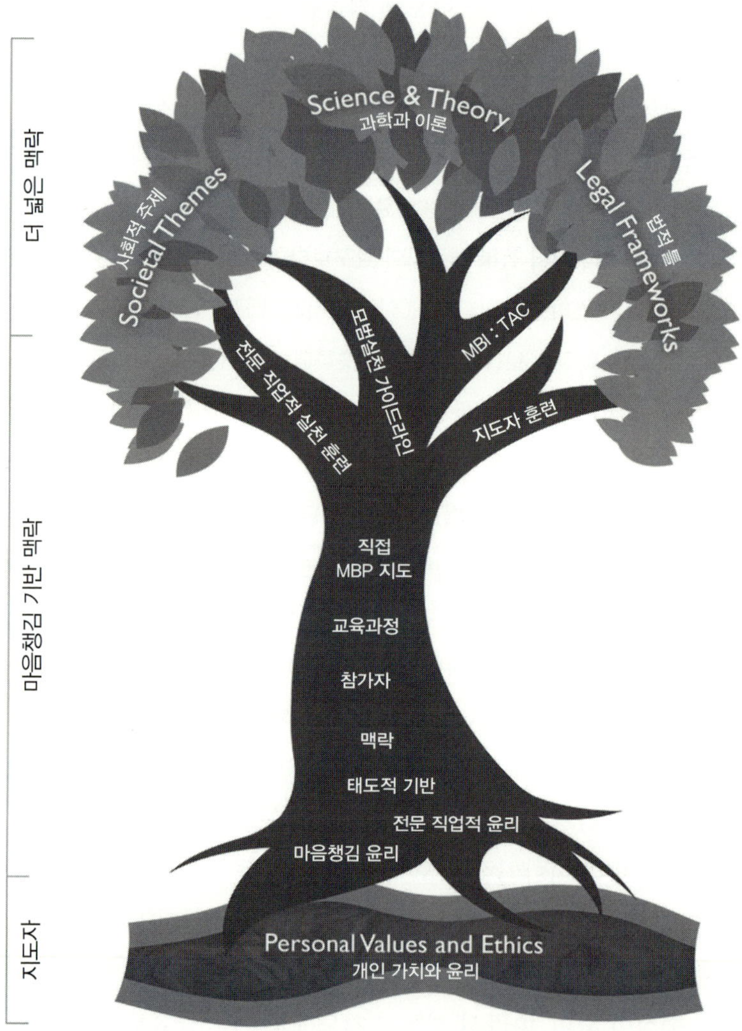

[그림 22-3] 지도자, 마음챙김 기반 맥락의 요소들, 더 넓은 사회적 맥락을 나타내는 나무 모형

지면서 지도자는 세션의 페이스를 조절하고, 특정 순간에 그리고 특정 집단에 적절히 대응하는 방식으로 교육과정을 활용하는 데 점차 능숙해진다. TLC(19장)는 이 주제에 관하여 돌아보는 데 도움을 준다. 보다 넓게 말하면, 우리는 MBP의 본질적이면서 이형(異形)적인 요소들을 이해할 필요가 있다(Crane, 2017). 이렇게 할 때 지도자로서 우리는 어째서 자신의 가르침이 마음챙김에 기반하고 있는지 알 수 있다. 이런 깊이 있는 이해는 교육과정을 적절히 응용해 적용하는 데도 필수적으로 필요하다(2장).

참가자

안전하게 가르치고 피해를 예방하는 것은 지도자의 주된 윤리적 의무다. 여기에는 피해가 어떻게 일어나는지 그 과정에 대한 지식뿐 아니라 피해가 일어났을 경우 그것을 완화하는 방법에 관한 노하우도 필요하다. Baer 등(2019)은 참가자들에게 피해를 줄 가능성을 줄이는 방식으로 MBP를 구조화하고 가르치는 방식에 관한 유용한 지침을 전한다.

- 충분히 고려된 수용/배제 기준을 사용해 예비 참가자들에 대한 신중한 평가를 행한다. 지도자는 자신이 가르치는 대상 집단과 가르침의 맥락에서 MBP를 사용하는 이론적이고 경험적인 토대에 대한 이해를 갖추어야 한다. 또 이 정보를 상호 동의 절차의 일부로서 프로그램을 실행하기 전에 하는 오리엔테이션을 통해 예비 참가자들에게 알려야 한다(16장).
- MBP의 무엇과 어떻게 요소를 모두 가르쳐야 한다. 여기에는 수련의 이론적 근거를 참가자에게 소개하는 것, 프로그램에 대한 초대의 측면을 강조하는 것, 그리고 참가자가 수련에서 겪을 수 있는 힘겨운 경험에 능숙하게 대응할 수 있도록 돕는 것이 포함된다.
- 체계적인 모니터링으로 예외적이거나 예상치 못한 힘겨운 경험이 일어날 때에 그것을 인지하고 적절히 대응하는 법을 알아야 한다(23장).
- 지도자는 세션에서 참가자 개인이 드러내 보이는 주제들에 깨어 있어야 하며, 세션이 끝난 뒤에도 그에 대해 상의할 준비를 하고 있어야 한다.

본질적으로, 전체 과정을 제공하고 거기 담긴 모든 요소를 해당 집단에게 안전하고 그들이 활용 가능한 방식으로 전달하는 것은 지도자가 가장 우선시해야 하는 중요한 사항이다. 이 책은 이것을 하기 위한 상세한 설명이다.

맥락

MBP를 제공하는 조직상 맥락 또는 문화적 맥락, 예컨대 임상적 맥락, 기업 맥락, 온라인 또는 교육 맥락 등은 가르침의 공간이 갖는 특정한 성격에 영향을 미친다. 이에 지도자는 자신이 가르치는 프로그램의 교육과정과 교육학을 이들 특정한 장면과 문화에 가장 적합하게 조정해 적용하는 방법을 모색할 필요가 있다(McCown et al., 2016). 서로 다른 장면과 상황에 따라 그에 요구되는 문화적 · 직업적 고려사항도 달라진다. 그리고 이것은 다시 MBP의 가치와 정신에 담긴다. 다양한 맥락 속에서 이루어지는 교육학의 이러한 지속적인 공동 창조를 살펴보는 연구들이 점점 증가하고 있다(예: Sanghvi, 2019).

나뭇가지: 지도자 훈련, 전문 직업적 실천 훈련과 모범실천

지도자 훈련

전문 직업적 이슈와 윤리에 관한 훈련을 비롯한 튼실한 지도자 훈련은 MBP에 접근하는 대중의 안전과 안녕을 보호하는 데 필수적이다(Baer & Nagy, 2017; Crane, 2017; Crane & Reid, 2016). 다양한 조직에서 후 대학원 프로그램, 구조화된 훈련 경로, 단독 과정, 견습 등 다양한 훈련 옵션을 제공한다. 질 높은 훈련 과정의 핵심 요소, 모범실천의 표준, 훈련 및 지도 역량 평가에 관한 합의가 점점 더 많이 이뤄지고 있다(BAMBA, 2019; Crane et al., 2013).

전문 직업적 실천 훈련

MBP 지도자는 자신이 잘 알지 못하는 다른 영역에서 일반적인 훈련을 받는 것도 중요하다. 가령, 우리는 정신건강 분야에 훈련 받지 않은 지도자라면 이틀간의 정신건강응급 과정을 수강하도록 권한다(Mental Health First Aid Australia, 2019). 또 다른 중요한 훈련 영역으로는 평등성, 다양성, 포용, 보호장치(safeguarding), 그리고 정보 보호 등과 같은 법적 틀이 있다(24장).

모범실천 가이드라인

MBP의 실천이 점점 자리를 잡아 가면서 지역과 국가에서 국가 거버넌스 기구(national governance bodies)를 개발하고 있다. 세계적으로는, 국제전일성네트워크(International Integrity Network)가 있다. 영국 마음챙김기반접근협회(BAMBA, 2019)가 모범실천 가이드라인과, MBP 지도자와 트레이너, 슈퍼바이저를 위한 윤리강령을 제시하고 있다. 모범실천 가이드라인과 윤리강령에는 개인 마음챙김 수련과 훈련, 슈퍼비전, 지속적인 발전에 관한 안내가 포함되어 있다. 또한 대중이 권장 모범실천 사항을 준수하는, 적절히 훈련받은 MBP 지도자를 찾을 수 있는 장소도 목록으로 제공한다. 지속적인 수련에는 두 가지 요소가 매우 중요하다. 하나는 마음챙김 기반 슈퍼비전이며, 또 하나는 마음챙김 집중 수련에 매년 참가하는 것이다. 슈퍼비전은 교육적 · 지지적 · 관리적 기능 등 다양한 요소에 도움을 준다(21장). 규칙적인 일상 수련과 매년 집중 수련에 참석을 통해 당신의 개인 수련을 발전시키는 것은 우리가 평생토록 걸어야 하는 길과 수련으로서 마음챙김의 체화된 경험을 심화하는 데 도움을 준다(20장).

마음챙김 기반 지도의 맥락에 관한 성찰

- 내가 지도하는 맥락과 참가자들이 어떻게 나의 가르침 방식과 살아있는 실천을 함께 만들어 가는가?
- 어떤 윤리적 순간이 나의 실천을 형성했는가?
- 나의 참가자 평가 과정과 오리엔테이션은 적절한가?
- 나는 피해를 최소화하고 위험을 관리하는 등의 안전한 실천을 돕는 지식과 기술을 가지고 있는가?
- 나는 나의 지속적인 발전을 어떻게 키워 가고 있는가?

더 넓은 맥락: 사회적 주제, 과학과 이론, 법적 틀

나무 모형([그림 22-3])에서 더 넓은 맥락은, 나무를 덮고 있는 잎사귀 지붕(나무의 수관)으로 표현되어 있다. 나무 수관은 나무의 생존에 반드시 필요한 쉼터와 양분을 제공한다는 점에서 수관의 건강에 주의를 기울이는 것이 매우 중요하다. 이 비유는 마음챙김 기반 맥락과 그것의 보다 넓은 맥락 사이의 관계를 생각해 보는 데 도움을 줄 수 있다. 더 넓은 사회적 이슈들을 의식하고 이것과 접촉해 있을 때 그리고 참가자들에게 적절히 대응하고 그들을 포용하는 상태에 있으려는 의도와 접촉해 있을 때, 그것은 마음챙김 기반 작업에 도움을 준다. Treleaven(2018)은 사회적 맥락을 이해하는 것이 지도자가 안전한 가르침의 실천을 제공하는 것의 일부라고 말한다(24장). 여기서 또 다른 중요한 주제로는 건강 및 안전 규정, 정보 거버넌스, 보호장치, 적절한 손해 보험 갖추기 등의 적절한 법적 요구사항 준수를 포함한 모범 거버넌스가 있다.

Britton(2016)은 주류 MBP의 성공적인 실행을 위해서는 과학 연구와 증거 기반의 구축이 필요하다고 적었다. MBP 지도자는 증거 기반 실천에의 참여를 통해, 그리고 대중과의 직접 접촉을 통해 핵심적인 역할을 수행하는데 이것은 이 분야에서 신뢰를 유지하는 열쇠가 된다. 따라서 과학 연구에 대한 기본 지식을 갖추는 것은 MBP 지도자의 핵심 역량으로 간주된다(25장).

지도자가 개인적으로 중시하는 가치와 그의 전문 직업적 윤리가 함께 엮여 가르침의 안전과 전일성을 보증한다(Baer & Nagy, 2017). 우리가 중시하는 개인적 가치는 윤리강령 내에서 일정하게 정해져 있는 표준을 실제로 적용하는 방식에 영향을 미친다. 나무 모형에서 MBP 가르침(나무 줄기)은 다음 사항에 영향을 받는다.

- 지도자가 중시하는 가치, MBP의 정신(뿌리에 양분을 주는 땅과 물)
- 윤리적 토대에서부터 위로(뿌리)
- 지도자 훈련의 질과 전문 직업적 규정(나뭇가지)
- 더 넓은 제도적 문제들에 의해 위에서 아래로(나뭇잎으로 된 수관)

살아 있는 나무처럼 이 다양한 요소 사이에는 각각의 요소가 성장하고 생존하기 위해 다른 요소들에 의지하는 역동적이고 상호 의존적인 관계가 존재한다. 나무의 비유를 사용하는 것은 우리가 지도의 다양한 요소와 개인적으로 맺는 관계에 대해 생각해 보는 데도 유용하다. 가령, 지도 초기에 우리는 '가지를 뻗을' 준비가 되었다고 느끼지 않는다. 그때 우리는 자연스럽게 '나무 줄기'에 더 집중해 있다. 즉, 교육과정을 이해하고, 가르침

자료를 개발하며, 참가자 평가와 오리엔테이션에 관한 결정을 내리는 데 더 집중한다. 신참 지도자가 볼 때 '나뭇가지'는 너무 복잡해 우리가 아직 닿을 수 있는 영역이 아닌 것처럼 보인다. 나무 수관은 말할 것도 없다. 언젠가 우리의 지도가 조금 더 자리를 잡게 되면 우리는 위를 올려다보며 더 넓은 관점을 취할 수 있을 것이다. 그때 우리는 더 넓은 영향력이 우리의 작업에 드리우는 '나무 수관'을 들여다볼 수 있을 것이다. 그리고 지도의 과정에서 길을 잃거나 불안정해질 경우 우리는 다시 뿌리로, 마음챙김의 태도로, 우리가 중시하는 가치와 의도로 돌아올 수 있다.

요약

하늘에 닿으려는 중에도 깊이 뿌리를 내리고 있으라.

『나무처럼 생각하라』 중에서 K. I. Shragg (Spencer, 2019).

마음챙김 기반 지도라는, 이제 막 전개되는 영역에는 지도자가 전일성을 지니고 안전하게 가르칠 수 있게 도와주는 길잡이가 많이 있다.

- 이 역동과 창발적 과정은 정해진 일련의 규칙과 규정을 따르기보다 지속적인 대화와 탐구를 요구한다. 그것은 우리가 아는 것과 모르는 것 모두에 열려 있을 것을 요구한다. 그리고 우리가 가르치는 참가자들, 우리가 봉사하는 더 넓은 커뮤니티, 우리의 동료 마음챙김 수련자와 우리 자신의 말에 깊이 있고 민감하게 경청할 것을 요구한다.
- 가르침의 '무엇'과 '어떻게'에 관심을 갖는 것과 함께 지도자 자신, 즉 '누가' 가르치는가에도 관심을 갖는 것이 중요하다.
- 마음챙김 기반 지도가 전하는 초대장은 자기성찰이라는 수련에 참여하라는 것이다. 지도자 자신이 해당 주제에 어떻게 관계 맺고 있는지 살펴보고, 마음챙김 기반 지도에서 나타나는 전문 직업적 이슈와 윤리의 광대한 영토를 어떻게 가장 잘 탐험할까 생각해 보는 것이다.

참고자료

… 나무 뿌리

Baer, R., & Nagy, L. M. (2017). Professional ethics and personal values in mindfulness-based programs: A secular psychological perspective. In L. M. Monteiro, J. F. Compson, & F. M. Musten (Eds.) *Practitioner's Guide to Ethics and Mindfulness-Based Interventions* (pp. 87-111). Springer.

Feldman, C., & Kuyken, W. (2019). Ethics and integrity in mindfulness-based programmes. In *Mindfulness: Ancient wisdom meets modern Psychology* (pp. 202-234). The Guilford Press.

… 나무 줄기

Crane, R. S., Brewer, J., Feldman, C., Kabat-Zinn, J., Santorelli, S., Williams, J. M. G., & Kuyken, W. (2016). What defines mindfulness-based programs? The warp and the weft. *Psychological Medicine, 47*(6), 990-999. doi:10.1017/s0033291716003317

McCown, D. A. (2013). *The ethical space of mindfulness in clinical practice*. Jessica Kingsley.

… 나뭇가지

BAMBA (2019). Good practice guidelines for teaching mindfulness-based courses [PDF File]. https://bamba.org.uk/wp-content/uploads/2019/12/GPG-for-Teaching-Mindfulness-Based-Courses-BAMBA.pdf

Crane, R. S., Soulsby, J. G., Kuyken, W., Williams, J. M. G., & Eames, C. (2018). *The mindfulness-based interventions: Teaching assessment criteria (MBI-TAC) manual, summary and addendum*. Retrieved from http://mbitac.bangor.ac.uk/

Crane, R. S., Kuyken, W., Williams, J. M. G., Hastings, R. P., Cooper, L., & Fennell, M. J. V. (2012). Competence in teaching mindfulness-based courses: Concepts, development and assessment. *Mindfulness, 3*(1),76-84, doi:10.1007/s12671-011-0073-2

… 나무 수관

Brown, C. G. (2017). Ethics, transparency, and diversity in mindfulness programs. In L. M. Monteiro, J. F. Compson, & F. M. Musten (Eds.) *Practitioner's guide to ethics and mindfulness-based interventions* (pp. 45-85). Springer

Kabat-Zinn, J. (2017). Too early to tell: The potential impact and challenges-Ethical and otherwise-Inherent in the mainstreaming of dharma in an increasingly dystopian world. *Mindfulness, 8*(5), 1125-1135. doi:10.1007/s12671-017-0758-2

23장

트라우마 민감성

Eluned Gold

트라우마가 사람, 커뮤니티, 사회에 근원적인 영향을 주고 있다는 점에 대한 인식이 점점 확장되고 있다(van der Kolk et al., 2007). 트라우마와 마음챙김에 관한 글의 대부분이 임상적 관점에서 쓴 것인데, MBP 지도자가 임상가가 아닐 수 있다는 측면을 고려해 MBP 지도자를 위한 해석이 필요하다. 이 장은 MBP 지도자(특히 비임상 장면에서 가르치는 지도자들)가 트라우마에 대한 민감성을 갖추고 가르치도록, 또 그들이 트라우마 증상을 가진 참가자들에게 도움을 주는 준비를 더 잘 갖췄다고 느끼도록 도움을 주려는 목적을 가진다.

트라우마 민감성을 갖춘 MBP 지도법은 해당 가르침의 공간에 있는 모든 사람에게 도움이 된다. 정규 안내지침의 일부로서 트라우마 민감성을 갖춘 실천 옵션은 모두에게 유용하다(예: 눈을 뜨기, 자리에서 일어나기, 자세 바꾸기, 가만히 앉아 있는 자세가 트라우마의 기억을 일으키는 경우에 걷기 명상으로 이동하기 등). 우리는 넋이 나간 채 '멍 때리는' 것에서부터 트라우마에 완전히 압도당하는 등의 다양한 신경계 반응을 실제 수련에서 누구에게나 일어날 수 있는 정상적인 현상으로 볼 수 있다. 이렇게 할 때 참가자는 수련과 삶에서 매 순간 자신에게 무엇이 필요한지 알 수 있는 자기 작용력(agency)의 감각이 강화된다. Treleaven(2018, p. xxvi)은 "우리가 맺는 가르침 관계에서 적절한 대응을 하기 위해서는 트라우마에 대한 인식을 키우는 것이 필수다."라고 썼다.

이 장의 목표

1. 우리가 가르치는 일반적인 대상 집단 내에서의 트라우마 유병률과 증상 정도에 대한 인식을 증대시킨다.
2. 트라우마와 그것이 인간 유기체에 미치는 영향에 대한 이해를 증대시킨다. 또 마음챙김 수련이 어떻게 이들 효과에 영향을 줄 수 있는지에 관한 이해를 증대시킨다.
3. MBP 지도자가 트라우마 민감성을 갖춘 상태에서 매 세션과 참가자에게 다가갈 수 있도록 짤막한 안내지침과 기술을 전한다.
4. 더 참조할 만한 자료들을 안내한다.

트라우마의 정의

복잡한 사안에 걸맞게, 트라우마에 관한 정의도 매우 많다. 이들 다양한 정의는 트라우마를 겪는 한 사람의 개인과 트라우마를 이해하고자 하는 전문가들이 트라우마를 인식하고 다루는 방법 또한 다양함을 가리키고 있다. 다음 정의들은, 우리에게 알려져 있거나 우리가 알지 못하는 트라우마가 MBP 지도 공간에서 존재하는 방식을 다루고 있다.

- 우리에게 "무력함, 놀람, 압도당하는 느낌, 매우 안전하지 못하다는 느낌을 일으킬 정도의 스트레스 경험은 무엇이든 트라우마로 간주될 수 있다"(Ogden & Fisher, 2015, p. 66). 이 정의는 트라우마에 관한 광범위한 설명을 제시한다. 우리 중 많은 이가 살면서 매우 안전하지 못하다고 느낀 경험을 하나 이상 떠올릴 수 있을 것이다.
- "트라우마는 삶의 사실이지만 그것이 반드시 우리가 죽을 때까지 계속되는 종신형일 필요는 없다." Levine은 트라우마가 우리의 연결이라는 자연적 성향에 미치는 영향을 강조하면서, 트라우마가 미치는 영향을 "우리 자신, 우리의 몸, 가족, 우리 주변 세상과 맺는 연결의 상실"로 설명한다(Levine, 2005, p. 4).
- van der Kolk(1994)는 경험에 대한 한 사람의 자연스러운 방어적 반응이 중추신경

계를 압도해 그가 그 경험을 기억하는 방식에 변화를 일으킬 때 트라우마가 일어난다고 본다. 이것은 그가 자신의 경험을 통합하는 데 실패하는 것으로 이어진다. 그의 정의는 각 개인이 경험을 받아들이고 이해하는 방식에 초점을 맞춘다. 이것은 개인이 그 경험을 받아들이고 이해하는 방식에 따라 같은 사건이라도 사람에 따라 서로 다르게 그 사건을 경험하고 통합한다는 점을 이해하는 데 도움이 된다. 어떤 사람에게는 지속적인 영향을 미치는 사건도, 어떤 사람은 가볍게 털어 버리는 것처럼 보인다. 트라우마 경험과 트라우마에서 벗어나는 회복력은 개인의 살아온 역사, 가족의 역사, 유전적 성향, 문화와 역사, 정치 체제와 조직 시스템에 영향을 받는다.

최근에 인간 신경생리학에 관한 지식이 증가한 덕분에 트라우마에 대한 이해가 증대되었다. 이 새로운 지식에는 트라우마가 (개인뿐 아니라) 사회에도 만연해 있다는 점에 대한 인식도 함께 따라 왔다. 이전에 우리는 트라우마를 특정 사건이나 사건의 연속체가 '개인에게' 미치는 지속적인 영향으로만 간주해 왔다. 그러나 우리는 트라우마가 우리의 제도 · 정치 · 문화 구조로부터도 일어날 수 있는 가능성에 대해 생각해야 한다. Wineman(2003, p. 171)이 말하듯이 "억압은 시스템적인 권력 남용으로, 사람을 무력하게 만든다. 반대로, 무력함은 트라우마 경험의 징표다. 따라서 지배를 중심으로 조직된 사회에서 트라우마가 퍼지는 것은 불가피한 일이다. 억압은 무수한 임의적 지배 행위를 일으키기 때문이며, 제도화된 억압은 그 자체로 무력함과 트라우마를 일으키기 때문이다." 이런 종류의 시스템적 지배와 제도화된 억압은 만연해 있고 미묘한 상태로 존재하는 나머지, 우리는 그것을 '대문자 T의 트라우마(Capital-T Trauma)'로 여기기보다 '삶이란 원래 그런 것'이라고 여기게 된다. 성차별, 인종 차별, 노인 차별, 동성애 혐오증 등의 암묵적 편견은 거의 눈에 보이지 않을 정도로 우리의 사회문화적 환경에 깊이 침투해 있다. 시간이 지나면 이 편견들은 우리가 헤엄치는 물처럼 되어 언뜻 눈에 띄지 않고 중요하지 않은 것으로 된다. 그러나 이 편견들은 콕 집어 가리킬 만한 단 하나의 사건도 없이 트라우마로 나타나는 식으로 강력한 작용을 일으킬 수 있다.

트라우마 이해를 위한 틀

트라우마에 대한 앞의 정의로부터, 트라우마는 감정 조절 시스템이 일시적으로나 장기적으로 압도당할 때 일어난다고 요약할 수 있다. 감정 조절 시스템은 뇌, 장, 심장, 몸이 나누는 내면의 대화이다.

다중미주신경이론

다중미주신경이론(polyvagal theory)은 심리적 경험과 신체적 증상 사이의 연관에 대한 새로운 통찰을 제공했다(Porges, 2017, p. xiii). 외부와 내부 경험에 대한 우리의 반응은 대부분 Porges가 '신경지(neuroception)'라고 칭한 과정을 통해 우리가 의식하지 못하는 상태에서 일어난다. 이것은 "생리적 변화를 동반한 상태에서 주변 환경의 특징들에 대해 신경 차원에서 일으키는 반응 과정이다"(Porges, 2004, p. 19). 다중미주신경이론은 포유류의 자율신경계(ANS)의 세 가지 갈래를 설명한다.

1. 등쪽 미주신경(부교감신경의 한 갈래)은 장과 뇌를 연결한다. 소화 과정, 극심한 위험 인지 상황에서 기본적인 이완 및 '얼어붙기' 반응을 조절한다.
2. 교감신경계는 신체가 싸움-도망 반응을 일으키도록 한다.
3. 배쪽 미주신경(부교감신경의 또 다른 갈래)은 '똑똑한 미주신경'이라고도 한다. 배쪽 미주신경은 더 뒤에 진화된 부교감신경 갈래로 심장, 폐, 얼굴근육과 목소리를 연결하며 인간적 결속, 사회적 소통, 얼굴 표정, 목소리 톤과 억양, 감정 인식에서 활발하게 작동한다(Porges, 2011).

우리 안에는 생존 회로가 '내장되어' 있으며, 우리는 자율신경계 내의 구조를 가지고 외부와 내부의 경험을 모니터링한다. 정보가 신체 감각기관으로부터 신경지 시스템을 거쳐 받아들여지면서 해당 상황을 '안전하다' 또는 '안전하지 않다'로 신속하고 간단하게 평가한다. 생존을 위해 발달된 신경지 시스템은 그 상황을 복잡하고 구체적으로 평가하

안전하다	안전하지 않다
배쪽 '똑똑한' 미주신경	
사회적 연결, 소통, 호기심, 공감, 상호 협력, 인내 구역	협상, 회유, 조작, 통제
교감신경계 동원	
충동, 자원 추구, 흥분, 배고픔, 성욕	싸움, 도망, 불안, 스트레스, 소화불량, 예민, 공포
등쪽 미주신경 비동원	
휴식과 소화, 이완	얼어붙기, 단절, 마비, 느낌 결여, 사고 부재, '생각이 혼란한'

[그림 23-1] 정상 상태 및 스트레스/트라우마 상태에서의 자율신경계(Porges, 2011에서 인용)

는 능력을 갖고 있지 않다. '안전하지 않다'고 평가된 사건의 경우에, 신속하나 유연하지 않은 이 시스템은 해당 상황에 맞서 싸우거나 도망가는 방식으로 신체를 움직인다. 만약 도망가거나 싸우기 불가능하다고 판단되는 경우에는 '얼어붙는' 식으로 몸을 꼼짝 못하게 한다. '안전하다'고 평가한 경우에는 다른 반응이 가능해진다([그림 23-1] 참조).

상황을 보다 정교하게 평가하는 뇌 부위를 실행 체계라고 하는데, 이곳은 활성화되기까지 더 오랜 시간이 걸린다. Porges(2004)는 이런 인지 반응이 신경지에 비해 이차적이라고 설명한다. 이 인지 반응은 인지 과정을 동원하는 뇌 부위로서 감정 기억, 문제해결 능력, 도움 구하기, 확신, 사회적 연결 등의 가용 자원을 활용할 수 있으며, 경험을 전체적으로 조망하도록 돕는다. 이 신경지 과정과 지각 과정에는 이 두 시스템이 함께 작동한다.

최근에는 싸움, 도망, 얼어붙기 외에 위험에 대한 네 번째 본능적 반응을 인지했는데, 그것은 '돌보기와 친구 되기(tend and befriend)'가 그것이다(Taylor, 2016). '돌보기와 친구 되기' 행동은 한 개인이 공격자나 억압한 자를 기쁘게 하기 위해 고심하는 위협 상황에 대한 복잡한 반응이다. '돌보기와 친구 되기'는 집단 구성원들이 자신보다 연약한 구성원을 보호하고 돌보기 위해 때로 자신의 안전을 희생해 가면서까지 나서는 현상을 설명한다. '돌보기와 친구 되기' 행동은 등쪽 미주신경 가지와 교감신경계가 함께 활성화될 때 일어난다.

인내의 창

인내의 창(window of tolerance; Siegel, 1999)은 한 사람의 안녕과 효과적인 기능에 최적화된 자율신경계 및 감정의 각성 영역을 말한다. 이것은 과(過)각성과 저(低)각성의 양극단 사이에 위치하는 영역으로 "다양한 강도의 감정적 · 생리적 각성을, 체계의 기능을 방해하지 않으면서 처리할 수 있는 영역을 말한다"(Siegel, 1999, p. 253). 각성이 이 창 안에 위치할 때 내외부 환경에서 받은 정보를 제대로 통합할 수 있다. 각성이 이 창 안에 담길 때 배쪽 미주신경 가지가 그것을 활용할 수 있다. 한편, 이 창이 과도하게 확장되거나 압도당할 때는 다른 시스템이 활성화된다. 즉, 교감신경계가 활성화되면 투쟁-도피 반응이 일어나며, 등쪽 미주신경이 활성화되면 얼어붙는 상태가 된다([그림 23-2] 참조).

과(過)각성 구역

감각 증가, 감정 반응성 증대, 과잉 각성, 침입성 이미지, 인지 처리과정 혼란

인내의 창
최적의 각성 구역

저(低)각성 구역

감각의 상대적 부재(不在), 감정 마비, 인지 처리능력 저하, 신체 활동 감소

[그림 23-2] 인내의 창(Ogden et al., 2006에서 인용)

자기조절, 그리고 트라우마의 통합

통합이란 트라우마 사건과 그 사건에 대한 기억에 압도당하지 않고 그것을 인지하는 능력이다. 통합의 과정이 너무 위협적이라고 느껴지는 경우에는 통합의 과정에 오랜 시간이 걸릴 수도 있다. 심지어 결코 완결되지 않을 수도 있다. Siegel(2009)은 통합을 '내부의 조율'로 묘사했다. 통합은 시스템의 다양한 요소가 연결된 상태로, 뇌와 마음, 신체의 에너지 및 정보가 유연하고 적응적이며 일관된 방식으로 흐르는 결과로 나타난다. 그리고 통합은 자기조절 능력에 달려 있다.

자기조절은 자신의 감정을 조절해 감정에 쉽게 방해받지 않는 능력을 말한다(Lutz et al., 2007). 트라우마에 의한 스트레스는 장단기적으로 조절 능력을 저해하는 효과를 낸다. 이렇게 자기조절 능력이 저하된 개인은 자신의 주의가 납치당했다는 느낌을 갖게 되면서 교감신경의 투쟁-도피 반응이 활성화된다. 아니면 그의 시스템이 직접적으로 등쪽 미주신경의 비동원 상태로 옮겨 가 그 사람은 자신이 단절되었거나 분리되었다고 느낄 수 있다.

신체 경험이 압도적이거나, 자기판단적 기억과 부정적 인지 과정이 촉발되어 트라우마가 영속화될 때 통합이 차단된다. 가령, 학대 생존자가 그 학대가 자신에게 책임이 있다고 생각하는 경우나, 사고 희생자가 자신이 잘못된 시간에 잘못된 장소에 있었다며 스스로를 질책하는 경우가 그렇다. 통합이 차단되거나 제대로 완결되지 않으면 과잉 각성 상태 또는 트라우마 사건과 관련된 힘겨운 경험을 회피하는 경향을 갖게 된다. Music(2014)은 나쁜 경험이 무섭고 불쾌한 세상에 대한 예상으로 프로그래밍된 신체와 신경계로 이어질 수 있다고 적었다.

마음챙김과 트라우마

마음챙김 수련은 다양한 방식으로 자기조절 과정과 통합을 돕는다. 이를 보여 주는 한 가지 방법이 마음챙김 수련이 '인내의 창'을 확장하는 데 도움이 된다는 것이다([그림 23-3] 참조). 마음챙김 수련은 탑다운(하향식) 또는 바텀업(상향식) 매커니즘을 통해 편도체의

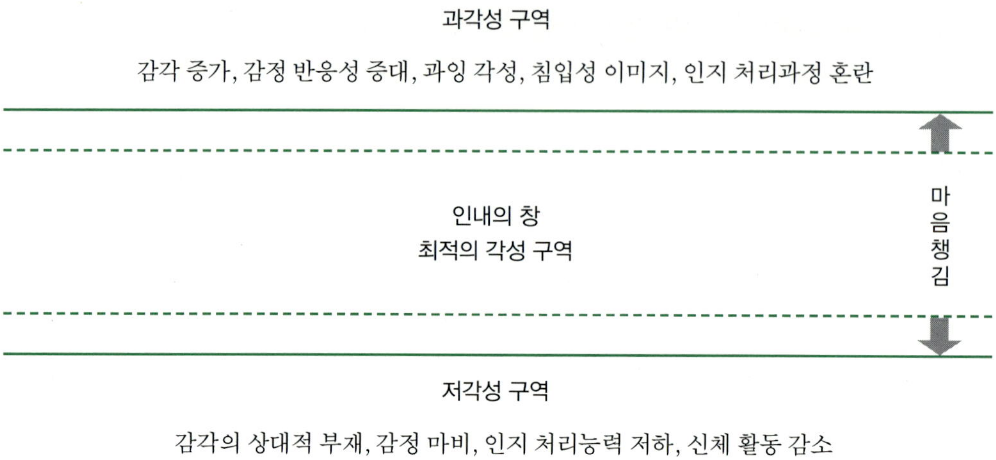

[그림 23-3] 마음챙김 수련에 의해 넓어지는 인내의 창(Ogden et al., 2006에서 인용)

활동을 줄이며 이는 잠재적 촉발 요인의 활동을 줄여 줄 수 있다(Hölzel et al., 2011). Rose 등(2017)은 이 모형이 어떻게 MBP 지도의 경험 학습에 통합될 수 있는지 설명했다.

Shapiro 등의 IAA 모형(2006; 이 모형에 대한 설명은 3장 참조)에서는 마음챙김이 조절에 도움이 되는 유용한 사례를 제시한다. 그리고 의도, 주의, 태도라는 이 틀은 트라우마에 민감한 마음챙김을 제공하는 데 도움이 된다.

의도: 의도에는 힘겨운 경험의 한가운데서도 자신을 돌보려는 열망이 포함된다.

주의: 참가자는 현재 순간의 감각에 주의를 모으고 안정화하는 데 도움이 되는 방식으로 주의를 향하는 법을 훈련할 수 있다. 스트레스를 받거나 과도한 생각에 빠져 있거나 힘겨운 경험에 관한 기억에 사로잡혀 있을 때는 우리를 현재 순간으로 데려오는 기술이 도움이 될 수 있다. 진자(pendulation)처럼 오가는 조율기법(Levine, 2005)을 사용하는 것이 중요하다. 이것은 주의를 힘겨움을 향해 다가가게 하거나 힘겨움으로부터 떨어지게 하는 방법을 배우는 것이다. 트라우마 증상이 존재할 때는 이런 매커니즘이 방해받고 있을 가능성이 있기 때문에 이 경우에는 앞의 방법을 천천히 소개하는 것이 필요하다.

태도: 태도에는 호기심 기울이기, 분별, 비(非)판단처럼 본질적으로 조절적이고 적응적인 다양한 자질이 포함된다. 이런 자질들은 트라우마와 연관된 경험에 다가가는 데 도움이 된다.

탈중심화(decentering) 혹은 메타인지(metacognition)는 자신의 생각에 감정적으로 사로잡히지 않은 상태에서 그것을 관찰하는 매커니즘으로, MBP 훈련을 하는 동안 계발할 수 있는 중요한 기술이다(Siegel et al., 2019). 자기 내면의 경험에 대한 자각을 키우고 내면 경험에 주의를 기울이는 데 수용과 친절의 태도를 가져간다면 그 경험의 강도가 줄어들면서 자기조절감을 더 크게 느낄 수 있다(Lutz et al., 2007).

적절한 조건에서 마음챙김을 가르친다면, 트라우마를 경험한 사람에게 마음챙김이 이익을 준다는 증거가 다수 존재한다. 가령, MBCT가 아동기 트라우마 이력이 있는 참가자에게 그들의 우울 재발을 예방한다는 증거가 있다(Williams et al., 2014). 그렇다고 해서 마음챙김이 모든 사람에게 적합한 접근법은 아닐 수도 있다. 트라우마 회복의 초기 단계에서는 능숙한 치료자와의 개별 작업이 가장 효과적일 수 있다. 이런 토대가 있을 때 환자는 조금씩 능력을 쌓아 간다는 느낌을 받으면서 마음챙김 수련이 더 효과적으로 뿌리를 내릴 수 있다. 트라우마는 당사자에게 자신이 했던 경험을 두려워하게 만드는데, 이후의 수많은 경험으로 인해 그 두려움이 다시 활성화될 수 있다. 오랫동안 조심스럽게 회피해 왔던 내면의 경험에 주의를 기울이는 과정은 압도당하는 느낌을 다시 일으킬 위험이 있다. Britton은 집중 수련의 맥락에서 하는 명상 수련이 일부 사람에게는 해롭거나 도움이 되지 않을 수 있다는 증거를 수집했다. 그녀는 이렇게 적었다. "우리는 명상의 이익에 대해 너무나 많이 들었다. …… 그런데 마음챙김과 명상이 트라우마를 비롯한 온갖 증상과 문제의 만병통치약이라는 생각은 의도치 않은 결과를 가져올 수 있다. …… 명상으로 도움을 받지 못하는 사람은 스스로 깊은 수치심을 느끼고 자신이 망가졌다고 믿을 것이다"(Treleaven, 2018, p. xi).

수치심은 소속에 대한 욕구를 가진 인간의 반응일 수 있으며, 일반화되고 내면화된 시스템적 억압에 의해 촉발된다. 우리는 '타인이 나를 어떻게 생각할까'에 관한 실제적인 지각과 상상의 지각에 의해 위협을 받는데, 그런 위협은 내면의 평가나 자기 공격적인 생각에 의해 더 악화된다. 트라우마나 트라우마에 관한 기억이 촉발될 때 거기에는 종종 수치심의 생각이 따라붙는다. 가령, '이제 나는 끝났어.' 또는 '나는 무엇이 문제일까?' 같은 생각이다. 사람들과 연결을 맺던 패턴이 이제 방어의 패턴으로 바뀌면서 타인과 관계 맺는 능력도 저하된다(Porges, 2017).

Treleaven(2018)은 미국 인구의 90% 이상이 특정한 트라우마를 경험했다는 놀라운 수치를 인용한다. 그중 8~20%가 외상후 스트레스 장애(PTSD)로 발전하며, 이들 중 일부에게 8주간의 마음챙김 교육과정을 가르쳤는데, 그것이 도움이 되지 않거나 해가 된 사람들도 있다고 한다. 그는 이렇게 적었다. "한 사람에게 트라우마를 촉발하는 요인이 다른 사람에게는 오히려 유익할 수 있다." 우리가 진행하는 코스에 참가하는 사람이 트라우마 증상을 가지고 있는지 언제나 정확하게 알 수 있는 것은 아니다. 믿을 만한 평가 과정을 통해 그에 관한 정보를 얻었다 하더라도(16장), 참가자 스스로가 자신의 경험이 트라우마에서 기인한다는 것을 인식하지 못할 수도 있다. 사실, 그 경험은 단일 사건이나 환경에 의해 일어나는 것이 아닐 수도 있다. 시스템적인 억압과 암묵적 편견이 행동과 신경계에 영향을 미치는데, 우리는 이에 관해 이제 겨우 초보적으로 이해하는 단계다. 그러므로 MBP 지도자는 트라우마 증상을 인지하는 기술을 개발하고, 트라우마에 대한 민감성을 MBP 지도에 가져가 모든 참가자를 포괄하고 그들이 안전하게 배울 수 있도록 하는 것이 중요하다.

마음챙김 지도 공간에서의 트라우마 민감성

미국의 '트라우마를 감안한 돌봄센터(The Center for Trauma Informed Care)'는 4R을 강조하는 '트라우마 민감 시스템'에 관한 정의를 다음과 같이 제시한다. '트라우마를 감안한 프로그램과 조직, 시스템은 트라우마가 미치는 광범위한 영향을 인식하고(Realise), 회복을 위한 잠재적 길을 이해한다. 또 환자, 가족, 스태프 등 시스템과 관련된 당사자들이 보이는 트라우마 신호와 증상을 인지한다(Recognise). 그리고 트라우마에 관한 지식을 정책, 절차, 실천에 온전히 통합함으로써 그에 대응한다(Respond). 그리고 환자에게 트라우마 재경험을 방지한다(Resist Re-traumatising)(Substance Abuse and Mental Health Service Administation's Trauma and Justice Strategic Initiative, 2014, p. 9). 이 정의는 지도자가 자신의 지도 공간에서 자신이 트라우마에 민감한지 생각해 보는 유용한 기초를 제공한다.

MBP 지도자로서 우리는 다음과 같이 행동할 것이 요청된다.

인식하기(Realise): MBP 지도자는 자신이 진행하는 과정에 참여하는 참가자 사이에 개인으로서 그리고 사회적 원천으로서 트라우마가 광범위하게 퍼져 있을 수 있음을 인식해야 한다. 우리는 또 마음챙김 수련이 어떤 개인에게는 해를 입힐 수 있는 가능성에 대해 인식하고, 믿을 만한 평가 과정을 실시해야 한다(16장).

인지하기(Recognise): MBP 지도자는 가르침 세션에서 나타나는 트라우마의 잠재적 증상을 인지해야 한다. 이것은 지도자가 트라우마나 트라우마 증상에 대한 진단을 내려야 한다는 의미가 아니다. 지도자가 참가자의 특정 행동이나, 지도자의 가르침에 보이는 참가자의 반응이 트라우마에 대한 적응일 수 있는 가능성에 열려 있어야 한다는 의미다.

대응하기(Respond): MBP 지도자는 참가자 개인과 그의 경험에 대해 민감성과 친절, 진정한 호기심을 가져야 한다. 진단을 내리거나 '고쳐 주려는' 충동에 저항해야 한다.

트라우마 재경험 방지하기(Resist re-traumatising): MBP 지도자는 수용적이고 다정하며 초대적인 태도를 유지하고 트라우마에 민감한 실천을 자신의 접근방식에 통합함으로써 참가자가 트라우마를 다시 겪는 것을 방지할 수 있다.

의뢰하기(Referral): MBP 지도 맥락에서 다섯 번째 R을 추가해야 한다. 그것은 안내 또는 소개다. 지도자는 필요하다면 참가자를 다른 곳에 소개하고 안내해야 한다는 필요성에 깨어 있어야 한다. 과정 참가자들이 트라우마 증상에 대한 특별한 도움이 필요한 경우 그들을 소개하고 안내할 수 있는 지역의 자원에 대해 알고 있어야 한다.

이 모든 것의 열쇠는 참가자가 지금 여기에서 경험하고 있는 반응을 능숙하게 다루고 이해할 수 있도록 돕는 것이 지도자로서 우리의 역할이라는 사실이다. 지도자가 참가자들이 그들의 잠재적 트라우마 사건을 이해하도록 도우려 하기보다 그들을 전문가에게 안내하는 것이 낫다.

글상자 23-1 사례

달리기를 열심히 하는 어떤 남자가 나의 MBSR 수업에 참가했다. 그는 일주일간 바디스캔을 수련한 뒤 세션 2에 돌아왔는데, 그때 그는 매우 초조한 상태에 있었다. 집에서 하는 수련에 관해 탐구하던 중, 그는 바디스캔을 하니까 심장이 마구 뛰었다고 했다. 더 이야기를 나눠 본 결과, 그는 평소에 달리기를 할 때는 심장이 뛰는 걸 관찰하지 못했고 그걸 의식한 적이 한 번도 없었다고 했다. 그는 자신에게 뭔가 큰 문제가 있다고 믿었다. 이 상황에 트라우마를 고려한 원칙을 적용하면 다음과 같다.

인식하기: 그 남자 스스로는 이것을 신체적 문제로 확신했지만, 실은 트라우마 또는 트라우마에 의해 촉발된 반응일 수 있다는 가능성을 지도자가 인식한다.

인지하기: 트라우마에 의해 일어날 수 있는 증상을 지도자가 인지한다. 남자는 매우 초조한 상태에서 안심을 구하고 있다. 그는 평온하지 못했고, 지금의 상태에 대해 궁금해하고 있다.

대응하기: 여기서 적절한 대응은 그 남자를 그의 증상에 관한 논의에 끌어들이거나 더 깊은 탐구를 시도하는 것이 아니다. 그보다는 남자가 구하고 있는 안심을 제공하는 것이 필요하다. 그리고 지도자가 그의 초조함을 앞에 두고, 현재에 중심을 잡고 머무는 것이다(체화). 목소리 톤과 눈 맞춤을 통해 그와 연결을 유지하는 것이다(관계성; Porges, 2017). 남자의 경험에 관한 진정한 호기심을 전하면서, 성급히 결론으로 치닫지 않고, 그를 고쳐 주려고 서두르지도 않는다. 또한 그 남자의 초조함에 영향을 받았을 집단을 자각하고, 집단과 연결성을 유지하는 것도 필요하다(집단 과정 관리).

트라우마 재경험 방지하기: 남자가 겪고 있는 괴로움에 진지하게 대응하고, 남자가 그 순간 자신의 초조함을 처리하는 데 도움이 되는 대안적 수련(수련 안내)을 제공하는 것이 중요하다(예: 잠시 멈춤 또는 3단계 호흡 공간, 또는 몸 전체로 알아차림을 가져가기, 현재에 터 잡도록 북돋기 등). 그리고 다시 불안이 일어났을 때 그가 개인적으로 수련할 수 있도록 돕는다. 개인적으로 남자를 지지하는 한편, 나는 그가 전체 집단과 연결을 유지하도록 도움을 주었다. 트라우마를 경험한 뒤에 그로부터 회복하고 평형상태를 다시 확립하는 데는 사람들과의 연결과 사회적 지지가 무엇보다 중요하다. 필요하다면 수평적 탐구를 사용하는 것이 도움이 된다. 전체 집단이 함께 호흡하거나, 안정을 위해 터 잡은 신체 영역과 연결하는 것도 좋다. 트라우마를 경험하지 않은 사람에게도 호흡이 언제나 안정적이거나 사용 가능한 주의의 대상이 아닐 수 있으므로, 그 밖의 대안을 제공하는 것이 중요하다. 공식 세션을 마친 뒤 남자와 나는 그의 마음챙김 수련 계획을 다시 조정하는 일대일 대화를 나눴다. 나는 그가 전화나 이메일로 나에게 연락해 그가 한 주 동안 하게 될 경험에 대해 이야기해도 좋다고 격려했다.

의뢰하기: 남자는 지역 일반의(General Practitioner; GP, 병원이 아닌 지역 담당 의료 기관에서 일반적인 진료를 하는 의사)를 찾아 심장이 뛰는 신체적 원인을 체크하도록 권고받았다. 나는 그다음 주에 그의 상태가 어떤지, 지금은 어떤지 확인하기 위해 그에게 개인적으로 연락을 취했다.

트라우마에 민감한 지도 방법

트라우마에 민감한 지도 방법에 관한 이 안내는 MBI:TAC 영역의 구조 내에서 제공된다(Crane et al., 2018). 여기서 핵심은, 트라우마 민감성을 갖춘 지도를, 그저 하나의 부속물이 아니라 그 자체로 좋은 지도가 되도록 수업 과정의 제공 방식에 엮어 넣는 것이다. 집단 중심의 MBP는 높은 수준의 PTSD가 있는 사람에게는 적합하지 않을 수 있다. 이들에게는 특별 훈련을 받은 전문가가 일대일 장면에서 가르침을 전하는 것이 이상적이다.

영역 1: 속도 조절과 세션 교육과정의 조직화

트라우마 민감성을 갖추는 데 필요한 한 가지 열쇠는 유연성이다. 세션의 시간 프레임에 대한 교육과정의 요구를 충족하는 것은 쉬운 일이 아니다. 그러나 트라우마 민감성을 갖춘 지도는 교육과정의 요구를 충족하는 데 너무 집착하기보다, 교육과정의 진행 속도를 세션의 실제 상황에 맞게 적절히 적용시키는 것이다. 이것은 (가령, 인내의 창 그림에서 보이는 것처럼)([그림 23-2]와 [그림 23-3] 참조) 프로그램 초기에 강렬함과 힘겨움이 일어날 수 있음을 이해하는 간단한 프레임을 참가자와 나누며, 자신을 돌보는 선택을 어떻게 내릴 수 있을지 이야기하는 방식으로 제공할 수 있다.

영역 2: 관계 맺기 기술

지도자가 지닌 관계 맺기 기술은 트라우마 민감성을 갖추려는 의도에 있어서 지도자가 가질 수 있는 가장 강력한 자원일 것이다. "사회적 참여는 양방향의 과정이다. 배쪽 미주신경 가지 시스템은 얼굴 표정과 목소리 톤, 억양을 모니터링해 안전의 신호에 유의하고 있다"(Porges, 2017, pp. 48-49). MBP 지도자는 일관되고 수용적이며 친절한 태도를 유지함으로써 과정 참가자에게 안전감을 전할 수 있다. "안전에 대한 신경지는 상대방의 사회적 참여 시스템에 의해 촉발된다"(Porges, 2017, p. 147).

영역 3: 체화

"우리가 안정된 생리적 상태에 있을 때에만 타인에게 안전하다는 신호를 전할 수 있다"(Porges, 2017, p.50). 관계 맺기 기술이 트라우마 민감성을 갖춘 지도에 있어서 우리의 우군이라면, 우리의 관계 맺기 기술에 가장 큰 도움을 주는 요인이 바로 마음챙김의 체화다. 지도자는 마음챙김이 주는 안정감과 마음챙김의 체화를 통해, 현재 무엇을 할 수 있는지에 대한 감각을 과정 참가자에게 전할 뿐 아니라, 과정에 참가한 개인의 안녕을 바라는 진심 어린 의도를 전할 수 있다. 마음챙김의 체화에는 지도자의 진정성도 포함되는데, 지도자는 자신이 마음챙김 수련에 있어서 힘들어하는 부분을 인정함으로써, 힘겹게 수치심을 줄 수 있는 자기성찰을 줄이고, 지도자-참가자 관계에 내재한 권력 불균형의 균형을 다시 잡는 데로 나아갈 수 있다. 더욱이, 지도자가 마음챙김을 체화한다고 해서 그것이 MBP 과정에서 지도자와 참가자 간의 교류나 참가자 개인에 대한 반응으로 일어날 수 있는 조절 상실(dysregulation)이 처음부터 아예 일어나지 않음을 의미하는 것이 아님을 인식할 필요가 있다. 가령, 제시된 사례에서 지도자가 참가자의 보고를 받는 과정에서 활성화 감각을 경험하는 것은, 튼튼한 개인 수련을 갖춘 지도자에게도 드물게 일어나는 일이 아니다. 지도자 자신이 언제 안정된 생리 상태에 있지 '않은지를' 인식하는 것 또한 체화이다. 이렇게 일어나는 신호에 무감각해지면 현재 순간이 가진 유동적인 흐름에 문을 닫아 걸게 된다. 현재 일어나는 일을 알고, 자신의 온전함과 자신이 가진 자원을 능숙하게 활용할 줄 알며, 참가자와 상호적으로 현재에 터 잡은 공간에서 그들과 만나는 것, 이것이야말로 역동적이고 대응적이며 생생히 살아 있는 방식으로 체화를 보여주는 것이다. 지도자는 자신이 한 일 또는 하지 않은 일로부터 생긴 것이 아님을 머리로 안다고 해도, 자신이 가진 자동반응성을 자각할 때 참가자의 기대에 못 미쳤다는 느낌을 받을 수도 있다.

영역 4: 마음챙김 수련 안내

트라우마 민감성을 갖춘 시스템은 안전신호(또는 안전신호의 결여)를 탐지하는 데 민감하다. 이들 개인에게는 (얼굴 표정이나 목소리 톤, 억양 등의) 신체 신호가 말만큼 중요하다. 각각의 수련을 시작할 때 몸의 자세, 주의의 대상과 주의의 닻 옵션, 다양한 마음챙김 수련법을 포함한 선택권을 포괄적으로 제시하는 것이 중요하다. 심지어 특정 순간에는 수련을 하지 않아도 좋다는 선택권을 줄 수도 있다. 수련을 하는 동안 참가자가 일으키는 반응을 관찰할 때 지도자는 중요한 피드백을 얻을 수 있다. 가령, 참가자의 얼굴이 붉어지거나 창백해지는 것, 초조함과 불안 등은 모두 그가 불편해하거나 압도당하는 느낌을 받고 있다는 표시일 수 있다. 지도자가 참가자를 적극적으로 모니터링할 때 '즉석에서' 명상 안내를 조정할 수 있는 기회가 생긴다. 몸을 움직이는 것은 강렬하게 일어나는 감정을 통합하는 본능적인 방법이며(Ogden et al., 2006) 불안과 들뜸을 인정하는 것은 수련하는 중에 참가자에게 매우 든든한 지지를 제공한다. 그리고 지도자는 세션 중 언제라도 간단한 움직임 수련을 제공함으로써, 또는 몸을 움직이지 않는 수련에 대한 대안으로 몸을 움직이는 수련을 제공함으로써 통합에 도움을 줄 수 있다(〈글상자 23-2〉 참조).

글상자 23-2 트라우마 민감성을 가지고 수련을 안내하는 실제적인 방법

몸의 자세

서기와 앉기, 눕기 등 MBP에서 가르치는 각각의 신체 자세에는 나름의 근거가 있지만 그 밖의 다른 자세로 수련을 안내하는 것도 얼마든지 가능하다. 눕는 자세는 특히 일부 참가자에게 안전하지 않게 느껴질 수 있는데, 이때 지도자는 대안으로 앉거나 서는 자세를 제안할 수 있다.

주의의 닻을 내리는 다른 대상

호흡 외에, 주의의 닻을 내리는 다른 대상으로는 바닥과 닿은 양발의 느낌이나 몸에 얹은 손을 느낄 수도 있다(예: 배에 올려놓은 손). 아니면 외부의 사물에 주의를 기울일 수도 있다(예: 차가운 금속성의 의자 다리). 어떤 사람에게는 신체 접촉이 아닌 다른 감각에 주의를 기울이는 것도 주의의 초점을 안정시키는 데 도움이 된다(예: 소리 또는 자기가 좋아하는 에센셜오일의 냄새 등). 눈으로 천천히 수평선을 훑거나 눈이 편안하게 쉴 수 있는 즐거운 지점(특정 색깔이나 모양)을 찾는 것도 현재 순간을 경험하도록 하는 데 도움이 된다. 중요한 것은, 지도자가 호흡 외의 다른 주의의 대상을 제안할 때 참가자 스스로 자신에게 가장 도움되는 주의 대상을 택하도록 하는 것이다.

몸의 움직임

몸의 움직임은 과정 중 언제라도 소개할 수 있다. 모든 참가자가 자리에 선 채로 스트레칭 하며 몸을 '꿈틀거리도록' 초대하면 몸을 가만히 두는 것을 어려워하는 개인 참가자에게 주의를 향하지 않으면서 강도를 조절할 수 있다. 몸의 움직임에는, 한 손의 손가락으로 다른 손의 손가락을 만져 보는 미세한 움직임에서부터, 공간이 허락하는 경우 참가자들이 정좌 명상을 하는 중에도 일어나 걷도록 초대하는 것도 있다. 또 커다랗고 강한 신체 움직임을 통해 위협이나 안전감 부재에 대응해 일어날 수 있는 '얼어붙기'의 감각을 개선할 수 있다. 마음챙김 움직임이라고 해서 반드시 느리고 부드럽게 몸을 움직여야 하는 것은 아니다. 점프, 흔들기, 손으로 강하게 몸을 쓸어내리는 동작도 참가자가 현재에 존재하도록 돕고, 동물의 왕국에서 우리가 보는 자연스러운 반응과 연결될 수 있다. 이것은 Sapolsky(2004)의 스트레스 생리학, 그리고 신경계가 가장 기본적인 방식으로 반응하도록 허용했을 때 일어나는 자연스러운 치유 반응과도 관련이 있다.

영역 5: 상호 탐구와 교시적 설명을 통해 강의 주제 전하기

본질적으로 탐구 과정은 사람들에게 자기 내면의 경험에 관해 호기심을 갖도록 가르치는 것이다. 자기조절이 가능한 사람은 자신의 경험에 호기심을 갖고 다가갈 수 있다. 지도자는 인간으로서 맺는 연결감과 수용을 통해 참가자가 자기 내면의 과정을 살펴보고 그것을 상향식 과정과 하향식 과정의 인지적 이해로 통합하도록 도움을 줄 수 있다. 트라우마에 민감한 개인에게는, 자기 내면의 경험으로 주의를 향하는 것이나 인지적 개념을 갖는 것 모두 안전감의 유지를 어렵게 만들 수 있다. 배움의 속도와 통합이 전적으로 개인적인 성격을 지녔다는 사실을 인식하는 능숙한 지도자는 그 과정에 인내와 이해의 태도를 가져간다.

영역 6: 집단 학습 환경 유지하기

우리는 인간으로서 상대를 받아들이는 인간적 연결이 트라우마 회복의 핵심 열쇠임을 보았다. 마음챙김 기반 지도자는 집단 학습 환경을 적절하게 유지함으로써 참가자에게 안전감과 연결감을 키워 줄 수 있다. 지도자는 적절한 방식으로 참가자에게 질문하고, 지도자와 참가자가 지닌 공통의 인간됨을 의식하며, 감정을 인간됨의 광범위한 일부로서 생물적이고 생리적인 정상적 반응으로 간주할 수 있다. 이것은 가르침이 펼쳐지는 방에서 일어나는 모든 것을 환영하고 허용하는 과정에 도움을 준다. 어떤 상황에서는, 사회적 연결이 수치심을 일으키고 연결의 손상을 일으킬 위험도 있다. 능숙한 마음챙김 지도자는 이런 가능성에 깨어 있으며, 이런 일이 일어날 경우 그것을 살피고 진정시키도록 노력한다. 집단 과정에 마음챙김을 가져갈 때 각 참가자는 있는 그대로의 자기로서 자신 및 타인과 만나는 능력을 키울 수 있다. 이것은 그 자체로 수치심을 줄이고, 통합을 돕는다.

트라우마와 마음챙김 기반 지도자

우리 사회에 트라우마가 만연해 있음을 감안하면, MBP 지도자인 우리 역시 자신의 트라우마 이력과, 우리의 지각을 흐리게 만들고 변화시키는 암묵적인 편견을 인정해야 한다. 자신의 수련 속으로 깊이 들어가는 과정에서 지도자는 자기 역사의 연약한 부분과 연결된다. 모든 인간과 마찬가지로, 지도자 역시 수치심에 기울어 자기방어적 태도를 취하기 쉽다. 지도자가 개별적 · 사회적 트라우마가 개인에게 미치는 영향을 깊이 들여다보며, 슈퍼바이저와의 관계, 명상 지도자, 치료사, 가족, 그리고 궁극적으로 자신과 맺는 관계를 통해 이 영향을 다루는 작업은 자기돌봄과 진정성, 윤리적 전일성의 문제다 (20~22장).

MBP의 정신은 인간이 타고난 전일성과 온전함의 감각을 갖추었다는 데서 출발한다. 언뜻 그렇게 보이지 않더라도 말이다. "당신이 숨을 쉬고 있는 한, 당신에게는 잘못된 점보다 잘된 점이 더 많다"(Kabat-Zinn, 2013, p. xlix). 지도자가 자신과 타인의 트라우마에 직면해 이 사실을 기억하는 것은 매우 중요하다. 트라우마와 창조적으로 만나 그 순간 살아남는 인간의 능력은, 비록 이 방법이 장기적인 도움이 되지 않는다 해도, 지금도 여전히 정교화되고 있는 우리 신경계가 보여 주는 궁극적 우아함으로 볼 수 있다. MBP 지도 공간에서 일어나는 일들은 그러한 온전성으로부터 살고자 하는 자연스러운 열망이다. MBP 수련이라는 안정된 틀 속에서 다가가는 알아차림은 치유와 성장에 필요한 주요한 내면의 자원이 될 수 있다.

요약

- 트라우마는 우리 사회에 만연해 있으며, 트라우마의 연원은 개인적인 것도 있고 사회적인 것도 있다.
- 지도자가 트라우마에 민감한 MBP 가르침을 제공하기 위해서는 트라우마의 정의와, 트라우마가 인간 유기체에 미치는 영향을 이해하는 틀을 익숙하게 알아야 한다.
- MBP 지도자는 표준 지도 실천의 일부로서, MBP를 가르칠 때 트라우마에 민감한 안내를 통합해야 한다.
- 집단 기반의 MBP는 높은 수준의 PTSD를 가진 사람에게는 적합하지 않을 수 있다. 이들은 전문 훈련을 받은 사람이 일대일 장면에서 가르치는 것이 이상적이다.
- 자기조절과 통합은 트라우마로부터 회복하는 열쇠다. 마음챙김 수련은 이런 자기조절과 통합을 키우는 기술을 제공할 수 있다. 그러나 일부 개인에게 마음챙김 수련은 트라우마 증상을 악화시킬 수도 있다. 트라우마를 다시 경험하는 일을 피하려면 꼼꼼한 평가와 트라우마 민감성을 갖춘 가르침이 필요하다.
- 트라우마 민감성에는 5R이 필요하다. 즉, 인식하기, 인지하기, 대응하기, 재경험 방지하기, 의뢰에 필요한 자원에 대해 알기가 그것이다.
- 자신의 트라우마 이력을 다루는 것은 마음챙김 기반 지도자에게 자기돌봄과 윤리적 전일성의

핵심이다.

- 트라우마 민감성을 갖춘 실천은 "끊임없는 학습자가 되는 데 필요한 지속적인 수련에 대한 전념이다"(Treleaven, 2018, p. 203).

참고자료

Gilbert는 수치심의 개념과 그것이 트라우마와 우울증에서 하는 역할에 대한 자세한 글을 썼다. 예: Gilbert, P. (2010). *Compassion focused therapy: Distinctive features*. Routledge.

Treleaven의 웹사이트에는 다양한 자료와, 트라우마 활성화를 인식하는 법에 관한 유용한 요약이 들어 있다. Trauma Informed Education (n.d.). David Treleaven: Making mindfulness safe and effective for people who've experienced trauma. https://davidtreleaven.com/

Treleaven, D. A. (2018). *Trauma-sensitive mindfulness: Practices for safe and transformative healing*. WW Norton & Company.

인내의 창(window of tolerance)은 Siegel이 개발한 개념으로(Siegel, D. J. (1999). *The developing mind* (Vol. 296). New York, NY: Guilford Press) Ogden이 응용했다(Ogden, P., Minton, K., & Pain, C.(2006). *Norton series on interpersonal neurobiology. Trauma and the body: A sensorimotor approach to psychotherapy*. WW Norton & Co.).

24장

사회적 주제

Bethan Roberts, Rebecca Crane

개인의 삶과 사회의 역사는 어느 하나만으로는 이해될 수 없으며, 둘 모두를 이해해야 한다.

Mills (2000, p. 3).

이 장은 사회적 주제라는 광범위한 영역과 이것이 MBP 가르침과 맺는 인터페이스에 대해 개략적으로 살펴본다. 따라서 다루는 범위가 제한적일 수밖에 없다. 우리는 이것을, MBP 지도자들의 이러한 주제를 탐구하도록 자극하기 위한 맥락에서 제시하며, 그리고 이 주제들과 MBP 지도 사이의 명시적 관련성이 개인과 조직, 더 큰 영역의 다양한 차원에서 아직 충분히 개발되지 않았다는 점을 인식하면서 전달할 것이다. 이 이슈들은 우리 작업의 최전선을 대표하며, 이 공간에서 우리는 학습자다.

MBP는 사람들의 고통을 덜어 주고자 하는 욕구가 그 뿌리에 자리 잡고 있다. 이 장은 고통이 순전히 개인적 현상이 아니라는 점을 강조할 것이다. 고통은 극히 개별적이고 개인적인 동시에 사회의 상황적 맥락 속에서 형성되고 이해된다. 그리고 마음챙김은 사람들이 개인적으로 마음챙김을 하도록 할 뿐 아니라 사회적으로 마음챙김을 하도록 돕는 역할도 할 수 있다. 현재 마음챙김 영역 내에서 이 이슈들에 대한 탐구가 활발히 이루어지고 있다(예: Harrington & Dunne, 2015). 이것은 괴로움의 암묵적이고 개인적인 원인을 주로 강조하는 한편, 고통의 맥락적이고 사회적인 원인은 그다지 강조하지 않는 현재의

MBP 교육과정 모형이 지닌 잠재적 한계에 대한 검토를 촉진한다. 이 장에서 우리는 어떻게 하면 기존 MBSR과 MBCT의 형식 내에서 이런 상황의 균형을 바룰 수 있을지 살펴보고, 처음부터 사회적 맥락을 강조하는 다른 MBP의 발전을 살펴보는 것을 목표로 한다. 이 모든 것 속에서 우리는 MBP 지도자로서 자신의 '개인성'에 대한 지속적인 탐구가 필요함을 강조할 것이다. 그리고 우리의 상황적이며 조건 지어진 경험이 미치는 영향을 살펴보는 데 특별히 중점을 둘 것이다. 우리는 우리가 지도자로서 자각의 부족으로 의도치 않게 참가자에게 고통을 일으키거나 지속시키지 않도록 우리가 가진 편견과 선입견, 당연시하는 가정(假定)에 대한 개인적 자각을 증대시키는 수련을 적극 권장할 것이다. 우리는 사회적 불평등을 줄이고 기후 변화, 경제적 불평등과 질병 등의 전 세계적 도전으로 일어나는 고통을 줄이는 데 우리가 어떤 역할을 할 수 있을지에 관한 광범위한 질문에 대해 생각해 볼 것이다. 이 장에서 제시한 관점은 부득이하게 우리 자신이 가진 특정한 개인적 · 맥락적 입장의 관점에서 나온 것일 수밖에 없다. 이를 드러내기 위해 우리는 이것의 일부를 여기서 간단히 공유한다.

마음챙김의 지도라는 세계에 들어가기 전에 나(Bethan Roberts)의 작업은 주로 평등과 다양성 영역이었다. 나는 1980년대 말에 AIDS와 HIV 분야의 연구자로 전문 직업인의 삶을 시작했다. 당시 내가 이 분야에 끌린 것은 주로 그 유행병이 기름을 부은 반(反)동성애 선입견 때문이었다. 이것은 내가 웨일스어를 말하는 북웨일스 전통 가족의 맥락에서 게이 여성으로 '커밍아웃'을 한 직후에 있었던 일이다. 가족은 나의 커밍아웃에 깊은 수치심과 커다란 실망감을 보였다. 가족의 반응에 이어 내가 경험한 커다란 고통과 혼란, 나의 첫 직장에서 겪었던 반동성애적 차별, 그리고 당시 영국 사회에서 동성애자를 향해 드러낸 적개심 때문에 나는 편견과 차별, 배제에 대해 더 잘 이해할 필요가 있다는 생각을 하게 되었다. 나는 왜 동성(同性) 간의 성관계가 삶의 모든 측면에 그토록 심대한 영향을 미치는지 이해하고 싶었다. 나는 공부를 하기 위해 대학으로 돌아온 다음, 15년을 영국의 법정평등위원회 세 곳에서 일하며 보냈다. 나는 이 영역에서 연구하고 일하면서 다양한 유형의 억압을 추동하는 매커니즘에 대한 '자각이 증대'되었다. 또 영국계 파트너와 25년을 함께 산 경험은 자기존중과 내가 속한 주변화된 커뮤니티에 대한 이해를 향해 나아가는 여정에서 큰 도움이 되었다. 나는 이 다양한 커뮤니티에서 나를 위한 공간이 있음을 발견했다. 그러나 그것은 불편한(가장 좋은 의미에서 '불편한') 여정이기도 했다. 왜냐하면 그 여정은 나 자신의 조건화된 상태와 내가 가진 편견에 빛을 비추어 이들 독소에서 벗어난 더 큰 자유로 나아가는 문을 열어 주었기 때문이다. 나의 마음은 가족과 직장에서 그리고 매일의 삶에서 그전에 내가 겪었던 상처로부터 치유될 필요가 있었다. 길에서 모르는 사람이 나에게 침을 뱉는 일도 있었고, 택시 운전기사가 창문을 내리더니 동성애 혐오 욕설을 퍼붓기도 했다. 심지어 동성애 혐오 편지를 보낸 이웃도 있었다. 이런 사회적 괴로움의 원천들은 의문의 여지없이 나의 내면 세계에도 영향을 미쳤다. 마음챙김 수련은 이것을 변화시키는 방법을 제공했다. 2010년 나는 이학석사 논문으로, 마음챙김이 사회적 불평등으로 인한 건강 손상을 잠재적으로 줄일 수 있는가 하는 문제를 탐구했다. 당시는 이 주제에 관한 연구가 매우 적었지만, 지금은 이 주제에 관한 에너지와 초점이 증가하고 있는 것은 무척 반가운 일이다. 이 글을 쓰고 있는 2020년 현재에 이 주제들은 더욱 각광을 받고 있다. 코로나 바이러스 유행병이 사회적 불평등의 문제를 더 부각시키고 있으며, 인종 차별 반대 운동이 더 힘을 얻고 있다.

나(Rebecca Crane)는 마음챙김 연구수련센터(Centre for Mindfulness Research and Practice: CMRP)를 이끌고 있으며, 건강 서비스, 그리고 다음에는 학계에서 나의 직업 생활을 보냈다. 대부분의 동료와 선배가 남성인 학문 세계에서 새로운, 아직 인식되지 못한 작업을 개발하고 주도한 나의 개인적 경험은, 주변으로 밀려나는 주변화 경험에 대한 통찰을 일정 부분 나에게 제공했다. 그러나 나는 내가 가진 여러 가지 특권과 내가 백인이라는 사실, 그리고 이것이 내가 당연시하는 가정(假定)에도 영향을 미친다는 것을 인식하고 있다. 나는 나 자신의 위치를, 우리가 여기서 탐구하는 주제에 관한 전문가가 아니라 학습자로서 적극적으로 설정한다. 나는 줄곧 CMRP의 핵심 사명이 MBP(마음챙김 기반 프로그램)를 건강 서비스 및 교육 장면 등의 주류 제도권에서 활용 가능케 함으로써 그 접근성을 확장하는 것이라고 생각해 왔다. 그러나 주류 제도권 내에서 사회적 변화를 일으키는 것이 잠재력과 함께 한계도 존재한다는 점이 그간 분명해졌다(Kucinskas, 2019). 나는 개인 차원에서 그리고 조직 차원에서 MBP가 더 넓은 맥락적 도전과 관련지어 어떻게 자리매김해야 하는지 모색하는 여정에 있다. 나는 사회적 맥락이 미치는 영향을, 어떻게 하면 인간이 겪는 괴로움에 대한 우리의 이해에 적절히 포함시킬 수 있을지에 관한 더 큰 논의를 가능케 하는 훈련과 실천에 적극 관여하고 있다. 이것은 개인적 과정인 동시에, CMRP의 핵심 훈련 팀 내에서, 그리고 더 넓은 영역의 동료들과 함께, 집단으로 관여하는 활동이기도 하다. 여기에는 나 자신의 조건화를 깊이 돌아보는 한편으로, 우리가 이 순간 사회적 · 환경적으로 경험하고 있는 특정한 집단적 도전과 압박에 대해 성찰하는 작업도 포함된다.

이 장에서 우리는 우선 이 영역에서 대두되는 몇 가지 이슈를 살펴볼 것이다. 그런 다음, 사회적 · 맥락적 이슈에 대한 적합한 인식과 이해가 우리의 MBP 수련과 지도 방식에 어떤 식으로 영향을 줄 수 있을지 살펴볼 것이다. 또한 포괄적 수련과 관련한 우리의 법적 책임에 관해 집중적으로 살펴보면서 비차별적 수련(non-discriminatory practice)에 관한 이해가 세션 참가자와 관계 맺고 그들을 지지하는 방식을 어떻게 형성하는지 알아볼 것이다.

마음챙김 기반 프로그램과 사회적 · 환경적 맥락

MBP를 가르치는 것의 핵심에는 괴로움이라는 실재(현실)가 관여하는 것이 있다. 그것은 괴로움의 원인을 이해하고 그에 깨어 있고자 하는 전념이다. 또 더 큰 자유를 가능케 하고, 치유 능력 및 경험에 창의적으로 관여하는 능력을 발휘하는 적절한 관계 맺기 방식이 존재한다는 인식이다. MBP는 우리를 괴로움으로 이끄는 경향이 있는 원인과 조건에 대해 인식하도록 특별히 설계되었다. 우리를 괴로움에 기울게 하는 원인과 조건이라는 취약성은 일부 보편적인 것이다. 모든 인간이 그런 괴로움의 원인과 조건을 경험한다. 한편, 괴로움의 원인과 조건에는 특정 집단에 특수하게 존재하는 것들도 있다. 어떤 것들은 내면의 습관적 패턴에서 나오며, 또 어떤 것은 외부의 맥락과 시스템에서 나오는 것도 있다. 인간이 가진 보편적인 취약성의 사례에는 다음과 같은 것들이 있다. 가령, 인간이 사용하는 언어는 세상을 이해하도록 돕는 한편, 우리를 경험의 직접성에서 멀어지게 하는 면도 있다. 또 우리는 자동조종이라는 습관적 모드로 살아가는 경향이 있다. 그리고 우리는 현재에 존재하지(현존하지) 않으려는 성향이 있는데, 그것은 우리가 통제를 원하며, 미래와 과거에 개념으로 빠져 살기 때문이다. 또 우리는 실재적 위협과 상상의 위협, 내부 스트레스 요인과 외부 스트레스 요인을 구분하지 못하는 진화상 생존 매커니즘을 지녔다. 또 우리는 생각에 지나치게 의존하는 성향이 있는데, 생각이 직관이나 감각보다 더 큰 통제를 우리에게 부여한다는 잘못된 느낌에 유혹당하기 때문이다(Crane, 2017). 그리고 우리 모두가 [인간이라는 종(種)으로서] 맞닥뜨린 보편적인 맥락적 취약성도 있다. 그 예로는, 자연세계와 맺는 우리의 변화하는 관계가 있다. 기후 파괴라는 현실, 팬데믹, 머지않아 닥칠 사회적 불안정에 대한 예측, 서로를 점점 더 적대시하는 정치 담론 등 이런 것은 불확실성과 두려움의 수준을 끊임없이 끌어올리고 있다.

개인을 둘러싼 사회적 관계망은, 개인이 심리적 고통이나 해로움에 취약해지는 과정에 결정적인 영향을 미치는 요인으로 작용한다. 실제로 불평등이 심한 나라에서는 공중건강, 교육, 비만, 사회적 이동성 등의 영역에서 모든 사람이 더 열악한 결과를 보여 준다(Wilkinson & Pickett, 2018). 주변으로 밀려난 주변화된 집단들[(여기에는 흑인과 동양계, 소수인종 집단(Black, Asian, Minority Ethnic을 줄여 BAME이라고 한다), 문화/종교 집단, 여성, 장애인, 성소수자(LGBTQIA: Lesbian, Gay, Bisexual, Transgender, Queer, Intersex, Asexual: 차례대로 레즈비언, 게이, 양성애자, 트랜스젠더, 퀴어, 간성, 무성), 노인, 노동자 계급 등이 있다]은 차별과 낙인, 혐오범죄, 배제, 불평등으로 인한 부당한 피해와 고통을 당하고 있다[백인, 남성, 비장애인, 시스젠더(cis-gendered: cis-는 '이쪽 편'을 뜻하며, '저쪽 편'을 뜻하는 trans-gender의 대립어로, 생물학적 성과 성 정체성이 일치하는 사람을 말한다–옮긴이), 이성애자, 중상위 계층 등]. 특정 집단에 여전히 특권을 부여하면서 다른 집단을 억압하는 사회적 · 경제적 · 역사적 · 정치적 맥락에서 피해가 일어난다. 차별과 낙인으로 인한 고통으로 주변부 집단의 사람들은 수명이 단축되며, 사회적 사다리에서 더 높이 오른 사람들보다 열악한 건강 상태에서 오랜 시간을 보내야 한다(Pickett & Wilkinson, 2009). 가령, 성소수자 젊은이들의 자살률은 이성애자 또래의 자살률보다 세 배나 더 높다. 또 트랜스젠더 청년들은(그들의 정확한 성적 지향은 아직 알려지지 않았다–이 자료는 이 연구에서 수집되지 않았다) 시스젠더나 이성애자 또래들보다 자살할 확률이 거의 여섯 배나 더 높다. 여기에는 주변의 괴롭힘(bullying)이 주요 요인으로 작용하는 것으로 나타났다(di Giacomo et al., 2018).

이처럼 신체적 · 정신적 건강에 악영향을 미치는 데는 다양한 요인이 작용한다. 첫째, 영국의 BAME 집단에서 코로나 바이러스로 인한 사망 위험이 백인 집단보다 더 높게 나타나는 데 명백한 요인이 된 것으로 보이는 수입, 직업, 거주 등의 명백한 물질적 요인이 있다(Office for National Statistics, 2020). 둘째, 사람들이 자신의 사회적 지위에 관해 느끼는 방식을 포함해 일상의 차별과 편견, 불공정과 함께 살아가는 현실이 가져오는 엄청난 심리사회적 결과도 있다. 낮은 사회적 지위에서 흔히 발생하는 느낌으로는 불안, 적대감, 열등감, 수치심, 존중받지 못한다는 느낌, 우울, 자신의 환경에 대한 통제력 부족 등이 있다. MBP는 이런 유형의 느낌들이 어떻게 스트레스 반응 주기를 촉발하는지 그 방식에 초점을 맞춘다. 불리한 환경에 대한 이런 내면의 반응은 신체 변화를 가져오고, 이것은 다시 건강을 해치며, 수명을 단축시킨다(Pickett & Wilkinson, 2009). 어떤 사람에게 우울증은 자신의 낮은 사회적 지위와 관련이 있다. 그는 자신이 가치 없는 존재라고 느끼고, 패배했다는 느낌을 가지며, 다른 사람보다 못하다는 열등감과 부차적인 존재라는 느낌, 가치 없고 '맨 밑바닥에 깔린' 존재라는 느낌을 갖는다(Gilbert, 2009). 차별적인 외부 환경에서 오는 자기거부와 자기혐오를 통해 부정적인 자기판단이 그의 가슴과 마음에 스며든다.

우리 모두가 속해 있는 제도화된 억압 시스템에 의해 어떤 집단에게는 권력이 부여되고, 어떤 집단에게서는 권력이 박탈된다. 그런데 이런 상황은 궁극적으로 모든 사람에게 어느 정도의 고통을 유발한다(Pickett & Wilkinson, 2009). 마음챙김 수련이 어떻게 사회적 불공정에 대한 사회 내 모든 배경의 참가자의 자각을 키울 수 있을지, 또 그들이 사회적 불공평에 능숙하게 관여하고 그에 영향을 미치는 능력을 키울 수 있을지에 관한 탐구가 증가하고 있다(Mindfulness and Social Change Network, n.d.; Wreford & Haddock, 2019). 불평등하고 차별적인 사회경제 시스템에서 이익을 얻는 사람에게 마음챙김은 이 억압 시스템을 인식하고 변화시키기 위한 방법에 힘을 싣는 인식 변화의 여행이 될 수 있다. 한편, 억압에 의해 권력을 박탈당한 개인과 집단에게 마음챙김은 유독한 사회적 맥락에서 생긴 해로운 내면의 패턴에 지금까지와 다른 식으로 관계 맺는 능력을 키우는 잠재력을 가지고 있다. 마음챙김은 적대감과 배제에 맞닥뜨려 자기 내면을 보호할 수 있고, 사회적 억압으로 입은 내면의 상처를 치유하는 데 도움이 된다.

MBP 맥락에서 마음챙김 수련의 토대가 되는 이론들은 주로 개인의 차원에서 고통이 일어나는 방식을 강조하는 이론을 다루는 경향이 있었다. 그러나 마음챙김을 조직과 사회 차원에 위치시키는 가르침도 많이 나오고 있다(예: Loy, 2019; Magee, 2019; Petty, 2017). 우리는 시스템 차원에서, 인간 사회의 작동 방식이 종종 인간의 번창에 도움을 주지 못한다는 사실을 인식할 수 있다. 시간이 지나면서, 우리의 글로벌한 사회 시스템의 일부 측면은 평화와 안녕을 위해 무엇이 필요한지에 관한 욕망, 증오, 두려움, 분노와 잘못된 이해에 의해 추동되는 관계 패턴을 키워 왔다. 그리고 이것은 세계 여러 지역에서 과소비로 이어졌으며, 사회적 계급의 간극을 더 벌였고, 자원에 대한 접근권의 불공평을 가져왔다. 우리가 자연 세계와 맺는 관계는 인간 외 다른 종이나 미래 세대의 필요를 고려하지 않은 채 그저 우리가 단기간에 취할 수 있는 것만을 가지려는 경향에 더 많이 지배받고 있다. 물론, 이런 상황의 균형을 바루려는 시도들도 있다. 이 문제들에 적극적으로 관여하는 희망의 조직과 리더, 개인이 존재한다. 그리고 빈곤, 불평등, 배제의 문제를 알아보고 그를 다루려는 노력에 있어 커다란 발전이 국제적으로 있었던 것도 사실이다.

요컨대, MBP 지도자로서 우리가 개인적 · 집단적으로 해야 하는 작업에서 핵심적인 부분은 개인적 차원 '그리고' 사회적 차원에서 고통과 괴로움을 일으키는 원인과 조건에 대해 지속적으로 탐구하겠다는 전념의 태도를 갖고, 모든 차원에서의 번창으로 이어지는 원인과 조건에 대한 통찰을 개발하는 것이다.

마음챙김 기반 실천과 사회적 맥락에 대한 자각을 지닌 가르침

MBP는 다양한 방식으로 응용함으로써 여러 가지 결과로 이어지는 데 도움을 줄 수 있다. 고통을 일으키는 사회적 맥락에 대한 정교한 분석을 통해 MBP를 응용하는 작업을 선구적으로 수행하는 이들도 있다. 프로그램 참가자가 자기 삶의 조건과 맺는 상호 연결성에 조율하게 해 주는 마음챙김 수련으로 이러한 이해가 통합된다(예: Rupprecht et al., 2019; Whitehead et al., 2014). 또 (우리를 포함한) 어떤 이들은 MBSR 등의 기존 모형 내에서 작업하면서도 괴로움의 다중적 원인에 대한 확장된 이해를 가르침의 과정에 들여온다. 여기에는 양극성보다 연결성이 있다. 모든 MBP 가르침에서, 사회적 맥락이 우리가 겪는 괴로움에 어떤 영향을 미치는지에 관한 인식을 포함시키는 것이 중요하다. 그리고 사회적 맥락에 초점을 맞추는 MBP 내에서 각 개인이 자신의 내면화된 패턴에 대해 스스로 발견할 수 있는 공간을 마련하는 것이 중요하다. 이 새롭게 부상하는 분야에서, 다양한 관점과 맥락으로부터 MBP가 다양하게 발전하는 것은 어떻게 개인적 · 시스템적 차원에 바람직한 영향을 미칠 것인가에 관한 우리의 이해에 중요한 기여를 할 것이다.

MBSR은 참가자는 자신에게 닥친 삶의 도전에 새로운 관계를 맺도록 하기 위해 개발되었다. Jon Kabat-Zinn은 원대한 비전을 갖고 있었다. 그의 첫 책 『Full Catastrophe Living』(Kabat-Zinn, 2013)에서 그는 마음챙김 수련이 사회적 차원을 비롯한 우리 삶의 모든 차원에 영향을 미칠 수 있는 잠재성에 관한 자신의 비전을 이야기했다. 특히 그는 이 작업이 건강 돌봄을 제공하는 방식의 토대를 이루는 패러다임과 시스템에 영향을 미치고 싶다는 열망을 품고 있었다. MBP 영역이 진화하고 확장하면서, 그리고 (도전적이면서 희망적인 방식으로) 세계적인 맥락이 변화하면서 MBP와 사회 변화의 관계 이슈에 대한 의문도 그에 따라 더 커지고 있다. 우리는 MBSR과 관련 MBP 프로그램 참가자들이 무작위 친절 행동(random acts of kindness)이나 자원 재활용 등 친사회적이고 친환경적인 행동을 더 많이 하는 경향이 있음을 연구를 통해 알게 되었다(예: Baer, 2015). 그렇지만 많은 수련가는, 충분히 많은 사람이 마음챙김 훈련을 하면 더 높은 수준의 자각을 일으켜 시스템 변화로 자연스럽게 이어지는 티핑포인트에 도달할 임계점이 만들어질 거라는 주장에는 의문을 품고 있다. 게다가 지금까지 국제적으로 MBP는 사회 계급상 유리한 위치에 선 사람들에게 가르치고, 또 그들이 MBP를 가르친다는 인식도 증가하고 있다. 이런 사정은 이 프로그램들이 시스템 차원의 변화를 일으키는 영향을 미칠 잠재력을 처음부터 무화시킨다(Kucinskas, 2019). 그렇지만 현재까지 MBP의 발전은 연구와 수련의 튼튼한 토대를 제공하고 있으며, 주류권 제도 내에서의 인식을 확고히 했다. 이것은 새로운 창의적 발전이 나타날 수 있는 토대를 제공한다는 점에서 희망적이다. MBP 지도자로서 우리들 각자는 서로 다른 방식으로, 서로 다른 맥락에서 작업하고 있다. 그리고 이것은 무엇이 가능한지, 우리의 작업을 어떤 식으로 위치 시켜야하는지에 영향을 준다. 다음은 이 주제들을 다루는 몇 가지 방식의 사례를 소개한다. 이것은 우리의 MBP 가르침 실천이 사회적 차원에서 우리가 보길 바라는 변화에 조금 더 가까이 다가가게 할 것이다.

MBP 지도는 고통의 원인과 조건에 대한 폭넓은 이해를 담아야 한다

MBP 지도에서 가장 중요한 책임은 인간 고통에 관한 가르침을 이해하고 그것을 '넓은 그릇'에 담는 것이다. 지도자는 참가자가 자기 내면의 습관적 패턴 때문에 의도치 않게 스스로 개인적 괴로움을 키우는 과정을 이해하도록 돕는다. 동시에 지도자는 괴로움의 원인이 다양한 사회 집단 사이에 불평등하게 영향을 준다는 점도 인식하고자 한다. 후자는 특히, MBP 지도자가 '참가자들이 자신의 개인적 과정을 능숙하게 관리했다면 편안함과 안녕을 경험했을 것'이라는 메시지를 무심코 전하지 않기 위해서도 중요하다. 우리가 통제할 수 없고 직접 영향을 미칠 수 없는 복잡한 괴로움의 원인과 조건이 분명히 존재하기 때문이다.

이런 넓은 관점에서 MBP 교육과정을 다시 보면, 괴로움을 일으키는 다양한 원인과 조건에 대한 이해를 어떻게 MBP를 가르치는 과정에 엮어 넣을 수 있을지 돌아볼 수 있다. 지도자가 참가자와 처음 만나는 지점은 집단 혹은 개인 단위로 이뤄지는 오리엔테이션과 평가 미팅에서다. 여기서 우리는 수련과 본 과정의 근본 목적에 대해 참가자에게 알린다. 이때 지도자는 우리의 삶에서 고통을 일으키는 내면의 습관에 알아차림을 가져가면서 지금까지와 다르게 해 볼 것임을 참가자들에게 알리는 기회를 갖는다. 또 우리의 삶에서 일어나는 어려움 중 일부는 우리가 살아가는 현실적 조건에 의해 일어난다는 점을 인식할 것임을 참가자들에게 알린다. 또 우리가 통제할 수 있거나 우리의 통제 바깥에 있는 힘들에 가능한 한 능숙하게 관계 맺는 방식을 탐구해 볼 것임을 알린다. 그런 다음, 세션을 진행하는 중의 탐구 과정에서 자연스럽게 이 주제들이 드러날 때 그것을 다루어 볼 수 있다. 지각(perception)을 탐구하는 집단 활동(세션 2)이나 우울과 스트레스를 탐구하는 집단 활동(세션 4~5), 커뮤니케이션을 탐구하는 집단 활동(MBSR의 세션 6), 그리고 생활양식 요소를 탐구하는 집단 활동(세션 7)에 더 확장된 사회 시스템적 주제를 포함시킬 수 있다. 가령, 집단을 상대로 그들의 삶에 어떤 스트레스 촉발 요인이 있는지 알아보는 과정에서 내면과 외면의 스트레스 촉발 요인에 모두 공간을 부여하는 것이 중요하다. 그리고 지도자는, 가령 대기오염, 인종 차별, 장애인 혐오범죄 등 집단 토론에서 자연스럽게 드러나지 않는 외부적 스트레스 영향의 사례를 들 필요도 있다. 또 다른 사례로는 무의식적 편견을 지각에 관한 탐구에 엮어 넣는 것이 있다. 이렇게 하면 우리가 자기도 모르게 타인을 배제하고 차별하는 경우에 알아차림을 가져갈 수 있다. 이 작업은 지도자가 민감성과 배려심을 갖추고 해야 한다. 이 주제들은 죄책감과 수치심을 자극할 수 있으므로 지도 공간 내에서 연민의 마음으로 품어 안는 것이 필요하다.

주로 도구성(instrumentality)에 방향을 맞추고 있는 조직 내에서 비도구성(non-instrumentality)에 근거한 교육학을 갖춘 프로그램을 제공하는 것은 건강 관리나 학교 등 주류 제도권 내에서 활동하는 MBP 지도자에게 중요한 도전으로 다가온다. 더구나 우리의 건강 서비스에서 상당 부분을 지배하는 모형은 의료적 모형이다. 가령, MBCT는 NHS(National Health Service, 국민의료보험: 세금으로 운영되는 영국의 공공 의료 서비스) 내에서 우울증의 예방법으로서 개발되고 연구되고 자리매김하였다. 이때 지도자가 맞닥뜨린 도전은 우울증 예방의 열망을 잠시 보류한 채 프로그램 참가자가 자신에게 일어나는 모든 경험을 친절한 호기심으로 만나려는 의지에 마음을 열게 하는 환경을 만들고 유지하는 것이다. 물론 지도자인 우리는 개인 차원과 사회 시스템 차원 모두에서 변화를 원한다. 하지만 마음챙김의 관점에서 볼 때는 이 열망에 우리가 어떻게 다가가느냐가 지도자로서 실제 행위만큼 중요하다. 이 주제는 1장과 26장에서 더 자세히 살펴본다.

MBP 지도라는 '그릇' 안에서 안전감 창조하기

MBP는 심리학과 신경과학의 증거에 뿌리를 둔다. 우리가 보기에, ① 인간의 활동과 지구 온난화 사이의 인과적 연과성에 대한 과학적 증거와, ② 사회적 불평등과 건강 불평등 사이의 인과적 연관성에 대한 과학적 증거는 MBP 지도의 근간을 이루어야 한다. 차별, 낙인, 괴롭힘이 피해와 고통을 일으킨다는 점을 감안할 때 MBP 지도자는 지도의 공간에 최대한의 안전감을 창조할 책임이 있다. 프로그램 시작부에서 기본 규칙을 정하는 것이 중요하지만, 지도자는 MBP 과정을 진행하는 내내 분명한 경계를 지닌 '그릇(container)'을 지속적으로 유지해야 한다(13장). 모든 집단에는 다양한 견해와 의견이 존재하며, 포섭의 정신은 MBP에서 가장 중심적인 정신이다. 그렇지만 해로운 관점이 표현될 때는 지도자가 안전감을 지키기 위해 주도적으로 나서야 하는 책임이 있다. 가령, MBP 지도자가 다음과 같은 상황에 맞닥뜨렸다고 하자. 한 참가자가 우울증 등의 정신병력이 있는 다른 참가자에게 그의 질병이 악귀가 씌었기 때문이라고 말했다고 하자. 이때 지도자는 어떻게 대응해야 하는가? 지도자는 그런 견해 표명이 안전하지 않은 환경을 일으키므로 허용되지 않는다며, 친절과 연민의 마음으로 그러나 분명하게 경계를 설정해야 한다. 그런 말을 한 참가자에게 이렇게 경계를 정하는 이유를 설명하고 인식을 개선하는 시간을 가져야 한다. 그럼에도 그 참가자가 이런 믿음을 계속 고수한다면 그런 견해는 지도 공간에서 표현할 수 없다는 점을 분명히 해야 한다. 왜냐하면 그것은 신뢰와 안전, 배움의 잠재력을 갉아먹기 때문이다. 이런 식으로 참가자 개인이 아니라 해로운 행동 자체를 배제할 수 있다. 다시 말해, 이런 윤리적 경계를 정하는 목적은 편견을 가진 사람을 배제하는 것이 아니라 받아들일 수 없는 행동이 무엇인가를 분명히 하려는 것이다. 때로는 집단 전체를 상대로 이런 경계 설정을 해야 하는 수도 있고, 어떤 때는 지도자와 참가자가 일대일로 이 문제를 다루는 것이 더 적절한 때도 있다. MBP 지도자에게는, 다른 참가자와 MBP 지도자 자신에게도 해로운 영향을 주는, 상대를 차별하고 낙인찍는 믿음이 표명될 경우 거기에 침묵으로 방관해서는 안 되는 의무가 있다. 지도자는 자신이 가르치는 집단의 안내자로서 기본적으로 해당 집단의 윤리적 그릇을 보살펴야 하는 의무를 진다.

친사회적/친환경적 정향에서 가르치기

제시된 문단에서 말하듯이, MBSR 등 기존 교육과정 형식 내에서 지도자는 가르침의 바탕이 되는 윤리 시스템을 전하는 자이다(22장). 우리는 이것의 핵심적인 부분이 지도자와 가르침 내에서 친환경적이고 친사회적인 존재 방식으로 주도적 방향을 정하는 것이라고 제안한다. 지도자의 윤리적 태도를 이끄는 기본적인 질문은 '무엇이 개인적 · 집단적 · 생태적 차원에서 참가자의 안녕에 내면과 외면으로 도움이 되는가' 하는 것이다. 지도자가 내면으로 여기에 방향을 맞출 때 그것은 그의 지도 과정의 기본적 준거로서 표현된다. 가령, MBP에서 주로 강조하는 지점이 암묵적 정향으로서의 마음챙김 탐구에 기울어 있었다 해도, 이것을 우리가 이 세상에서 친사회적으로 행동하는 법에 관한 탐구로 확장하는 것은 얼마든지 가능한 일이다. 이를 보여 주는 예로 다음과 같은 것이 있다. 비공식 마음챙김 수련을 제안할 때 다음을 구분하는 것이 중요하다. 즉, 그저 '쓰레기를 갖다 버리는 일'과 '재활용을 실천하는 일'을 구분하는 것, 또는 '자동차를 운전하는 것'과 '걸어서 또는 버스를 타고 출근하는 것'의 차이를 알아차리는 것이다. 친절과 연민의 마음을 탐색할 때는 우리가 내면의 정향을 계발하는 동시에 세상 속 우리의 행동에서 주도적으로 표현되는 정향 또한 계발하고 있음을 구분하는 것이다. 또 (우리의 의식적이고 무의식적인 편견에 빛을 비추면서) 우리가 누구에게 친절을 전하고 또 누구를 배제시키고 있는지 탐구한다. 그리고 외부 스트레스 요인이나 생활양식 요인을 돌아보면서 우리가 사회 정의 이슈에 어떻게 능숙하게 관계 맺고 그것에 영향을 미칠 수 있을지 탐구한다.

우리가 가르치는 과정의 맥락 설정을 추동하는 근본 가정 돌아보기

많은 MBP 지도자가 사회적으로 소외된 공동체와 집단에게 가르침을 개방하려는 강하고 건전한 바람을 갖고 있다. 이러한 영역에서는 중요한 실천이 요구되며, 개인적 스트레스와 안녕, 변화의 사회적 · 정치적 맥락에 대응하는 방식으로 프로그램을 만들고 위치시키는 법에 관한 중요한 관점과 민감하게 고려해야 하는 사항이 있다. 특히 MBP 가르침을 전할 때 주변화된 커뮤니티 구성원들에게, 실제로는 그들이 속한 환경에 대한 책임이 딴 곳에 있을 수 있음에도 불구하고, 그 책임을 의도치 않게 그들에게 돌릴 수 있음을 성찰하는 것이 중요하다. 일반적인 지침으로서 우리는 특정한 인구, 문화, 커뮤니티를 경험하며 살아온 지도자들에게 이런 맥락에서 MBP를 제공하도록 장려한다. 이런 식으로 가르침을 전할 때 맥락과 문화의 이슈에 대한 체화된 앎을 실천할 수 있다. 이를 위해서는 지금보다 더 다양성 배경의 트레이너가 제공하는 훈련에 더 수월하게 접근할 수 있도록 할 필요가 있다.

모든 MBP 지도자가 문화, 맥락, 특정 인구 집단에 어떻게 민감하고 능숙하게 적응할 것인가를 중심으로 탐구하는 것이 중요하다. 이것은 우리가 여러분에게 탐구하도록 장려하는 커다란 주제다. 우리는 『마음챙김 이니셔티브 '혁신가를 위한 실무책자'(Field book for Innovators)』를 권한다. 이 책에는 이러한 문제와 그 프로그램 설계에 비치는 함의가 포함되어 있다(Sanghvi, 2019). 개인과 집단이 겪는 괴로움의 패턴과 만날 수 있도록 MBP를 능숙하게 적용하고 위치시키는 법에 관한 이 질문은 이 분야의 지속적인 발달에서 핵심적으로 대두된다.

사회 환경 이슈에 명시적으로 관여하는 추후 MBP 제공하기

많은 MBP 지도자가 이 영역에서의 추후 과정에 필요한 모형을 창의적으로 개발하고 있다. MBSR과 MBCT 참가자는 개인 수련의 발달에서 철저한 기초와 훈련을 받으며 종종 발전의 기회에 굶주려 있다. 8주 과정은 탐험의 길에서 시작에 불과하다. 이 여정의 중요한 측면은 우리의 개인 수련이 모든 살아 있는 존재를 가치 있게 여기는 전체 삶의 길을 밝혀 주는 방식에 대한 탐구다. 이와 관련된 것이 알아차림을 사회적 고통의 깊은 원인을 이해하기 위해 활용하는 방식이다. 그리고 나의 영향력의 원 내에서 내가 무엇을 할 수 있는지 탐구하는 것이다.

친사회적 자각과 행동, 연민, 개인적 편견 및 선입견에 대한 알아차림을 계발하는 목적의 MBP를 설계하고 가르치기

일부 수련가는 암묵적이고 무의식적인 편견과 선입견을 다루며 서로 보다 능숙한 관계를 맺도록 명시적으로 설계된 MBP를 개발하고 연구하고 있다. 이 MBP들은 행동에 대한 통찰로부터 나온 이론들과 통합되며, 지속가능성과 의식적인 윤리적 실천을 향한 변화를 일으키기 위해 직장 환경에서 제공되고 있다(Whitehead et al., 2014).

비차별적 실천

타인을 위해 봉사하는 일을 하는 사람은 누구나 자신이 가진 무의식적인 편견과 선입견의 패턴에 대해 알아야 하는 책임이 있다. 그리고 그들은 자신의 인종적 · 문화적 · 가족적 역사와 그것이 자신의 물려받은 조건화에 어떤 의미를 갖는지 알아야 하는 책임도 있다. MBP 지도자로서 이 영역에서 우리 자신에 관한 작업을 해야 하는 책임은 특히 강하다. 왜냐하면 우리의 '존재 이유'가 바로 고통을 덜어 주는 배움의 환경을 창조하는 것이기 때문이다. 만약 우리가 MBP 교실에서조차 일부 참가자가 그들의 일상에서 매일 경험하는 억압적이고 차별적인 실천을 의도치 않게 영속시킨다면, 그들이 느끼는 배신감은 매우 클 것이며 그들 개인이 상실한 기회는 장기적으로 그들에게 영향을 미칠 것이다. 따라서 우리 모두 지도자로서 평등, 다양성, 포용, 의식적이고 무의식적인 편견에 대한 의식을 키워야 한다. 그리고 지속적인 방식으로, 매우 깊은 개인 차원에서 이 주제들에 관여하는 것이 마음챙김 수련의 중요한 측면임을 인식해야 한다. 이런 내면 작업은 교육의 과정이며 사회 정의를 영속시키는 우리 내면의 패턴에 대해 알고 그것에 대해 '레이더를 켠 채' 유의하는 것이다. 우리가 이 주제들을 주도적으로 훈련하고 교육하면서 마음챙김 수련을 할 때 '레이더에서 벗어난' 이 내면의 조건화를 정직하게 바라볼 수 있다. 수련은 또한 우리가 자신의 패턴을 인식할 때 일어나는 감정적 영향과 만나는 데 도움을 준다. 이것은 또한 우리가 편견을 가진 참가자에 대해 더 큰 공감과 이해를 계발하게 한다. 그리고 참가자의 견해가 고정된 것이 아니며, 지도자 자신의 자기 제한적이고 해로운 습관적 생각 패턴을 다루는 것과 유사한 방식으로 그것을 다룰 수 있다는 것은 직접 경험으로 알게 한다.

우리의 무의식적 마음은 자동반응의 패턴에 의해 주도되는데, 이 자동반응 패턴은 다시 깊이 조건화된 우리의 감정적 · 직관적 느낌에 의해 추동된다. '우리와 가장 비슷한' 사람을 선호하는 마음의 패턴 앞에서 논리와 이성은 별로 소용이 없다(만약 억압이 내면화되었다면 일부 차별 집단에서 일부 개인에게 이것은 '우리와 같지 않은' 사람을 더 선호하는 것을 의미할 수 있다). 더 인간적이고 공정한 사회에 살기를 바라는 것, 그리고 이와 일치하는 가치를 갖기를 열망하는 것만으로 충분하지 않다. 우리의 행동과 선택을 우리가 중시하는 가치에 가져가려면 우리는 내면 작업을 해야 한다.

MBP 지도자로서 우리의 개발 작업의 한 가지 측면은 이 작업에 임하는 우리의 동기를 살피는 것이다. 모든 존재의 고통을 덜어 주려는 우리의 열망을 명료하게 하고 주기적으로 그것과 다시 연결하는 것은 우리에게 영감을 주고, 우리에게 자양분을 주며, 우리 작업의 중요한 기반이다(18장). 이 이슈들은 또한 MBP 지도 실천의 윤리적 토대에서 핵심이 되는 부분이다(22장).

비차별적인 실천에 대한 우리 태도는 각국의 법적 제도에 의해 지지되고 있다. 이러한 제도는 전 세계적으로 다양하기 때문에 이를 실천하는 국가의 법적 기준 안에서 활동하는 것이 중요하다. 법적 틀은 세계 각지에서 다양하며, 당신이 수련하는 국가의 법 테두리 안에서 운용하는 것이 중요하다. 영국에서 우리는 평등법 2010(Equality Act 2010; Government Equalities Office & Equality Human Rights Commission, 2013) 내에서 운용한다. 평등법 2010은 차별로부터 법적 보호를 받는 인간의 특성을 열거하며, 불법적 차별과 긍정적 행동이 무엇인지 정의한다. 또 공공 영역에서 평등성을 진작하기 위해 부여된 법적 의무에 대해서도 정의하고 있다([그림 24-1] 참조). 평등법은 교육 및 서비스 제공자, 고용주의 책임에도 적용된다. 따라서 MBP 가르침은 정확히 이 영역에 포함된다. 평등성, 다양성, 포용의 이슈에 관한 당신의 배움에는 영국 상황의 평등법 또는 타 국가의 지도자에게 필요한, 그에 상응하는 법적 맥락에 대한 이해도 포함되어야 한다. 평등법이 없

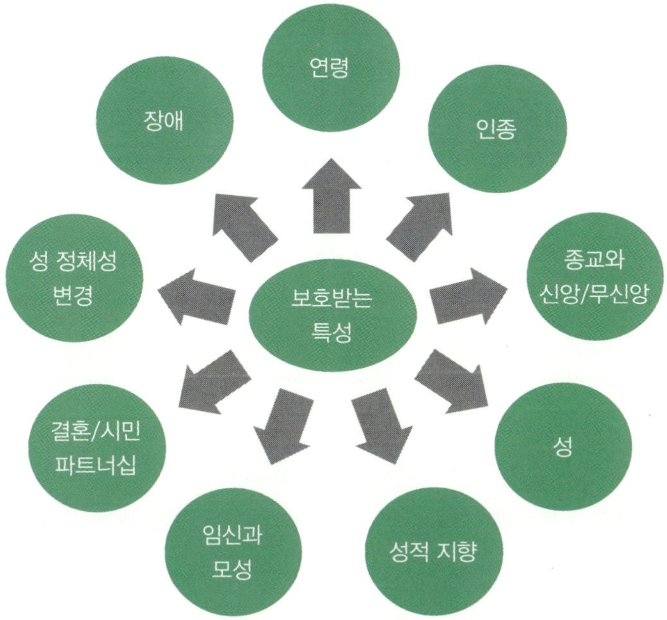

[그림 24-1] 영국 평등법 내에서 보호받는 특성

는 국가에서 활동하는 지도자라면 MBP 가르침의 토대가 되는 핵심 가치와 전문 직업 윤리에 정렬하는 수련 틀을 개인적으로 개발할 것을 권한다. 평등과 비차별 원칙은 UN 국제인권법률 프레임워크를 비롯한 국제법에도 담겨 있다(United Nations, 날짜 미상).

당신이 조직 내에서 활동하는 MBP 지도자라면 비차별적 실천에 관한 안내를 제공하는 정책이 조직 내에 있을 것이다. 당신은 고용주를 통해 비차별 실천에 관한 훈련을 받을 수 있어야 한다. 프리랜서라면 독립적으로 훈련에 참가해 당신이 취할 수 있는 비차별 실천과 실제적 단계에 대해 생각해 보는 것이 중요하다. 당신은 실천하면서 당신의 과정을 마케팅 하는 방식, 참가자를 평가하고 오리엔테이션을 제공하는 방식, 당신이 가르치는 방식과 가르치는 장소 등을 고려해야 한다. 우리는 당신의 실천을 위해 평등성, 다양성, 포용 정책을 만들어 참가자에게 명시적으로 전달하고, 슈퍼비전과 그 밖의 방법을 통해 당신의 작업에서 그 정책을 실천하는 방식을 정기적으로 리뷰할 것을 제안한다.

차별은 종종 의도치 않게 발생하므로 우리가 지속적으로 주의를 기울이는 것이 중요하다. 현재 MBP는 일반 인구에서 대표되는 다양성을 반영하는 집단을 상대로 하고 있지 않은 경우가 많으므로, 이 분야에서 해야 할 일이 많다는 것은 분명한 사실이다. 영국 마음챙김 기반접근협회(BAMBA, 2019)는 평등성, 다양성, 포용 원칙을 수립하고 있으며 이를 위한 실무반도 갖추고 있다. 그리고 산하의 모든 회원 조직이 각자의 정책을 수립하도록 권고하고 있다. 이것은 이 이슈를 논의하는 데 중요한 단계다.

요약

이 장에서 다룬 주제들은 MBP 분야에서 개발 중인 최전선의 주제다. 마음챙김은 사회의 불공정과 억압, 전 세계적 불확실성, 팬데믹, 기후 변화를 해결하는 만병통치약이 아니다. 하지만 마음챙김은 여기서 나름의 역할을 할 수 있다. 이것을 가능하게 하는 방법론에 대한 더 분명한 이해를 발전시키는 것이 중요하다.

- 다양성과 포용이라는 주제에 관한 성찰은 지도자에게 영감을 주고, 지도자 자신의 MBP 지도 실천에 방향성을 만들어 준다.
- 괴로움은 맥락적 · 상황적으로 위치 지어져 있다. 괴로움의 원인 중에는 인간이 보편적으로 경험하는 괴로움도 있지만, 많은 사람이 그들이 처한 사회경제적 맥락(상황) 때문에 발생하는 괴로움을 겪고 있다. 마음챙김 지도자는 이러한 이해를 통해 참가자들에게 개인적인 마음챙김뿐 아니라 사회적 · 상황적으로 마음챙김을 하도록 도울 수 있다.
- 슈퍼비전과 동료들의 지지는 '지도자의 사람됨'과 지도자가 위치한/조건화되어 있는 경험에 대한 지속적인 탐구를 촉진한다. 이로써 지도자는 자신이 가진 편견과 당연시하는 가정들에 대한 자각을 키울 수 있다.
- MBP 지도자는 훈련과 지속적인 개발을 통해 비차별적 실천, 사회적 맥락, 법적 의무에 대한 이해를 키워야 하는 책임이 있다.
- MBP 수업을 만들고 마케팅 하는 방식, 참가자들을 평가하고 오리엔테이션 하는 방식, 가르침을 전달하고 집단의 윤리적 그릇을 만들고 보호하는 방식에 있어 비차별적 실천, 사회적 맥락, 법적 의무에 대한 이해가 근간이 되어야 한다.
- 마음챙김 지도자, 훈련자, 슈퍼바이저로 구성된 공동체는 사회정의와 환경 문제에 영향을 미

치고 있는 창의적 작업에 주도적으로 관여하고, 그것을 지지하는 마음챙김 지도자, 트레이너, 슈퍼바이저의 커뮤니티를 만들 여지가 충분하다.

참고자료

Gilbert, P. (2009). *Overcoming Depression: A self-help guide using cognitive behavioural techniques*. Robinson.

Irving, D. (2014). *Waking Up white, and finding myself in the story of race*. Elephant Room Press.

King, R. (2018). *Mindful of race: Transforming racism from the inside out*. Sounds True Inc.

Magee, R. (2019). *The inner work of racial justice: Healing ourselves and transforming our communities through mindfulness*. Bantam Dell Publishing Group

Mindfulness and Social Change Network (n.d.). https://mindfulnessandsocialchange.org

Petty, S. (Ed.). (2017). Social justice, inner work, & contemplative practice: Lessons & directions for multiple fields [Special Issue]. *Initiative for Contemplation, Equity, & Action (ICEA) Journal, 1*(1).

Pickett, K., & Wilkinson, R. (2009). *The Spirit level: Why more equal societies almost always do better*. Penguin Books.

Wilkinson, R. G., & Pickett, K. (2018). *The inner level: How more equal societies reduce stress, restore sanity and improve everyone's well-being*. Penguin Books.

25장

과학과 이론

Gemma Griffith, Karunavira

이 장에서는 이론과 과학이 우리의 가르침에 어떤 식으로 근거를 제공하고 도움을 주는지 논의할 것이다. MBP의 핵심 요소를 소개한 '기본' 논문에서 첫 번째 원칙은 "MBP가 명상 전통과, 과학 · 의학 · 심리학 · 교육학 등 주요 학문의 합류 지점에서 도출한 이론과 실천의 안내를 받아야 한다."는 것이다(Crane et al., 2016, p. 990). 이 장의 목표는 MBP 지도자인 당신이 이론적 · 과학적 근거를 활용하는 법에 관한 핵심 원칙들을 소개하고, 앞으로 더 참고할 만한 자료를 안내하는 것이다. 여기서 강조해야 하는 핵심은 지도자가 MBP의 다양한 뿌리에 대해 공부하는 것이 중요하다는 점이다. 그래야 우리의 가르침이 명확한 이해의 맥락 내에서 안내를 받으며 가르침의 틀이 만들어질 것이다. 여기서 우리는 이 이론적 근거들에 관한 개요를 폭넓게 제시한 다음, 이론과 경험적 증거를 통해 우리의 MBP 지도에 근거를 제공하는 방식을 실제로 보여 줄 것이다.

MBP가 다른 프로그램들과 구분되는 핵심적인 특징은 바로 인간 경험에 관한 다양한 이해의 방식이 한곳에서 만나는 지점이라는 점이다. MBP는 동양에서 (특히 불교라는 맥락 내에서) 발생한 명상 수련과 가르침을 서양의 경험주의(특히 스트레스 생리학, 신경과학, 인지심리학, 심리학)와 통합시킨다. 이 인터페이스(교차 지점)는 인간 경험을 탐구하는 비옥한 토양이자, MBP 실행가들에게 필요한 창조적 긴장의 원천으로서 비옥한 토양이라고 할 수 있다(26장). 그리고 연구 논문에서는 MBP 지도자와 연구자가 자신이 근거로 드는 원천 자료를 충분히 알지 못할 때 가르침의 전일성이 저해될 수 있다는 점에 대하여 격렬한 논쟁이 이어지고 있다(Grossman & Van Dam, 2011).

연구와 이론의 개발은 상호 연결되어 있다. 연구를 설계하는 목적은 MBP 가르침의 실천에 관여하는 것을 통해 발달시킨 이론을 테스트하기 위해서다. 이런 식으로, 마음챙김에 관한 경험적 이해가 점차 축적되어 간다. [그림 25-1]은 MBP의 뿌리에서 우리가 참조하는 개념적 축들을 그림으로 보여 준다. 이 장에서 우리는 이들 뿌리에 초점을 맞춰 살펴볼 것이다. 먼저, 교육학 이론과 명상 전통에 대해 살펴보고, 다음으로 과학적 토대에 대해 알아본다.

교육학 이론과 명상 전통

이 이해의 합류점은, 인간이 왜, 어떤 식으로 괴로움을 겪는지, 인간의 번창을 위해서

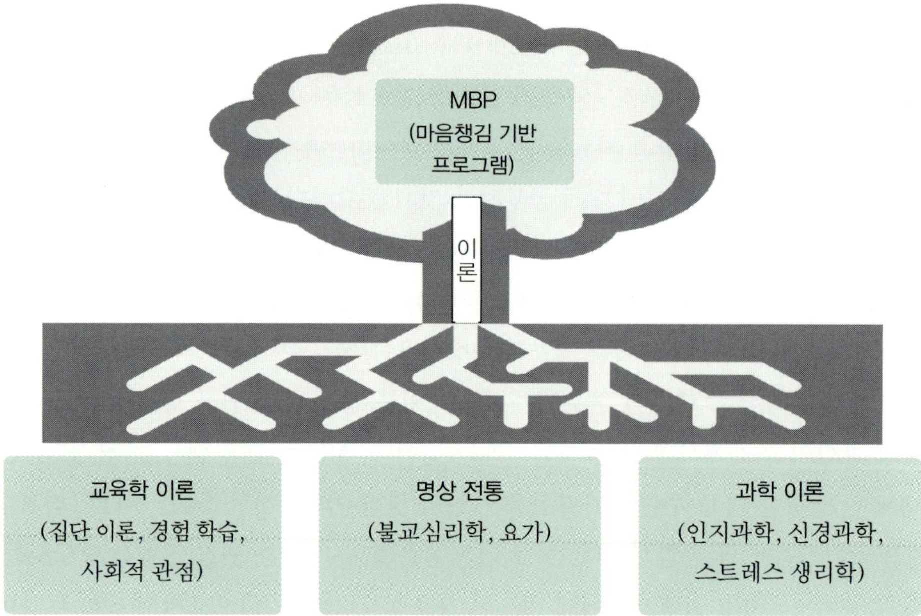

[그림 25-1] MBP의 주요한 이론적 뿌리를 나타낸 그림

는 어떤 조건이 필요한지, 여기서 마음챙김이 어떤 역할을 할 수 있는지에 관한 모형과 틀을 제공한다. 추가적으로, 우리는 MBP를 능숙하게 가르치는 방법에 도움이 되는 이론들에 대해 살펴볼 것이다. 여기에는 IOG 모형(Griffith et al., 2019a), 탐구의 세 가지 층위(Crane, 2017), 그리고 트라우마 민감성의 교육학(23장)이 있다.

불교심리학적 이해가 8주 과정의 내용과 접근방식의 근간을 이룬다(Feldman & Kuyken, 2019). MBSR을 처음 만들 때 Kabat-Zinn은 괴로움과 괴로움의 원인에 관한 불교심리학적 이해에 크게 영향을 받았다. 그는 네 가지 고귀한 진리(사성제)라는 초기 불교의 가르침을 MBSR 프로그램의 교육학 발달 내에 분명히 위치시켰다(Crane, 2017). 여기서 '진리'라는 말은 도그마(독단)를 의미하지 않는다. 그것은 인간이 겪는 괴로움을 더 잘 이해하고 다루는 법에 관한 네 가지 가장 중요한 관찰과 전제를 가리킨다. 첫 번째 진리는 우리의 일상 경험이 본질적으로 불만족스러운[팔리어로 '둑카(dukkha)'] 것이라는 사실이다. 우리의 삶이 본질적으로 불만족스럽다는 이러한 개념은 우리가 영원하지 않은, 변화에 종속된 생명체임에도 영원을 구하고자 한다는 사실로부터 이해될 수 있다. 그리고 이것은 두 번째 진리인 갈애[팔리어로 '딴하(tanha)']의 진리로 이어진다. 갈애는, 본질적으로 지금 이대로가 아닌, 다르게 되기를 원하는 것을 말한다. 괴로움의 원인에 관한 이 진리를 인식하고 이해하면 세 번째 진리를 가리킬 수 있다. 즉, 우리가 이 본질적인 괴로움에서 스스로 벗어나는 방법이 존재한다는 것이다. 그리고 네 번째 진리는 이 '작업'을 수행하는 다양한 방법을 상세히 설명한다. 즉, 우리의 경험에 대해 우리가 맺고 있는 관계를 다루는 작업이 그것이다. MBP의 지향과 교육철학은 이러한 이해에서 나온다. 즉, 우리는 지금 우리가 경험과 맺고 있는 관계를 새롭게 지각할 수 있으며, 그 과정에서 모든 것이 지금과 다르게 되길 원하는 데서 생기는 긴장을 내려놓을 수 있다는 것이다(Shapiro et al., 2006). 불교의 심리이해에서 도출한 이 이론은 MBP의 비종교적 장면에서는 명시적으로 언급되지 않는다. 하지만 이 이론의 자연스러운 논리를 인식할 때 일어나는 확신은 지도자가 하는 (또는 하지 않는) 모든 일에 영향을 준다. 세계의 종교와 철학이 전하는 많은 가르침에서 이 이론의 일부 측면을 공유하지만, 불교는 이것을 명시적으로 자세히 말하고 있다. 이 이론적 근거의 중요성은 MBSR의 창시자인 Jon Kabat-Zinn(2011)의 말에 잘 드러난다.

> 불교의 가르침에 튼튼히 기초를 두는 것은 큰 도움이 된다. …… 사실, 이것은 MBSR이나 기타 마음챙김 기반 개입법의 지도자에게 필수적인 일이다. 본질을 빼놓고는 어떤 것도 수업에 가져올 수 있다. 만약 본질이 빠져 있으면, 지도자가 하는 행동(또는 하고 있다고 생각하는 행동) 중 어떤 것도 '마음챙김'이라는 단어를 우리가 이해하는 방식에 따라, 마음챙김에 기반해 있다고 할 수 없다(p. 281).

이론에 근거한 지도

다음으로, 우리는 다양한 학문에서 도출한 이론이 어떤 식으로 MBP 지도에 근거를 부여하고 지지하는지 몇몇 사례를 살펴볼 것이다. 가령, 직장 스트레스에 지친 어느 한부모가 8주 프로그램의 첫 주에 이렇게 묻는다고 하자. 이때 지도자가 그 부모에게 답을 할 때 이론이 어떤 도움을 줄 수 있을까. "나를 녹초가 되게 만드는 것이 뭐냐면요, 끝없이 꼬리를 물고 이어지는 생각인데 우리는 신체감각에 너무 많은 시간을 쓰고 있잖아요. 건포도 한 알 먹는데 이렇게 시간을 많이 쓰고 있잖아요. 바디스캔은 또 어떻고요." 이때 지도자는 확신을 갖고 이렇게 답할 수 있다. "아주 좋은 질문입니다. 앞으로 몇 주 동안 그 질문을 살아 있는 채로 계속 유지합시다!" 어떤 이론이 우리의 살아 있는 경험과 결합해, 확신 있으면서도 참가자를 고치려 하지 않는 대답을 하게 할까? 지도자가 이론적 근거를 갖추고 연구와 실천의 작업을 행해 왔다면, 지도자와 참가자가 서로 단절되고 마는 개념 모드에 빠지지 않은 채로, 상황에 적합한 이론을 가르침의 현장에 가져갈 수 있을 것이다. 무엇보다 우리는 MBP 전체가 다양한 변주를 보이지만, 마음챙김을 수련하고 확립하는 법에 관한 고대의 경험적 연구, 즉 '마음챙김의 네 가지 토대'에 튼튼히 기초하고 있음을 알 수 있을 것이다(Nanamoli & Bodhi, 1995). 이것은 주의의 대상으로 먼저 '몸과 몸의 감각'을 첫 번째 토대로 삼고, 이것을 토대로 두 번째로 '느낌'을, 세 번째로 '마음속의 생각과 대상'을 알아차리는 데로 나아가는 것의 중요성을 보여 준다. 이로써 우리는 이 고대의 가르침이 어떻게 Kabat-Zinn이 MBSR을 창조한 이론적 뼈대가 되었는지 알 수 있다. 또한 괴로움을 덜어 주는 이 접근방식이 몇 천 년 동안 시간의 시험을 이겨 냈다는 사실도 알 수 있다.

마찬가지로, 우리가 발달심리학을 공부했다면 이러한 초기 이론이, 감각운동기 또는 전조작기(pre-operational)를 사고 또는 추상적-조작기(abstract-operational)의 기초를 토대로 보는 Piaget의 기념비적 작업과 유사한 점이 있다는 점도 알게 될 것이다(Ginsburg & Opper, 1988). 그리고 감각하는 존재 양식이 생각하는 행위 양식으로부터 우리의 주의를 거두어 우리를 부정적 반추의 손아귀에서 벗어나게 한다는 Mark Williams의 기념비적 작업에도 도움을 받을 것이다(2008). 이 밖에도 우리는, 반추 사고가 종종 부적응적이며 이것이 불일치 기반 모니터링과 '추동 행위' 모드를 증가시켜 '경험 회피'와 결합해 기분 저하와 스트레스, 우울로 이어짐을 보여 주는 인지과학 등의 풍부한 이론을 참고할 수 있다(Crane, 2017; Williams, 2008). 따라서 먼저, 자신의 감각에 주의를 기울이는 법을 배워 두면, 나중에 과도한 생각으로 '땅속으로 끌려가는' 경향을 비롯해 무익한 사고를 다루는 귀중한 기초가 될 것이다. 자신의 신체감각을 느끼고 몸에 초점을 두는 이 작업이 도대체 무엇을 하려는 것인지 궁금해하는 이 한부모의 혼란과 좌절을 앞에 두고 지도자가 앞의 이론 중 어떤 것에 대해서도 말할 필요는 없다. 하지만 이 이론들에 대한 이해가 없이 지도자가 어떻게 확신을 갖고 "조금 더 두고 봅시다."라고 대답할 수 있을까?

MBP는 또 우리 삶에서 덜 반응적으로 관계 맺는 방법을 익히는, 까다로운 문제도 다룬다. 즉, 세션 2에서 우리는 지각(즉, 우리의 감각을 어떻게 이해할 것인가)과 우리의 감각에서 오는 경험에 어떻게 관계 맺을 것인가로 관심을 기울인다. 그다음의 세션 3과 세션 4에서 우리는 유쾌한 불쾌한 경험으로서의 우리의 지각을 탐구한다. 이 순서는 앞에 말한 '마음챙김의 토대' 중 첫 번째와 두 번째를 똑같이 따른다. 이때 우리는 우리가 즐거운 경험은 더 많이 원하고, 불쾌한 경험은 밀쳐내는 식으로 습관적으로 반응한다는 것을 인지한다. 특히 몸에서 느껴지는 반응을 통해 이런 자동적[반사적(reactive)] 패턴을 인식하는 법을 배우면서 참가자들은 반사적이고 무의식적인 습관 패턴이 아닌 의식적인 선택[즉, 대응(respond)]을 할 가능성이 자신에게 있음을 알게 된다. 이처럼 한발 뒤로 물러나 자신의 자동반응성을 인지하는 과정은 불교에서 말하는 두 화살의 가르침에서 크게 시사점을 얻은 것이다(Bodhi, 1997). 첫 번째 화살은 우리가 직접적으로 느끼는 신체적 · 감정적 고통으로, 우리는 이것을 피할 수 없다(가령, 압정을 밟았을 때 일어나는 날카로운 통증). 한편, 두 번째 화살은 그 사건에 관한 반응이나 생각으로, 우리가 거기에 덧붙이는 괴로움을 말한다(가령, 압정을 바닥에 흘린 사람에 대한 분개의 마음이나 그를 매우 부주의하고 무책임한 사람으로 여기는 생각 등). 마음챙김 수련을 통해 우리는 한발 뒤로 물러나 우리가 이 두 번째 화살을 계속 자신을 향해 쏘고 있다는 것을 볼 수 있다. 이렇게 뒤로 물러나 관찰하는 과정을 현대 인지과학 이론에서 '재인식(reperceiving)' 또는 '탈중심화(decentering)'라고 한다(Shapiro et al., 2006). 여기서 가장 핵심이 되는 이론은, 우리가 자신의 지각, 인지, 감정에 한데 '엮여 있는(fused)' 상태에서 한발 물러날 수 있다면(Hayes et al., 2012), 조바심, 비난, 재앙화 사고 등의 '두 번째 화살'을 줄여 그 상황에서 '풀려나는(defuse)' 법도 배울 수 있다는 것이다.

이론으로 MBP 가르침에 도움을 받는 또 하나의 분명한 사례는 8주 과정의 세션 5에서 볼 수 있다. 지도자는 이 시점에서 참가자들에게 그들의 힘겨운 생각, 감정, 감각에 신중히 머물며 그것을 허용하도록 초대한다. 나(Karunavira)는 심한 자폐증과 신체 장애를 가진 아이를 둔 어느 어머니를 상대하던 때가 기억난다. 그때 어머니는 눈물을 터뜨리며 내게 말했다. "이건(힘겨운 생각과 감정, 감각에 머물며 그것이 일어나도록 허용하는 것은) 당신이 내게 하는 일 가운데 가장 최악의 일이에요." 나는 가슴이 내려앉았고 위장이 뒤틀리는 것 같았다. 그런 다음, 그녀는 이런 말도 했다. "이건 당신이 내게 해 줄 수 있는 가장 좋은 일이군요." 이때 지도자는, 참가자가 힘겨움을 억압하거나 회피하지 않고 그것과 함께 머무는 것이, 마음챙김으로 접근한다면, '왜' 도움이 되는지, 그리고 어째서 잠재적으로 변화를 가져올 수 있는지 폭넓게 이해할 수 있어야 한다. 종종 참가자들은 첫 번째 말("이건 당신이 내게 하는 일 가운데 최악의 일이에요.")만 말하는데, 우리는 지도자로서 확신을 가지고 참가자들이 보이는 이 분노를 품어 안을 수 있어야 한다. 지도자가 참가자의 강한 분노를 품어 안고 능숙하게 다루는 데 있어, '경험 회피'와 관련하여 앞에서 소개한 여러 이론적 근거와 트라우마에 민감한 마음챙김(23장), 그리고 사회적 관점의 마음챙김(24장)이 모두 도움이 될 수 있다. 우리는 명상 전통으로부터, 통찰로 가득한 내려놓음의 시를 쓴 13세기 시인 루미의 시나 앞서 이야기한 불교의 '두 개의 화살'을 떠올릴 수 있다. Hölzel 등(2011) 의 재평가(reappraisal)나 소멸(extinction)에 관한 연구를 떠올릴 수도 있다.

이론은 감정을 적게 자극한다는 점에서 참가자가 현재 방황하는 마음으로 힘겨워하고 있는 좌절과 단순하게 만나게 하는 데 도움이 된다. 이때 지도자는 의도, 주의, 태도(Intention, Attention, Attitude: IAA) 모형 등의 광범위한 마음챙김 모형을 활용할 수 있다. 참가자가 호흡에 주의를 기울이지 못해 힘들어한다면 그가 자신의 경험에 대해 갖고 있는 태도나, 수행 중 분명한 의도가 결여되어 있는 점에 관하여 유용한 대화를 나눌 수 있다. MBP의 이러한 이론적 앎은 지도자가 가르침을 전하는 특정한 순간에 든든한 도움을 줄 수 있다.

다시 간단히 요약하자면, 마음챙김의 계발에 관한 초기의 저작은 현재 순간 우리의 감각 경험에(즉, 마음챙김의 첫 번째 토대에) 주의를 기울인 다음, 두 번째 토대(즉, 느낌의 톤)에 주의를 기울여 그것을 '좋다' '싫다' '무덤덤하다' 등으로(즉, 기본적으로 기회 또는 위협으로) 식별하는 것에 대해 말하고 있다. 그 이론은 우리로 하여금 바람직하지 못한(부적응적) 마음상태, 생각, 감정이 우리의 '느낌의 톤'에 의해 조건화된 방식을 보게 함으로써 그것이 일어나지 않도록 예방할 수 있음을 보여 준다. 또는 일어나는 생각과 감정에(즉, 세 번째 마음챙김의 토대에) 깨어 있는 알아차림을 가져가 그것이 '사실'이 아님을 보게 한다(Segal et al., 2013). 이런 식으로 우리는 생각과 더 적응적으로 관계 맺는 법을 배울 수 있다. 즉, 생각을 있는 그대로 볼 수 있으며, 생각이 자연스럽게 일어났다 사라지는 과정도 볼 수 있다. 이런 기본 이론은 MBP의 구조와 교육철학의 중심을 이룬다. 그 이론은 우리의 감각, 느낌의 톤, 생각과 감정을 창의적으로 다루는 각 단계, 나아가 우리의 '자아'와 타인을 대하는 법을 배우는 각 단계의 발달 순서에 대해 말한다. 마음챙김을 가르칠 때(또는 연구할 때) 현대와 고대의 원천에서 온 근거들이 서로 어떻게 통합되는지 기억한다면 지도자의 이해와 확신에 튼튼한 토대가 될 것이다.

마음챙김 기반 프로그램을 가르칠 때 과학 원리 사용하기

MBP가 주류 장면에서 받아들여진 이유 중에는 그것이 탄탄한 과학 연구에 토대를 두고 있다는 점도 있다. 그래서 일부 참가자는 확실한 증거 기반 때문에 MBP를 찾는다. 나(Gemma Griffith)는 연구자이자 마음챙김 기반 지도자로서 나의 직업적 삶의 많은 부분을 MBP 지도의 세계와 과학 연구의 세계를 왔다 갔다 하며 보낸다. 연구를 실제 현장으로 옮겨 가는 작업은 도전적이다. MBP 지도자로서 나는 어떻게 하면 매주 발표되는 수많은 마음챙김 연구를 놓치지 않고 따라갈 수 있을까? 그리고 이 연구들을 어떻게 나의 실제 지도에 옮겨 갈 수 있을까?

이 섹션의 목적은 당신이 어떻게 과학을 실제 가르침의 현장에 도움이 되는 식으로 활용할 수 있을지 중점적으로 살펴보는 것이다. 이것을 증거 기반 실천(evidence-based practice)이라고 한다. 과학 논문을 해석하는 법에 관한 지식을 어느 정도 갖추고, MBP 가르침에 과학을 활용하는 법에 관한 안내를 받는다면, 우리의 실천을 과학 원리에 맞게 정렬할 수 있다. 훌륭한 MBP 지도의 실천은 과학에 정렬한 상태로 머무는 것이다(Britton, 2016). 그럴 때 연구와 우리가 행하는 MBP 지도의 관계가 유익하고 충만감을 주는 관계가 될 수 있다. 이 섹션의 목적은 당신의 MBP 지도를 과학 문헌에 일관되게 맞추게 하는 것이다. 또 최신의 연구에 호기심을 갖도록 확신을 주는 것이다. 그리고 최신 연구를 숙지할 때 당신의 MBP 지도 방식에도 도움이 된다는 점을 알려 주는 것이다.

과학을 배우는 것은 언어를 배우는 것과 같다

과학 원리에 대해 배우는 것은 당신이 처음에 MBP를 가르치고자 결심했을 때 '예상했던' 일이 아니었을 수 있다. 그러나 MBP를 가르치는 데 있어 MBP의 이론적 근간을 이해하고 과학과 교육학의 최신 발전 사항을 알아 두는 것은 필수다. MBP 지도자 훈련을 받는 사람들의 배경은 무척 다양하다. 과학 원리에 훈련을 받아 과학 논문을 비판적으로 읽을 줄 아는 사람도 있고, 과학과 연구에 처음부터 겁을 먹는 사람도 있다.

과학 연구논문을 해석하는 방법은 오랜 시간 연마해야 하는 기술이며, 이 장에서 다루는 범위를 벗어난다. 하지만 이에 관한 좋은 자료들이 있다. 연구논문을 이해하는 법에 대해 더 알고 싶다면 Greenhalgh(2019)의 훌륭한 책 『논문을 읽는 법(How to read a paper)』을 추천한다. 내가 뱅거 대학교의 연구생들에게 자주 말하는 것처럼, 과학 연구논문을 해석하는 일은 새로운 언어를 배우는 것과 같아서 제대로 하려면 시간이 걸린다. 다만, 여기서는 과학 연구 문헌을 읽을 때 유념해야 하는 일반적이고 광범위한 원칙을 몇 가지 소개한다.

- 특정 주장을 하는 단일 연구를 읽을 때 그것이 그 시점에 행해진 단일 연구일 뿐이며 그것의 발견을 일반화할 수 없다는 사실을 기억하라. 많은 사람이, 출간된 연구라는 이유만으로 그것이 제시하는 결과를 모든 사람에게 적용할 수 있다고 믿는 오

류를 범한다. 단일 연구는 전체 그림의 작은 일부일 뿐임을 기억하라. 넓은 연구 영역을 제대로 알지 못하면 단일 연구가 동일 주제의 다른 연구들을 지지하는지, 아니면 그것들과 모순되는지 알 수 없다. 나는 MBP가 특정 대상 집단에 도움이 되지 '않는다'는 논문을 읽은 일부 MBP 지도자가 그 집단을 상대로는 아예 MBP를 가르치지 않는다는 말을 들었다. 신중함은 필요하지만, 그런 결정을 내리기 전에 해당 영역을 전체적으로 분명하게 이해할 필요가 있다. 한 편의 논문은 광대한 연구 분야의 일부일 뿐임을 기억하라.

- 당신이 단일 논문의 내용을 당신의 실제 가르침에 잠정적으로 일반화시킬 수 있는 경우는 오직 그 논문이 다른 연구를 다수 리뷰해 종합적인 증거를 제시하고 해당 분야의 전반적인 그림을 제공할 때만이다. 그런데 그때라도 당신은 리뷰 작성자가 자신들의 결론에 신중하다는 것을 알게 될 것이다. 따라서 당신도 연구 결과를 실제 지도 현장에 적용하는 데 있어 다음에 소개한 원칙들에 충실할 필요가 있다.

당신의 실제 지도에 도움이 되는 식으로 연구를 활용하는 법

경험적 증거

1990년대에 MBP 지도자로 활동한 나의 동료들은 당시에는 마음챙김에 관한 모든 연구 논문을 읽고 MBP에 관한 전체 연구 문헌을 확실히 파악하는 일이 가능했다고 말한다. 그러나 지금은 매년 마음챙김에 관한 수천 편의 연구가 쏟아지고 있는 상황에서 그것은 불가능하다. 심지어 내가 관심 있는 특정 영역(학습장애자와 그 가족들을 위한 마음챙김, 교육학 연구, 집단 과정 연구)의 연구 결과를 따라잡기도 버겁다. 시간이 한정되어 있다는 점을 감안해 어떻게 하면 쏟아지는 연구 결과에 압도당하지 않고 연구의 발전을 따라갈 수 있을까?

마음챙김 연구의 최신 발전에 뒤처지지 않고 그것을 따라가는 팁을 소개한다.

- 연구 결과들을 소개하는 마음챙김 관련 콘퍼런스에 정기적으로 참가한다.
- 새롭게 출간되는 연구 논문에 관해 정기적으로 이메일 알림을 받도록 신청한다 [예: 미국마음챙김연구협회(American Mindfulness Research Association, 2020; https://

goamra.org/publications/mindfulness-research-monthly/)]

- 사람들이 많이 사용하는 검색 엔진으로 연구 논문을 검색하는 데 익숙해지도록 한다. 가령, '구글 스콜라(Google Scholar)'는 무료이며 누구나 쉽게 사용할 수 있다. 구글 스콜라 검색 엔진에 '마음챙김과 ○○○'처럼 당신이 관심 있는 검색어를 입력해 논문을 찾아보는 연습을 하라. 우리는 가령 '마음챙김과 초콜릿' 같은 검색어로 우리 학생들에게 이 방법을 권한다.
- 검색 엔진으로 특정 주제에 관한 논문을 찾을 때는 그 논문에 관한 리뷰도 함께 찾아보라. 당신의 관심 영역에서 출간된 리뷰가 있다면, 해당 영역에 관한 전체 그림을 보여 주어 당신의 시간을 크게 줄여 줄 것이다. 가령, '마음챙김과 초콜릿'에 관한 리뷰가 있는지 알아보기 위해 나는 '마음챙김과 초콜릿 리뷰'라는 검색어를 친다.
- 『심리학의 최신지견(Current Opinion in Psychology)』 2019년 특별호에는 마음챙김의 현재 연구 영역에 관하여 전체적으로 간단한 소개를 하고 있다(Bernstein et al., 2019).

MBP의 지도에 과학을 활용하는 법

이 섹션은 MBP 과정을 지도하기 전과 지도하는 동안, 그리고 지도한 뒤에, 경험적 증거와 과학 원리를 사용하는 법에 관한 정보를 담고 있다.

과정 시작 전에

과학은 어떤 것이 진실이라고 결코 증명할 수 없다는 점을 알아야 한다. 과학의 발견은 특정 현상이 진실일 수 있다고 제안하는 것에 불과하다. 프로그램 참가자 모집 안내문에서 MBP 과정의 잠재적 효과에 대해 말할 때 'MBP는 불안을 줄인다고 증명되었습니다.' 보다 '많은 연구에서 MBP가 불안을 줄이는 데 도움을 줄 수 있다고 보고되었습니다.'라고 말하는 편이 낫다. 또 당신이 가르치고 있는 특정 대상 집단에 관한 경험적 연구 문헌에 익숙해지는 것도 중요하다(가령, 우울증 예방을 위한 MBCT, 일반 대상의 MBSR 등).

과정 중에

서구의 많은 문화권에서 보이는 몸-마음의 분리 현상을 감안할 때 MBP에서 제안하는 몸-마음의 연결성을 이해하기 힘든 이가 있는 것은 놀라운 일이 아니다. 여기가 (스트레스 반응 사이클 등의) 생물학적·신경학적 과정에 관한 지도자의 명확한 설명이 필요한 지점이다. 〈표 25-1〉과 〈표 25-2〉는 일반적인 MBP 과정에서 가르치는 주요한 생물학적·신경학적·인지적 과정을 보여 주며, 이들 각각의 주제에 관한 더 풍부한 자료를 찾는 법도 함께 제시한다. 당신이 더 많은 정보를 최대한 쉽게 찾을 수 있도록 핵심이 되는 몇 권의 책과 두 개의 논문 저널로 목록을 한정했다. MBP 지도자는 자신들의 가르침에 이미 수많은 과학 원리를 사용하고 있다는 사실을 알고는 종종 놀란다.

MBP의 과학적·이론적 근간을 설명할 때는 의미 있는 학습의 잠재력이 최적화되도록 전문용어를 되도록 적게 사용하면서 단순하게 말하는 것이 좋다. 주요 핵심 한 가지를 MBP 과정 전체에서 가능한 여러 번 전달하는 것이, 한 가지 핵심에 관해 너무 자세히 설명하는 것보다 도움이 된다. 지도자가 얼마나 자세히 설명할 것인가 알기 위해서는 지금 가르치는 대상 집단이 과학 기반 정보를 어떻게 받아들이고 있는지 살펴야 한다.

지도자가 자신이 가르치는 내용이 과학 원리에 기반하고 있다는 것을 알면 지도가 흔들리는 순간에도 도움이 된다. 가령, '어려움을 향해 다가가라'는 원칙은 종종 직관에 반하는 것으로, 어려움에 다가가길 주저하는 모습은 우리 자신에게서, 그리고 우리가 가르치는 참가자들에게서도 종종 보게 된다. 이때 지도자가 트라우마에 다가가는 것이 도움이 되지 않거나 혹은 트라우마에 관한 원칙을 가지고 그에 다가가야 하는 경우를 비롯한 (23장) 매커니즘에 관한 지식을 갖추고 있으면, 지도 공간에서 참가자의 눈물과 불편함에 맞닥뜨려 지도자는 자신의 가르침에 확신을 가질 수 있다.

과정이 끝난 뒤

MBP 지도자로서 우리 실천의 일부로, 우리가 가르치는 사람들이 우리가 진행하는 과정을 실제로 어떻게 경험하는지 평가하는 것이 중요하다. 그리고 이것을 참가자들의 안전과 안녕을 최우선에 두며 진행하는 것도 중요하다. 당신이 신참 지도자이거나 표준 MBP 과정을 새로운 상황에 응용시켰다면, 또는 전에 가르쳐 본 적 없는 대상 집단을 상대한다면, 참가자에게서 받는 피드백은 더욱 중요하다.

표 25-1 인지심리학: MBP에서 탐구하는 과학적 · 이론적 토대들

인지심리학	더 읽을거리	
자동조종 행위 vs 존재	Crane, R. (2017). *Mindfulness-based cognitive therapy*. (2nd ed.). Routledge. Feldman, C., & Kuyken, W. (2019). *Mindfulness: Ancient wisdom meets modern psychology*. The Guilford Press.	4~6장 3장
반추	Crane, R. (2017). *Mindfulness-based cognitive therapy*. (2nd ed.). Routledge.	8장, 10장
탈중심화/재인식	Crane, R. (2017). *Mindfulness-based cognitive therapy*. (2nd ed.). Routledge. Shapiro, S. L., Carlson, L. E., Astin, J. A., & Freedman, B. (2006). Mechanisms of mindfulness. *Journal of clinical psychology, 62*(3), 373-386.	9장
자기돌봄 행동 행동 활성화	Segal, Z. V., Williams, J.M.G., & Teasdale, J. (2013). *Mindfulness-based cognitive therapy for depression* (2nd ed). The Guilford Press.	16장
불일치(차이) 모니터링	Segal, Z. V., Williams, J.M.G., & Teasdale, J. (2013). *Mindfulness-based cognitive therapy for depression* (2nd ed). The Guilford Press. Williams, J. M. G. (2008). Mindfulness, depression and modes of mind. *Cognitive Therapy and Research, 32*(6), 721-733.	4장
어려움을 향해 다가가기	Crane, R. (2017). *Mindfulness-based cognitive therapy*. (2nd ed.). Routledge. Feldman, C., & Kuyken, W. (2019). *Mindfulness: Ancient wisdom meets modern psychology*. The Guilford Press.	10~12장 5장
대응 vs 자동반응	Crane, R. (2017). *Mindfulness-based cognitive therapy*. (2nd ed.). Routledge.	9장
무엇이 감정을 만드는가?	Williams, M., & Penman, D. (2011). *Mindfulness: a practical guide to finding peace in a frantic world*. Piatkus.	2장

표 25-2 MBP에서 탐구하는 생물학과 신경학의 과학적 · 이론적 토대들

생물학과 신경학	더 읽을거리	
스트레스 반응 사이클	Kabat-Zinn, J. (2013). *Full catastrophe living, revised edition: How to cope with stress, pain and illness using mindfulness meditation*. (Revised ed.). Piatkus.	17~20장
	Sapolsky, R. M. (2004). *Why zebras don't get ulcers: The acclaimed guide to stress, stress-related diseases, and coping*. Holt paperbacks.	모든 장
싸움, 도망, 얼어붙기	Sapolsky, R. M. (2004). *Why zebras don't get ulcers: The acclaimed guide to stress, stress-related diseases, and coping*. Holt paperbacks.	모든 장
부정성 편향	Crane, R. (2017). *Mindfulness-based cognitive therapy*. (2nd ed.). Routledge.	10장, 26장
	Hanson, R. (2009). *Buddha's brain: The practicalneuroscience of happiness, love, and wisdom*. New Harbinger Publications, Inc.	4장
신경가소성	Hanson, R. (2009). *Buddha's brain: The practical neuroscience of happiness, love, and wisdom*. New Harbinger Publications, Inc.	1부
편도체와 전전두엽 피질	Hanson, R. (2009). *Buddha's brain: The practical neuroscience of happiness, love, and wisdom*. New Harbinger Publications, Inc.	1부

이 섹션은 일반 대중(즉, 비임상적 대상 집단)을 상대로 과정을 가르치는 지도자들을 염두에 두었다. 물론 여기에는 직장 장면이나 학교 지도자 등의 특정 집단도 포함된다. 이 섹션은 당신이 진행하는 과정을 평가하는 최종적인 방법이 아니라 전체적인 제안을 하는 것이다. 다양한 장면에서 과정 평가를 안내하는 더 자세한 자료는 장의 마지막에 따로 실었다.

피드백을 얻는 주요 방법에는 세 가지가 있다.

1. 마지막 세션에서 주어지는 맞춤 피드백 양식
2. 출석률 및 결석률 기록

3. 척도(예: 자기연민척도)

1. 맞춤 피드백 양식

피드백을 얻는 가장 간단한 방법 중 하나는 지도자가 유용하다고 여기는 정보를 요청하는 고유한 피드백 양식을 만드는 것이다. 일반적으로 피드백 양식은 열린 질문과, 척도를 통해 측정 가능한 항목이 결합되어 있다. 가장 유용한 정보는 대개 열린 질문으로부터 얻을 수 있다. 열린 질문을 던질 때 참가자들은 수업의 어떤 부분이 자신에게 좋았는지 답할 수 있고, 이 피드백을 통해 지도자는 수업이 참가자들에게 실제로 어떻게 다가갔는지 직접적으로 느낄 수 있고 개선 사항에 관한 제안도 받을 수 있다. 일반적 가이드라인은, 참가자들이 양식을 채워 넣다가 흥미를 잃지 않도록 피드백 양식을 두 페이지가 넘지 않도록 간단히 만드는 것이다. 양식의 각각의 질문에는 고유한 내용이 담겨야 하며, 다음처럼 참가자마다 다른 정보를 받아 내는 질문이면 좋다.

- 이 과정에서 당신이 가장 유용하다고 느낀 부분은 무엇이었습니까?
- 이 과정에서 당신이 가장 힘들게 느낀 점은 무엇이었습니까?
- 이 과정에서 개선했으면 좋겠다고 느낀 점은 무엇입니까?
- 앞으로 규칙적으로 마음챙김 수련을 하고 싶은 마음이 듭니까? 그렇다면(또는 그렇지 않다면) 그 이유는 무엇입니까?

척도로 측정하는 항목: 지도자가 진행한 과정에 관한 정보를 얻는 또 하나의 간단한 방법은 참가자에게 그들의 경험을 1~10의 척도로 평가하게 요청하는 것이다. 이로써 지도자의 수업을 참가자들이 어떻게 느꼈는지 신속한 정보를 얻을 수 있다. 가령, 다음과 같다.

이 과정을 다른 사람에게 추천하고 싶은 마음이 어느 정도 듭니까?

별로 추천하고 싶지 않다 보통 매우 추천하고 싶다

1 2 3 4 5 6 7 8 9 10

실제적인 팁: 세션 진행 도중에 피드백 양식을 나눠 주고 10분 정도에 걸쳐 양식을 채우도록 참가자에게 요청하는 것도 좋다. 수업이 끝나고 피드백을 받으면 양식 회수율이 떨어질 것이다. 피드백 양식에 참가자의 이름을 적도록 요청하지 않는다. 무기명으로 하면 더 솔직한 피드백을 받을 수 있다. 편향이 있을 수 있다는 점에 유의한다. 대개 기분 좋게 느끼는 세션 8에서 적은 피드백이라면 긍정적인 편향을 가지고 있을 수 있다. 한편, 당신의 수업에서 탈퇴한 사람들의 피드백을 받는 방법을 찾을 수 있다면(이메일을 보내거나, 피드백 양식을 작성해 줄 것을 요청하는 방법으로), 이 수업을 어렵게 느낀 사람에게서 귀한 정보를 얻을 수 있을 것이다.

2. 출석률과 결석률 기록

과정을 진행하는 중에 개별 참가자가 얼마나 열심히 수업에 임하는지 알아보기 위해 출석률을 기록으로 작성하는 것도 중요하다. 예고 없이 그 주 수업에 참석하지 않는 참가자가 있다면 팔로업을 해야 한다. 몇 주에 걸쳐 그의 결석 패턴을 모니터링 하는 것도 필요하다. 가령, 그 참가자가 세션 1 이후에 계속 결석한다면 왜 그런지 살펴봐야 한다(그가 결석하는 실제적인 문제가 있나? 아니면 세션 1과 오리엔테이션 과정에서 당신이 개선해야 할 부분이 있나?). 우울증 환자를 위한 MBCT 과정에서 탈퇴한 사람들은 인지적 자동반응성, 곱씹기, 우울 반추 항목에서 점수가 높았음이 연구를 통해 드러났다(Crane & Williams, 2010). 그런데 이들은 훈련 과정에 함께할 수 있었다면 MBCT로부터 가장 큰 유익함을 얻는 참가자들이기도 하다. 그리고 이 정보는 이후에 연구자들이 수련과 오리엔테이션 중에 일어나는 불가피한 회피 경험에 마주하도록 참가자들을 준비시키는 과정에서 MBCT 수련과 연구 실험을 개선하는 데 활용되었다.

3. 척도

임상 서비스 바깥에서 일반 대중을 상대로 하는 일반적인 MBP 과정을 평가하는 데 반드시 공인 척도를 사용해야 하는 것은 아니다. 대부분의 척도[가령, 5요인 마음챙김 질문지(Five Facet Mindfulness Questionnaire; Baer et al., 2008)]는 연구에 활용할 목적으로 만들었으며, 정확하게 사용하는 데는 꽤 많은 방법론적 지식과 시간이 요구된다.

고려해야 할 사항은 다음과 같다.

- 당신의 참가자 집단은 척도 점수의 유의미한(통계적으로 유의미한) 차이를 발견할 수 있을 정도로 (표본 크기가) 충분히 큰가? 일반적으로 당신은 최소 30명의 참가자가 필요하다.
- 당신은 척도의 점수 체계를 이해하고 있는가[즉, 역 점수계산 규칙(reverse scoring rules), 답을 누락한 항목의 처리 방법 등]? 만약 이것을 측정에 포함시키지 않았다면 척도 개발자가 작성한 원 논문을 찾아보라.
- 당신은 어떤 통계적 실험으로 측정 전후의 차이를 측정해야 하는지 알고 있는가? 또 통계 소프트웨어 패키지를 사용하는 법을 알고 있는가?
- 측정 결과를 알아보는 데 참가자들(과 당신)의 시간을 쏟을 가치가 있는가? 측정 결과가 당신의 가르침 수련에 의미가 있는가?(즉, 자료 수집을 위한 수집에 그치는 것은 아닌가?) 당신이 이 데이터를 가지고 무엇을 할 것인지 신중하게 생각하면서 수집할 가치가 있는 데이터인지 따져 보라. 지도자가 참가자들에게 질문지 작성을 요청한다면 그에 합당한 이유가 있어야 한다.

윤리적 이슈

지도자라면 참가자들이 느끼는 불안과 우울 등 임상적 결과를 측정하고 싶은 마음이 들 것이다. 그러나 우리는 임상 서비스나 연구 프로젝트 장면이 아니라면 이렇게 하지 않도록 적극적으로 권고한다. 이것은 지도자가 참가자들의 임상 결과를 측정하기 시작하는 경우에 윤리적 이슈가 생길 가능성이 있기 때문이다. 예컨대, 지도자인 당신이 우울 척도를 이용해 한 참가자가 우울증의 임상 수치를 넘었음을 알게 되었다고 하자(그리고 참가자는 이 사실을 모르고 있다고 하자). 이때 당신은 이 정보를 가지고 어떻게 할 것인가? 또 참가자는 자신이 우울 척도를 작성하면서 점수가 높게 나왔을 거라고 짐작하고는 그 때문에 힘들어할 수도 있다. MBP에서 참가자를 평가하는 목적은 그들에게 임상적 진단을 제시하는 것이 아님을 기억하고 당신이 수집하는 어떤 데이터도 임상 목적으로 사용하지 않을 것임을 분명히 해야 한다. 따라서 윤리적 이유로 인해 비임상 맥락에서 작업할 때는 임상적 진단과 결과를 위해 측정하는 척도는 피하는 것이 가장 좋다. 비임상 맥락에서 사용하기에 적합한 척도에는 WHO-5 안녕 지수[WHO-5 wellbeing index(1998)] 또는 단축형 자기연민 척도(Raes et al., 2011) 등이 있다.

데이터 보호는 또 하나의 윤리적 이슈다. 당신 국가에서 시행되는 데이터 보호 법률을 숙지할 필요가 있다. (참가자들의 명시적이고 서명한 승낙이 없이는) 참가자에 관하여 수집한 어떤 정보도 제3자와 공유해서는 안 된다. 당신이 수집한 정보는 당신이 제공하는 서비스를 평가하는 데만 사용되어야 한다.

증거 기반의 지도

이 섹션에서는 MBP 지도자인 우리의 실천에 과학적 증거를 어떻게 활용할 수 있는지 나의 경험을 사례로 들어 보여 줄 것이다. 이것은 앞서 Karunavira가 이론 중심의 가르침에 관하여 보인 사례를 더 강화시킨다. 시작하기 전에 유의할 점이 있다. 이 장은 2020년 전반부에 쓰인 것으로 당신이 이 책을 읽을 즈음에는 연구 자료가 더 넓게 확장되었을 것이다. 이것은 증거 기반 수련가가 된다는 것의 재미있는(그리고 도전적인) 면이기도 하다! 여기서 나는 MBP 지도자로서 자주 고민하는 질문을 살펴보려고 한다.

> 하루에 얼마만큼 마음챙김 수련을 하는 것이 MBP 참가자들에게 가장 적절한가?

이 것은 참가자들이 45분 수련 대신 25분 수련을 해도 괜찮은지 나에게 물어볼 때마다 내 마음속에 일어나는 질문이다. MBP 지도자로서 나는 딜레마에 빠졌다. 물어보는 참가자에게 20분 수련을 해도 괜찮다고 할 것인가, 아니면 그렇게 하지 말라고 할 것인가?

연구가 우리에게 말해 주는 것: MBP 참가자는 프로그램에서 권하는 시간만큼 실제로 수련하는가

얼마만큼의 수련이 적절한지 들여다보기 전에, MBP 과정에 참가한 참가자가 실제로 자신이 얼마만큼 수련한다고 보고하는지 알아보는 것이 좋겠다. 우리는 참가자의 참여정도가 개인에 따라 매우 다르다는 사실을 알고 있다. 과제를 전혀 하지 않는 참가자부터 과제 가이드라인을 충실히 따르는 참가자도 있다. 내가 발견한 가장 탄탄한 증거는 59개 연구 데이터를 취합한 최신 리뷰다(Parsons et al., 2017). 리뷰 저자들은 ① 참가자는 과제를 얼마만큼 했다고 보고하는가, ② 과제를 많이 할수록 심리적 결과도 더 좋게 나오는가(스트레스와 불안 감소 등) 등을 검토했다. 각 사항의 증거를 다음에서 살펴볼 것이다.

59개의 리뷰 연구 중 43개에서 참가자에게 표준 45분 과제를 일주일에 6일, 매일 하도록 했다. 대부분 참가자가 이 사항을 지키지 않았다는 발견은 우리 대부분의 지도자에게 그리 놀라운 일이 아니다(!). 참가자들은 권장 과제 시간의 64%, 즉 하루에 29분만 수련했다고 보고했다는 사실이 드러났다.

그러면 참가자에게 매일 45분이 안 되게 수련해도 좋다고 한 MBP는 어떨까? 권장 수련시간이 적으니, 참가자도 더 적은 시간 수련할 것으로 보인다. 10개 연구에서 참가자들은 요구 수련시간의 84%, 즉 하루에 25분 수련한다고 보고했다. 이것은 일주일, 6일로 따지면 총 151분이다.

이 발견들에 대해 고려해야 할 점은 다음과 같다. 우리는 이 연구 결과들이 다른 과정에도 일반적으로 적용되는지 분명히 알 수 없다는 점이다. 이 데이터는 참가자의 자기보고에 기초하고 있으며, 참가자 또한 자신의 수련 시간을 연구자들이 기록하고 있다는 것을 알고 있었다. 이것은 이 연구에 참가한 참가자가 수련을 더 열심히 했을 가능성이 있거나, 열심히 했다고 보고했을 가능성이 있다는 의미다. 집에서 수련을 제대로 하지 않는 사람은 이를 잘 보고하지 않는 경향이 있다는 몇몇 증거도 존재한다(Parsons et al., 2017).

연구가 우리에게 말해 주는 것: 과제를 많이 할수록 결과도 좋은가

참가자에게 하루 45분 표준 과제를 하도록 요청한 28개 연구에서 참가자들의 안녕 결과를 보고했다. Parsons 등(2017)은 이 데이터를 취합해, 더 많이 수련한다고 보고한 참가자가 심리적 유익을 보고할 가능성이 훨씬 크다는 것을 발견했다. 그러나 그 상관관계의 정도는 매우 미미했다. 직접적 관계가 존재한다는 증거는 없었고, 따라서 참가자가 보고한 심리적 유익은 그들의 수련 시간과 직접적인 연관이 있다고 할 수 없었다.

여기서 나는 Segal 등(2019)이 수행한 최근 연구를 소개하려 한다. 이 연구는 이 문제에 관한 나의 생각을 형성하였다. 그들은 우울증 재발 삽화가 있는 MBCT 참가자 사이에서, 과정이 끝난 뒤에도 2년간 마음챙김 수련을 지속적으로 한 참가자들이, 규칙적인 마음챙김 수련을 중간에 멈춘 참가자들보다 우울증 재발 가능성이 현저히 낮다는 것을 발견했다. 조금 더 복잡해지는 것은 지금부터다. 명상 수련 시간과 우울증 재발 사이에 직접적 연관 관계는 존재하지 않는다. 둘 사이에는 탈중심화라는 요인이 있었다(즉, 생각과 감정에 사로잡히지 않은 채 그것을 관찰하는 것; Shapiro et al., 2006). 더 많은 시간 수련한 참가자들은 탈중심화한 관점에서 자신의 경험에 다가갔을 가능성이 더 크며, 따라서 탈중심화가 참가자들의 긍정적인 심리적 결과로 이어지는 데 핵심 요인이었을 수 있다. 그 연구는 참가자들의 수련 시간 자체가 아닌, 참가자들의 탈중심화 능력이 우울 재발을 막은 핵심 요인이라고 주장한다. 더 많이 명상 수련을 할수록, 그들의 탈중심화 능력도 커지는 것이다.

Segal 등(2019)이 수행한 또 하나의 흥미로운 연구는 8주 MBCT 과정을 진행하는 동안 참가자들의 과제 시간의 양과 이후의 우울 재발 사이에 상호 연관이 없었지만, 과정 중에 수련을 많이 했다고 보고한 참가자일수록 과정이 끝난 뒤에 수련을 지속할 확률도 높았다는 점이다.

증거를 실제 지도로 전환시키기—핵심 고려사항

연구를 MBP 지도자로서 우리의 실제 지도로 전환시키는 법을 알아보기 전에, 우리가 따라야 하는 핵심 원칙 몇 가지를 소개한다.

- 당신의 지도 실천에 변화를 주는 것이 참가자에게 어떠한 해도 주지 않도록 하기
- 당신의 지도를 바꾸는 데 영향을 준 연구들이 MBP의 이론적 토대와 교육철학에 관한 광범위한 연구문헌의 지지를 받기
- 광범위한 연구문헌의 지지를 받지 못하는 단일 연구나 리뷰에 기초해 당신의 지도법을 바꾸지 말기
- 당신의 지도법에서 바뀌는 부분 중 어떤 것도 당신이 받은 지도자 훈련과 상충되는 부분이 없도록하기. 이 점에 관해 분명치 않으면 당신의 마음챙김 슈퍼바이저와 상

담한다.

- 해당 연구가 어떤 대상 집단을 상대로 한 것인지 확인하기. 가령, 불안이 높은 참가자를 상대로 한 연구 결과는 우울 증상이 있는 참가자에게 적용되지 않을 수도 있다.
- 새로운 연구가 나오면 당신의 지도법을 언제든 수정할 준비를 하기. 당신의 지도법에 집착하지 말라!

Parsons 등(2017)의 리뷰와 Segal 등(2019)의 종적 연구(장기 연구)는 다음 질문에 답하는 데 도움이 되는 새로운 정보를 제공한다. 'MBP 참가자가 마음챙김 수련을 하루 몇 분 정도 집에서 하는 것이 가장 적절한가?' 이러한 연구들을 읽은 뒤 나는 다음처럼 나의 지도법에 변화를 주었다.

- 나는 참가자가 더 큰 안녕을 누리도록 하는 '마법의' 과제 시간은 존재하지 않는다는 것을 알았다. 나는 참가자들에게 45분 수련을 하도록 강력 권고하는 것에 의구심이 들었다. 그리고 온라인상에서 45분 대신 20분을 수련했다고 수업에서 보고하는 참가자를 격려하거나 반대하는 데도 의구심이 들었다. 그 리뷰에서 보이는 증거는, 참가자가 수련을 많이 할수록 향상된 결과를 경험할 확률도 높아진다는 것이었다(Parsons et al., 2017). 그러나 이 관련성은 직접적이거나 강하지 않았으며, 다른 연구에서 이 관계에 대해 더 자세히 들여다보자, 수련 시간의 양과 참가자들의 결과 향상의 관계는 탈중심화 요인에 더 많은 영향을 받는 것으로 보였다(우울증이 있는 사람들에게서; Segal et al., 2019). 본질적으로, (가령) 20분 수련하는 사람과 45분 수련하는 사람이 결과 면에서 크게 다르다는 명확한 증거는(비록 연구에서 이것을 직접적으로 실험한 적은 없지만) 지금으로서 존재하지 않는다. 나는 이것이 8주 과정을 진행하는 동안 어떤 수련 시간을 강력 권고해도 괜찮다는 의미로 받아들인다. 물론, 표준 교육과정을 강조해야 함은 당연하다.
- 우울 증상이 있는 사람들이 향상된 결과를 보고하는 핵심 요인은 참가자가 탈중심화를 할 수 있느냐의 여부로 보였다(Segal et al., 2019). 이에 따라 나는 참가자들과의 탐구 시간과 수련 안내 시간에 탈중심화 주제에 더 중점을 두고 가르치려고 한다. 즉, 나는 생각을(그리고 경험의 모든 측면을) 더 넓은 알아차림 안에 품어 안고 주의를

기울이는 것의 중요성을 명시적으로 강조한다.

- 나는 이 연구를 수행하기 전에도, 참가자들이 과제를 확립하는 것이 중요하다는 것을 알고 있었다. 그래서 8주 과정을 진행하는 동안에 참가자들이 수련을 열심히 하도록 격려하는 데 크게 중점을 두었다. 그런데 이제, 참가자들의 안녕은 과정이 끝난 뒤의 수련을 지속하는 것과 연관된다는 증거가 존재한다(Segal et al., 2019). 나는 과정 후 지속적인 수련의 중요성에 대한 강조를 세션 8까지 미루지 않는다. 대신에 나는 과정의 처음부터 지속적인 수련의 중요성을 강조한다(즉, 세션 1에서 나는 이렇게 말한다. "이제 당신이 마음챙김 수련과 맺는 지속적인 관계가 시작되었습니다."). 나는 지속적인 수련에 관한 자료를 마지막 수업인 세션 8이 아니라 세션 6에서 미리 배부한다. 이렇게 하면 참가자들은 과정 후의 지속적인 마음챙김 수련에 준비하는 기회를 가질 수 있다. 참가자들은 자료를 살펴본 뒤, 세션 7과 세션 8에서 그에 관해 필요한 질문을 던지고 경험을 나눈다.

당신은 내가 우울증이 있는 사람을 대상으로 한 단일 연구에 기초해 나의 지도법에 변화를 주는 과정을 보았다. 그런데 우울증 환자는 내가 가르치는 일반인 대상과는 다른 집단이다. 이것은 앞에 말한 핵심 원칙에 위배된다. 그렇다면 나는 왜 이 경우에 우울 환자를 대상으로 한 연구 결과를 다른 집단(일반인)에까지 일반화시켜도 좋다고 생각하는가? 첫째, 앞에 말한 핵심 원칙 중 그 밖의 다른 원칙들은 준수하고 있기 때문이다. 내가 지도법에 변화를 준 부분은 강조점이지 핵심 교육과정은 조금도 바뀌지 않았다. 내가 준 변화는 교육과정에 극적이거나 근본적인 변화를 일으키는 것이 아니며, 이것은 참가자들에게 해를 입힐 확률이 매우 적은 반면, 이익을 줄 가능성은 더 크다. 둘째, Segal 등(2019)의 연구 결과는 마음챙김의 매커니즘에 관한 광범위한 이론적 토대(예: Shapiro et al., 2006)와 잘 부합하기 때문이다.

교육학적 질문에 대한 정해진 답은 종종 존재하지 않는 것처럼 보인다. 처음에 내가 던진 질문, 즉 'MBP 참가자가 마음챙김 수련을 하루 몇 분 정도 집에서 하는 것이 가장 적절한가?'에 대해 명확한 답은 없어 보인다. 이것은 연구에서도 마찬가지이며, 이런 상황은 지도자인 우리가 앞으로 나아가는 데 혼란스러워 보이게 만든다. 그러나 이런 상황은 우리가 지도자로서 고정된 틀에 박혀 있지 않게 하며, 새로운 증거가 알려 주는 바에 호기심의 태도를 갖도록 한다. 이처럼 (명상 전통의 이론과 과학을 포함한) 이론과 과학은 MBP 교육과정이 지닌 깊은 암묵적 층을 구성한다.

요약

- 교육학 이론과 명상 전통은 MBP 지도의 근간을 이룬다. 따라서 관련 연구를 깊이 숙지하는 것은 MBP 지도자로서 중요하다.
- 과학 논문을 읽고 해석하는 데 익숙해지는 것은 MBP 지도자로서 개발해야 하는 유용한 기술이다.
- MBP는 과학적 증거와 이론적 토대에 기초하고 있다. 따라서 지도자는 이 개념들을(예: 스트레스 반응 주기, 탈중심화 등) 자신이 진행하는 과정의 참가자가 쉽게 이해하도록 소개하는 데 능숙해야 한다.
- MBP 지도자로서 과학과 이론의 최근 발전사항을 놓치지 않고 따라가는 것이 중요하다. 이것이 곧 증거 기반의 실천가가 되는 것이다.

참고자료

Feldman, C., & Kuyken, W. (2019). *Mindfulness: Ancient wisdom meets modern psychology*. The Guilford Press.

Greenhalgh, T. (2019). *How to read a paper: The basics of evidence-based medicine*. John Wiley & Sons.

McCown, D., Reibel, D., & Micozzi, M. S. (2010). *Teaching mindfulness. A practical guide for clinicians and educators*. Springer.

… 당신의 MBP 과정을 평가하는 척도

다음은 간단하고 사용하기 쉬운 척도로서, 임상적 결과를 측정하는 용도는 아니다.

WHO5 wellbeing index (WHO Collaborating Centre in Mental Health, 1998): www.psykiatriregionh.dk/who-5/Documents/WHO5_English.pdf

Self-compassion short form: Raes, F., Pommier, E., Neff, K. D., & Van Gucht, D. (2011). Construction and factorial validation of a short form of the Self-Compassion Scale. *Clinical Psychology & Psychotherapy, 18*(3), 250-255. https://doi.org/10.1002/cpp.702

26장

마음챙김 기반 프로그램의 실행

Rebecca Crane, Heledd Griffiths

마음챙김 연구수련센터(Centre for Mindfulness Research and Practice: CMRP)에서 수련받던 초기 시절, 나(Rebecca Crane)는 우리가 가르치는 피수련생들에게 MBP 지도자로서 갖춰야 할 기술을 키우게 하면 그들이 자신들의 조직에 돌아가 클라이언트들에게 MBP를 제대로 가르칠 거라는 순진하고 낙관적인 생각을 갖고 있었다. 그런데 이후 우리에게 분명히 드러난 사실은, MBP의 실행 과정이 복잡하고 까다로운 조직 시스템 내에서 발생하는 예측 불허의 인간 행동을 포함하는 매우 복잡한 과정이라는 점이었다. 이 책에 MBP 실행 과정을 포함시킨 이유도 실행의 여정에서 발생하는 과정과 능숙하게 관계 맺는 방법을 알려 주기 위해서다. 지도자가 MBP 실행 과정에 방해되는 장애물을 변화시키고 프로그램 과정을 촉진하는 데 주도적으로 나서야 하는 때도 있고, 지도자의 에너지를 보존하는 것이 최선인 때도 있다!

2011년 나는 동료 Willem Kuyken과 우리의 MBP 지도자 훈련 프로그램을 이수한 졸업생들을 상대로 그들의 프로그램 실행 경험에 관해 질문하는 조사를 실시했다. 우리는 영국의 건강 서비스 영역 내에서 실행하는 MBCT 프로그램에 특히 관심이 있었다. 왜냐하면 2004년 이래로 MBCT를 돌봄 경로(care pathway)에 포함시키도록 권고해 왔기 때문이다. 이 조사 결과는 모든 MBP의 실행에 적합성을 갖는다. 우리가 발견한 것은, 잘 만들어진 소수의 서비스와, MBCT를 실행하려고 노력하는 다수의 독립 수련가와 서비스의 활용성에 관한 매우 복잡한 그림이다(Crane & Kuyken, 2013). 이 그림은 MBP 실행에만 나타나는 고유한 그림은 아니다. 새롭게 등장하는 많은 개입법에도 연구와 실천의 간극이 존재한다. 그러나 MBP가 지닌 특수한 성격과 문화로 인해 프로그램을 실행하는 일은 나름의 도전이었다. 프로그램의 실행이라는 이슈에 관한 우리의 첫 논문에 적힌 첫 문장은 이렇다. "특정 심리 개입법이 설득력 있는 목표를 갖추고, 실제로 효과가 있다고 증명되었으며, 이론 주도의 분명한 행동 매커니즘을 갖추고, 비용 효과적이며, 정부 자문기구에서 권고한다 해도, 그 개입법의 가치는 건강 서비스 영역에서 그것을 얼마나 널리 활용할 수 있는가에 달려 있다"(Crane & Kuyken, 2013, p. 246). 요컨대, 프로그램을 실행할 충분한 이유가 있어 보여도, 프르그램을 실행하는 과정은 결코 쉽지 않은 작업이다!

프로그램 실행에 관한 이슈들은 더 넓은 영역의 관점에서도 관심의 대상이다. Dimijian과 Segal(2015)은 MBP 연구의 지위에 관한 그들의 분석에서, 초기 개념에서 실행에 이르기까지 여러 연구 단계를 통해 연구가 발달하는 개별 영역이 존재한다고 보고했다. 그러나 일반인 상대의 MBP 접근성으로 이어지지 못한 초기 단계의 미비한 연구들도 다수 존재한다고 보고했다. 이와 관련된 것이 '실행 절벽(implementation cliff)'이다. 이것은 임상 과학 과정에서 반복적인 서비스 전달로 이동하는 과정에서 MBP가 가진 잠재력이 점차 희석되는 위험성을 말한다. 이때 자원의 제약으로 인해 프로그램 제공자 훈련 기준이 더욱 낮아진다.

이 이슈를 이해하고 탐구하는 것이 중요하다는 것이 우리에게 분명해졌다. 2012년 우리는 국가건강연구소(National Institute for Health Research)의 펀딩을 받아 MBP 실행에 대해 더 탐구하였다. ASPIRE[영국 MBCT 프로그램의 접근성 및 실행, Accessibility and Implementation in UK services of MBCT] 프로젝트는 Jo Rycroft-Malone 교수(당시 뱅거대학교의 실행 과학자)와 Willem Kuyken(옥스퍼드 마음챙김센터의 디렉터)이 주도했다. Rebecca Crane은 이 프로젝트의 공동 지원자였으며, Heledd Griffiths는 여러 달 동안 MBCT 실행에 관한 당사자 인터뷰를 현장에서 진행한 연구원 중 한 명이었다. 우리의 목표는 영국 내 4개 국가의 건강 서비스 내에서 진행되는 MBCT의 실행 과정을 이해하는 것이었다. 연구는 세 단계로 이뤄졌다. 첫째, MBCT가 영국 전역의 어디에서 어떻게 제공되고 있는지 전체적인 그림을 그리는 단계, 둘째, 프로그램 실행의 촉진 요인과 방해 요인을 이해하는 목적으로, 각각의 실행 단계와 다양한 지역에서 제공되는 MBCT 서비스에 관한 8개의 심도 깊은 사례연구를 실시하는 단계, 셋째, 보급 확산 단계 등이다. 이 장은 그 연구 결과를 가지고 당신이 처한 맥락에서 프로그램을 실행하는 작업에 실제적으로 도움을 주고자 한다. 그 연구는 영국 건강 서비스에서 MBCT의 실행 경험에 바탕을 두고 있지만 그 연구 결과 중 상당 부분은 다양한 인구 집단과 맥락, 지역에서 행해지는 MBP 실행 과정에도 적합하다. 이 연구의 결과는 주류 조직에서 MBP를 지도하는 것에 특별히 초점을 맞추지만, 만약 당신이 프리랜서 MBP 지도자로 활동하고 있다 해도 그 자료 중 상당 부분은 당신에게 적합할 것이다. 연구 웹사이트(http://implementing-mindfulness.co.uk)에서 프로그램 실행에 도움이 되는 더 많은 실제적인 지침과 자료를 얻을 수 있다. 그리고 연구 결과에 관한 심도 깊은 프레젠테이션은 주요 결과 논문에서 읽을 수 있다(Rycroft-Malone et al., 2019).

이 장의 첫 번째 부분은 MBP 서비스의 창조에 영향을 주는 핵심 요인에 대해 설명한다. 그리고 두 번째 부분에서는 일련의 권장사항에 대해 안내한다. 이 이야기들의 분석을 통해 우리는 공통의 주제를 끌어낼 수 있을 것이다. 우리의 희망은, 이 내용에 대한 자각을 통해 당신이 처한 상황에서 프로그램의 실행 과정을 촉진시키는 것이다. 읽는 동안 기억할 점은, 이 데이터를 MBP 지도자, 서비스 이용자, 40명의 서비스 제공자 및 관리자와 나눈 수많은 인터뷰를 신중히 분석한 결과로 얻었다는 사실이다. 이 인터뷰에서 그들은 자신들의 MBP 실행 과정에 관한 경험을 자세히 이야기해 주었다. 이들 인터뷰 대상자의 목소리는 다음에서 인용문으로 표시했다.

프로그램 실행의 여정

우리의 핵심 관심사 중 하나는 왜 어떤 MBP 현장은 다른 지역보다 더 튼튼히 뿌리를 내린 MBCT 서비스를 가졌는지 알아내는 것이었다. 우리는 MBP의 실행이 일종의 '과정이자 여정'이라는 것을 알았다. 각각의 MBP 서비스에는 그 자체의 여정이 있으며, 그것은 그 프로그램에 고유한 여정인 동시에 거기에는 공통의 패턴도 일정 부분 존재했다.

다음 섹션에서는 왜 어떤 MBP 현장은 그 여정에 있어 다른 현장들보다 앞서 있는지 이해하게 하는 데이터에서 확인한 여섯 개의 독립 주제에 대해 살펴본다[프로그램 실행자의 존재, 조정, 맥락, 추동, 모범실천 가이드라인의 준수, 중심점(pivot points)]. 이러한 주제들을 잘 인식하고 있다면 프로그램을 실행할 때 훨씬 능숙하고 현명하게 이끌 수 있을 것이다.

프로그램 실행자의 존재

프로그램을 실행하는 여정을 시작하고 발전시키는 데 필요한 조건은 프로그램 실행자가 존재하는 것이다. 이들 실행자가 무엇을 어떻게 하느냐가 프로그램 실행에 중요한 영향을 미쳤다. 일부 실행자는 프로그램의 성공적인 실행에 필요한 자질을 갖추고 있다. 여기에는 일정 수준의 열정과 추진력, 조직의 모든 차원의 당사자(상급 관리자, 의사결정자, 동료, 서비스 이용자 등)와 능숙하게 협력하는 능력이 포함된다. 우리는 혼자 행동하는 외로운 열정가의 경우 스스로 추동력을 쌓기 어려워하는 것을 보았다. 다양한 연공서열과 기술을 갖춘, 모두 같은 의제를 향해 협력하는 다양한 실행자가 프로그램 현장에 한데 섞일 때 더 성공적인 프로그램 실행이 가능하다.

다음에 관해 잠시 생각해 보자: MBP의 가르침을 향상시키려는 나의 상황에서 누가 실행자(들)인가? 그들은 어떤 작업을 하고 있나? 그들은 어떤 기술과 열정, 성격을 가지고 있나?

현장에 맞게 조정하기

연구에 따르면, 프로그램 실행자가 해당 개입법, 건강 서비스 맥락, 기존의 지역 서비스 전략, 우선 사항, 돌봄 경로 사이에 조율을 시도할 때 프로그램 실행이 더 성공적이고 지속 가능하다는 점이 드러났다. MBCT는 치료 경로의 마지막에 제공되는 우울 예방 개입법으로 제안되어 있지만, 건강 서비스 장면은 지금까지 주로 의료적인 '즉각적 효과(quick fix)' 모형에 기초를 두고 있었다. 따라서 MBCT 개입법은 이것과 직접적으로 '적합하다'고 하기 어렵다. 이때 실행자는 그들이 현장에서 받고 있는 클라이언트들을 반영하도록 포괄 범주를 확장해야 한다.

> 내가 만약 NICE 가이드라인을 너무 충실히 따른다면 어떤 참가자도 받지 못할 것이다. 시간이 지나면서 우리는 보다 경증의 우울증이 있는 사람들을 더 넓게 받아들이기로 했다. 따라서 그것은 활동성 우울을 위한 MBCT에 더 가까웠다. …… 우리는 그것을 면밀히 평가해 왔다. …… 우리는 각 영역에서 12개의 프로그램을 운영했으며, 매번 동일한 결과를 얻었다. 즉, 프로그램 시작과 종료 시점의 사전-사후 측정에서 우울과 불안이 50%나 감소한 것이다. 이 결과는 프로그램이 어땠는지에 관한 참가자들의 질적 평가, 그리고 MBCT가 활동성 우울증에 도움이 될 수 있음을 보이는 다른 증거들과 함께 우리에게 이것이 우리가 할 수 있는 유용하고 합리적인 일이라는 확신을 심어 주었다.

더욱이 매우 목표 지향적인 문화 속에서 프로그램 실행자들은 그들의 관리자들이 관심을 보이는 특정한 목표 이슈에 대해 의식할 필요도 있다. 실행자들은 이런 동료들과 교류해야 하며, 제도적 지원을 얻기 위해서는 목표 이슈를 충족시키는 방식으로 개입법의 틀을 짜야 한다. MBP 프로그램 실행자들에게 주어진 도전은, 서비스의 필요에 맞게 프로그램 전달에 유연성을 발휘해야 하는 때와, 개인적인 전일성 그리고 MBP의 전일성을 유지하기 위해 선을 지켜야 하는 때를 구분하는 것이다.

> 잠시 다음에 대해 생각해 보자. 나의 MBP 실천이 자리 잡고 있는 시스템과 구조는 어떤 것인가? 이 시스템과 구조는 나의 프로그램 개발을 촉진하는가, 아니면 방해하는가? 어떤 능숙한 방법으로 이 문제를 다룰 수 있을까?

맥락

지지적 맥락(예: 재정적 · 실제적 · 인간적 맥락 등)이 열쇠다. 조직 문화는 이런 지지적 맥락에서 매우 중요한 측면이다. 프로그램 실행 활동을 환영하는 지지적 동료가 있을 때 매우 커다란 차이를 만들 수 있다. 때로는 이런 지지적 문화를 프로그램 실행자가 다양한 활동을 통해(다음을 참조하라) 의도적으로 계발해야 하는 때도 있다. 중간급 이상 관리자로부터 명시적인 지지를 받는 것도 매우 중요하다. 조직의 구조조정, 스태프/경영진의 변화, 예산 삭감, 다른 우선순위 등의 요인이 불가피하게 프로그램의 발전에 방해가 될 수 있다.

MBP 실행에 영향을 미치는 조직 문화의 또 다른 측면은 전반적 서비스의 철학적 가치 토대다. 가령, 최근 어느 프로그램 현장에서는 조직 문화가 의료 모형에서 안녕(웰빙) 모형으로 바뀌면서 MBP가 그 현장의 전체적인 서비스 구조 속에서 자기 위치를 더 적절하게 찾을 수 있었다. 조직 내 MBP 전달의 존재가 이런 조직 문화의 변화에 영향을 미쳤다는 증거도 존재했다. 데이터에 담긴 강력한 주제는 건강 서비스 문화와, MBP의 근간을 이루는 정신 사이에 만들어진 긴장이었다.

> 매우 힘든 일이다. …… 마음챙김의 방식으로 프로그램을 진행하는 것 말이다. …… 왜냐하면 IAPT(심리치료 접근성 개선) 문화와 주요 돌봄 치료의 문화는 …… 롤러스케이트를 탄 치료법의 경향을 보이기 때문이다. 그것은 자리를 채우는 식으로, 수많은 승객이 재빨리 거기에 타고 또 내린다. 즉시 회복해야 하고, 팀 미팅을 재빨리 가져야 하고, 끊임없이 질주하며 달린다.

도구성을 강조하는 맥락 속에서 MBP 내의 비도구적이고 암묵적인 교육과정 강조를 존중하는 전달 방법을 찾는 것은 결코 쉬운 일이 아니다. 우리가 얻은 데이터는 프로그램 실행자가 슈퍼비전, 동료들의 지지, 자신의 개인 마음챙김 수련과 연결을 유지해 이런 압박의 한가운데서도 자신의 진실성을 담지할 수 있도록 하는 것이 중요함을 보여 주었다. 자신의 전일성과 관련된 선을 유지하는 것과 조직의 요구를 충족하는 것 사이에는 매우 실제적인 긴장감이 존재했다. 높은 기준의 전일성을 유지해 온 프로그램 현장일수록 더 지속적이고 통합된 서비스를 제공한다는 분명한 증거가 존재했다. 프로그램 실행자들이 표준과 어긋나는 식으로 프로그램을 전달하라는 압력을 받았을 때 그들이 프로그램을 실행하지 '않기로' 결정했다는 증거도 존재했다.

잠시 다음에 대해 생각해 보자. 현재 나의 MBP 수련의 주변 맥락을 형성하는 장애물과 촉진 요인은 무엇인가? 내가 이 장애물과 촉진 요인에 영향을 줄 수 있는 방법은 무엇인가? 나의 MBP를 어떻게 그 맥락에 맞게 조정시키는 동시에 나의 전일성과 내 작업의 전일성을 유지할 것인가?

성공적인 실행자는 자신이 개발하고 싶은 서비스에 대한 비전, 상당한 전념의 태도, 추진력과 실천의 열정을 갖고 있었다. 우리의 데이터에서 모든 실행은 아래에서 위의 방향으로 시작되었지만, 이런 바텀업(상향식) 추진력은 그 자체로 특정한 지점에 이르게 마련이다. 그것이 현장에 더 튼튼히 뿌리박는 실행이 되기 위해서는 탑다운(하향식)의 전략 추진과 지원, 투자와 만날 필요가 있다. 이런 하향식 지원이 없을 때 우리는 프로그램 실행이 지역 차원에서 인식을 제고하는 데 그치거나 조직 관리진의 감독하에 집단을 운영하는 데 머무는 것을 보았다. 그리고 혼자 활동하는 실행자가 자기 역할을 남기고 떠나면, 그들이 그때까지 구축한 서비스도 중단되었다. 지속가능성은 팀을 만드는 데 달려 있다.

> 내가 내일 떠나면 마음챙김 서비스도 나와 함께 죽을 것이다.

조직 내에서 스태프들의 하향식 관여와 상향식 관여가 결합되는 것이 프로그램 실행의 추진력을 얻는 데 필요하다. 성공적인 실행자들에 의한 프로그램 실행 과정에서 개인적 관여와 추동의 수준은 매우 중요했다.

> 잠시 다음에 대해 생각해 보자. 내가 지도하는 MBP가 더 지속가능하도록 MBP 혁신에 대한 나의 관여를 확장하는 방법은 없을까? 프로그램 실행을 추동하는 데 필요한 에너지로 나 자신의 자원을 지속적으로 충전하는 방법은 무엇일까?

모범실천 가이드라인의 준수

특히 지속가능성과 관련해 MBP 실행의 여정에서 중요한 또 하나의 요소는 MBP 지도자 훈련 경로의 성격과 슈퍼비전의 성격이었다. 일부 현장에서는 자원이 부족해 훈련과 슈퍼비전이 제대로 이루어지지 않았으며 모범실천 가이드라인의 기준에 미치지 못했다. 이것은 일부 스태프가 프로그램 지도에 필요한 기술과 이해를 갖추지 못했으면서도 MBP를 가르치는 위치에 섰다는 것을 의미했다. 그 결과, 프로그램 제공의 질이 떨어졌고, 프로그램의 지속가능성도 줄었으며, 증거에서 멀어지는 경향을 보이기도 했다.

양질의 훈련과 슈퍼비전이 이루어지는 현장에서는 실행자들이 자신의 기술에 더 확신을 가졌으며, 프로그램을 실행하고 전달하는 과정에서 불가피하게 부딪히는 문제를 해결하는 데 주변의 지지를 더 많이 받고 있었다. MBP 서비스가 제대로 자리 잡아 지도자 훈련과 슈퍼비전에 조직의 자금을 지원 받는 현장에서는 모범실천 가이드라인의 질과 그것의 준수, 그리고 임상가의 개인 마음챙김 수련을 더 강조했다. 프로그램 실행이 부실하고 불균형하게 이뤄지는 현장에서는 많은 실행자가 자기 돈을 들여 자신의 훈련 및 외부 슈퍼비전 비용을 충당하고 있었다.

자원이 제한된 서비스 환경안에서 최고 수준의 훈련을 제공하는 것과 그 정도면 '충분히 괜찮은' 훈련을 제공하는 것 사이에 상당한 긴장이 존재한다는 증거가 있었다. 이 이슈가 자주 불거진 한 가지 지점은, 매년 열리는 집중 수련 참가와 관련한 모범실천의 요구사항과 관련해서였다.

> 모범실천 가이드라인의 요구사항에 나와 있는 집중 수련 참가 조항은 현재로선 매우 까다로운 이슈다. …… 나는 결국 서비스 관리자와 협상을 했다. 우리가 돈을 대거나, 아니면 직원들이 휴가를 내게 할 것이다. 그런 다음, 당신은 스태프와 협상해 그렇게 하도록 해야 한다. …… 이전에는 우리가 모든 돈을 댔지만 현재로선 쓸 돈이 충분하지 않다.
>
> 의뢰에 관여해 온 사람으로서 이야기하자면 …… 내가 조화시켜야 하는 것은 높은 수준의 마음챙김 훈련과, 이 모든 것에 대한 재정적 지원이라는 정치적 문제를 해결하는 것, 그리고 불완전하지만 충분히 괜찮은 서비스 제공에 만족하는 것이다.

MBP 수련가가 된다는 것은 한 사람의 직업적 삶에 국한되는 역할이 아니다. 그것은 개인적으로 의미 있는 방식으로 우리 삶 전체에 영향을 주는 과정에 관여하는 것이다. 이로써 일어나는 이슈 가운데 하나가, 얼마만큼의 개인 자원과 얼마만큼의 조직 자원을 지도자 훈련과 지속적인 모범실천 준수에 쏟을 것인가의 균형을 맞추는 문제다.

> 잠시 다음에 대해 생각해 보자. 나는 MBP 실행자이자 지도자로서 나 자신의 자원을 어떻게 풍부하게 만들고 있는가? 나의 지도 수련은 내가 알고 있는 모범실천 가이드라인과 얼마나 일치하는가?

중심점

프로그램을 실행하는 여정에는 MBCT를 그 서비스에서 더 적극적으로 실행하는 데 도움이 되는 사건/활동도 일어나며, 때로는 반대로 MBCT의 발전에 방해가 되는 사건/활동도 일어난다. 시간이 지나면서 조직의 우선사항, 구조, 조건이 바뀌고 이에 따라 프로그램이 조직에 뿌리내리는 정도도 긍정적 방향이든 부정적 방향이든 크게 변화할 수 있다. 겉으로는 확고하게 자리 잡아 튼튼해 보이는 MBP 서비스 조차 실제로는 허약할 수도 있다. 프로그램의 효과적인 실행을 위해서는 하향 중심점(pivot points)과 상향 중심점 모두에 대해 주도적으로 관여해야 한다.

이 점을 돌아볼 때 Rebecca Crane에게 드러나는 주제 가운데 하나는, 건강 서비스와 대학 등의 거대 조직에서 일하는 데 따르는 도전이다(이 두 조직은 내가 익숙하게 아는 조직으로, 그 밖의 다른 조직에도 해당된다). 우리가 통제할 수 없는 조직의 힘이 존재하게 마련이다. 그러나 우리가 통제할 수 있는 것도 있다. 그것은 우리가 이 역동과 관계 맺는 방식, 이 역동에 대해 우리가 취하는 입장이다. 개인 마음챙김 수련에서 우리는 자기 내면의 경험과 어떻게 능숙한 방식으로 관계 맺을 수 있는지 알게 된다. 즉, 경험이 지닌 본질적으로 불만족스러운 성질에 대해 알게 되며, 안녕을 진작하는 조건과 괴로움을 영속화시키는 조건에 대해서도 알게 된다. 그리고 그에 따라 어떻게 대응해야 하는지에 영향을 주는 법도 알 수 있다. 이 주제들은 조직 차원에서도 적합하게 다루어 볼 만한 주제다. 조직도 결국엔 함께 일하는 다수의 인간의 마음이 만들어 낸 창조물이다. 따라서 조직 역시 우리들 각자의 몸과 마음이 따르는 조건에 자연스럽게 따르는 수밖에 없다. 그것은 개인적인 것이 아니다. 그 모두가 현상이다. 물론 우리가 노력을 쏟아부어 만든 MBP 서비스가 조직 재편성 과정에서 위협을 받는다면 그것은 매우 개인적인 일로 느껴질 것이다. 조직에서 일어나는 이런 냉혹한 순간에 우리의 마음챙김 수련은 우리에게 어떤 도움을 줄 수 있을까? 이에 대한 단 하나의 답은 존재하지 않는다. 그렇지만 분명한 것은, 이 때가 바로 현명하고 능숙하게 대응하는 데 필요한 우리 내면의 자원을 깊이 캐내고 가꾸어야 하는 때라는 점이다. 우리가 선 자리를 굳게 지키며 저항해야 하는 때도 있고, 조직의 힘이 이끄는 방향으로 합류해야 하는 때도 있다. 그리고 한발 물러난 채로 참여하지 않는 것이 더 바람직한 때도 있다.

잠시 다음에 대해 생각해 보는 시간을 갖자. 나는 나의 MBP 지도 실천의 발달에 영향을 주는 조직의 거대 역동에 대해 어떤 식의 관계를 맺고 있는가?

프로그램 실행을 위한 권고사항

연구 과정을 진행하는 동안 우리는 이 주제들에 관여하면서 MBP 실행을 촉진하는 요인에 관하여 많은 것을 알게 되었다. 이제 우리는 이 지식을 우리의 건강 서비스와 기타 주류 장면에서 MBP의 지속적인 발달에 영감을 주는 데 사용할 수 있다. 프로그램 실행을 위한 다음 권고사항은 이 과정에서 도출되었으며, 다음 두 섹션으로 구분되어 있다. '당신의 프로그램 실행 여정을 시작하기'와 '당신의 프로그램 실행 여정을 지속하고 유지하기'가 그것이다.

당신의 프로그램 실행 여정을 시작하기

주장 제안

MBP는 즉각적 효과를 제공하는 개입법이 아니다. MBP에서는 사람을 자신의 회복을

[그림 26-1] MBP의 정신에 관한 주장 제안

이루고 정신 건강과 안녕을 증진하는 데 있어 적극적인 행위자로 본다. 이런 MBP의 정신은 때로는 지금의 서비스가 가진 속도나 압박감과 잘 맞지 않을 수도 있다. MBP의 이 정신에 관한 주장 제안은 도전으로 다가올 수 있으며, 행동에의 주도적 참여가 요구된다([그림 26-1] 참조).

당신의 네트워크 형성하기

당신의 지원 시스템과 사용 가능한 자원을 강화하기 위해 여러 관련 당사자와 네트워크를 형성하도록 하라. 공식 네트워크와 비공식 네트워크를 만들면 좋다. 지역에서 또는 전국적으로 온라인 네트워크를 만들어도 좋다. 생각과 배움을 공유하고, 솔루션을 발견하며, 전문지식을 공유하는 플랫폼을 만드는 것도 좋다. 처음에는 소박하게 지역 동료나 관리자와 관계를 구축한 다음, 외부 지역이나 전국의 프로그램 실행자들과 훈련 및 슈퍼비전 네트워크, 연구 네트워크 등으로 연결을 맺는 것도 좋다([그림 26-2] 참조).

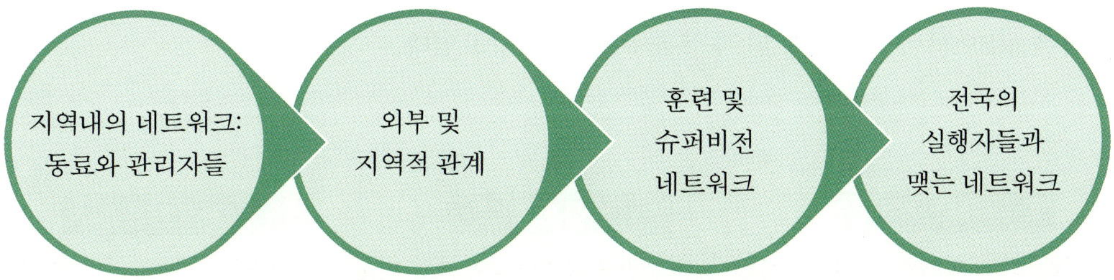

[그림 26-2] 당신의 네트워크 형성하기

MBP 지도자 훈련하기

성공적인 프로그램 실행에 도움이 되는 가장 실질적인 촉진 요인 중 하나는 MBP 지도자 훈련을 위한 적절한 경로를 마련하고, 지속적인 슈퍼비전과 집중 수련, 훈련에의 접근성을 확보하는 것이다. 프로그램의 지속 가능한 실행은 개입법을 능숙하게 전달하며, 나아가 다른 지도자들을 슈퍼비전하고 훈련시키는 트레이너에 달려 있다([그림 26-3] 참조).

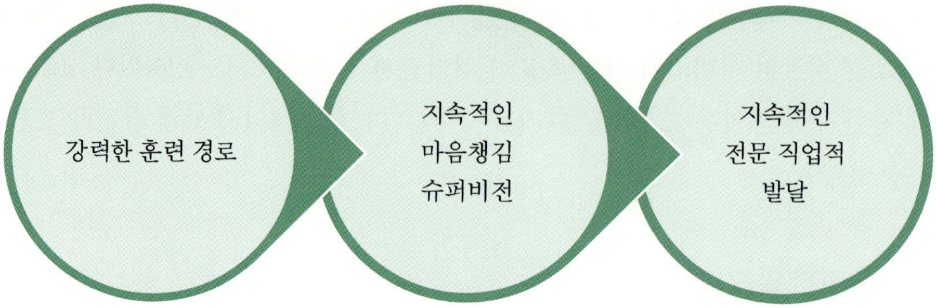

[그림 26-3] MBP 지도자 훈련

당신의 프로그램 실행 여정을 지속하고 유지하기

다음 요소들은 MBP 서비스를 마련하고 유지하며 지속하려는 당신의 여정에 도움을 줄 것이다. 각 영역에서 당신에게 도움이 되는 더 자세한 사항과 참고자료는 연구 웹사이트(http://implementing-mindfulness.co.uk)에서 확인할 수 있다. 이 요점들은 현장에 뿌리박은 MBP 서비스의 공통된 특징을 분석해 작성하였다.

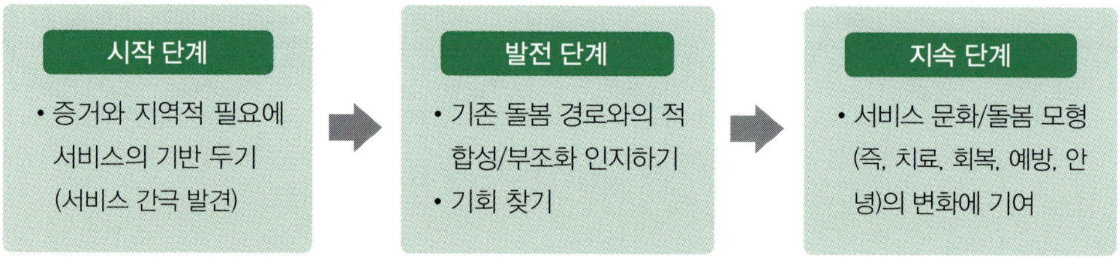

[그림 26-4] 서비스 조정하기

시작 단계

- 평가 계획(핵심 척도와 빈도, 프로그램의 질 보장 및 보고)

발전 단계

- 서비스 설계와 서비스 전달에 관한 평가 피드백 고리를 확립

지속 단계

- 새로운 기회에 기초한 발전(예: 지금과 다른 상황과 스태프 집단 등에서 서비스 확립)
- 연차보고서 발간하기
- 학습과 모범실천 보급하기

[그림 26-5] 평가 방법 개발하기

시작 단계

- 지지적 동료와 연결
- 경험 많은 마음챙김 슈퍼바이저와 관계 맺기
- 당신이 실제적 지원을 필요로 하는 부분 확인하기
- 기존 네트워크 활용하기

발전 단계

- 지역 네트워크와 특별 이익집단 발전시키기

지속 단계

- 당신 네트워크의 가시성 높이기(지역 콘퍼런스, 출판, 뉴스레터, 소셜 미디어 등)

[그림 26-6] 당신의 문화를 창조하고 당신의 네트워크 형성하기

시작 단계

- 인정받는 확실한 조직을 통해 최초의 MBP 지도자 집단 활동하기

발전 단계

- 슈퍼비전과 지속적인 장려하기
- MBP 지도자 훈련
- 조직과 함께 훈련 경로를 잠재적으로 발전시키기

지속 단계

- 연속성 계획 수립: 2세대, 3세대 MBP 지도자와 실행자가 나오게 하기
- 평등성 유지
- 훈련 제공 확보
- 새로운 훈련법 발전시키고 혁신하기

[그림 26-7] 프로그램 전달 팀 만들기

시작 단계

- 지원을 받는 데 필요한 핵심 메시지 작성(누구를 위한 것인가, 증거, 이것이 사람과 시스템에 가져오는 가치)
- 승인권자(권한과 영향력을 가진 사람)가 누구인지 분명히 하기

→

발전 단계

- 메시지의 전달 범위 확장하기(공공/내부 및 외부 메시지 전달)
- 승인권자와의 소통
- 승인권자와 기타 스태프에게 MBP 접근권 제공하기

→

지속 단계

- 다양한 관련 당사자들(승인권자, 기타 스태프, 서비스 이용자와 돌봄자, MBP 지도자들)에게 MBP 전달의 주역으로서의 권한 부여하기
- 비판적 친구와 교류

[그림 26-8] 위로부터 지원 받기

시작 단계

- 책임을 지기(기록 작성, 직접 접한 네트워크와 대화 나누기)
- MBP 지도에 필요한 전문 직업 및 모범실천 가이드라인 내에서 작업하기

→

발전 단계

- 기존 서비스 구조에 명확한 책임의 경계 가져가기
- 거버넌스 구조 확립하기(예: 재정, 훈련, 프로그램의 질, 위험성 등)

→

지속 단계

- 문서를 기록, 보관하고 그것을 관련 당사자들(예: 위원회 위원, 서비스 이용자 등)의 기대와 연결시키기

[그림 26-9] 목적에 부합하는 체계 구축하기

시작 단계

- 서비스 내에서 개인 마음챙김 수련의 문화 확립하기

→

발전 단계

- 성공을 포착하고 축하하고 공유하기
- 돌아보며 도전하기(슈퍼비전, 마음챙김 수련 문화)

→

지속 단계

- 성공을 크게 축하하기!

[그림 26-10] 당신과 동료들에게 양분을 주고 유지시키기

요약

- MBP 서비스를 개발하는 일은 오랜 시간이 걸리는, 분명한 목표와 개인 및 조직의 지속적인 헌신이 요구되는 여정이다.
- 다양한 관련 당사자와 연관된 다양한 활동으로 MBP 실행 과정에 도움을 받을 수 있다.
- MBP 전달의 형식에서 지속 가능한 변화를 일으키기 위해서는 조직 내 상향식 관여와 하향식 관여가 모두 필요하다.
- MBP 서비스의 발달 과정은 해당 맥락과 개입법이 변화하고 적응하면서 지속적으로 발전한다.
- 개인 마음챙김 수련은 장기적인 여정에서 MBP 실행자의 내면 자원을 풍부하게 하는 데 큰 도움이 된다. 또한 MBP의 실행이 지도자 자신의 작업 목적과 연결되도록 영감을 준다.

참고자료

- 연구 웹사이트(www.implementing-mindfulness.co.uk)에는 당신의 과정 평가, 비즈니스 사례 작성, 마케팅 등 관련 이슈에 대한 안내를 포함하여 프로그램 실행의 여정을 돕는 자료가 풍부하게 실려 있다.
- 마음챙김 기반 슈퍼비전은 MBP 실행 과정에서 나타나는 도전과 긴장, 딜레마를 탐구하는 중요한 영역이다(21장 참조).
- MBP 과정을 처음 만들 때 유념해야 하는 실제적인 사항에 관한 요약은 18장을 참조하라.
- 다음 논문은 주류 장면에서 MBP를 실행할 때 그 한가운데 우리가 설 장소를 어떻게 마련할까 하는 문제와 관련된 긴장을 탐구한다. Crane, R. S. (2017). Implementing Mindfulness in the Mainstream: making the path by walking it, *Mindfulness*, doi:10.1007/s12671-016-0632-7.

부록

더 참고할 거리

이 섹션에서는 MBP 지도자로서의 훈련 제안, 더 읽을거리, 웹사이트, 집중 수련 센터에 관한 정보를 제공한다.

MBP 훈련의 여정

책에서 줄곧 강조한 것처럼 MBP는 마음챙김 기반의 학습 과정이다. MBP의 변혁적 잠재력은 마음챙김 명상 수련에서 생기는 관점을 취할 수 있느냐에 달려 있다는 점에서, MBP 지도자 훈련에서 이런 관점을 계발하고 탐구하는 환경을 제공해야 한다.

MBP 가르침에 도움이 되는 학습 궤도는, 인간으로 존재한다는 의미에 관한 참여적 탐구를 수반하기에 MBP 지도자가 이 작업에 도달하는 다양한 경로가 있을 수 있다. 그러나 여기에는 일관되고 공통된 줄기도 존재하며, 이에 필요한 학습에 도움되는 발달 과정을 제공하는 다양한 훈련 기관도 존재한다. 다음 섹션은 일반적인 훈련 경로에 관한 개요를 제시한다.

기초 훈련

우리가 마음챙김 기반 접근법을 가르치는 주요한 배경은, 마음챙김이 우리가 경험과 삶을 탐구하고 거기에 참여하는 방식이 되었다는 점에 있다. 물론 이를 위해서는 지도자가 각자 스스로 이것을 실험해야 한다. 가장 좋은 접근법은 8주 MBSR이나 MBCT 과정을 밟은 뒤 최소 6개월 정도 개인적 마음챙김 수련 시간을 갖는 것이다. 이를 마치고 나면 당신이 지도자로서 이 탐구와 발전을 계속 가져갈 것인지 결정할 수 있을 것이다.

이러한 개인 마음챙김 수련 시간은 당신의 지도 과정의 토대가 된다. 프로그램 참가자가 마음챙김 기반 학습이 지닌 풍부함과 잠재력에 다가갈 수 있게 MBP를 가르치기 위해서는 지도자가 장기적인 자기 발달 과정에 전념하는 것이 필요하다. 그렇지만 MBP 수련생의 경험에 따르면, 이러한 자기 발달 과정의 참여에 따르는 보상은 지도 능력을 향상시키고 마음챙김을 자신의 직업 속에 통합하는 것을 훨씬 넘어선다.

당신이 MBP를 가르치는 맥락에 적합한 전문 훈련을 받을 필요가 있다. 임상적 맥락이라면 당신이 함께 작업할 클라이언트 집단을 상대로 특정한 임상 경험을 쌓는 것이 중요하다.

예비 지도자 훈련

피수련자는 다음 사항을 갖추고 초급 MBP 지도자 훈련('레벨1'이라고 한다)에 와야 한다.

- 가르침을 향한 발전을 시작하기 위해 충분히 심도 깊은 마음챙김 수련을 개인적으로 하기. 여기에는 마음챙김 기반 접근법에서 가르치는 세 가지 주요 수련(바디스캔, 정좌 명상, 마음챙김 움직임 수련)이 포함된다.
- MBP 과정의 구조와 절차에 대한 친숙성
- 당신이 MBP를 가르치고자 하는 맥락에서 전문적 훈련과 경험을 쌓기
- MBP 훈련 프로그램에서 적절한 수준으로 제공하지 않는다면 기본적인 심리 과정, 관련 연구 및 증거 기반 실천에 관한 지식 갖추기

• 집단을 이끌고 지도한 경험과 기술(훈련 내에서 이런 것을 제공하지 않을 경우)

이 훈련 단계는 대개 8일간의 훈련을 포함한 다양한 형식으로 제공된다. 가르침에 있어 이론적 지식 및 역량의 발전과 더불어, 참가자가 자기 내면의 마음챙김 수련에 기반한 탐구에 다가가고 그것을 발전시키게 해 주는 '그릇(container)'이 필요하다. 수련에 기반한 배움의 맥락은 명시적이고 가시적인 학습 과정을 인도하며, 마음챙김의 방식으로 그것과 관계 맺게 해 준다.

지도자가 되는 최초의 과정과 이후의 지속적 과정을 지원하는 다양한 과정이 있다. 훈련 받은 마음챙김 슈퍼바이저와 정기적인 슈퍼비전을 받을 것을 권한다[21장; 마음챙김 네트워크(The Mindfulness Network)는 마음챙김 기반 지도자를 위한 전화 슈퍼비전을 제공한다(www.mindfulness-supervision.org.uk)]. 그리고 집중 수련 맥락에서 개인 마음챙김 수련을 더 심화하는 시간을 가질 수도 있다. 특정 기술 영역에서 더 훈련하는 것도 도움이 된다. 가령, 집단 과정을 안내하는 수업을 들을 수도 있고, 탐구를 촉진하는 수업, 마음챙김 움직임을 안내하는 수업을 들어도 좋다. MBP 지도법을 배우는 초기에는 경험이 풍부한 지도자의 견습생으로 일해 보는 것도 큰 도움이 된다. 당신이 특화한 특정 MBP 교육과정 형식에서 전문가 훈련을 받는 것도 권장한다. 이것은 대개 5일간의 훈련 형식으로 제공된다.

이 책에 소개한 '마음챙김 기반 개입법: 지도 평가 기준(MBI:TAC)'과 TLC(19장)는 당신이 슈퍼바이저와 함께 자신의 발전을 돌아보는 유용한 틀을 제공한다(mbitac.bangor.ac.uk). '영국 마음챙김기반접근협회(BAMBA)는 당신이 훈련 과정에서 어디쯤에 와 있는지를 보여 주는 훈련 경로의 필요한 요인들에 관하여 마음챙김 기반 지도자를 위한 모범실천 가이드라인을 제공한다(https://bamba.org.uk/). 당신이 영국에서 수련하는 경우 이 훈련 단계를 마치고 지속적인 모범실천 가이드라인을 준수한다면 공식 등록을 위한 지원서를 BAMBA에 낼 수 있다.

중급 지도자 훈련

예비 지도자 훈련을 마친 피수련생은 다음 사항을 갖추고 중급 MBP 지도자 훈련('레벨 2'라고 한다)에 참가한다.

- 수차례 MBP 과정을 지도한 경험을 갖추기
- 정기적으로 마음챙김 집중 수련에 꾸준히 참석하기
- 정기적으로 마음챙김 슈퍼비전을 받기

레벨 2 수준의 피수련생은 MBP 프로그램과 교육과정의 형식과 형태에 관한 초기 탐구를 마친 사람들로서, 기존에 익힌 기술을 더욱 연마하고 지도 및 학습 과정으로서의 마음챙김에 관한 앎을 심화시키는 방법을 탐구하는 지점에 와 있다. 레벨 2 과정의 핵심적이고 전반적인 목표는 피수련생이 자신의 직접적인 경험에서 우러나오는 교수를 할 수 있도록 능력과 자신감을 키워 주는 것이다. 이것은 마음챙김 수련, 지도 과정, MBP 프로그램의 형식에 관한 깊은 경험에서 나온다. 많은 지도자의 경험으로 볼 때, 지도자는 무엇이 필요한지 스스로 아는 확신이 커지면 지금까지 꽉 붙들고 있던 가르침에서 벗어나 더 넓고 체화된, 창의적이고 여유있는 관점에서의 가르침의 과정과 관계 맺을 수 있게 된다고 한다. 레벨 2 훈련은 흔히 집중 수련 맥락에서 일주일 정도 진행되는 숙박 훈련으로 되어 있는데, 지금은 온라인 형식도 가능하다. 많은 훈련센터에서 이 훈련의 최종 단계로 MBI:TAC를 활용한 역량 평가를 실시한다. 이때 피수련생은 자신의 8주 지도 과정을 담은 음성 및 영상 기록을 비롯한 포트폴리오를 제출한다.

지속적인 훈련

MBP를 가르치는 커다란 기쁨 중 하나는 가르침이 지도자 자신의 개인 마음챙김 수련과 밀접히 연결되어 있다는 점이다. 따라서 수련의 노력과 관심을 지속적으로 유지하는 작업이 더 자연스러워진다. 지도자는 다음과 같은 다양한 방법으로 자신의 배움을 풍성하게 할 수 있다.

- 집중 수련 참가, 친구와 함께 수련하기, 마음챙김 지도자들과 교류하기, 책 읽기 등을 통해 공식적·비공식 방법으로 개인 마음챙김 수련을 지속할 수 있다.
- 현재 마음챙김 기반 가르침을 하고 있는 동료들과 연결을 구축해, 경험을 공유하고 협력적 배움을 얻는 도구로 활용한다. 공동 지도(co-teaching)를 한다면 상호 피드백 수업을 위한 일정을 잡는다.
- 마음챙김 기반 접근법에 경험이 풍부한 지도자로부터 지속적이고 정기적인 슈퍼비전을 받고 개인 수련에 대한 탐구를 한다. 동영상 기록이나 지도 현장에 슈퍼바이저가 직접 참석해 가르침에 관한 피드백을 정기적으로 받으면 더 좋다.

개인 수련의 발전에 도움이 되는 자원들

지도자가 자신의 개인 수련을 발전시키기 위해 선택할 수 있는 마음챙김 지도자와 마음챙김 센터들이 많이 있다. MBP에서 가르치는 가르침과 같은 방향성을 지닌 명상법을 제공하는 가르침과 집중 수련를 고르는 것이 중요하다. 실제로 이것은 서양의 통찰명상(insight meditation) 전통 계열의 센터에서 제공하는 가르침을 탐구하는 것을 의미한다. 마음챙김 네트워크는 특히 마음챙김 기반 지도자의 필요를 충족하는 집중 수련을 제공한다(reatreats.mindfulness-network.org). 영국 데번의 Gaia House(www.gaiahouse.co.uk), 미국 매사추세츠의 통찰명상협회(Insight Meditation Society: dharma.org), 미국 캘리포니아의 스피릿록(Spirit Rock: spiritrock.org), 호주 통찰명상네트워크(dharma.org.au)는 모두 MBP와 같은 지향의 정신과 형식으로 마음챙김 명상을 가르치는 곳이다. 바디칼리지(The Bodhi College)는 불교의 근본 가르침에 관한 이해를 심화시키려는 마음챙김 기반 지도자를 위한 훈련과 집중 수련을 제공하는 곳이다(bodhi-college.org).

집에서 명상할 때는 녹음된 음성으로 마음챙김 수련 안내를 받는 것도 큰 도움이 된다. 뱅거 대학교의 지도자들이 녹음한 명상 수련을 무료로 다운 받을 수 있다(bangor.

ac.uk/mindfulness/audio/index.php.en). Jon Kabat-Zinn의 CD는 minfulnesscds.com에서 구할 수 있으며, 옥스퍼드 마음챙김 센터에서도 음성 녹음을 구할 수 있다(oxfordmindfulness.org/learn/resources/).

마음챙김 네트워크 내에도 동문 집단이 활발하게 활동하고 있다. 지도자들의 개인 수련과 지도 수련에 도움을 주며, 연간 행사를 조직하는 커뮤니티가 있다. 동료들이 주도하는 마음챙김 수련자 커뮤니티도 있다[지도 및 훈련의 전일성을 위한 지원(Support for Integrity in Teaching and Training: SITT)]. 자세한 사항은 www.sitt.community를 참조하라.

전문가 훈련

훈련 과정과 조직화는 빠른 속도로 변화한다. 영국에는 MBSR과 MBCT 지도자 훈련을 제공한 대학 훈련 기관이 두 곳 있다. 두 곳 모두 경험적 · 이론적 요소와 증거 기반의 훈련을 제공한다.

1. 마음챙김 연구수련센터(Centre for Mindfulness Research and Practice: CMRP)(www.bangor.ac.uk/mindfulness/postgraduate-courses/)는 뱅거 대학교 심리학부 내에 있으며 학생에게 MBCT와 MBSR을 모두 가르친다. 두 가지 석사학위를 제공한다[MSc(이학석사) 또는 MA(문학석사)]. 하나는 석사학위(마음챙김 기반 과정 지도와 관련한 MA)와 더불어 전체 MBP 지도자 훈련을 제공하며, 또 하나는 MBP의 근간이 되는 이론 및 연구에 초점을 둔 학위다(마음챙김 기반 접근법과 관련한 MA/MSc). 마음챙김 네트워크는 (뱅거 대학교 CMRP와 협력해) 지도자 훈련 경로(Teacher Training Pathway)를 통해 전체 MBP 지도자 훈련을 제공한다(training.mindfulness-network.org).
2. 옥스퍼드대학교는 옥스퍼드 마음챙김 센터(Oxford Mindfulness Centre)를 통해 MBCT와 기타 MBCT 훈련 이벤트에 관련한 연구 석사학위를 제공한다.

영국 마음챙김기반접근협회(BAMBA)는 그 밖의 영국 MBP 훈련 기관의 목록을 작성했다. 그중에는 MBCT/MBSR 훈련을 제공하는 곳도 있고, 그 밖의 MBP 모형을 훈련하는 곳도 있다. 샌디에이고 캘리포니아대학교의 마음챙김 기반 전문훈련연구소(The Mindfulness-Based Professional Training Institute: mbpti.org), 캐나다 토론토의 마음챙김 연구 센터(Center for Mindfulness Studies: mindfulnessstudies.com)는 모두 MBP 전문 훈련을 제공하는 곳이다. 북미의 MBCT 웹사이트(www.mbct.com)은 북미와 유럽의 최신 발전 사항에 관한 정보를 제공한다. MBSR 지도자 훈련 기회에 관한 더 자세한 사항은 미국 브라운 대학교에서 찾아볼 수 있다(www.brown.edu/public-health/mindfulness/home).

책

MBCT에 관한 5권의 책이 다음과 같이 있다. Segal, Williams과 Teasdale의 『Mindfulness-Based Cognitive Therapy for Depression』(전문 독자를 위한 책으로 이 접근법의 발달 과정과 이론적 근거에 대해 설명하며 수업별 개요 제공). Williams, Teasdale, Segal과 Kabat-Zinn의 『The Mindful Way Through Depression』(우울증을 다루는 방법으로서 마음챙김 수련을 탐구하고자 하는 이들을 위한 자기도움 가이드). Teasdale, Williams과 Segal의 『The Mindful Way Workbook』(MBCT 과정을 혼자서 해 보려는 사람을 위한 워크북이자, MBCT 과정을 마친 참가자들을 위한 유용한 후속 저서), Williams, Fennell, Barnhofer, Crane과 Silverton의 『Mindfulness-Based Cognitive Therapy with People at Risk of Suicide』(자살 위험이 높은 사람을 위한 MBCT의 발달 및 연구를 소개하며 MBCT 지도자가 되는 과정과 경험에 관한 안내도 제공한다). Crane의 『Mindfulness-Based Cognitive Therapy: Distinctive Features』(MBCT 지도자를 위한 간단한 실용적 · 이론적 가이드). 다섯 권 모두 훌륭하게 씌어진, 소중한 정보를 담은, 쉬운 책이다.

Kabat-Zinn의 첫 책 『Full Catastrophe Living』은 MBSR 프로그램을 쉽게 소개하고 있으며, 마음챙김의 임상적 적용이 어떻게 발전해 왔는지 그 배경을 이해하고 싶은 독자라면 반드시 읽어야 하는 책이다. Kabt-Zinn은 또 『Wherever You Go, There You Are』라는 책도 썼는데(영국에서는 『Mindfulness Meditation in Everyday Life』라는 제목으로 출간되었다) 이 책은 개인 수련의 발달을 돕는 훌륭한 책이다. Kabat-Zinn의 책에는 『Coming To Our Senses』도 있다(지금은 네 권의 업데이트된 책으로 분권되어 출간되었다). 이 책은 우리의 삶과 세계 속에서 마음챙김이 지닌 잠재력에 관한 광범위하면서도 매우 심오한 개인적 탐구를 제공한다.

엄선한 더 읽을거리

Baer, R. A. (2005). *Mindfulness-Based Treatment Approaches: Clinician's Guide to Evidence Base and Applications*. Academic Press.

Goldstein, J. (2016). *Mindfulness: A Practical Guide to Awakening*. Sounds True

Kabat-Zinn, J. (2013). *Full catastrophe living: Using the wisdom of your body and mind to face stress, pain and illness*. Delacorte.

Kornfield, J. (2002). *A Path with Heart*. Rider.

McCown, D., Reibel, D., & Micozzi, M. S. (2010). *Teaching Mindfulness, A Practical Guide for Clinicians and Educators*. Springer.

McCown, D., Reibel, D., & Micozzi, M. S. (2016). *Resources for Teaching Mindfulness*. Springer

Salzberg, S. (1999). *A Heart As Wide As The World. Living with Mindfulness, Wisdom and Compassion*. Shambhala.

Santorelli, S. (2000). *Heal Thyself: Lessons on Mindfulness in Medicine*. Bell Tower.

참고문헌

American Mindfulness Research Association (AMRA) (2020). *Monthly bulletin.* https://goamra.org/publications/mindfulness-research-monthly/

Atkins, S., & Murphy, K. (1993). Reflection: A review of the literature. *Journal of Advanced Nursing, 18*(8), 1188-1192. https://doi.org/10.1046/j.1365-2648.1993.18081188.x

Baer, R. (2015). Ethics, values, virtues, and character strengths in mindfulness-based interventions: A psychological science perspective. *Mindfulness, 6*(4), 956-969. https://doi.org/10.1007/s12671-015-0419-2

Baer, R., Crane, C., Miller, E., & Kuyken, W. (2019). Doing no harm in mindfulness-based programs: Conceptual issues and empirical findings. *Clinical Psychology Review, 71*, 101-114. https://doi.org/10.1016/j.cpr.2019.01.001

Baer, R., & Nagy, L. M. (2017). Professional ethics and personal values in mindfulness-based programs: A secular psychological perspective. In L. Monteiro, J. Compson, & F. Musten (Eds.), *Practitioner's guide to ethics and mindfulness-based interventions* (pp. 87-111). Springer Cham.

Baer, R. A., Smith, G. T., Lykins, E., Button, D., Krietemeyer, J., Sauer, S., Walsh, E., Duggan, D., & Williams, J. M. G. (2008). Construct validity of the five facet mindfulness questionnaire in meditating and nonmeditating samples. *Assessment, 15*(3), 329-342. https:/doi.org/10.1177/1073191107313003

BAMBA (2019). British Association for Mindfulness-Based Approaches. https://bamba.org.uk/

Bartley, T. (2017). *Mindfulness: A kindly approach to being with cancer.* Wiley-Blackwell.

Bernstein, A., Vago, D. R., & Barnhofer, T. (Eds.) (2019). Mindfulness [Special issue]. *Current Opinion in Psychology, 28,* 1-326. Retrieved from www.sciencedirect.com/journal/current-opinion-in-psychology/vol/28/suppl/C

Berry, W. (2013). *New collected poems.* Counterpoint Press.

Britton, W. B. (2016). Scientific literacy as a foundational competency for teachers of mindfulness-based interventions. In McCown, D., Reibel, & M. Micozzi (Eds.), *Resources for teaching mindfulness* (pp. 93-119). Springer Cham.

Britton, W. B. (2019). Can mindfulness be too much of a good thing? The value of a middle way. *Current Opinion in Psychology, 28,* 159-165. https://doi.org/10.1016/j.copsyc.2018.12.011

Bruner, J. S. (1966). *Toward a theory of instruction.* Harvard University Press.

Burch, V. (2010). *Living well with pain and illness: The mindful way to free yourself from suffering.* Sounds True Inc.

Center for Mindfulness. (2017). Mindfulness-based stress reduction (MBSR) authorized curriculum guide. www.umassmed.edu/globalassets/center-for-mindfulness/documents/mbsr-curriculum-guide-2017.pdf

Chadwick, P. (2014). Mindfulness for psychosis. *The British Journal of Psychiatry, 204*(5), 333-334. https://doi.org/10.1192/bjp.bp.113.136044

Chapman, M. J., Hare, D. J., Caton, S., Donalds, D., McInnis, E., & Mitchell, D. (2013). The use of mindfulness with people with intellectual disabilities: a systematic review and narrative analysis. *Mindfulness, 4*(2), 179-189.

Cladder-Micus, M. B., Speckens, A. E., Vrijsen, J. N., Donders, A. R. T., Becker, E. S., & Spijker, J. (2018). Mindfulness-based cognitive therapy for patients with chronic, treatment-resistant depression: A pragmatic randomized controlled trial. *Depression and Anxiety, 35*(10), 914-924.

Collins, B. (2001). *Sailing alone around the room: New and selected poems.* Random House.

Covey, S. (1989). *The 7 habits of highly effective people: Powerful lessons in personal change.* Simon & Schuster.

Crane, C., & Williams, J. M. G. (2010). Factors associated with attrition from mindfulness based cognitive therapy in patients with a history of suicidal depression. *Mindfulness, 1*(1), 10-20. https://doi.org/10.1007/s12671-010-0003-8

Crane, R. S. (2014). Some reflections on being good, on not being good and on just being. *Mindfulness, 6*(5), 1226-1231. https://doi.org/10.1007/s12671-014-0350-y

Crane, R. S. (2016). Implementing mindfulness in the mainstream: Making the path by walking it. *Mindfulness, 8*(3), 585-594. https://doi.org/10.1007/s12671-016-0632-7

Crane, R. (2017). *Mindfulness-based cognitive therapy* (2nd ed.). Routledge.

Crane, R. S., Brewer, J., Feldman, C., Kabat-Zinn, J., Santorelli, S., Williams, J. M. G., & Kuyken, W. (2017). What defines mindfulness-based programs? The warp and the weft. *Psychological Medicine, 47*(6), 990-999. https://doi.org/10.1017/s0033291716003317

Crane, R. S., Eames, C., Kuyken, W., Hastings, R. P., Williams, J. M. G., Bartley, T., Evans, A., Silverton, S., Soulsby, J. G., & Surawy, C. (2013). Development and validation of the mindfulnessbased interventions-teaching assessment criteria (MBI: TAC). *Assessment, 20*(6), 681-688. https://doi.org/10.1177/1073191113490790

Crane, R. S., & Kuyken, W. (2013). The implementation of Mindfulness-Based Cognitive Therapy: Learning from the UK health service experience. *Mindfulness, 4*(3), 246-254. https://doi.org/10.1007/s12671-012-0121-6

Crane, R. S., & Reid, B. (2016). Training mindfulness teachers: Principles, practices and challenges. In D. McCown, D. Reibel, & M. Micozzi (Eds.), *Resources for teaching mindfulness: A crosscultural and international handbook* (pp. 121-140). Springer.

Crane, R. S., Soulsby, J. G., Kuyken, W., Williams, J. M. G., & Eames, C. (2018). *The universities of Bangor, Exeter and Oxford manual of the mindfulness-based interventions teaching assessment criteria (MBI-TAC) (version 2018).* Mindfulness Teaching Skills. http://mbitac.bangor.ac.uk/documents/MBITACmanualsummaryandaddendums0517.pdf

De Silva, P. (1990). Buddhist psychology: A review of theory and practice. *Current Psychology, 9*(3), 236-254.

di Giacomo, E., Krausz, M., Colmegna, F., Aspesi, F., & Clerici, M. (2018). Estimating the risk of attempted suicide among sexual minority youths: A systematic review and meta-analysis. *JAMA Pediatrics, 172*(12), 1145-1152. https://doi.org/10.1001/

jamapediatrics.2018.2731

Dimidjian, S., & Segal, Z. V. (2015). Prospects for a clinical science of mindfulness-based intervention. *American Psychologist, 70*(7), 593-620. https://doi.org/10.1037/a0039589

Dreamer, O. M. (2001). *The dance: Moving to the rhythms of your true self.* HarperCollins.

Dreyfus, H. L., & Dreyfus, S. E. (1986). *Mind over machine: The power of human intuition and experience in the age of computers.* The Free Press.

English, B. (2019). *Does retreat experience contribute to the development of mindfulness teachers?* [Unpublished master's Thesis]. Centre for Mindfulness Research and Practice, Bangor University.

Evans, A. (2019). *Supervisors' and supervisees' perspectives of mindfulness-based supervision: A grounded theory study* [Manuscript in Preparation]. Clinical Education Development and Research, Exeter University.

Evans, A., Crane, R., Cooper, L., Mardula, J., Wilks, J., Surawy, C., Kenny, M., & Kuyken, W. (2015). A framework for supervision for mindfulness-based teachers: A space for embodied mutual inquiry. *Mindfulness, 6*(3), 572-581. https://doi.org/10.1007/s12671-014-0292-4

Evans, A., Griffith, G. M., Crane, R. S., & Samson, S. A. (2021). Using the Mindfulness-based interventions: Teaching Assessment Criteria (MBI:TAC) in supervision. *Global Advances in Health and Medicine,* 10, 1-6. https://doi.org/10.1177/2164956121989949

Feldman, C. (2016, June). *The long view-perils and possibilities* [conference session]. The Centre for Mindfulness Research and Practice, Bangor University-Mindfulness in Society: Chester.

Feldman, C., & Kuyken, W. (2019). *Mindfulness: Ancient wisdom meets modern psychology.* The Guilford Press.

Gilbert, P. (2009). *Overcoming depression: A self-help guide using cognitive behavioural Techniques* (3rd ed.). Robinson.

Gilbert, P., & Choden (2013). *Mindful compassion: Using the power of mindfulness and compassion to transform our lives.* Robinson.

Ginsburg, H. P., & Opper, S. (1988). *Piaget's theory of intellectual development* (3rd ed.).

Prentice-Hall, Inc.

Government Equalities Office & Equality Human Rights Commission (2013). *Equality act 2010: Guidance.* www.gov.uk/guidance/equality-act-2010-guidance

Greenhalgh, T. (2019). *How to read a paper: The basics of evidence-based medicine and healthcare* (6th ed). Wiley-Blackwell.

Griffith, G. M., Bartley, T., & Crane, R. S. (2019a). The inside out group model: Teaching groups in mindfulness-based programs. *Mindfulness, 10*(7), 1315-1327. https://doi.org/10.1007/s12671-019-1093-6

Griffith, G. M., Hastings, R. P., Burke, C., Charlesworth, P., Chapman, M., Fothergill, S., McGarry, J., Noone, S., Pert, C., Steele, K., Ward, A., & Wright, G. (2019b). *Good practice guidelines: Mindfulness-based programmes for people with learning disabilities.* BAMBA. https://bamba.org.uk/teachers/good-practice-guidelines/

Grossman, P. (2015). Mindfulness: Awareness informed by an embodied ethic. *Mindfulness, 6*(1), 17-22. https://doi.org/10.1007/s12671-014-0372-5

Grossman, P., & Van Dam, N. T. (2011). Mindfulness, by any other name ... : Trials and tribulations of sati in western psychology and science. *Contemporary Buddhism, 12*(1), 219-239. https://doi.org/10.1080/14639947.2011.564841

Hanson, R. (2009). *Buddha's brain: The practical neuroscience of happiness, love, and wisdom.* New Harbinger Publications, Inc.

Harrington, A., & Dunne, J. D. (2015). When mindfulness is therapy: Ethical qualms, historical perspectives. *American Psychologist, 70*(7), 621-631. https://doi.org/10.1037/a0039460

Hayes, S. C., Strosahal, K. D., & Wilson, K. G. (2012). *Acceptance and commitment therapy: The process and practice of mindful change* (2nd ed.). The Guilford Press.

Hölzel, B. K., Lazar, S. W., Gard, T., Schuman-Olivier, Z., Vago, D. R., & Ott, U. (2011). How does mindfulness meditation work? Proposing mechanisms of action from a conceptual and neural perspective. *Perspectives on Psychological Science, 6*(6), 537-559. https://doi.org/10.1177/1745691611419671

Hopwood, T. L., & Schutte, N. S. (2017). A meta-analytic investigation of the impact of mindfulnessbased interventions on post traumatic stress. *Clinical Psychology Review, 57,*

12-20. https://doi.org/10.1016/j.cpr.2017.08.002

Husgafvel, V. (2019). The 'universal dharma foundation' of mindfulness-based stress reduction: Non-duality and Mahayana Buddhist influences in the work of Jon Kabat-Zinn. *Contemporary Buddhism, 19*(2), 275-326. https://doi.org/10.1080/14639947.2018.1572329

International Integrity Network (2020). IMI network in the world. http://iminetwork.org/

Jinpa, T. (2016). *A fearless heart: How the courage to be compassionate can transform our lives.* Avery.

Kabat-Zinn, J. (2003). Mindfulness-based interventions in context: Past, present, and future. *Clinical Psychology: Science and Practice, 10*(2), 144-156. https://doi.org/10.1093/clipsy.bpg016

Kabat-Zinn, J. (2010) Foreword. In D. McCown, D. Reibel, & M. S. Micozzi, *Teaching mindfulness: A practical guide for clinicians and educators* (pp. ix-xxii). Springer.

Kabat-Zinn, J. (2011). Some reflections on the origins of MBSR, skillful means, and the trouble with maps. *Contemporary Buddhism, 12*(1), 281-306. https://doi.org/10.1080/14639947.2011.564844

Kabat-Zinn, J. (2013). *Full catastrophe living, revised edition: How to cope with stress, pain and illness using mindfulness meditation* (Revised ed.). Piatkus.

Kabat-Zinn, J. (2015). Foreword. In Mindfulness All-Party Parliamentary Group (MAPPG), *Mindful nation UK* (p. 10). The Mindfulness Initiative. www.themindfulnessinitiative.org/Handlers/Download.ashx?IDMF=1af56392-4cf1-4550-bdd1-72e809fa627a

Kabat-Zinn, J. (2017). Too early to tell: The potential impact and challenges-ethical and otherwise-inherent in the mainstreaming of dharma in an increasingly dystopian world. *Mindfulness, 8*(5), 1125-1135. https://doi.org/10.1007/s12671-017-0758-2

Kabat-Zinn, J., Koerbel, L., & Meleo-Meyer, F. (Eds.). (2021). *Mindfulness-Based Stress Reduction (MBSR) Training and Curriculum Guide 2021.* [Unpublished manuscript].

Khoury, B., Knäuper, B., Schlosser, M., Carrière, K., & Chiesa, A. (2017). Effectiveness of traditional meditation retreats: A systematic review and meta-analysis. *Journal of Psychosomatic Research, 92,* 16-25.

Killingsworth, M. A., & Gilbert, D. T. (2010). A wandering mind is an unhappy mind. *Science,*

330(6006), 932–932. https://doi.org/10.1126/science.1192439

Kolb, D. (1984). *Experiential learning: Experience as the source of learning and development.* Prentice-Hall Inc.

Kramer, G. (2007). *Insight dialogue: The interpersonal path to freedom.* Shambhala Publications.

Kramer, G., Meleo-Meyer, F., & Turner, M. L. (2008). Cultivating mindfulness in relationship: Insight dialogue and the interpersonal mindfulness program. In S. F. Hick & T. Bein (Eds.), *Mindfulness and the therapeutic relationship* (pp. 195–215). The Guilford Press.

Kucinskas, J. (2019). *The mindful elite: Mobilizing from the inside out.* Oxford University Press.

Lakey, G. (2010). *Facilitating group learning: Strategies for success with diverse adult learners.* Jossey-Bass.

Levine, P. (2005). *Healing trauma: A pioneering program for restoring the wisdom of the body (book and audio).* Sounds True Inc.

Loy, D. R. (2019). *Ecodharma: Buddhist teachings for the ecological crisis.* Wisdom Publications.

Luft, J., & Ingham, H. (1955). The Johari window: A graphic model of interpersonal awareness. In *Proceedings of the western training laboratory in group development.* Los Angeles, CA: University of California Los Angeles.

Lutz, A., Dunne, J. D., & Davidson, R. J. (2007). Meditation and the neuroscience of consciousness. In P. D. Zelazo, M. Moscovitch, & E. Thompson (Eds.), *The Cambridge handbook of consciousness* (pp. 499–555). Cambridge University Press. https://doi.org/10.1017/CBO9780511816789.020

Magee, R. V. (2016). The way of ColorInsight: Understanding race and law effectively through mindfulness-based ColorInsight practices. *Georgetown Law Journal of Modern Critical Race Perspectives, 8,* 251–304. https://papers.ssrn.com/sol3/papers.cfm?abstract_id=2638511

Magee, R. V. (2019). *The inner work of racial justice: Healing ourselves and transforming communities through mindfulness.* Penguin Random House.

McCown, D. A. (2013). *The ethical space of mindfulness in clinical practice: An exploratory essay.* Jessica Kingsley Publishers.

McCown, D. A. (2016). Stewardship: Deeper structures of the co-created group. In D. McCown, D. Reibel, & M. S. Micozzi (Eds.), *Resources for teaching mindfulness: An international handbook* (pp. 3-24). Springer.

McCown, D., Reibel, D., & Micozzi, M. S. (2010). *Teaching mindfulness: A practical guide for clinicians and educators.* Springer.

McCown, D., Reibel, D., & Micozzi, M. S. (2016). *Resources for teaching mindfulness: An international handbook.* Springer.

McGonigal, K. (2013, June). *Katie McGonigal: How to make stress your friend* [Video] TED. www.ted.com/talks/kelly_mcgonigal_how_to_make_stress_your_friend

Mental Health First Aid Australia (2019). Mental health first aid Australia: Learn the skills to make a difference. https://mhfa.com.au

Mills, C. W. (2000). *The sociological imagination.* Oxford University Press.

Mindfulness and Social Change Network (n.d.). https://mindfulnessandsocialchange.org

Music, G. (2014). *The good life: Wellbeing and the new science of altruism, selfishness and immorality.* Routledge.

Nanamoli, B., & Bodhi, B. (Trans.) (1995). Satipatthana Sutta: The foundations of Mindfulness. In *The middle length discourses of the Buddha: A translation of the majjhima nikaya* (pp. 145-155). Wisdom Publications.

Neff, K., & Germer, C. (2018). *The Mindful self-compassion workbook: A proven way to accept yourself, build inner strength, and thrive.* The Guilford Press.

Nye, N. S. (1998). *The words under the words: Selected poems.* Far Corner.

Office for National Statistics (2020). Coronavirus-related deaths by ethnic group, England and Wales methodology. www.ons.gov.uk/peoplepopulationandcommunity/birthsdeathsandmarriages/deaths/methodologies/coronavirusrelateddeathsbyethnicgroupenglandandwalesmethodology

Ogden, P., & Fisher, J. (2015). *Sensorimotor psychotherapy: Interventions for trauma and attachment.* W. W. Norton & Co.

Ogden, P., Minton, K., & Pain, C. (2006). *Norton series on interpersonal neurobiology. Trauma and the body: A sensorimotor approach to psychotherapy.* W. W. Norton & Co.

Oliver, M. (1992). *New and selected poems: Volume 1.* Beacon Press.

Oxford Mindfulness Centre (n.d.). Oxford mindfulness centre MBCT app. https://development.oxfordmindfulness.org/news/oxford-mbct-app/

Palmer, P. J. (1998). *The courage to teach: Exploring the inner landscape of a teacher's life.* Jossey-Bass.

Palmer, P. J. (2007). *The courage to teach: Exploring the inner landscape of a teacher's life.* (10th anniversary ed.) Jossey-Bass.

Parsons, C. E., Crane, C., Parsons, L. J., Fjorback, L. O., & Kuyken, W. (2017). Home practice in Mindfulness-Based Cognitive Therapy and Mindfulness-Based Stress Reduction: A systematic review and meta-analysis of participants' mindfulness practice and its association with outcomes. *Behaviour Research and Therapy, 95,* 29-41. https://doi.org/10.1016/j.brat.2017.05.004

Petty, S. (Ed.). (2017). Social justice, inner work, & contemplative practice: Lessons & directions for multiple fields [Special Issue]. *Initiative for Contemplation, Equity, & Action (ICEA) Journal, 1*(1).

Piaget, J., & Inhelder, B. (1969). *The psychology of the child.* Basic Books.

Pickett, K., & Wilkinson, R. (2009). *The spirit level: Why equality is better for everyone.* Penguin Publishers.

Place, P. (2019). *The role and impact of retreat experiences on the training and development of mindfulness teachers.* [Unpublished master's Thesis]. Centre for Mindfulness Research and Practice, Bangor University.

Porges, S. W. (2004). Neuroception: A subconscious system for detecting threats and safety. *Zero to Three, 24*(5), 19-24. https://eric.ed.gov/?id=EJ938225

Porges, S. W. (2011). *The Norton series on interpersonal neurobiology. The polyvagal theory: The neurophysiological foundations of emotions, attachment, communication, and self-regulation.* W. W. Norton & Co.

Porges, S. W. (2017). *Norton series on interpersonal neurobiology. The pocket guide to the polyvagal theory: The transformative power of feeling safe.* W. W. Norton & Co.

Raes, F., Pommier, E., Neff, K. D., & Van Gucht, D. (2011). Construction and factorial validation of a short form of the Self-Compassion Scale. *Clinical Psychology & Psychotherapy, 18*(3), 250–255. https://doi.org/10.1002/cpp.702

Rilke, R. M. (2012). *Letters to a young poet* (C. Louth, Trans.). Penguin Classics.

Rose, S. A., Sheffield, D., & Harling, M. (2017). The integration of the workable range model into a mindfulness-based stress reduction course: A practice-based case study. *Mindfulness, 9*(2), 430–440. https://doi.org/10.1007/s12671-017-0787-x

Rumi, J. (1988). Two kinds of intelligence. In C. Barks & J. Moyne (Trans.), *This longing: Poetry, teaching stories, and selected letters of Rumi.* Threshold Books.

Rumi, J. (1994). Personal intelligence. In J. Moyne & C. Barks (Trans.), *Say I am you.* MAYPOP.

Rumi, J. (1995). *The essential Rumi* (C. Barks & J. Moyne, Trans.). Harper Collins.

Rupprecht, S., Koole, W., Chaskalson, M., Tamdjidi, C., & West, M. (2019). Running too far ahead? Towards a broader understanding of mindfulness in organisations. *Current Opinion in Psychology, 28,* 32–36. https://doi.org/10.1016/j.copsyc.2018.10.007

Russell, S. (2018). *Evaluating the use of Mindfulness-Based interventions: Teaching Assessment Criteria (MBI:TAC) in training programmes internationally* [Unpublished master's Thesis]. Centre for Mindfulness Research and Practice, Bangor University.

Rycroft-Malone, J., Gradinger, F., Owen Griffiths, H., Anderson, R., Crane, R. S., Gibson, A., Mercer, S.W., & Kuyken, W. (2019). "Mind the gaps": The accessibility and implementation of an effective depression relapse prevention programme in UK NHS services: Learning from Mindfulness-Based Cognitive Therapy through a mixed-methods study. *BMJ Open, 9*(9), e026244. https://doi.org/10.1136/bmjopen-2018-026244

Sanghvi, M. (2019). *Fieldbook for mindfulness innovators* (R. Bell & J. Bristow, Eds.) Mindfulness Initiative. www.themindfulnessinitiative.org/fieldbook-for-mindfulness-innovators

Sapolsky, R. M. (2004). *Why zebras don't get ulcers: The acclaimed guide to stress, stress related diseases, and coping.* Holt paperbacks.

Segal, Z. V., Anderson, A. K., Gulamani, T., Dinh Williams, L., Desormeau, P., Ferguson, A., Walsh, K., & Farb, N. A. S. (2019). Practice of therapy acquired regulatory skills and depressive relapse/recurrence prophylaxis following cognitive therapy or mindfulness based cognitive therapy. *Journal of Consulting and Clinical Psychology, 87*(2), 161-170. https://doi.org/10.1037/ccp0000351

Segal, Z. V., Williams, J. M. G., & Teasdale, J. (2013). *Mindfulness-based cognitive therapy for depression* (2nd ed). The Guilford Press.

Shapiro, S. L., Carlson, L. E., Astin, J. A., & Freedman, B. (2006). Mechanisms of mindfulness. *Journal of Clinical Psychology, 62*(3), 373-386. https://doi.org/10.1002/jclp.20237

Shapiro, S., Siegel, R., & Neff, K. D. (2018). Paradoxes of mindfulness. *Mindfulness, 9*(6), 1693-1701. https://doi.org/10.1007/s12671-018-0957-5

Sharpless, B. A., & Barber, J. P. (2009). A conceptual and empirical review of the meaning, measurement, development, and teaching of intervention competence in clinical psychology. *Clinical Psychology Review, 29*(1), 47-56. https://doi.org/10.1016/j.cpr.2008.09.008

Siegel, D. J. (1999). *The developing mind: How relationships and the brain interact to shape who we are.* The Guilford Press.

Siegel, D. J. (2009). Mindful awareness, mindsight, and neural integration. *The Humanistic Psychologist, 37*(2), 137-158. https://doi.org/10.1080/08873260902892220

Spencer, S. (2019). *Think like a tree: The natural principles guide to life* (G. Walker, Ed.) Swarkestone Press.

Strauss, C., Cavanagh, K., Oliver, A., & Pettman, D. (2014). Mindfulness-based interventions for people diagnosed with a current episode of an anxiety or depressive disorder: a meta-analysis of randomised controlled trials. *PLoS One, 9*(4), e96110.

Substance Abuse and Mental Health Service Administration's (SAMHSA) Trauma and Justice Strategic Initiative (2014). *SAMHSA's concept of trauma and guidance for a trauma-informed approach.* https://store.samhsa.gov/system/files/sma14-4884.pdf

Taylor, S. E. (2006). Tend and befriend: Biobehavioural bases of affiliation under stress. *Current Directions in Psychological Science, 15*(6), 273-277. https://doi.org/10.1111/j.1467-8721.2006.00451.x

Thornton, C. (2016). *Group and team coaching: The secret life of groups* (2nd ed.). Routledge.

Treleaven, D. A. (2018). *Trauma-sensitive mindfulness: Practices for safe and transformative healing.* W. W. Norton & Co.

Tricycle (2011). Human nature, Buddha nature: On spiritual bypassing, relationship, and the dharma. An interview with John Welwood/Interviewer: T. Fossella. *Tricycle Magazine.* https://tricycle.org/magazine/human-nature-buddha-nature/

Tuckman, B. W. (1965). Developmental sequence in small groups. *Psychological Bulletin, 63*(6), 384-399. https://doi.org/10.1037/h0022100

United Nations. (n.d.). *Equality and non-discrimination.* www.un.org/ruleoflaw/thematic-areas/human-rights/equality-and-non-discrimination/

Van Aalderen, J. R., Breukers, W. J., Reuzel, R. P., & Speckens, A. E. (2012). The role of the teacher in mindfulness-based approaches: A qualitative study. *Mindfulness, 5*(2), 170-178. https://doi.org/10.1007/s12671-012-0162-x

van den Brink, E., Koster, F., & Norton, V. (2018). *A practical guide to mindfulness-based compassionate living: Living with heart.* Routledge.

van der Kolk, B. A. (1994). The body keeps the score: Memory and the evolving psychobiology of posttraumatic stress. *Harvard Review of Psychiatry, 1*(5), 253-265. https://doi.org/10.3109/10673229409017088

van der Kolk, B. A., McFarlane, A. C., & Weisaeth, L. (Eds.). (2007). *Traumatic stress: The effects of overwhelming experience on mind, body, and society.* Guilford Press.

Wellings, N. (2016). *Why can't I meditate? How to get your mindfulness practice on track.* TarcherPerigee.

Whitehead, M., Lilley, R., Howell, R., Jones, R., & Pykett, J. (2014). (Re)inhabiting awareness: Geography and mindfulness. *Social and Cultural Geography, 17*(4), 553-573. https://doi.org/10.1080/14649365.2015.1089590

WHO Collaborating Centre in Mental Health (1998). *WHO (five) well-being index (1998 version).* Psychiatric Research Unit, WHO Collaborating Centre for Mental Health. www.psykiatriregionh.dk/who-5/Documents/WHO5_English.pdf

Whyte, D. (1990). *Where many rivers meet.* Many Rivers Press.

Wilkinson, R., & Pickett, K. (2018). *The inner level: How more equal societies reduce stress, restore sanity, and improve everyone's well-being.* Allen Lane.

Williams, J. M. G. (2008). Mindfulness, depression and modes of mind. *Cognitive Therapy and Research, 32*(6), 721-733.

Williams, J. M. G., Fennell, M., Barnhofer, T., Crane, R., & Silverton, S. (2017). *Mindfulness-Based Cognitive Therapy with people at risk of suicide.* Guilford Press.

Williams, J. M. G., & Kabat-Zinn, J. (2011). Mindfulness: Diverse perspectives on its meaning, origins, and multiple applications at the intersection of science and dharma. *Contemporary Buddhism, 12*(1), 1-18. https://doi.org/10.1080/14639947.2011.564811

Williams, J. M. G., Crane, C., Barnhofer, T., Brennan, K., Duggan, D. S., Fennell, M. J., ... & Russell, I. T. (2014). Mindfulness-based cognitive therapy for preventing relapse in recurrent depression: a randomized dismantling trial. *Journal of Consulting and Clinical Psychology, 82*(2), 275.

Wineman, S. (2003). *Power-under: Trauma and nonviolent social change.* Author. http://traumaandnonviolence.com/files/Power_Under.pdf

Wreford, L., & Haddock, P. (2019, 6 August). *Mindfulness and social change.* Open Democracy: Free thinking for the world. www.opendemocracy.net/en/transformation/mindfulness-and-social-change/

Yalom, I. D., & Leszcz, M. (2005). *The theory and practice of group psychotherapy* (5th ed.). Basic Books.

편저자 소개

Rebecca S. Crane, PhD

뱅거 대학교에서 CMRP를 이끌고 있다. 기관이 2001년 설립된 이래 훈련 및 연구 프로그램 개발에 주도적 역할을 해 오고 있으며, 전 세계 각국에서 MBSR과 MBCT를 가르치고 훈련한다. 그녀의 연구와 출간물은 마음챙김 기반 개입법에 관한 증거가 실제 현장에 제대로 적용될 수 있는 방법에 초점을 맞추고 있다. 저서로는 『마음챙김에 기초한 인지치료의 고유한 특징』『자살 위험에 처한 사람들을 대상으로 하는 MBCT』가 있으며, 고등교육아카데미의 수석 회원(principle fellow)이다.

Karunavira, MSc

불교 공부를 위해 1982년 초등학교 교장을 그만두었다. 1990년부터는 명상과 불교 연구를 가르쳤고, 2000년부터 2010년까지는 브라이튼불교센터(Brighton Buddhist Centre)의 영적 디렉터였다. 2010년 뱅거 대학교에서 마음챙김 기반 접근법으로 이학 석사학위를 받았다. 2005년 이후 마음챙김 기반 강좌를 개설하여 마음챙김 지도자를 훈련시켰다. 특히 돌봄 제공자, 청년, 건강보험 스태프, 전통 아랍 공동체와 주로 작업한다. 또한 그는 마음챙김 치료사로서, 복합적 요구를 지닌 자녀를 둔 부모를 상대로 하는 심리치료 상담가 훈련을 받기도 했다.

Gemma M. Griffith, PhD

뱅거 대학교 CMRP의 상급 지도자 및 연구자다. 그녀는 마음챙김 기반 접근법 석사와 마음챙김 기반 코스 지도 석사 과정의 디렉터다. 관심 연구분야로는 마음챙김 기반 프로그램의 집단 과정과 교육학, 질적 연구, 자녀양육에서 마음챙김의 역할, 학습 장애인을 상대로 한 마음챙김 기반 프로그램의 응용 등이 있다.

기고자 소개

Susannah Crump, MA

국민의료보험(NHS)에서 20년 넘게 상담가 및 상담 슈퍼바이저로 활동했다. 2005년 이래로 NHS 환자, 치료사, 건강관리전문가에게 MBCT와 MBSR을 가르쳤으며, CMRP 핵심 훈련 팀의 팀원이자 마음챙김 네트워크의 슈퍼바이저였다.

Pamela Duckerin, DipCOT

2014년부터 CMRP 훈련 팀의 멤버이자 마음챙김 네트워크 내의 슈퍼바이저다. 영국과 캐나다의 다양한 장면과 전문 분야의 정신건강 영역에서 35년간 근무하였으며, 현재는 NHS에서 일차 돌봄 정신건강서비스에서 상급 치료사로 재직 중이다. 복잡한 트라우마를 지닌 사람을 상대로 임상 작업을 하고 있다.

Alison Evans, DClinRes

마음챙김 네트워크(MN) 자선재단의 전무이사이며 마음챙김 기반 지도자, 트레이너, 슈퍼바이저다. 연구 주제는 마음챙김 기반 슈퍼비전에 관한 것으로 2017년 이래 CMRP 트레이너로 활동하고 있다. Jody Mardula와 함께 마음챙김 기반 슈퍼비전 훈련과 준비를 촉진하고 개발했다.

Eluned Gold, MSc

심리치료사, CMRP 트레이너로서 이전에는 뱅거 대학교 CMRP에서 CPD 개발 훈련 경로와 교육과정 디렉터로 활동했다. 현재 세계 각국에서 MBSR과 MBCP(마음챙김 기반 출산 및 육아)를 지도하고 있으며, 마음챙김출산재단의 훈련 이사다.

한국MBSR마음챙김연구소

깨어 있는 삶의 기술, 건강하고 행복한 삶으로의 초대

MBSR(Mindfulness-Based Stress Reduction) 프로그램은 동양의 마음챙김 명상과 서양의학을 접목하여 탄생한 의료명상 교육 프로그램으로, 1979년 미국 매사추세츠 주립대학교 메디컬센터에서 만성통증이나 만성질병에 노출된 환자들의 스트레스를 완화시키기 위해 존 카밧진 박사에 의해 창안되었습니다. MBSR은 마음챙김에 근거한 치료법 중에서 역사가 가장 길고 임상적인 연구 결과가 가장 많이 제시된 프로그램으로 알려져 있으며, Time, Newsweek, ABC, NBC 등 해외 유수 언론을 통해 소개되면서 최고의 심신이완 및 스트레스 완화 프로그램으로 인정받고 있습니다.

MBSR의 성공비결은 일반인들에게는 어려울 수 있는 명상을 이해하기 쉬운 언어 사용과 과학적인 효과 검증을 바탕으로 체계적이고 알기 쉽게 제공하는 것이라고 알려져 있습니다.

MBSR 프로그램의 임상 효과는 만성통증, 불안, 우울, 범불안장애 및 공황장애, 수면장애, 유방암 및 전립선암, 건선, 외상, 섭식장애, 중독, 면역강화 등의 다양한 정신적 증상의 완화 또는 치료뿐만 아니라 스트레스에 기인한 고혈압, 심혈관 질환 등 많은 만성질환의 증상 완화, 예방, 치료에 도움을 주는 것으로 보고되고 있습니다. MBSR은 이제 병원에서의 스트레스 치유뿐 아니라 학교나 기업에서 인성교육, 창의성, 리더십 교육에 적극 활용되고 있으며 법조계, 스포츠 분야 등 다양한 분야로 꾸준히 확산되고 있는 추세입니다.

국내에서도 이 책에 소개된 MBSR 프로그램을 제대로 배울 수 있는 길이 열려 있습니다. 한국MBSR마음챙김연구소는 전 세계 약 15여 개의 명망 있는 교육단체와 연합된 글로벌 마음챙김 협력기관(Global Mindfulness Collaborative: GMC) 파트너로서 국내 유일의 국제인증 지도자이자 MBSR 티처 트레이너인 안희영 박사가 미국본부의 교과 과정과 지도원리 및 전통방식으로 MBSR 프로그램을 보급하고 있습니다. 또한 MBSR 일반 과정뿐만 아니라 3~7일 마음챙김 집중 수련 과정, MBCT-L 8주 일반 과정, MBSR 국제 지도자 양성 과정 등 다양한 프로그램을 제공하고 있습니다.

*한국MBSR마음챙김연구소 홈페이지, 카페, 유튜브(한국MBSR마음챙김연구소)로 들어오시면 안희영 박사의 마음챙김 명상 음원을 다양하게 경험하실 수 있습니다.

MBSR 창시자 카밧진 박사의 CD 시리즈

한국어 버전 안내

MBSR은 세계가 인정한 마음챙김 명상 브랜드입니다. MBSR 창시자 카밧진 박사는 "치유는 명상 수련이 존재의 길로서 이루어질 때 그 수련 자체에서 나오는 것"이라고 하였습니다. 근본적인 치유를 위해서는 무엇보다 존재의 영역으로 들어가 내려놓아야 한다는 것입니다.

CD 시리즈 1은 카밧진 박사의 첫 저서 『Full Catastroph Living(마음챙김 명상과 자기치유)』(학지사, 2017)과, CD 시리즈 3은 『Coming to Our Senses(온정신의 회복)』(학지사, 2017)와 함께 나온 것입니다. 우리말 녹음 CD 시리즈 1은 미국 MBSR 본부 공인 티처 트레이너인 안희영 박사가 녹음 제작하였으며, 2017년 초부터 서점이나 한국MBSR마음챙김연구소(서울시 서초구 방배로10길 10-4 3층 2호, 다음카페 http://cafe.daum.net/mbsrkorea)에서 구입할 수 있습니다. 시리즈 3 한국어 버전 음원은 현재 기획 중에 있습니다.

Heledd Griffiths, MA

사회연구와 사회정책 석사학위를 받았으며, 건강 불평등 문제와 건강서비스 접근권에 관심을 갖고 있다. 뱅거 대학교에서 10년 이상의 연구 경력이 있다.

Lynn Koerbel, MPH

브라운 대학교 마음챙김 센터의 트레이너이자 지도자다. 매사추세츠의과대학의 '의료, 건강관리, 사회에서의 마음챙김 센터'에서 다중 수련 능력에 참여했다. 주로 트라우마 생존자를 대상으로 바디워크 작업을 하였으며 『불안을 치료하는 마음챙김 근거 스트레스 완화 워크북』의 공저자다.

Bridgette O'Neill, D. Clin. Psych.

CMRP의 트레이너이자 마음챙김 네트워크의 집중 수련 지도자다. 영국 NHS에서 18년간 일했으며 지금도 NHS에서 서식스 마음챙김 센터와 함께 계속 가르치며 훈련 중이다.

Bethan Roberts, MSc, MA

주로 직장 맥락에서 MBSR과 MBCT를 가르치고 있으며 CMRP 훈련 팀의 멤버다. 평등, 다양성, 포용 영역에 대한 그녀의 관심은 30년 이상 이어져 오고 있으며 영국의 3개 법적 평등 위원회(기회평등위원회, 인종평등위원회, 장애인권위원회)에서 훈련을 담당하고 있다.

Saki F. Santorelli, EdD

마음챙김을 의료, 건강돌봄, 그리고 일반 사회에 통합하는 데 선구적 역할을 했다. 매사추세츠의과대학의 의료, 건강돌봄, 사회 마음챙김 센터의 수석 디렉터다. 마인드앤라이프 연구소의 수석 회원이며, 페처 연구소 회원이다. 11개 언어로 번역된 『당신 자신을 치유하라: 의료에서 마음챙김이 주는 교훈』 『의료분야에서의 마음챙김 MBSR: 그대 자신을 치유하라』의 저자다.

역자 소개

안희영(Heyoung Ahn)

미국 컬럼비아 대학교에서 성인학습을 공부하고 박사학위를 받았다. 매사추세츠 주립대학교 마음챙김센터(CFM)에서 MBSR 지도자 과정을 이수하고, 2005년에 MBSR 프로그램을 최초로 국내에 정식 소개했다. 2010년 미국 MBSR 본부에서 한국인 최초로 MBSR 인증을 취득하였으며, 현재 국제 공인 MBSR Teacher Trainer이자 국제공인 MBCT for Life Teacher Trainer로서 한국MBSR연구소(KCFM; www.mbsrkorea.com)를 중심으로 마음챙김 지도자 교육에 전념하고 있다.

서울불교대학원대학교 심신치유학과 석좌교수 및 부총장, 풀브라이트 교환교수, 대한통합의학교육협의회 부회장, 한국정신과학학회 부회장, 한국심신치유학회(KMBHA) 회장, 대한명상의학회 고문, 한국불교심리치료학회 운영위원을 역임했다. 현재 한국MBSR연구소 소장, 서울사이버대학교 석좌교수, 한국심신치유학회 명예회장 소임을 맡고 있다.

저서로는 『통합심신치유학 실제 편』(공저, 학지사, 2020), 『Resources for Teaching Mindfulness』(챕터 저자, Springer, 2016) 등이 있으며, 역서로는 『존 카밧진의 내 인생에 마음챙김이 필요한 순간』(공역, 불광출판사, 2024), 『마음챙김에 근거한 스트레스 완화의 핵심』(공역, 학지사, 2023), 『의료분야에서의 마음챙김 MBSR』(공역, 학지사, 2020), 『8주 마음챙김(MBCT) 워크북』(불광출판사, 2017), 『온정신의 회복』(공역, 학지사, 2017), 『의식의 변용』(공역, 학지사, 2017), 『MBSR 워크북』(공역, 학지사, 2014), 『켄 윌버의 ILP』(공역, 학지사, 2014), 『예술과 과학이 융합된 마음챙김』(공역, 학지사, 2014), 『8주, 나를 비우는 시간』(공역, 불광출판사, 2013), 『존 카밧진의 처음 만나는 마음챙김 명상』(불광출판사, 2012), 『스트레스와 건강』(공역, 학지사, 2012), 『자유로운 삶으로 이끄는 일상생활 명상』(공역, 학지사, 2011), 『마음챙김과 정신건강』(학지사, 2010), 『마음챙김에 근거한 심리치료』(공역, 학지사, 2009), 『현재, 이 순간을 알기』(공역, 보리수선원, 2009) 등이 있다.

논문으로는 「통합심신치유의 통전적 패러다임 모델」(공동, 예술심리치료연구, 2013), 「현대 서구 사회에서의 마음챙김 활용」(불교학연구, 2012), 「MBSR 프로그램의 불교 명상적 기반」(불교학연구, 2010), 「통합미술치료를 위한 MBSR 프로그램 활용방안」(예술심리치료연구, 2010), 「마음챙김과 자기기억의 연관성」(한국선학, 2010), 「Mindfulness and Its Mechanism for Transformative Education」(한국교육포럼, 2008), 「Dialogical and Eastern Perspectives on the Self in Practice: Teaching MBSR in Philadelphia and Seoul」(공동, IJDS, 2015) 등이 있다.

이재석(Jae-Seok Lee)

1972년 부산에서 출생했으며, 서울대학교 노어노문학과를 졸업한 뒤 출판사에서 일했다. 불교 명상에 대한 관심으로 보리수선원, 서울불교대학원대학교 심신치유학과에서 수련하고 공부했다. 주요 역서로는 『스토아철학과 서양불교』(운주사, 2023), 『조셉 골드스타인의 통찰 명상』(마음친구, 2019), 『불교는 왜 진실인가』(공역, 마음친구, 2019) 등이 있다.

마음챙김 지도자를 위한 핵심가이드

Essential Resources for Mindfulness Teachers

2025년 11월 1일 1판 1쇄 인쇄
2025년 11월 5일 1판 1쇄 발행

엮은이 • Rebecca S. Crane · Karunavira · Gemma M. Griffith
옮긴이 • 안희영 · 이재석
펴낸이 • 김진환
펴낸곳 • (주)학지사
04031 서울특별시 마포구 양화로 15길 20 마인드월드빌딩
대표전화 • 02-330-5114 팩스 • 02-324-2345
등록번호 • 제313-2006-000265호

홈페이지 • http://www.hakjisa.co.kr
인스타그램 • https://www.instagram.com/hakjisabook

ISBN 978-89-997-3570-7 93180

정가 27,000원